**Jean-Paul Valette**
**Rebecca M. Valette**
BOSTON COLLEGE
**Teresa Carrera-Hanley**

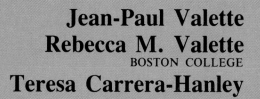

*Situaciones*

*Intermediate Spanish*

Contributing Writer
**Clara Fortún**

Illustrator
**M.L. Dietmeier**

**D.C. Heath and Company**
**Lexington, Massachusetts   Toronto**

**Consultants**
Patricia McFarland, Concord-Carlisle H.S., Massachusetts
Fatima de Granda-Lyle, Reading H.S., Massachusetts
Nieves Olivas Gerber, Lawrence Jr. H.S., California
Shirley S. Townsend, Academy of the Holy Names, Maryland
Gladys Varona-Lacey, Boston University
Christopher H. Maurer, Harvard University
María Estrella Iglesias, Harvard University
Antonio Monegal, Harvard University

**Director, Modern Languages**
Roger Coulombe

**Managing Editor**
Gail G. Smith

**Developmental Editor**
Sylvia Madrigal

**Senior Editor**
Lawrence Lipson

**Modern Language Marketing Manager**
Karen Ralston

**National Modern Language Coordinator**
Teresa Carrera-Hanley

**Design and Production**
Victor Curran, Design Manager, Modern Languages
Patrick Connolly, Production Coordinator
Hannus Design Associates, Cover Design
Melle Katze, Illustrator

**D.C. Heath Consultant**
Lorena Richins M.

**Cover**
"The Zephyr Bird" by Joan Miró. © three Lions.

1997 Impression
Copyright © 1994 by D. C. Heath and Company
A Division of HOUGHTON MIFFLIN COMPANY

Printed in the United States of America

International Standard Book Number: 0–669–32280–6

Every reasonable effort has been made to trace the owners of copyrighted materials in this book, but in some instances this has proved impossible. The publishers will be glad to receive information leading to more complete acknowledgments in subsequent printings of the book, and in the meantime extend their apologies for any omissions.

6 7 8 9 10   VHP 99 98 97

# Contenido

## Unidad 1    Soy lo que soy   1

## Unidad 2    La rutina diaria   31

## Unidad 3    ¡Ay, la vida doméstica!   61

# Atlas del mundo hispano

*México,*
*La América Central*
*y El Caribe*

*La América del Sur*

*España*

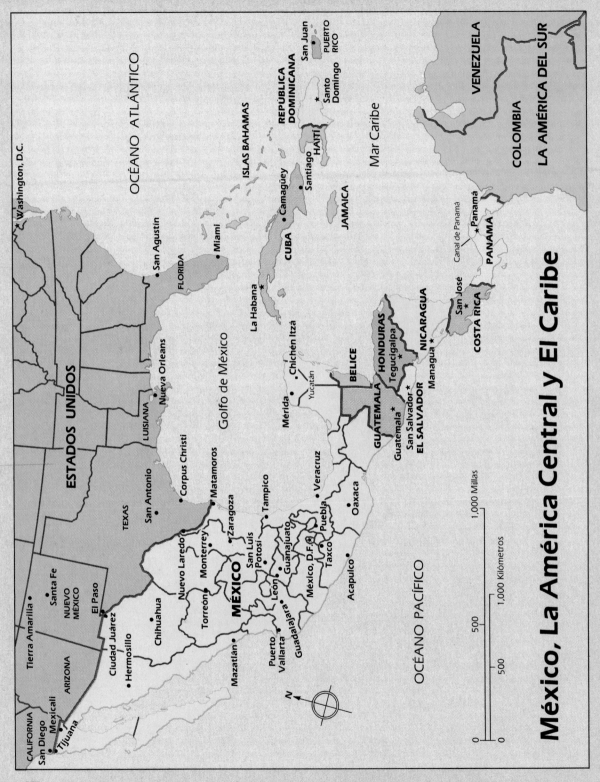

# México, La América Central y El Caribe

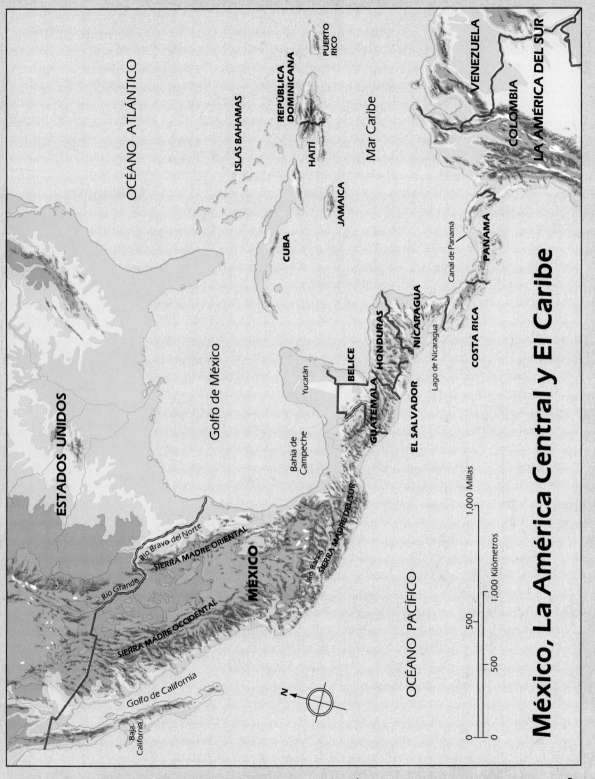

# México, La América Central y El Caribe

OCÉANO ATLÁNTICO

ESTADOS UNIDOS

Golfo de México

Río Bravo del Norte

SIERRA MADRE ORIENTAL

Río Grande

MÉXICO

SIERRA MADRE OCCIDENTAL

Golfo de California

Baja California

OCÉANO PACÍFICO

Bahía de Campeche

Río Balsas

SIERRA MADRE DEL SUR

Yucatán

ISLAS BAHAMAS

CUBA

JAMAICA

HAITÍ

REPÚBLICA DOMINICANA

PUERTO RICO

Mar Caribe

BELICE

GUATEMALA

HONDURAS

EL SALVADOR

NICARAGUA

Lago de Nicaragua

COSTA RICA

PANAMÁ

Canal de Panamá

COLOMBIA

VENEZUELA

LA AMÉRICA DEL SUR

1,000 Millas

1,000 Kilómetros

500

500

0

0

N

Mar Caribe

Canal de Panamá

COSTA RICA    Cartagena

PANAMÁ

Maracaibo    Caracas ★

VENEZUELA

GUYANA

SURINAM

GUAYANA FRANCESA

Medellín

Bogotá ★

Cali ★

COLOMBIA

Quito ★

ECUADOR

Guayaquil ●

Iquitos ●

Manaus ●

Belém ●

Fortaleza ●

Trujillo ●

PERÚ

B R A S I L

El Callao ●

Lima ★

Machu Picchu ▢

Cuzco ●

Salvador ●

La Paz ★

Arequipa ●

BOLIVIA

★ Brasilia

Sucre ★

Antofagasta ●

PARAGUAY

Río de Janeiro ●

São Paulo ●

OCÉANO
PACÍFICO

Asunción ★

San Miguel
de Tucumán ●

Córdoba ●

Pôrto Alegre ●

CHILE

URUGUAY

Valparaíso ●

Santiago ★

LA PAMPA

Buenos
Aires ●

Montevideo ★

Punta del Este ●

Concepción ●

ARGENTINA

OCÉANO ATLÁNTICO

N

La América del Sur

ISLAS MALVINAS

Tierra del Fuego

0        400        800 Millas

0    400    800 Kilómetros

Mar Caribe

Canal de Panamá

VENEZUELA

Río Cauca

Río Magdalena

Río Orinoco

GUYANA

SURINAM

GUAYANA FRANCESA

COLOMBIA

Río Branco

Río Caquetá

Río Negro

ECUADOR

Río Putumayo

Río Amazonas

Río Marañón

Río Ucayali

Río Jurua

Río Purús

Río Madeira

Río Tapajós

BRASIL

PERÚ

LA CORDILLERA

Río Grande

Río Guapore

Río Xingú

Río Tocantins

Lago Titicaca

DE LOS

BOLIVIA

Río Paraguay

OCÉANO
PACÍFICO

ANDES

PARAGUAY

Río Pilcomayo

Río Salado

Paraná

Río

Río Uruguay

CHILE

URUGUAY

Río de la Plata

ARGENTINA

OCÉANO ATLÁNTICO

N

La América del Sur

ISLAS MALVINAS

0        400        800 Millas

0        400        800 Kilómetros

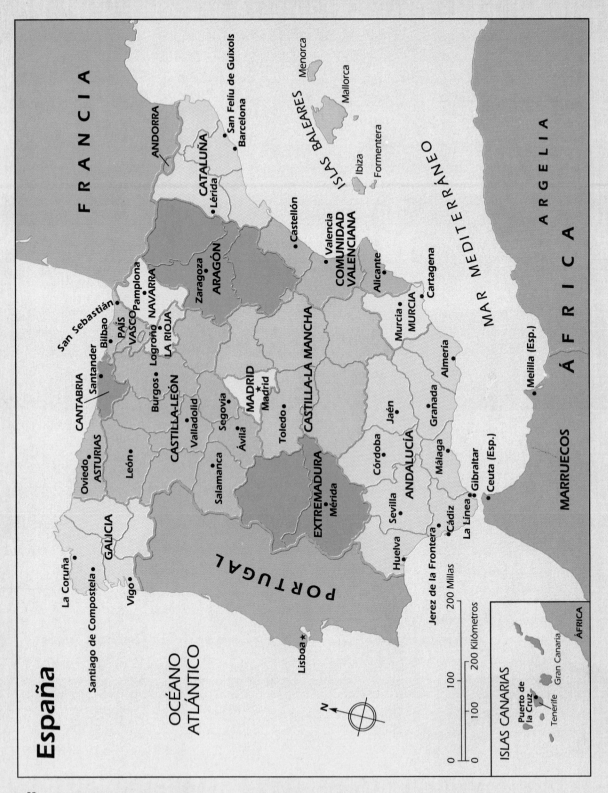

# España

FRANCIA

ANDORRA

CATALUÑA

San Feliu de Guixols

Barcelona

Lérida

ISLAS BALEARES

Menorca

Mallorca

Ibiza

Formentera

MAR MEDITERRÁNEO

ÁFRICA

ARGELIA

Castellón

Valencia

COMUNIDAD
VALENCIANA

Alicante

Cartagena

Zaragoza

ARAGÓN

Pamplona

NAVARRA

Logroño

LA RIOJA

PAÍS
VASCO

Bilbao

San Sebastián

Santander

CANTABRIA

MADRID

★ Madrid

CASTILLA-LA MANCHA

Murcia

MURCIA

Almería

Melilla (Esp.)

Burgos

CASTILLA-LEÓN

Valladolid

Segovia

Ávila

Toledo

Jaén

Granada

Oviedo

ASTURIAS

León

Salamanca

EXTREMADURA

Mérida

Córdoba

ANDALUCÍA

Málaga

Sevilla

Gibraltar

Ceuta (Esp.)

La Línea

MARRUECOS

GALICIA

La Coruña

Santiago de Compostela

Vigo

PORTUGAL

Huelva

Jerez de la Frontera

Cádiz

Lisboa ★

OCÉANO
ATLÁNTICO

200 Millas

200 Kilómetros

100

100

0

0

N

ISLAS CANARIAS

Puerto de
la Cruz

Tenerife

Gran Canaria

ÁFRICA

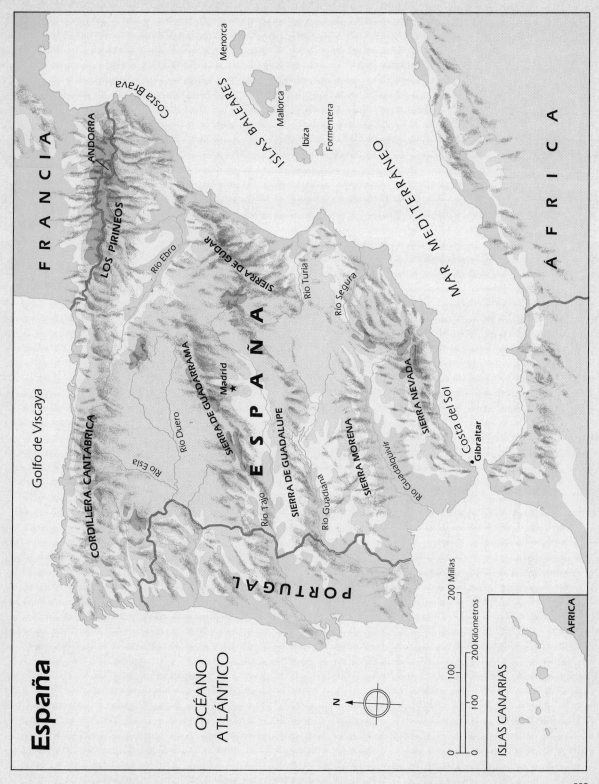

# España

FRANCIA

ANDORRA

Costa Brava

LOS PIRINEOS

Río Ebro

SIERRA DE GUDAR

Menorca

ISLAS BALEARES

Mallorca

Ibiza

Formentera

MAR MEDITERRÁNEO

ÁFRICA

Golfo de Viscaya

CORDILLERA CANTÁBRICA

Río Esla

Río Duero

SIERRA DE GUADARRAMA

Madrid ★

ESPAÑA

Río Turia

Río Segura

SIERRA NEVADA

Costa del Sol

Gibraltar

OCÉANO ATLÁNTICO

Río Tajo

SIERRA DE GUADALUPE

Río Guadiana

SIERRA MORENA

Río Guadalquivir

PORTUGAL

N

200 Millas

200 Kilómetros

100

100

0

0

ISLAS CANARIAS

ÁFRICA

**Dear students,**

Congratulations on having decided to continue your Spanish studies! As you progress through SITUACIONES, you will be strengthening your conversational skills by learning how to communicate in typical daily-life situations: how to introduce people, how to get around in an Hispanic city, how to order food in Spanish restaurants, how to purchase a train ticket, and so forth. You will also read for enjoyment short humorous selections as well as stories and dramatic scenes by recognized Hispanic authors. And you will write brief compositions in which you describe your own experiences, react to what you have read, and try your hand at creating your own stories. In the course of these and other activities, you will acquire a broader vocabulary and improve your command of grammatical structures.

Before you begin, however, you may wish to review rapidly the present tense forms of some common regular and irregular verbs. These verbs are grouped together in the short opening section entitled *Para su referencia*. If you think you would like to practice them, you will find corresponding written activities in the opening section of your Workbook.

*Y ahora, ¡adelante con el español!*

Jean-Paul Valette

Rebecca M. Valette

Teresa Carrera-Hanley

The present tense of the indicative is used to describe facts or events happening now. It has several English equivalents:

**Vivimos** en España.  { *We live* in Spain. / *We do live* in Spain. / *We are living* in Spain.

The present indicative is also used to describe more vividly:

- *future* events
    **Salimos** para México el lunes próximo.

- *past* events (This is the historical present.)
    El 3 de agosto de 1492 Cristóbal Colón **sale** de España con tres naves.
    El 12 de octubre, él **descubre** América.

## A. *Los verbos regulares*

### *Present indicative: Forms*

|  | *-ar* | *-er* | *-ir* |
|---|---|---|---|
| INFINITIVE | *hablar* | *comer* | *vivir* |
| yo | **hablo** | **como** | **vivo** |
| tú | **hablas** | **comes** | **vives** |
| él, ella, Ud. | **habla** | **come** | **vive** |
| nosotros | **hablamos** | **comemos** | **vivimos** |
| vosotros | habláis | coméis | vivís |
| ellos, ellas, Uds. | **hablan** | **comen** | **viven** |

➡ For some verbs in -iar and -uar , the **i** and **u** become **í** and **ú** in all forms except the **nosotros** and **vosotros** forms.

| **esquiar** | *to ski* | **esquío** | **esquías** | **esquía** | esquiamos | esquiáis | **esquían** |
| **actuar** | *to act* | **actúo** | **actúas** | **actúa** | actuamos | actuáis | **actúan** |

# Vocabulario

## VERBOS EN -AR

| | | | |
|---|---|---|---|
| actuar | to act | felicitar | to congratulate |
| adivinar | to guess | fumar | to smoke |
| alquilar | to rent | | |
| andar | to walk, go | ganar | to win; to earn (money) |
| apagar | to turn off (the light) | gastar | to spend (money) |
| arreglar | to fix | gozar | to enjoy |
| ayudar | to help | guardar | to keep |
| | | | |
| bailar | to dance | hablar | to speak |
| bajar | to get off (a bus); | | |
| | to go down | lavar | to wash |
| | | limpiar | to clean |
| cambiar | to change | | |
| caminar | to walk | llamar | to call |
| cantar | to sing | llegar | to arrive |
| cenar | to have dinner | llenar | to fill |
| cocinar | to cook | llevar | to bring |
| comprar | to buy | llorar | to cry |
| contestar | to answer | | |
| continuar* | to continue | mandar | to send |
| cuidar | to take care of (people) | mirar | to look; to watch (TV) |
| | | molestar | to bother |
| dejar | to leave | | |
| descansar | to rest, relax | nadar | to swim |
| desear | to wish | necesitar | to need |
| dibujar | to draw (a picture) | | |
| durar | to last | olvidar | to forget |
| | | | |
| enseñar | to show; to teach | pagar | to pay |
| entrar | to enter | pasar | to pass |
| entregar | to deliver | patinar | to skate |
| enviar* | to send | pintar | to paint |
| escuchar | to listen | preguntar | to ask (a question) |
| esperar | to wait | presentar | to present, introduce |
| esquiar | to ski | prestar | to lend, loan |
| estudiar | to study | | |
| explicar | to explain | quemar | to burn |

\* These verbs are conjugated like **esquiar** and **actuar**.

| | | | |
|---|---|---|---|
| regalar | to give (as a gift) | **VERBOS EN -ER** | |
| regresar | to come back | aprender | to learn |
| revisar | to check | beber | to drink |
| robar | to rob | comer | to eat |
| | | comprender | to understand |
| sacar | to pull; to take (photographs) | correr | to run |
| saltar | to jump | creer | to believe |
| saludar | to greet, to salute | deber | to owe; must, should |
| solicitar | to solicit, ask for | esconder | to hide |
| | | leer | to read |
| tardar | to be late | prometer | to promise |
| terminar | to finish, end | responder | to answer, respond |
| tocar | to touch; to play (an instrument) | romper | to break |
| tomar | to take; to have (something to eat or drink) | vender | to sell |
| trabajar | to work | **VERBOS EN -IR** | |
| tratar | to try; to treat | abrir | to open |
| | | asistir (a) | to attend, be present at |
| vacilar | to hesitate | consistir | to consist |
| variar* | to vary | insistir | to insist |
| viajar | to travel | ocurrir | to happen, occur, take place |
| visitar | to visit | permitir | to permit, allow |
| | | prohibir | to prohibit, forbid |
| | | subir | to climb; to go up; to get on (a bus) |
| | | vivir | to live |

# B. Verbos irregulares en la forma yo del presente

A few verbs are irregular in the **yo** form of the present, and are regular in the other forms.

➡ verbs in **-go**

| | | | | | | |
|---|---|---|---|---|---|---|
| **hacer** | *to do, make* | **hago** | | **caer** | *to fall* | **caigo** |
| **poner** | *to put, set* | **pongo** | | **traer** | *to bring* | **traigo** |
| **salir** | *to go out* | **salgo** | | | | |

➡ verbs in **-zco** (infinitives in **-cer, -cir**)

| | | | | | | |
|---|---|---|---|---|---|---|
| **conocer** | *to know* (someone) | **conozco** | | **conducir** | *to drive* | **conduzco** |
| **desaparecer** | *to disappear* | **desaparezco** | | **producir** | *to produce* | **produzco** |
| **merecer** | *to deserve* | **merezco** | | **traducir** | *to translate* | **traduzco** |
| **obedecer** | *to obey* | **obedezco** | | | | |
| **ofrecer** | *to offer* | **ofrezco** | | | | |
| **parecer** | *to seem, appear* | **parezco** | | | | |
| **pertenecer** | *to belong* | **pertenezco** | | | | |
| **reconocer** | *to recognize* | **reconozco** | | | | |

➡ verbs in **-jo** (infinitives in **-ger, -gir**)

| | | | | | | |
|---|---|---|---|---|---|---|
| **coger** | *to pick, seize, catch* | **cojo** | | **dirigir** | *to direct, manage* | **dirijo** |
| **escoger** | *to choose* | **escojo** | | **exigir** | *to demand* | **exijo** |
| **proteger** | *to protect* | **protejo** | | | | |
| **recoger** | *to pick up* | **recojo** | | | | |

➡ other verbs

| | | |
|---|---|---|
| **saber** | *to know* (something) | **sé** |
| **ver** | *to see* | **veo** |

# C. Verbos irregulares

The following verbs are irregular in the present.

| ser *to be* | soy | eres | es | somos | sois | son |
|---|---|---|---|---|---|---|

| dar *to give* | doy | das | da | damos | dais | dan |
|---|---|---|---|---|---|---|
| estar *to be* | estoy | estás | está | estamos | estáis | están |
| ir *to go* | voy | vas | va | vamos | vais | van |

| decir *to say, tell* | digo | dices | dice | decimos | decís | dicen |
|---|---|---|---|---|---|---|
| oír *to hear* | oigo | oyes | oye | oímos | oís | oyen |
| tener *to have* | tengo | tienes | tiene | tenemos | tenéis | tienen |
| venir *to come* | vengo | vienes | viene | venimos | venís | vienen |

➡ The following verbs are conjugated like **tener**:

    **contener** *to contain*
    **mantener** *to maintain*
    **obtener** *to obtain*

➡ **Dar** and **tener** are used in many idiomatic expressions:

    **dar un paseo** *to go for a walk* (or ride)
    **dar una vuelta** *to take a stroll*
    **dar las gracias** *to thank*

    **tener calor / frío** *to be* (feel) *hot, warm / cold*
    **tener hambre / sed** *to be* (feel) *hungry / thirsty*
    **tener razón / no tener razón** *to be right / wrong*
    **tener sueño** *to be* (feel) *sleepy*
    **tener miedo** *to be afraid*
    **tener cuidado** *to be careful*
    **tener prisa** *to be in a hurry*
    **tener suerte** *to be lucky*

➡ Note also the following constructions:

    **tener lugar** *to take place*      El partido de fútbol **tiene lugar** en el estadio nuevo.
    **tener ganas de** *to feel like*      **Tengo ganas de** ver esa película.
    **tener que** *to have to; must*      ¡Pero **tengo que** estudiar!

# D. Verbos con otras formas irregulares

➡ verbs in **-uir**

| | | | |
|---|---|---|---|
| **construir** | *to build* | construyo | construimos |
| **destruir** | *to destroy* | construyes | construís |
| **distribuir** | *to distribute* | | |
| **huir** | *to flee* | construye | construyen |

---

## Notas lexicales

1. **Preguntar** vs. **pedir**
   **preguntar** = *to ask* (a question)    **Preguntamos** donde está el hospital.
   **pedir** = *to ask for* or *request*    **Pedimos** el mapa de la ciudad.

2. **Saber** vs. **poder**
   **saber** = *can*, in the sense of *to know how*    **Sabemos** esquiar.
   (Aprendimos el invierno pasado.)

   **poder** = *can*, in the sense of *to be able*    **Podemos** esquiar.
   (Hay mucha nieve.)

3. **Saber** vs. **conocer**
   **Saber** is used to express *knowledge:*
   of things learned    **Sé** la diferencia entre "tú" y "usted".
   of how to do something    **Sé** hablar español.
   of information or facts    **Sé** que Ud. no habla inglés.

   **conocer** is used to express *familiarity or acquaintance:*
   with people    **Conozco** a María.
   with places    **Conozco** San Francisco.
   with things    **Conozco** un buen restaurante mexicano.

   ➡ **Saber** must be used with infinitives and with clauses (introduced by
   **que**, **si**, **dónde**, **cuándo**, etc.)

   ¿**Sabes** programar?
   ¿**Sabes** dónde está la computadora?

**saber y poder**

AÑO 1 - NUMERO 2

Suplemento especial
La Informática revoluciona la historia.

saber poder Nº2
INFORMÁTICA Y FUTURO

# Unidad 1

## Soy lo que soy

## 1. El mundo es un pañuelo

En un café cerca de la Plaza Mayor* en Madrid, dos jóvenes toman café. Están sentados° en mesas separadas pero cercanas.° Él, de pelo castaño, bronceado,° atlético . . . Ella, morena con pelo en cola de caballo,° gafas de sol. Es obvio que son turistas. El joven inicia la conversación.

seated

close to each other / suntanned

in a ponytail

*Comentario cultural*

**\* La Plaza Mayor**  Es una de las plazas más antiguas de Madrid y lugar frecuentado hoy día por jóvenes y turistas. Los cafés y restaurantes de la plaza están llenos de gente hasta avanzadas horas de la noche.

| | | |
|---|---|---|
| *Él:* | ¡Qué lindo día! ¿Verdad? | |
| *Ella:* | *(con una sonrisa°)* ¡Sí! Es maravilloso. *(El joven mueve la silla y se acerca° un poco más para conversar.)* | smile<br>moves closer |
| *Él:* | Permítame presentarme, señorita. Me llamo Antonio García. | |
| *Ella:* | Encantada. Yo soy Dorotea Dávalos. | |
| *Él:* | Un placer.° ¿Es Ud. de aquí? | Pleased to meet you. |
| *Ella:* | No. Soy nueva por estas tierras.° Soy del Perú. | in these parts |
| *Él:* | ¿De veras? Yo también soy peruano. | |
| *Ella:* | ¿De qué parte? | |
| *Él:* | De la capital. | |
| *Ella:* | ¡Vaya!° ¡Qué coincidencia! Yo también soy de Lima. | Well! |
| *Él:* | ¡Qué casualidad!° Vivo en Miraflores*. . . en la Calle Las Orquídeas. | What a coincidence! |
| *Ella:* | ¡En la Calle Las Orquídeas! ¡No me diga! Vivo en esa misma calle, en el 347. | |
| *Él:* | Y yo en el 341. | |
| *Ella:* | ¡Increíble! ¡Así que somos vecinos! | |
| *Él:* | ¡Y nos encontramos° por primera vez aquí en Madrid! | we met |
| *Ella:* | ¡Ah, el mundo es un pañuelo!° | so small (*lit.,* a handkerchief) |
| *Él:* | Sí, es un pañuelo . . . A propósito,° Dorotea, conozco una discoteca fenomenal. ¿Te gustaría ir a bailar esta noche? | By the way, |

## Preguntas

1. ¿Qué hacen los dos jóvenes en la Plaza Mayor?
2. ¿Cómo se inicia el diálogo entre los dos jóvenes?
3. ¿Qué descubren los dos en el curso de la conversación?
4. ¿Quién vive en la Calle Las Orquídeas?
5. ¿Por qué dice ella que el mundo es un pañuelo?
6. ¿Qué hace el joven al final de la conversación?

*Comentario cultural*

**\* El distrito Miraflores**  Es uno de los barrios más distinguidos de la ciudad de Lima. Situado en la parte sur de la capital, tiene grandes avenidas y casas elegantes.

# 2. ¡Cómo vuela el tiempo!

Es sábado por la noche. En el salón de reuniones° del Hotel Miramar, un grupo de ex alumnos° del Liceo Simón Bolívar* celebra el décimo° aniversario de su graduación. Todos conversan animadamente. En el fondo° se escucha una música suave y el olor° del buffet circula por todo el recinto.°

reception room
former students
tenth
background
aroma
area

En una esquina° Jorge Benavides, ex capitán del equipo de fútbol, conversa con Salvador Hidalgo, ex capitán del equipo de básquetbol. De repente, hay un silencio absoluto en el salón. Todas las miradas se dirigen hacia° la puerta. Acaba de entrar una dama muy elegante. Es alta y delgada. Tiene la piel° bronceada y el pelo negro largo y brillante. ¡Una aparición deslumbrante!°

corner



All eyes turn toward


skin
dazzling

*Comentario cultural*

**\* El Liceo Simón Bolívar**   Como en otros países, las escuelas en los países de habla española llevan los nombres de héroes y patriotas. Simón Bolívar es el héroe de la independencia de Colombia, Perú, Bolivia, Ecuador y Venezuela.

| Jorge: | Mira, Salvador, ¿quién es la belleza° divina que acaba de entrar? | beauty |
| Salvador: | ¿Cómo? ¿No la reconoces? | |
| Jorge: | Pues . . . no . . . Debe ser alguna estrella° de cine. | star |
| Salvador: | ¡Claro que no! A ver, ¡piensa un poco! ¿No te acuerdas de° ella? | remember |
| Jorge: | De veras, no la puedo reconocer. ¿Quién es? | |
| Salvador: | Pero si es Marisol Durán. | |
| Jorge: | ¡Marisol Durán! ¡Me tomas el pelo!° Era la estudiante más inteligente de la clase pero una gran belleza no era. | You are joking! |
| Salvador: | Tienes razón. Tenía el pelo corto y muchas pecas° hace diez años. | freckles |
| Jorge: | Y era un poco gordita. Sí, ya me acuerdo: siempre estudiando, siempre con los libros, nunca salía con chicos. ¡Ay! ¡Qué diferencia hacen diez años! | |
| Salvador: | ¡Ya me dirás!° Y . . . ¡adivina lo que hace ella ahora! | You bet! |
| Jorge: | No sé . . . Con esa figura debe ser una modelo . . . | |
| Salvador: | ¡Fíjate que no!° Ella trabaja como abogada para una compañía internacional. | Not at all! |
| Jorge: | ¡No me digas! Espérame aquí. Voy a hablar con ella a ver si podemos salir una noche. | |
| Salvador: | Bueno, si quieres, puedes hablar con ella, pero olvídate de la cita. Marisol está casada. | |
| Jorge: | ¡Ay, qué lástima! ¡Cómo vuela° el tiempo! | flies |

## Preguntas

1. ¿Por qué se reúnen los ex alumnos?
2. ¿Cómo es el ambiente de la reunión?
3. ¿Qué causa el silencio absoluto?
4. ¿Por qué piensa Jorge que la mujer debe ser una estrella de cine?
5. ¿Cuál es la diferencia entre la Marisol Durán de ayer y la de hoy?
6. ¿Por qué quiere hablar con ella Jorge?
7. ¿Por qué se siente Jorge un poco desilusionado al final?

# El español práctico

## Vocabulario temático: ¿Quién soy yo?

### La identidad

| | | |
|---|---|---|
| **El nombre y el apellido** | ¿Cómo se llama? | Me llamo Elena Parra. |
| **La nacionalidad y el país de origen** | ¿Cuál es su **nacionalidad**? <br> ¿De dónde es? | Soy española. <br> Soy de España. |
| **La fecha y el lugar de nacimiento** | ¿Cuándo **nació**? <br> ¿Dónde nació? | **Nací** el 18 de agosto de 1970. <br> Nací en Valencia. |
| **La edad** | ¿Qué **edad** tiene? | Tengo 19 años. |
| **El domicilio y la dirección** | ¿Dónde vive? | Ahora vivo en Madrid. <br> En la Calle Alcalá. |
| **La profesión** | ¿Qué hace? | Soy recepcionista. |
| **El estado civil** | ¿Es Ud. **casada**? | No, no soy **casada**. <br> Soy **soltera** (single). |
| **Los documentos de identidad*** | ¿Qué **documentos** tiene? | Tengo mi **pasaporte**. <br> También tengo . . . <br>    **la tarjeta de identidad.** <br>    **el carnet de conducir** <br>    **el carnet estudiantil** |

### Comentario cultural

**\* Documentos de identidad** En la mayoría de los países de habla española es obligatorio tener documentos de identidad. Estos documentos son expedidos (issued) por el gobierno de cada país y deben ser llevados por todas las personas mayores de 18 años. Según el país, los nombres de estos documentos varían: la tarjeta de identidad (España), la cédula de ciudadanía (Colombia), el documento nacional de identidad (Argentina), la tarjeta de ciudadanía (México).

## Los países y las nacionalidades

### El mundo hispano

| | País | Nacionalidad |
|---|---|---|
| (la) | Argentina | argentino |
| | Bolivia | boliviano |
| | Colombia | colombiano |
| | Costa Rica | costarricense |
| | Cuba | cubano |
| | Chile | chileno |
| (el) | Ecuador | ecuatoriano |
| | El Salvador | salvadoreño |
| | España | español(a) |
| | Guatemala | guatemalteco |
| | Honduras | hondureño |
| | México | mexicano |
| | Nicaragua | nicaragüense |
| (el) | Panamá | panameño |
| | Paraguay | paraguayo |
| (el) | Perú | peruano |
| | Puerto Rico | puertorriqueño |
| (la) | República Dominicana | dominicano |
| | Uruguay | uruguayo |
| | Venezuela | venezolano |

### Otros países

| | País | Nacionalidad |
|---|---|---|
| | Alemania | alemán (alemana) |
| (el) | Brasil | brasileño |
| (el) | Canadá | canadiense |
| | China | chino |
| (los) | Estados Unidos | estadounidense, norteamericano |
| (las) | Filipinas | filipino |
| | Grecia | griego |
| | Holanda | holandés (holandesa) |
| | India | indio |
| | Irlanda | irlandés (irlandesa) |
| | Israel | israelí |
| (el) | Japón | japonés (japonesa) |
| | Noruega *(Norway)* | noruego |
| | Polonia *(Poland)* | polaco |
| | Portugal | portugués (portuguesa) |
| | Rusia | ruso |
| | Suecia *(Sweden)* | sueco |
| | Suiza *(Switzerland)* | suizo |
| | Vietnam | vietnamita |

## *1* En la agencia de empleos

Ud. trabaja en una agencia de empleos y entrevista a varios estudiantes que buscan trabajos para el verano. Escoja a un(a) estudiante de la clase y pídale sus datos personales.

1. su nombre
2. su edad
3. su fecha de nacimiento
4. su lugar de nacimiento
5. su domicilio
6. su estado civil

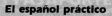

## 2  Minidiálogos: Una recepción

En una recepción del Club Internacional de Lima, unos jóvenes hispanos se saludan. Prepare los diálogos según el modelo. Luego represéntelos con un(a) compañero(a) de clase.

MODELO: Ana / Alberto (de La Paz)

*Ana:* *¡Buenos días! ¿Eres de aquí?*
*Alberto: Yo no. Estoy de vacaciones. Soy de La Paz.*
*Ana:* *¡Eres boliviano! Yo también.*
*Alberto: ¿Eres boliviana? ¡Qué casualidad!*

1. Andrés / Inés (de San Juan)
2. Rubén / Olga (de Quito)
3. Elena / Clara (de Santiago de Chile)
4. Roberto / Marisela (de Lima)
5. Maricarmen / Rafael (de Ciudad de Guatemala)
6. Alonso / Nora (de Caracas)
7. Paco / Teresa (de Managua)
8. José / Diana (de Bogotá)

## 3  Una encuesta

Usted trabaja para un periódico español. Hace una encuesta sobre los datos personales de los turistas que visitan Madrid este verano. A cada uno de los siguientes turistas le pide su nacionalidad, edad, domicilio y profesión. Con un(a) compañero(a) de clase, prepare las entrevistas y represéntelas según el modelo.

MODELO: *—Buenos días, señorita. Soy periodista. ¿Puedo hacerle*
*unas preguntas?*
*—Ah, bueno . . . sí.*
*—¡Muchas gracias! Para empezar, ¿puede decirme cuál es*
*su nacionalidad?*
*—Sí, soy . . .*

1. Toshiko Sato, 25 años, de Tokio. Ingeniera.
2. Ilse Schmidt, 20 años, de Berlín. Fotógrafa.
3. Carmen Bautista, 43 años, de Manila. Abogada.
4. Luis López, 23 años, de São Paulo. Enfermero.
5. Amos Rafael, 26 años, de Jerusalén. Contador (*accountant*).
6. Lucie Duval, 36 años, de Quebec. Ejecutiva.
7. Linda Watson, 17 años, de San Francisco. Estudiante.

EN ECUADOR...

EN CHILE...

EN GUATEMALA...

EN VENEZUELA...

GRUPO BANCO
EXTERIOR
El banco sin fronteras

## *Para conversar:* **Las presentaciones** (*introductions*)

| | |
|---|---|
| *Marta:* | Laurita, **te presento** a mi amigo Rafael. |
| *Laurita:* | **¡Qué tal**, Rafael! |
| *Rafael:* | **Encantado,** <br> **Un placer,** Laurita. |

| | |
|---|---|
| *Sr. Estrada:* | Señora, **me gustaría presentarle** al señor del Valle que es periodista en "El Universo". Señor del Valle, la señora de Cueto. |
| *Sra. de Cueto:* | **Encantada de conocerlo.** <br> **Mucho gusto en conocerlo.** |
| *Sr. del Valle:* | **El gusto es mío,** señora. |

## *4* Minidiálogos: Unas presentaciones

Prepare las siguientes presentaciones según los modelos de *Para conversar*.
Luego represéntelas con un(a) compañero(a) de clase.

1. Juan Alberto le presenta su amigo Pedro a su hermana María Elena.
2. Isabel le presenta su primo Andrés a su amiga Olga.
3. Antonio le presenta su hermana Alicia a su novia Clara.
4. La Srta. Vasconcelos le presenta su asistente el Sr. López a su cliente, el Sr. Vidal.
5. La Sra. Pacheco le presenta su esposo Enrique a la Srta. Mateos, una colega (*colleague*).

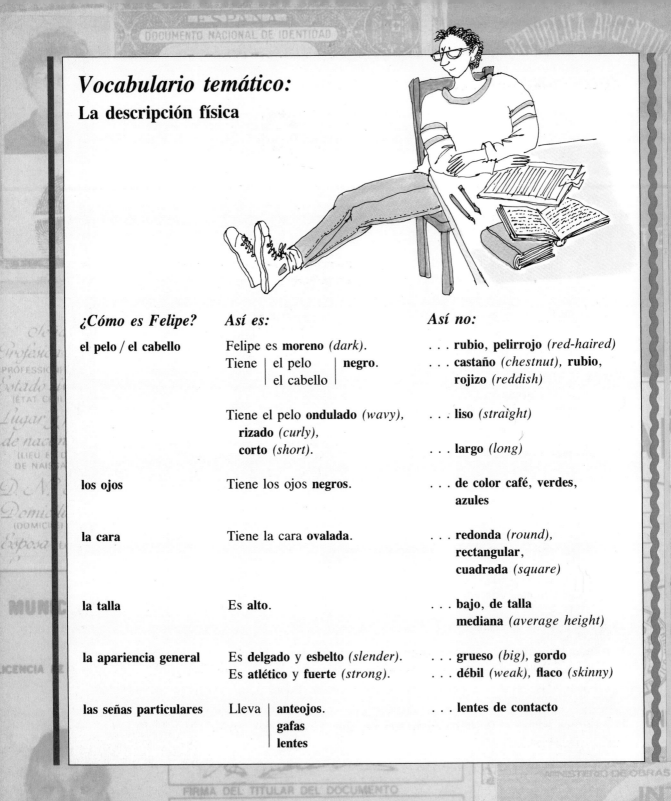

# Vocabulario temático:
## La descripción física

| ¿Cómo es Felipe? | Así es: | Así no: |
|---|---|---|
| el pelo / el cabello | Felipe es **moreno** (*dark*).<br>Tiene el pelo / el cabello **negro**. | . . . **rubio, pelirrojo** (*red-haired*)<br>. . . **castaño** (*chestnut*), **rubio,**<br>**rojizo** (*reddish*) |
| | Tiene el pelo **ondulado** (*wavy*),<br>**rizado** (*curly*),<br>**corto** (*short*). | . . . **liso** (*straight*)<br><br>. . . **largo** (*long*) |
| los ojos | Tiene los ojos **negros**. | . . . **de color café, verdes,<br>azules** |
| la cara | Tiene la cara **ovalada**. | . . . **redonda** (*round*),<br>**rectangular,<br>cuadrada** (*square*) |
| la talla | Es **alto**. | . . . **bajo, de talla<br>mediana** (*average height*) |
| la apariencia general | Es **delgado** y **esbelto** (*slender*).<br>Es **atlético** y **fuerte** (*strong*). | . . . **grueso** (*big*), **gordo**<br>. . . **débil** (*weak*), **flaco** (*skinny*) |
| las señas particulares | Lleva anteojos.<br>gafas<br>lentes | . . . **lentes de contacto** |

## Algunas señas particulares:

Don José es **calvo** (bald).

Alfonso tiene **una cicatriz** (scar) en **la barbilla** (chin).

Don Antonio tiene **bigotes** (moustache).

Sarita lleva el pelo en **una cola de caballo** (ponytail) y tiene **un lunar** (beauty mark) en **la mejilla** (cheek).

Elena tiene **pecas** (freckles).

## 5  Autorretrato

Haga su autorretrato. Describa cómo son sus ojos, su cara, su pelo, su apariencia general.

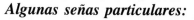

## **6** Minidiálogos: Unos encuentros

Prepare los diálogos según el modelo. Luego represéntelos con un(a) compañero(a) de clase.

MODELO: en la playa / Felipe Taveras / un compañero del colegio

—*Acabo de encontrarme con un chico muy simpático en la playa.*
—*¿Sí? ¿Cómo se llama?*
—*Felipe.*
—*¿Y cómo es?*
—*Es alto, delgado y moreno. Tiene el pelo ondulado.*
—*¡Ah, ya sé quién es! Lo conozco.*
—*¿De veras?*
—*Sí, es Felipe Taveras, un compañero del colegio.*

1. en un café / Isabel Díaz /
   la hija mayor de mis vecinos

3. en la cafetería / Verónica Chávez /
   una amiga de mi hermana

2. en el museo / José Soto /
   un primo de Enrique

4. en el restaurante / Eduardo Carranza /
   el novio de Catalina

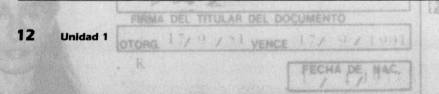

## Conversación dirigida

**En un café:** Guillermo, un estudiante, está en un café en el centro de Valencia. Allí empieza a charlar con Ada María, otra estudiante. Prepare el diálogo según las siguientes indicaciones.

| Guillermo | | Ada María |
|---|---|---|
| Guillermo asks Ada María if she is from Valencia | ⟶ ⟵ | says she is not from here and that she is on vacation . . . she lives in Salamanca |
| says that he has an older sister who lives in Salamanca . . . she is a nurse *(una enfermera)* . . . she works at the Hospital de Niños | ⟶ ⟵ | says that she knows a nurse who works at that hospital . . . asks Guillermo if his sister is a tall brunette with a ponytail and a beauty mark on the cheek |
| answers affirmatively and asks Ada María if she does know his sister, Marta Vera | ⟶ ⟵ | says of course . . . Marta Vera is her best friend |
| says that it is a real coincidence . . . what a small world! MUNDO ES UN PAÑUELO | | |

## Conversaciones libres

Prepare los diálogos que correspondan a las siguientes situaciones.

1. **En la oficina de pasaportes y visas:** Federico Peralta necesita un pasaporte porque va a Europa este verano. La dependiente de la oficina le pide sus datos personales y señas particulares.
   *Los personajes: la dependiente, Federico*
2. **Un niño perdido:** Mientras la Sra. Robles y su hijo Ricardito están de compras en un gran almacén, Ricardito se le pierde de vista en el departamento de juguetes. ¡Qué susto para la señora! Ella le da una descripción detallada de su hijo al detective del almacén.
   *Los personajes: la Sra. Robles, el detective*
3. **¡Qué viaje más estupendo!** Teodoro es un estudiante mexicano que pasó el verano en Europa. Le cuenta a su prima Carlota de la chica de sus sueños que conoció *(he met)* durante el viaje. Carlota quiere saber más del romance y le hace muchas preguntas sobre la chica.
   *Los personajes: Teodoro, Carlota*

# Estructuras gramaticales

## A. Los sustantivos

### Gender of nouns designating people

Nouns designating people (and animals) usually have masculine and feminine forms.

| MASCULINE ENDINGS | FEMININE ENDINGS | | |
|---|---|---|---|
| -o ⟶ | -a | el ingeniero | la ingeniera |
| | BUT: | el modelo | la modelo (*fashion model*) |
| | | el testigo | la testigo (*witness*) |
| -a ⟶ | -a | el artista | la artista |
| -e ⟶ | -e | el cliente | la cliente |
| | -a | el presidente | la presidenta |
| -or ⟶ | -ora | el doctor | la doctora |
| -án, -ón, -és ⟶ | -ana, -ona, -esa | el capitán | la capitana |

➤ A few nouns have irregular feminine forms.

| | |
|---|---|
| el actor | la actriz |
| el rey (*king*) | la reina (*queen*) |

➤ A few nouns are always of the same gender, whether they designate men or women.

| | |
|---|---|
| una persona | *a person (male or female)* |
| una víctima | *a victim (male or female)* |
| la gente | *people (male or female)* |

➤ A few masculine nouns have corresponding feminine nouns that are totally different.

| | |
|---|---|
| el hombre | la mujer |

## Plural of nouns

|  | SINGULAR ENDINGS | PLURAL ENDINGS |  |  |
|---|---|---|---|---|
| REGULAR | VOWEL | -s | el amigo | los amigos |
|  | CONSONANT | -es | el programador | los programadores |
|  | -y | -es | el rey | los reyes |
| OTHER | -z | -ces | la actriz | las actrices |
|  | -és | -eses | el inglés | los ingleses |
|  | -án | -anes | el capitán | los capitanes |
|  | -ín | -ines | el jardín | los jardines |
|  | -ón | -ones | la reunión | las reuniones |
|  | -en | -enes (+ accent) | el examen | los exámenes |
|  | -s (not -és) | — | el lunes | los lunes |
|  |  | BUT: | el mes | los meses |
|  |  |  | el dios | los dioses |

## *1* Sustituciones

Reemplace las palabras en cursiva *(italics)* por las palabras entre paréntesis.
Haga los cambios necesarios.

MODELO: Mi hermano *Rodolfo* es estudiante. (Clara)
*Mi hermana Clara es estudiante.*

1. *Juan Carlos* es el rey de España. (Sofía)
2. Mi primo *Javier* es ingeniero. (Inés y Carlota)
3. *Ana y Teresa*, las hijas del Sr. Quiñones, son artistas. (Felipe)
4. El joven que está en el café es modelo para una agencia de publicidad. Se llama *Carlos* Avilar. (Juanita)
5. *Felipe* Ordóñez, mi vecino, es programador. (Marta y Alicia)
6. Conozco a una escultora que se llama *Amalia* Sánchez. (Luis)
7. *Tomás* es el joven que acaba de ganar el premio *(prize)* como mejor actor del colegio. (Felicia y Matilda)
8. La persona que acaban de llevar al hospital es la *Sra. Peña*, la víctima del accidente. (Sr. Peña)

# B. Los adjetivos

## Feminine forms

Adjectives ending in **-o** in the masculine end in **-a** in the feminine.
Most other adjectives have identical masculine and feminine forms.

> un amigo **simpático**, **popular**, **inteligente** y **cortés**
> una amiga **simpática**, **popular**, **inteligente** y **cortés**

➡ Adjectives ending in **-or** , **-án** , **-ón** end in **-ora** , **-ana** , **-ona** .

> El estudiante es **trabajador**.    No es **holgazán** *(lazy)*.
> La estudiante es **trabajadora**.    No es **holgazana**.
> BUT: **Mayor**, **menor**, **mejor**, **superior** remain the same in the feminine.
> mi hermano **mayor**      mi hermana **mayor**

➡ Most adjectives of nationality end in **-a** in the feminine.

> un doctor **español**      una doctora **española**
> un artista **francés**      una artista **francesa**
> BUT: un periodista **israelí**      una periodista **israelí**

## Plural forms

Plural adjectives are formed according to the same patterns as plural
nouns.

> un estudiante **serio** y **conservador**      unos estudiantes **serios** y **conservadores**

## Position

Adjectives of description usually come *after* the noun they modify.
> Luisa es una estudiante **mexicana**.

➡ The masculine singular adjectives **bueno**, **malo**, **primero**, and **tercero**
become **buen**, **mal**, **primer**, and **tercer** when used before a noun.
> un artista **bueno**      un **buen** artista
> un estudiante **malo**      un **mal** estudiante

➡ The adjective **grande** becomes **gran** before a singular noun (masculine
or feminine).
> un **gran** problema      una **gran** reunión

➡️ A few adjectives have two different meanings depending on whether they are used before or after the noun they modify.

| | |
|---|---|
| una ciudad **grande** | *a large city* |
| una **gran** ciudad | *a great ( = fabulous) city* |
| el hombre **pobre** | *the poor ( = not wealthy) man* |
| el **pobre** hombre | *the poor ( = unfortunate) man* |
| una amiga **vieja** | *an old ( = elderly) friend* |
| una **vieja** amiga | *an old ( = of long standing) friend* |

## 2 Sí y no

Lea las siguientes descripciones. Luego diga lo que son y lo que no son las personas mencionadas, usando los adjetivos entre paréntesis.

MODELO: Luisa es de Madrid. (español / inglés)
   *Es española. No es inglesa.*

1. Roberto y Enrique estudian mucho. (holgazán / trabajador)
2. Inés mide *(measures)* 1 metro 70. (bajo / alto)
3. Bárbara y Mónica son de Nueva York. (irlandés / estadounidense)
4. Andrés y Pablo practican muchos deportes. (débil / fuerte)
5. Marta y Marianela creen en el progreso social. (liberal / conservador)
6. Esos chicos tienen buenos modales *(manners)*. (cortés / mal educado)
7. Esas chicas siempre quieren saberlo todo. (discreto / preguntón [*inquisitive*])
8. Las nuevas secretarias tienen mucha experiencia. (eficaz [*efficient*] / incompetente)

Clarín
El gran diario argentino.

## 3 Descripciones

Describa a las siguientes personas y lugares usando los sustantivos y adjetivos entre paréntesis. ¡Tenga cuidado con la posición del adjetivo en la oración!

MODELO: El Sr. Ricardo no tiene dinero. (hombre / pobre)
   *Es un hombre pobre.*

1. María y Dolores viven en Bogotá. (chicas / colombianas)
2. Marcos nunca hace la tarea. (estudiante / malo)
3. La Sra. Domínguez tiene 80 años. (señora / vieja)
4. Madrid tiene muchos monumentos interesantes. (ciudad / grande)
5. Paco es un amigo del colegio. (amigo / viejo)
6. Este cocinero *(cook)* siempre prepara platos fabulosos. (cocinero / grande)
7. Este hombre no tiene familia. (hombre / pobre)
8. ¡Cuidado! Este perro muerde *(bites)*. (perro / malo)

# C. Los artículos definidos

## The definite articles: Forms

| SIMPLE | | CONTRACTED | |
|--------|------|----------------------------|----------------------|
| el     | los  | a + el → **al**            | Voy **al** cine.     |
| la     | las  | de + el → **del**          | ¿Vienes **del** café? |

➡ **La** becomes **el** before a feminine noun beginning with a stressed **a** (or **ha**).
   **el** agua fría      **el** hacha *(ax)*

## General uses

▎ As in English, the definite article introduces nouns used in a *specific*
context.

| | |
|---|---|
| **El** dinero está en **el** banco. | ***The*** money is in ***the*** bank. |
| **Los** abogados están en **la** oficina. | ***The*** lawyers are in ***the*** office. |

▎ Unlike English, the definite article introduces nouns used in a *general*,
*abstract*, or *collective sense*.

| | |
|---|---|
| **El** dinero no trae **la** felicidad. | *(**In general**), money does not bring happiness.* |
| **Los** abogados conocen **la** ley. | *(**In general**), lawyers know the law.* |

## Particular uses

The definite article is also used:

(1) with titles (but not when addressing a person directly)

| | |
|---|---|
| **el** Sr. Martínez | **la** Srta. Ortega |
| **el** profesor Andrade | **la** doctora Mateos |
| **el** rey Juan Carlos | **la** reina Sofía |

(2) with parts of the body and personal possessions (such as clothing)

| | |
|---|---|
| Elena tiene **los** ojos azules. | *Elena has blue eyes.* |
| Me lavo **las** manos. | *I am washing **my** hands.* |
| Ramón se quita **la** chaqueta. | *Ramón takes off **his** jacket.* |

(3) with dates

| | |
|---|---|
| Salimos **el** dos de septiembre. | *We are leaving on September second.* |
| Tengo una cita con Clara **el** once de octubre. | *I have a date with Clara on October 11.* |

(4) with times of day

Son **las** nueve y media.        *It is nine-thirty.*

(5) with days of the week (except to say what day it is)

| | |
|---|---|
| Me voy **el** martes próximo. | *I'm leaving next Tuesday.* |
| Salimos **los** sábados por la noche. | *We go out on Saturday nights.* |
| BUT: Hoy es viernes. | *Today is Friday.* |
| Mañana es martes. | *Tomorrow is Tuesday.* |
| Ayer fue sábado. | *Yesterday was Saturday.* |

(6) with the names of certain countries and cities

| | |
|---|---|
| **la** Argentina | **el** Perú |
| **el** Canadá | **los** Estados Unidos |
| **el** Ecuador | **el** Cuzco |

(7) with the names of languages when used as the subject of a sentence

**El** español es un idioma importante.

BUT: the article is often omitted after verbs such as **hablar**, **estudiar**, **aprender**, **entender**, **enseñar**, unless these verbs are modified by an adverb. Compare:

Adela **habla inglés.**      Adela **habla bien el inglés.**

## *4* Lo que hacen

Usando los artículos necesarios, describa en oraciones completas lo que hacen las siguientes personas.

MODELO: Dra. Cuevas / tiene que trabajar / sábados por la noche / en / sala de emergencia
*La Dra. Cuevas tiene que trabajar los sábados por la noche en la sala de emergencia.*

1. Srta. Durán / habla bien / inglés / pero / habla mejor / francés
2. viernes próximo / profesor Gutiérrez / se va de / Canadá / para ir a / Francia
3. mi padre / se quita / zapatos / y se pone / zapatillas *(slippers)*
4. voy a visitar a / doctora Mateos / porque / me duelen / cabeza / y / garganta
5. después de visitar / Perú / vamos a visitar / Bolivia / y / Argentina
6. mexicanos / y / puertorriqueños / constituyen / grupos étnicos importantes / en / Estados Unidos
7. hoy en día / hombre / y / mujer / son / iguales
8. me gusta / música clásica / pero / prefiero / rock

# D. Los artículos indefinidos

## The indefinite articles: Forms

| | |
|---|---|
| un | unos |
| una | unas |

→ The plural articles **unos** / **unas** correspond to the English *some* and *a few* and are often omitted.

Tengo (**unos**) amigos en Salamanca.

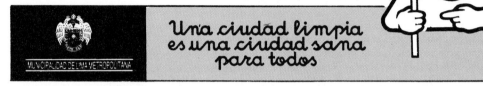

Una ciudad limpia es una ciudad sana para todos

MUNICIPALIDAD DE LIMA METROPOLITANA

## Omission of the indefinite article

The indefinite article **un** / **una** is *omitted:*

(1) with names of professions used after the verbs **ser** and **hacerse** *(to become),* unless the profession is modified by an adjective.

Mi prima es **abogada**.
Felipe quiere hacerse **ingeniero**.
BUT: Mi prima es **una excelente abogada**.

(2) after verbs such as **tener**, **llevar**, **poseer** *(to possess),* and **hay** when the concept of quantity *(one)* is not emphasized and especially if the sentence is negative or interrogative.

| | |
|---|---|
| No tengo **coche**. | *I don't have **a car**.* |
| ¿Por qué no llevas **sombrero**? | *Why don't you wear **a hat**?* |
| ¿Hay **examen** hoy? | *Is there **an exam** today?* |

(3) after **con** and **sin**, when the concept of quantity is not emphasized.

| | |
|---|---|
| ¡No salgas sin **impermeable**! | *Don't leave without **a raincoat**!* |

(4) with words such as **otro** *(other),* **tal** *(such),* **medio** *(half),* **¡qué** *(what).* . . !

| | |
|---|---|
| Necesito **otro lápiz**. | *I need **another pencil**.* |
| Dame **media taza** de café. | *Give me **half a cup** of coffee.* |
| ¡Qué **bonita casa**! | *What **a beautiful house**!* |

## Un poco más

1. The definite and indefinite articles are often used with adjectives to form a noun.

| la joven | *the young woman* | un gordo | *a fat man* |
|---|---|---|---|
| el viejo | *the old man* | una francesa | *a French woman* |
| el azul | *the blue one* | los rojos | *the red ones* |

2. The indefinite articles **unos** and **unas** are often used with numbers to indicate an approximation.

Hay **unos veinte** estudiantes en la clase.      *There are **about twenty** students in the class.*
Saqué **unas cien** fotos de Madrid.      *I took **about a hundred** pictures of Madrid.*

## 5 Minidiálogos: Sus profesiones

Prepare los diálogos según el modelo. Luego represéntelos con un(a) compañero(a) de clase.

MODELO: Mi prima / para "El Progreso" / secretaria / periodista famosa
—*Mi prima trabaja para "El Progreso".*
—*¿Es secretaria?*
—*¡No! Es periodista. Es una periodista famosa.*

1. Raúl Campos / en el café de las Artes / camarero / gerente (*manager*) muy competente
2. La Sra. Echegaray / para una firma de computadores / programadora / ingeniera de informática
3. Anita Duarte / en el Hospital General / enfermera / médica internista
4. mi hermano / para el Hotel Universo / gerente / recepcionista bilingüe
5. yo / para el Banco Industrial y Mercantil / mecanógrafo(a) (*typist*) / ejecutivo(a) internacional

## 6 ¿El artículo o no?

Complete las siguientes oraciones con el artículo indefinido solamente cuando sea necesario.

1. Por favor, ¡dame . . . otra taza de café!
2. El avión para Lima sale en . . . media hora.
3. Clara lleva . . . blusa azul.
4. Isabel quiere ser . . . periodista como su mamá.
5. ¡Qué . . . corbata más bonita! ¿Dónde la compraste?
6. La Sra. Ayala es . . . abogada muy competente.
7. ¿No hay . . . microcomputadora en el laboratorio?
8. Sí, hay . . . microcomputadora pero es para el profesor.

# *E*. Ser *y* estar

## *Forms*

| ser | estar |
|---|---|
| **Soy** francés. | **Estoy** en París. |
| ¿De dónde **eres**? | ¿**Estás** de vacaciones? |
| Elena **es** ingeniera. | **Está** en el laboratorio. |
| **Somos** estudiantes responsables. | **Estamos** listos para el examen. |
| ¿**Sois** liberales? | ¿**Estáis** de acuerdo con ese programa? |
| Los autobuses **son** grandes. | **Están** llenos de turistas. |

## *Uses*

Although **ser** and **estar** both mean *to be,* they have very specific uses and cannot be substituted for one another.

**Ser** is used to describe *basic traits* and *relatively permanent characteristics.* **Ser** tells *who* or *what* the subject is. It is used to indicate:

| | |
|---|---|
| *nationality or origin* | Mi prima **es** peruana. **Es** de Lima. |
| *profession* | **Es** abogada. |
| *physical traits* | **Es** rubia. **Es** joven. |
| *basic personality traits* | **Es** una persona simpática. |

➡ **Ser** is also used to indicate *possession, time,* and *date.*

| | |
|---|---|
| *possession* | ¿De quién **es** el libro? **Es** de Julia. |
| *time and date* | **Es** la una. Hoy **es** el cinco de mayo. |

**Estar** is used to describe *states* and *conditions* especially when they are temporary and subject to change. **Estar** tells *how* the subject is or feels. It is used to indicate:

| | |
|---|---|
| *physical condition* | **Está** enfermo. No **está** bien. |
| *feelings and emotions* | **Está** preocupado por su salud. |

➡ **Estar** is also used to indicate *location.* It tells *where* the subject is.

| | |
|---|---|
| *permanent location* | El hospital **está** en la Calle Colón. |
| *temporary location* | Felipe **está** en el hospital. |

Some adjectives may change meaning or connotation according to whether they are used with **ser** or **estar**.

1. **ser** = *inherent characteristic or norm;* **estar** = *characteristic subject to change*

   Los tomates **son** rojos.          *Tomatoes **are (naturally)** red.*
   Los tomates **están** verdes.      *The tomatoes **are** green (**now, but they will ripen**).*

   El hielo **es** frío.                    *Ice is (**naturally**) cold.*
   El té **está** frío.                     *The tea is cold (**it could be warmer**).*

2. **ser** = *permanent trait;* **estar** = *temporary condition*

   malo          Enrique **es malo** (*a bad person*).        Felipe **está malo** (*sick*).
   listo          Lucía **es lista** (*clever*).                   Adela **está lista** (*ready*).
   aburrido      ¡**Eres aburrido** (*boring*)!                **Estoy aburrido** (*bored*).

3. **ser** = *objective reality;* **estar** = *appearance*

   Marta **es** joven.          *Marta is young. (**She is only 15.**)*
   Su abuela **está** joven.    *Her grandmother **looks** young (**although she is 85**).*

---

*Un poco más*

**Estar** is used with past participles to describe the result of a completed action or event.

   La ventana **está abierta.**      *The window is **open.***

---

## 7  Otras descripciones

Describa a las siguientes personas usando el adjetivo entre paréntesis con **ser** o **estar.**

1. El profesor tiene unos veinticinco años. (joven)
2. La enfermera tiene mucho trabajo. (ocupada)
3. Claudia tiene fiebre (*fever*). (mala)
4. Isabel lleva un vestido muy elegante. (muy bonita)
5. Carlos vive en San Juan. (puertorriqueño)
6. La Sra. Mateos vive en un palacio. (muy rica)
7. Jorge detesta hablar en público. (tímido)
8. Carmen practica muchos deportes. (atlética)
9. Felipe tiene gripe. (enfermo)
10. Alberto tiene sueño. (cansado)

**Donde está el deporte, está Coca-Cola.**

MUNDOBASKET ESPAÑA 86
Bebe Coca-Cola
BEBIDA OFICIAL MUNDOBASKET 86

## 8 ¿Ser o estar?

Complete las siguientes oraciones con las formas correctas de **ser** o **estar**.

1. Esos estudiantes . . . responsables pero hoy . . . un poco nerviosos porque tienen el examen final.
2. Felipe . . . el mejor atleta del colegio. Hoy no juega en el partido de fútbol porque . . . enfermo con pulmonía.
3. Paco . . . generalmente optimista. Hoy . . . un poco triste porque no recibió cartas de su novia.
4. ¿Cómo . . . , Pancho? ¡ . . . muy pálido (*pale*)! ¿ . . . cansado? Bueno, puedes sentarte en la silla que . . . en la primera fila (*row*). No . . . ocupada.
5. Marisol . . . una chica muy elegante. Hoy . . . elegante aunque (*even though*) lleva blue jeans y botas.
6. ¡Los alumnos . . . aburridos porque el maestro . . . tan aburrido!
7. Silvia . . . peruana. . . . de Lima pero ahora no . . . en Lima. . . . de vacaciones con su familia.
8. ¿Sabes dónde . . . el Hotel Excelsior? . . . en la Plaza Mayor. . . . muy cómodo, ¡y muy caro!
9. No beba Ud. el café que . . . en la mesa. ¡ . . . frío!
10. Los plátanos . . . frutas tropicales. Esos plátanos . . . verdes porque no . . . maduros (*ripe*).
11. Claro, la leche . . . buena para los niños pero la leche que compraste ayer no . . . buena. ¡ . . . agria (*sour*)!

## 9 Yo y los otros

Describa a las siguientes personas, usando **ser** o **estar**.

MODELO: Yo: ¿rubio o moreno?
*Soy moreno(a).*

1. Yo: ¿norteamericano o mexicano? ¿alto o bajo? ¿cansado o activo? ¿en clase o en casa? ¿alegre o triste? ¿aburrido o interesado?
2. El profesor: ¿divertido o serio? ¿de buen humor o de mal humor? ¿de Nueva York o de otra parte?
3. Mis abuelos: ¿jóvenes o viejos? ¿enfermos o de buena salud? ¿en casa o de viaje?
4. Mi perro (o mi gato): ¿gordo o delgado? ¿en casa o afuera (*outside*)? ¿inteligente o estúpido? ¿tranquilo o nervioso? ¿feroz (*fierce*) o manso (*tame*)?
5. El presidente: ¿joven o viejo? ¿liberal o conservador? ¿casado o soltero? ¿en Washington o de viaje?

# *Lecturas literarias*

## Introducción

El escritor argentino, Juan Carlos Moreno, que nació en 1905, debe su fama a su libro *Nuestras Malvinas*[1] (1938), que fue el resultado de un viaje de estudio.

Moreno es sobre todo novelista (*Tiempos amargos*,[2] 1935) y cuentista (*Cuentos del campo y la ciudad*, 1939). Sus obras presentan la vida contemporánea argentina a través de valores humanos como la honra,[3] el trabajo y el amor por el prójimo[4] al mismo tiempo que enfatiza[5] la necesidad de justicia social.

El sentido del humor del autor se puede ver en su cuento ''Una hija singular''. Un joven viajero, a bordo del buque de Buenos Aires a Montevideo, observa a una niña porteña[6] que parece enferma. Algo le inspira sospecha.[7] ¿Va a ser la niña víctima de un crimen?

Avenida de Mayo, Buenos Aires, Argentina, *circa* 1920

---

*Palabras claves*

el buque *(steamship)*: el salón de música   el capitán   el pasillo *(corridor)*
la playa: el bañista *(bather)*   la ballena *(whale)*   el tiburón *(shark)*   las olas *(waves)*
el caballero *(gentleman)*: la maleta *(suitcase)*   una mirada siniestra *(sinister look)*
la hija: el cuello *(neck)*   el cuerpo doblado *(doubled over)*   la muñeca *(doll, puppet)*
acciones: encerrar [ie] *(to lock up)*

　　　　　　obrar de prisa *(to work fast; to act quickly)*

　　　　　　detener a alguien *(to stop someone)*

---

[1] **(Las) Malvinas** Falkland Islands   [2] **amargos** bitter   [3] **honra** honor   [4] **prójimo** one's neighbor   [5] **enfatiza** he emphasizes
[6] **porteña** de Buenos Aires   [7] **sospecha** suspicion

# Una hija singular

## Juan Carlos Moreno

A. A BORDO DEL BUQUE

*I go*

*corner*

*I begin*

A las nueve subo al buque. Observo a los pasajeros, pero como ninguno me llama la atención, *me dirijo* al salón de música y me siento a leer.

A medianoche noto en un *rincón* a un caballero vestido de negro, y junto a él, una niña. "¡Ah, qué interesante!" —me digo— y *me* 5 *pongo* a contemplarla. Es rubia, blanca y muy bonita. Tiene los ojos azules, la boca pequeña, y el cuello un poco rígido.

—¿Tienes sueño, Gioconda? —le pregunta el caballero.

—No, papá —responde ella.

—Mañana, hija, vamos a llegar a Montevideo. ¿Quieres ir a la 10 playa?

—No, papá. Tengo miedo de las olas.

*Don't be*

—¡*No seas* tonta, Gioconda!

—Bueno, papá, no voy a ser tonta.

Era un diálogo curioso. Las palabras de la niña parecen absurdas. 15 Sin duda es tímida. ¡Pobrecita! . . . ¿O quizás está enferma? . . .

B. UNA CONVERSACIÓN MUY EXTRAÑA

*suddenly*

—¡Papá! —exclama *de pronto* la niña.

—¿Qué, Gioconda?

—¿Hay ballenas en la playa?

—No, no hay ballenas. 20

—¿Hay tiburones, papá?

—¡Tampoco!

—¿Y qué es lo que hay?

—Hay bañistas.

—¿Y qué son bañistas, papá? 25

—Unos animales inofensivos, Gioconda.

*that scares me*

—¡Ay, papá, *me da miedo*!

*I'm locking you up*

—Entonces *te encierro* otra vez en mi maleta . . .

Gioconda guarda silencio, y otra vez vuelve a decir:

—¡Papá! 30

—¿Qué, Gioconda?

—Ese joven me está mirando. ¿Lo miro, papá?

—Si te mira con buenos ojos . . .

—Me mira con buenos ojos, y me sonríe . . .

—En ese caso, vamos a dormir —dice el caballero, echándome 35
una mirada siniestra. *Yo me puse* a leer . . .

*I began*

## C. ¿DÓNDE ESTÁ GIOCONDA?

Poco después veo que el caballero sale solo. ¡Su hija *ha
desaparecido*! Sin duda la *ha puesto* en su maleta, que es muy
grande. Lo sigo. Al *fondo* de un pasillo veo que abre una cabina,
entra y la cierra violentamente.

*has disappeared / has put*

*end*

40

Esa noche no puedo dormir. Es un padre extraño con una hija
muy singular. La idea de que ese hombre sea tan cruel con su
hija me parece monstruosa, pero . . . Y comprendo entonces por
qué Gioconda tiene el cuello tan rígido.

### El Uruguay y la Argentina

Playa de Los Pocitos, Montevideo, Uruguay

Antes del siglo XIX, durante la época colonial, la Argentina y el Uruguay formaban parte del virreinato[1] del Río de la Plata. A principios del siglo XX, la ciudad de Buenos Aires creció[2] rápidamente con la llegada de miles de inmigrantes europeos que venían de Italia, España y Alemania. Para los porteños (los habitantes de Buenos Aires), su país vecino, el Uruguay, les ofrecía las playas más cercanas y los uruguayos, a su vez,[3] podían gozar de[4] la vida cultural y comercial del centro internacional que era la ciudad de Buenos Aires. Ya en los años 1930 y 1940 existía una línea de buques que viajaban por la noche y a diario[5] entre Buenos Aires y Montevideo.

Con sus hermosas playas, la costa uruguaya se extiende por más de 300 kilómetros. El progreso y la popularidad del avión permiten el desarrollo del balneario[6] de Punta del Este que queda lejos de la capital y atrae congresos internacionales y un turismo elegante.

[1] **virreinato** viceroyalty  [2] **creció** grew  [3] **a su vez** in turn  [4] **gozar de** enjoy  [5] **a diario** daily  [6] **balneario** seaside resort

A las siete de la mañana llegamos a Montevideo. Observo a 45
todos los pasajeros, y un *sudor* frío me *corre* por todo el cuerpo:

*sweat / runs*

¡el misterioso caballero va solo, con su maleta en la mano! Comprendo que es necesario obrar de prisa, y le grito al capitán:

—¡Capitán! ¡*Detenga* a ese hombre, por favor! ¡Lleva a una

*Stop*

niña encerrada en su maleta! 50

—¿Qué dice usted? —pregunta sorprendido el capitán.

—¡Que detenga a ese hombre, antes de bajar! Es un criminal.
¡En la maleta lleva a su hija!

—¡A su hija! ¡Eso no puede ser!

—Sí, capitán. Deténgalo usted. En la maleta lleva a su hija. 55

*dead*

¡Pobrecita! . . . ¡Quizás está ya *muerta*, créamelo usted!

*approaches*

El capitán *se le acerca* al hombre, lo detiene y le ordena que
abra la maleta.

*customs*

—¿Por qué? . . . Eso se hace en la *aduana*.

—¡Abra la maleta digo yo! 60

*hatred*

Al reconocerme, el hombre me mira con *odio* pero la abre.

—¡Santo Dios! ¿Qué es eso? —exclama el capitán.

—Gioconda, mi hija.

El capitán y yo nos inclinamos a verla. Ahí está: el cuerpo
doblado, los cabellos rubios . . . 65

*bursts out laughing*

El capitán coge al hombre del brazo, y éste *suelta una carcajada*
que nos llena de sorpresa:

—¿Pero . . . no ven ustedes? . . . Miren: ¡Gioconda es una
muñeca!

Y lo es, como podemos verlo cuando el misterioso caballero 70

*springs / buttons*

nos muestra los tres *resortes* y los tres *botones* que tiene en la

*back*

*espalda*.

—Soy ventrílocuo —explica el hombre. Gioconda es mi mejor
colaboradora. Vamos a trabajar en un teatro de Montevideo.

*embarassment*

¡Cruel verdad! ¡Qué *bochorno*! Le pido disculpas al ventrílocuo 75

*port / shame / resolved*

y desciendo al *puerto* con él. Lleno de *vergüenza*, estoy *resuelto*

*things that aren't my business*

a no intervenir otra vez en *lo que no me importa*.

## ¿Comprendió Ud.?

### A. A BORDO DEL BUQUE

1. ¿Dónde está el narrador al principio (*beginning*) del cuento? ¿Qué hace?
2. A medianoche ¿qué le llama la atención?
3. ¿Cómo es la niña? ¿Cómo se llama?
4. ¿Por qué piensa el narrador que Gioconda está enferma?

### B. UNA CONVERSACIÓN MUY EXTRAÑA

5. ¿Le parece extraña a Ud. la conversación entre el caballero y la niña? Explique.
6. ¿Qué va a hacer el caballero si Gioconda tiene miedo?
7. Al escuchar la conversación, ¿por qué le sonrió el narrador a Gioconda? ¿Cómo reacciona el caballero?

### C. ¿DÓNDE ESTÁ GIOCONDA?

8. ¿Cuándo empieza a preocuparse el narrador?
9. ¿Qué pasa en el pasillo?
10. Durante la noche, ¿duerme bien el narrador? Explique.

Montevideo, Uruguay

### D. LA LLEGADA A MONTEVIDEO

11. Al llegar a Montevideo, ¿por qué le corre un sudor frío al narrador?
12. ¿Por qué el narrador le dice al capitán que debe detener al caballero?

### E. LA EXPLICACIÓN DEL MISTERIO

13. ¿Por qué lleva el caballero a Gioconda en su maleta? ¿Es su verdadera hija?
14. ¿Es un criminal el caballero? Explique.
15. ¿Cómo se siente el narrador al final del cuento?

## Puntos de vista

En un café de Montevideo, el ventrílocuo está hablando con un amigo.
Le describe la broma que le hizo (*the trick he played*) al joven pasajero.
Ud. debe continuar la narración.

> *Acabo de hacerle una broma estupenda a un joven pasajero del buque. Imagínate la escena. A medianoche yo estoy sentado con Gioconda en un rincón oscuro del salón de música. Me doy cuenta de que este joven me mira fijamente* (fixedly). *Empiezo a hablarle a Gioconda y naturalmente ella me responde . . .*

# Temas

1. ¿Es para Ud. el final del cuento una sorpresa total? o ¿cree Ud. que el autor le da suficientes indicaciones que Gioconda no es una verdadera niña? Explique su opinión.
2. Después de leer ''Una hija singular'', ¿piensa Ud. que es bueno intervenir en la vida de otros? ¿Por qué o por qué no?

## Mejore su español

The ability to recognize Spanish-English cognate patterns will significantly increase your reading vocabulary. Here are some common cognate patterns, many of which you encountered in Moreno's story.

|  | SPANISH | ENGLISH |  |  |
|---|---|---|---|---|
| *suffixes:* | **-ar** | **-ate** | contemplar | *contemplate* |
|  | **-ción** | **-tion** | atención | *attention* |
|  | **-oso** | **-ous** | curioso | *curious* |
|  | **-io** | **-e** | silencio | *silence* |
|  | **-mente** | **-ly** | modestamente | *modestly* |
|  | **-dad** | **-ty** | posibilidad | *possibility* |
|  | **-ía** | **-y** | geografía | *geography* |
| *spelling changes:* | **cu** | **qu** | ventrílocuo | *ventriloquist* |
|  | **t** | **th** | teatro | *theater* |
|  | **c** | **ch** | carácter | *character* |
|  | **j** | **x** | ejemplo | *example* |
|  | **i** | **y** | tipo | *type* |
|  | **f** | **ph** | fotógrafo | *photographer* |

It is also important to recognize verb endings:

|  | | | | |
|---|---|---|---|---|
| *present participle:* | **-ando** | **-ing** | mirando | *watching* |
|  | **-iendo** | **-ing** | corriendo | *running* |
| *past participle:* | **-ado** | **-ed** | doblado | *doubled over* |
|  | **-ido** | **-ed** | vestido | *dressed* |

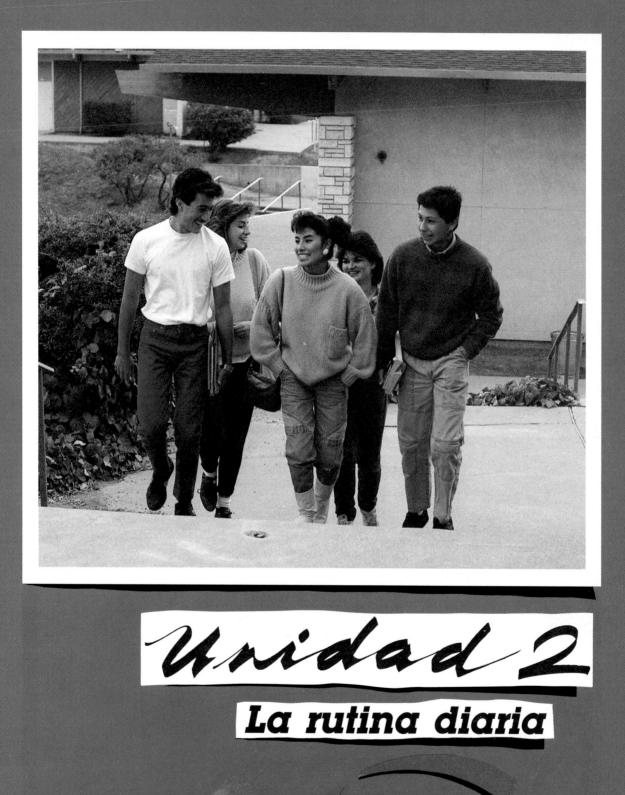

# Unidad 2
## La rutina diaria

# Escenas de la vida

## ¡Qué tranquilidad!

Vivir en un edificio de apartamentos es una delicia.° delight
Estos lugares ofrecen todas las ventajas del mundo: son
amplios,° cómodos° y agradables.° Sin embargo, no puede spacious / comfortable / nice
negarse° que de vez en cuando tienen sus inconvenientes.° it can't be denied / inconveniences

Un edificio de apartamentos moderno en el corazón
de Buenos Aires* . . . Son las seis de la mañana. ¡Qué
silencio más profundo! . . . De repente . . .

### Quinto piso

El despertador° suena° insistentemente en el aparta- alarm clock / rings
mento número 5. El Sr. Calvo se despierta sobresaltado.° with a jump
Se levanta a toda prisa.° Corre al cuarto de baño donde in a rush
se lava la cara y se cepilla los dientes. Conecta la afeitadora
y comienza a afeitarse. La afeitadora eléctrica produce un
agudo zumbido° . . . ZZZ . . . ZZZ . . . sharp buzzing

### Cuarto piso

El ruido de la afeitadora del Sr. Calvo despierta a la
Srta. Vela, vecina del cuarto piso. La Srta. Vela se des-
pereza,° bosteza° ruidosamente y por fin se levanta. Se stretches / yawns
pone la bata de casa° y va a la cocina para prepararse una bathrobe
taza de café negro. Mientras piensa en la desconsideración° thoughtlessness
del Sr. Calvo enciende° su flamante° molinillo de café° . . . turns on / brand new / coffee grinder
GRR . . . GRR . . .

*Comentario cultural*

* **Buenos Aires** Es la capital de la Argentina. Es la ciudad de habla
española más grande de Suramérica. Al estilo de las grandes ciudades
europeas, sus habitantes viven en grandes edificios de apartamentos.

### Tercer piso

El ruido del molinillo de la Srta. Vela despierta a la Sra. Delgado, vecina del tercer piso. Se levanta, enciende el radio, sube el volumen y empieza su programa de gimnasia aeróbica. Se acuesta° en el suelo y con mucho vigor comienza sus ejercicios. Levanta un pie: UNO, DOS; el otro: UNO, DOS . . . Ahora los brazos: UNO, DOS. De un salto,° se pone de pie° y comienza a saltar en el mismo lugar: UNO, DOS, TRES . . .

She lies down

With one jump, she gets on her feet

### Segundo piso

Los saltos gimnásticos de la Sra. Delgado despiertan al Sr. Cabezón, vecino del segundo piso. A toda carrera° se levanta temeroso° de que se le caiga el techo° en la cabeza. Va al cuarto de baño para darse una buena ducha.° Mientras se baña canta en voz alta° un aria de su ópera favorita: "¡TOREADOR! ¡TOREADOR!" . . .

At full speed
afraid / roof
shower
in a loud voice

### Primer piso

La voz melodiosa del Sr. Cabezón despierta a la Sra. Rivas, vecina del primer piso. Asustada° mira el reloj . . . "¡Cielos,° ya son las 7:15! Si no me doy prisa voy a perder el autobús". Se levanta corriendo, se baña a toda carrera, se viste, se peina, se maquilla° y sale sin desayunarse.

Frightened
Good heavens

puts her make-up on

### Planta baja

La Sra. Rivas se tropieza con° el Sr. Cordero en la puerta del edificio. El Sr. Cordero trabaja de recepcionista en el turno de noche° del Hotel Prado y regresa a esa hora de su trabajo. Cuando él llega a su apartamento de la planta baja° ya todos los vecinos están en sus trabajos. El Sr. Cordero se quita la ropa y se pone el pijama. Como está muerto de cansancio° se acuesta de inmediato. Medio dormido° piensa: "¡Qué suerte tengo de vivir en este edificio! . . . Aquí los vecinos no hacen ningún ruido. ¡Son tan considerados!° ¡Qué tranquilidad tan absoluta!"

bumps into

night shift

ground floor

dead tired

Half asleep

considerate

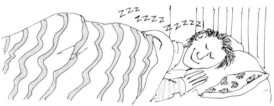

## Preguntas

1. ¿Qué ventajas tiene la vida en los grandes edificios?
2. ¿Qué hace el Sr. Calvo cuando se despierta?
3. ¿Por qué se despierta la Srta. Vela?
4. ¿Qué efecto tiene el molinillo de la Srta. Vela en la vecina del tercer piso?
5. ¿Por qué salta la Sra. Delgado?
6. ¿De qué tiene miedo el Sr. Cabezón?
7. ¿Por qué se levanta corriendo la Sra. Rivas?
8. ¿Cuál es la diferencia entre la rutina del Sr. Cordero y la de los otros personajes?
9. ¿Por qué piensa el Sr. Cordero que él tiene mucha suerte?
10. Según Ud., ¿qué desventajas tiene la vida en los grandes edificios?

# El español práctico

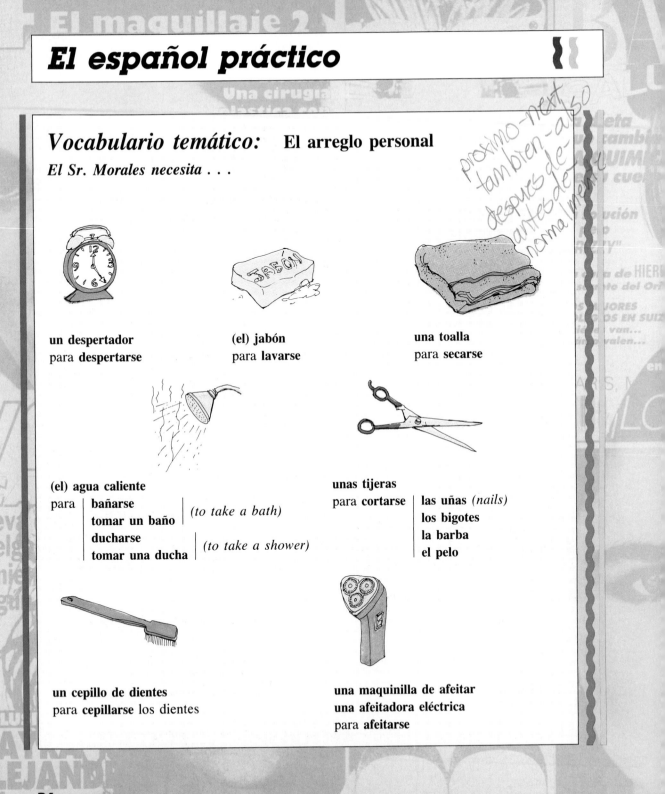

## Vocabulario temático: El arreglo personal

*El Sr. Morales necesita . . .*

**un despertador**
para **despertarse**

**(el) jabón**
para **lavarse**

**una toalla**
para **secarse**

**(el) agua caliente**
para
| bañarse | |
| tomar un baño | *(to take a bath)* |
| ducharse | |
| tomar una ducha | *(to take a shower)* |

**unas tijeras**
para **cortarse**
| las uñas *(nails)* |
| los bigotes |
| la barba |
| el pelo |

**un cepillo de dientes**
para **cepillarse** los dientes

**una maquinilla de afeitar**
**una afeitadora eléctrica**
para **afeitarse**

*(handwritten margin notes:)*
próximo–next
también–also
después de–
antes de–
normalmente

## La Sra. Morales necesita . . .

**(el) champú**
para **lavarse** | el pelo
el cabello

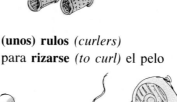

**(unos) rulos** *(curlers)*
para **rizarse** *(to curl)* el pelo

**un peine**
para **peinarse**

**un cepillo**
para **cepillarse** el pelo

**una secadora**
para **secarse** el pelo

**(el) lápiz de labios**
para **pintarse** | la boca
los labios

**(el) rimel**
**(la) máscara de ojos**
para **maquillarse las pestañas** *(eyelashes)*

---

## Otras cosas para el arreglo personal

**el espejo**  *mirror*
**el perfume**  *perfume*
**la colonia (el agua de colonia)**  *cologne*
**el desodorante**  *deodorant*
**la pasta dentífrica**  *toothpaste*
**la hoja de afeitar**  *razor blade*

**la crema de afeitar**  *shaving cream*
**las pinzas**  *tweezers*
**el maquillaje**  *make-up*
**la sombra de ojos**  *eye shadow*
**la laca para el cabello**  *hair spray*
**el esmalte de uñas**  *nail polish*

## Otras actividades diarias

| | |
|---|---|
| **levantarse** *to get up* | **ponerse** (una camisa) *to put on* (a shirt) |
| **arreglarse** *to fix oneself up* | **perfumarse** *to put perfume on* |
| **desayunarse** *to have breakfast* | **quitarse** (los zapatos) *to take off* (one's shoes) |
| **vestirse** [i] *to get dressed* | **acostarse** [ue] *to go to bed* |

## *1* Minidiálogos: ¡Por favor!

Prepare los diálogos según el modelo. Luego represéntelos con un(a) compañero(a) de clase.

MODELO:

—*Disculpa, ¿tienes el despertador?*
—*Sí, lo tengo. ¿Lo necesitas?*
—*Por supuesto. Quiero levantarme temprano.*

1. 2. 3. 4.

5. 6. 7. 8.

9. 10. 11.

## 2  Y ahora, ¿qué hacen?

Lea las descripciones y luego escriba tres frases diciendo lo que hacen las siguientes personas.

MODELO:  El partido de fútbol acaba de terminar. Los jugadores del equipo van al vestuario *(locker room)*.
*Se quitan el uniforme. Se duchan. Se secan.*

1. Beatriz Miranda, la famosa cantante de ópera, va a interpretar el papel de Carmen. Ahora está en su camerino *(dressing room)* y se prepara para la representación *(performance)*.
2. Carlos va a salir por primera vez con Diana Espinoza, una chica preciosa *(beautiful)*. Él la ha invitado a un restaurante muy elegante. Está arreglándose para la cita.
3. El despertador suena. ¡Qué ruido! Son las seis y media de la mañana y el Sr. Ruiz, un ejecutivo del Banco Popular, se levanta. Se prepara para un día de trabajo ocupadísimo.
4. Son las diez de la noche. Los niños tienen sueño y van a su dormitorio.

## 3  Preguntas personales

1. ¿A qué hora se despierta durante la semana? ¿Y los domingos? ¿Necesita despertador?
2. ¿Es madrugador(a)? *(early riser)* ¿Prefiere levantarse tarde o temprano?
3. ¿Es dormilón(ona) *(heavy sleeper)*? ¿A qué hora se acuesta generalmente? ¿Y los sábados por la noche?
4. ¿Qué le gusta desayunarse? (¿té? ¿café? ¿leche? ¿jugo de frutas?) ¿Qué come? (¿tostadas? ¿pan con mantequilla y mermelada? ¿huevos? ¿qué tipo de cereal?)
5. ¿Cómo se viste en el verano? ¿en el invierno? ¿en el otoño?

## *Vocabulario temático:*

## Verbos que expresan movimiento

| | | |
|---|---|---|
| **levantarse** | *to get up;* | ¿**Te levantas** temprano los domingos? |
| | *to stand up* | **Se levantaron** para aplaudir al presidente. |
| **sentarse** [ie] | *to sit down* | ¿Dónde **te sientas** en la clase de español? ¿en la primera fila? |
| **quedarse** | *to stay* | ¿**Te quedas** en casa los sábados por la noche? |
| **irse** | *to go away;* | ¿Cuándo **te vas**? ¿después de la cena? |
| | *to leave* | |
| **marcharse** | *to go away* | ¿Por qué **te marchas**? ¿No te gusta la película? |
| **darse prisa** | *to hurry* | ¿Por qué **te das prisa**? ¿Tienes una cita importante? |
| **acercarse** | *to come near,* | ¿Quién es el chico que **se acerca** a la rubia? |
| | *to approach* | ¿Es Paco? |
| **alejarse** | *to move away* | ¿Por qué **te alejas** de tus compañeros? |
| **moverse** [ue] | *to move;* | Voy a sacarle una foto. Por favor, ¡no **se mueva**! |
| | *to budge* | |
| **pararse** | *to stop (at a place)* | ¿**Te paras** cuando ves la luz roja? |

## *Para conversar*

### *Para llamar la atención*

| | |
|---|---|
| ¡**Perdón**, señorita! | |
| ¡**Dispense**, señor! | ¿Puede decirme a qué hora comienza la película? |
| ¡**Disculpe la molestia**! | ¿Puedo hacerle unas preguntas? |
| ¡**Con permiso**, señora! | |

### *Para pedir disculpas (to apologize)*

| | |
|---|---|
| ¡**Perdón**, señor! (¡**Perdona**, Adela!) | |
| ¡**Disculpe**, señora! (¡**Disculpa**, Emilio!) | Llego tarde porque el tren se retrasó *(was delayed)* media hora. |
| ¡**Lo siento mucho**, señorita! | |
| ¡**Mil disculpas**, María! | |

## 4 ¿Por qué?

Complete los siguientes diálogos de manera lógica usando la forma apropiada de los verbos reflexivos del *Vocabulario temático*. Luego, represente cada diálogo con un(a) compañero(a) de clase.

1. —¿Por qué . . . enfrente de esa tienda?
   —Hombre, no ves que están exhibiendo los videocassettes de los grupos musicales más populares del momento?

2. —¿Por qué . . . , Miguel? ¿No quieres almorzar con nosotros?
   —Sí, pero tengo una cita con Dolores a la una. ¡Adiós!

3. —¿Por qué . . . , Carmen?
   —El autobús pasa en diez minutos y no quiero perderlo.

4. —¿Por qué . . . ? ¿No te gusta el concierto?
   —¡No! ¡Es aburrido!

5. —Rafael, ¿por qué . . . en la primera fila en la clase de inglés? ¿Es para escuchar mejor al profesor?
   —¡No! ¡Es que la chica a mi izquierda es muy simpática!

6. —¡Isabel! Ya son las ocho. ¿Por qué . . . en cama?
   —Mamá, no me siento bien. Creo que tengo gripe.

7. —¡Marcos! ¡Son las siete! ¿Por qué . . . tan temprano?
   —¡Hombre! Tengo un examen esta mañana y quiero repasar la asignatura una vez más antes de ir al colegio.

8. —Felipe, ¿por qué . . . de mí?
   —Disculpa, Clarita, pero tengo gripe y no quiero contagiarte *(to infect you)*.

9. —Niño, ¿por qué . . . a mí? ¿Es para darme un besito *(kiss)*?
   —Sí, mamá, y también quiero contarte un secreto.

10. —Rubén, ¿por qué no . . . ?
    —¡Hombre! ¿No ves que acabo de romperme la pierna?

## Conversaciones dirigidas

Prepare los diálogos según las siguientes indicaciones. Luego, represéntelos con un(a) compañero(a) de clase.

**1. En un salón de belleza:** Estamos en un salón de belleza. Una agente de publicidad está haciendo una encuesta *(survey)* sobre el uso de productos de belleza. Entrevista a una cliente.

| la agente de publicidad | | la cliente |
|---|---|---|
| greets the client, getting her attention, and asks whether she may ask a few questions | → ← | replies affirmatively |
| asks what brand *(marca)* of soap she uses | → ← | says she uses "Dorado" |
| asks what type of shampoo she washes her hair with | → ← | says she washes her hair with "Champú Maravilla" |
| asks whether the client is familiar with the brand "Belcolor" | → ← | says yes, but that she does not use it . . . it is very expensive |
| offers her a free sample *(una muestra)* | → ← | thanks the woman and says she will wash her hair with it |
| closes the interview politely | | |

**2. Compañeros de cuarto:** Marcos y Tomás son compañeros de cuarto en la Universidad de Salamanca.

| Marcos | | Tomás |
|---|---|---|
| gets Tomás' attention and asks why he is using his (that is, Marcos') razor | → ← | apologizes and says that he needs to shave and cannot find his razor blades |
| asks why Tomás is also taking his hairdryer | → ← | says that he needs it because he is going to wash his hair |
| asks why Tomás is fixing himself up | → ← | tells Marcos that he has a date |
| asks at what time | → ← | says at 9:00 |
| tells Tomás he has to hurry because it is already 8:30 | → ← | says he is going to leave soon |
| tells him that before leaving he should wipe off *(limpiarse)* the soap that he has on his nose | | |

## Conversaciones libres

Prepare las escenas que siguen con un(a) compañero(a) de clase. Use, cuando sea apropiado, el vocabulario de *Para llamar la atención* y *Para pedir disculpas*.

1. Ud. se encuentra en un pequeño hotel en un pueblo español. Se da cuenta de que no hay ni jabón ni toallas ni agua caliente en el baño de su habitación. Explíquele a la criada o al mozo su problema. La criada (el mozo) ofrece algunas excusas y trata de resolver el problema.

2. Ud. es actor (actriz) y acaba de llegar al aeropuerto de la ciudad de México. Allí descubre que sus maletas con todos sus efectos personales (maquillaje, afeitadora eléctrica, etc.) se han perdido. Usted le explica al agente por qué necesita cada uno de sus efectos personales y que esto es un problema muy serio. El agente trata de calmarlo.

3. Ud. es estudiante de la Universidad de Quito. Está buscando a un(a) compañero(a) de cuarto para el trimestre próximo. Le explica a otro(a) estudiante cuál es su rutina diaria y cuáles son sus hábitos personales. Luego usted le pregunta al (a la) estudiante sobre sus hábitos.

4. Mañana Ud. tiene una entrevista importante para un trabajo. Explíquele a su compañero(a) de cuarto lo que va a hacer por la mañana para prepararse.

# Estructuras gramaticales

## A. Verbos con cambios en el radical

Many verbs use regular endings in the present indicative but have spelling changes in the stem. Review the forms of these stem-changing verbs.

**PRESENT INDICATIVE: VERBS IN -AR AND -ER**

| STEM CHANGE | e → ie | | o → ue | | u → ue |
|---|---|---|---|---|---|
| INFINITIVE | pensar | querer | contar | volver | jugar |
| yo | pienso | quiero | cuento | vuelvo | juego |
| tú | piensas | quieres | cuentas | vuelves | juegas |
| él, ella, Ud. | piensa | quiere | cuenta | vuelve | juega |
| nosotros | pensamos | queremos | contamos | volvemos | jugamos |
| vosotros | pensáis | queréis | contáis | volvéis | jugáis |
| ellos, ellas, Uds. | piensan | quieren | cuentan | vuelven | juegan |

**PRESENT INDICATIVE: VERBS IN -IR**

| STEM CHANGE | e → ie | o → ue | e → i |
|---|---|---|---|
| INFINITIVE | sentir | dormir | pedir |
| yo | siento | duermo | pido |
| tú | sientes | duermes | pides |
| él, ella, Ud. | siente | duerme | pide |
| nosotros | sentimos | dormimos | pedimos |
| vosotros | sentís | dormís | pedís |
| ellos, ellas, Uds. | sienten | duermen | piden |

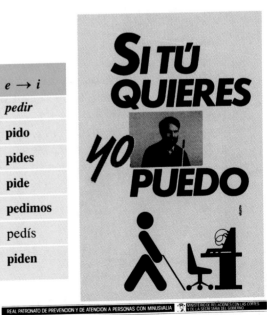

SI TÚ QUIERES YO PUEDO

REAL PATRONATO DE PREVENCION Y DE ATENCION A PERSONAS CON MINUSVALIA   MINISTERIO DE RELACIONES CON LAS CORTES Y DE LA SECRETARIA DEL GOBIERNO

# Vocabulario: Verbos con cambios en el radical

**VERBOS QUE TERMINAN EN -AR Y -ER**

| el cambio e → ie | el cambio o → ue | el cambio u → ue |
|---|---|---|

**el cambio e → ie**

**cerrar**  *to close, shut*
**comenzar**  *to begin, start*
**despertar**  *to wake (someone) up*
**empezar**  *to begin, start*
**pensar**  *to think*
**quebrar**  *to break*

**el cambio o → ue**

**almorzar**  *to have lunch*
**contar**  *to tell, relate*
**costar**  *to cost*
**encontrar**  *to find; to meet*
**mostrar**  *to show*
**probar**  *to try; to taste*
**recordar**  *to remember*
**sonar**  *to ring, sound*
**soñar**  *to dream*

**el cambio u → ue**

**jugar**  *to play*

**defender**  *to defend*
**descender**  *to descend, go down*
**encender**  *to light; to turn on*
**entender**  *to understand*
**perder**  *to lose; to miss (a bus)*
**querer**  *to want; to like, love*

**devolver**  *to return, give back*
**mover**  *to move*
**oler**  *to smell*
**poder**  *to be able to; can*
**resolver**  *to solve*
**soler**  *to be used to, accustomed to*
**volver**  *to come back, return*

**VERBOS QUE TERMINAN EN -IR**

| el cambio e → ie | el cambio o → ue | el cambio e → i |
|---|---|---|

**el cambio e → ie**

**advertir**  *to warn, advise*
**mentir**  *to lie*
**preferir**  *to prefer*
**sentir**  *to feel; to be sorry*

**el cambio o → ue**

**dormir**  *to sleep*
**morir**  *to die*

**el cambio e → i**

**pedir**  *to ask for*
**reír**  *to laugh*
**repetir**  *to repeat*
**seguir**  *to follow*
**servir**  *to serve*
**sonreír**  *to smile*

➤ With the present tense of **oler, o → hue.**

    El perfume **huele** bien.

➤ **Reír** and **sonreír** have an accent over the **í** in all forms.

    ¿Por qué **sonríes**?

➤ With **seguir, gu → g** before **o** (and **a**).

    **Sigo** las prescripciones del médico.

## 1 ¿Qué hacen?

Describa lo que hacen las siguientes personas y cosas, usando los verbos entre paréntesis.

1. tú (cerrar los ojos / dormirse / soñar con las vacaciones)
2. el camarero (mostrar el menú / encender las velas [*candles*] / servir la comida)
3. yo (pedir el mapa de la ciudad / seguir las instrucciones / sin embargo perderme en las calles de la ciudad antigua)
4. los niños (volver a casa a las doce / almorzar a la una / dormir la siesta después)
5. nosotros (almorzar en el restaurante / contar chistes (*jokes*) / morirse de risa [*laughter*])
6. los jugadores de fútbol (empezar el partido / jugar como verdaderos campeones / soñar con ganar la copa)
7. Uds. (entender el chiste / reírse a carcajadas [*heartily*])
8. yo (probar las manzanas / encontrarlas agrias [*bitter*] / devolverlas a la tienda)
9. el despertador (sonar a las cinco y media / despertar a todos los vecinos)
10. este perfume (oler a rosas [*of roses*] / costar una fortuna)

## 2 ¿Sí o no?

Lea las descripciones y diga si las siguientes personas hacen o no las cosas indicadas entre paréntesis.

MODELO: Decimos la verdad. (mentir)
    *No mentimos.*

1. Carlos está triste. (sonreír)
2. Los empleados llegan a la oficina. (comenzar a trabajar)
3. El niño duerme. (moverse)
4. Uds. son muy listas. (resolver los problemas difíciles)
5. Estamos muy ocupados. (poder ir al cine con Uds.)
6. ¡Eres muy egoísta! (pensar solamente en ti mismo)
7. ¡Qué torpes (*clumsy*) son Uds.! (quebrar todo)
8. Uds. son muy indiscretos. (repetir los secretos de sus amigos)
9. Los estudiantes son muy puntuales. (soler llegar tarde a clase)
10. No llevo chaqueta. (sentir frío)
11. Ud. es muy leal (*loyal*). (defender a sus amigos)

# B. Las construcciones ir a y acabar de + *infinitivo*

Note the use of the constructions **ir a** and **acabar de**.

| | |
|---|---|
| **Voy a usar** la secadora. | *I am going to use the hairdryer.* |
| **Acabo de lavarme** el pelo. | *I have just washed my hair.* |
| **Vamos a salir.** | *We are going to leave.* |
| **Acabamos de desayunarnos.** | *We just had breakfast.* |

To express actions and events that *are going to happen* in the near future, Spanish speakers use the construction:

**ir a** + infinitive

To express actions and events that *have just happened*, Spanish speakers use the construction:

**acabar de** + infinitive

## 3 ¿Por qué?

Explique cómo se sienten las personas de la columna A, usando las palabras y expresiones de las columnas B, C y D. Prepare oraciones lógicas.

| A | B | C | D |
|---|---|---|---|
| yo | contento | ir a | correr 10 kilómetros |
| tú | enojado | acabar de | salir mal en (*to flunk*) el examen |
| el Sr. Duarte | cansado | | perder el autobús |
| la Sra. Espinosa | nervioso | | tomar el examen del permiso de conducir |
| nosotros | preocupado | | recibir malas noticias |
| Emilia y Clara | de buen humor | | hablar en público |
| los turistas | de mal humor | | ir a una cita |
| | agotado (*exhausted*) | | perder el pasaporte |
| | asustado (*scared*) | | sacarse el gordo (*lottery prize*) |
| | irritado | | ver un fantasma |
| | contento | | |

MODELO: *Yo estoy nervioso. Voy a hablar en público.*

# C. La construcción infinitiva

**Espero viajar** durante las vacaciones.
**Aprendemos a esquiar** en el agua.
**Sueñas con ganar** el campeonato.

*I hope to travel during the vacation.*
*We are learning (how) to waterski.*
*You are dreaming of winning the championship.*

Certain verbs may be followed by infinitives according to the patterns:

> main verb + infinitive

> main verb + preposition + infinitive

CON AVIANCA
TÚ PUEDES
CONTAR

---

## Vocabulario: Unos verbos seguidos por el infinitivo

| | |
|---|---|
| **(me) gusta** *(I) like* | **Me gusta** mucho viajar. |
| **decidir** *to decide* | **Decidimos** viajar al extranjero. |
| **desear** *to wish* | **Deseamos** visitar el Perú. |
| **esperar** *to hope* | ¿Cuándo **esperas** ir de viaje? |
| **necesitar** *to need* | **Necesito** ganar dinero para el viaje. |
| | |
| **aprender a** *to learn* | **Aprendo a** programar. |
| **comenzar** [ie] **a** *to begin* | Cada día **comenzamos a** estudiar a las nueve. |
| **empezar** [ie] **a** *to begin* | Uds. **empiezan a** trabajar a las ocho. |
| **enseñar a** *to teach* | La profesora nos **enseña a** usar la computadora. |
| | |
| **cesar de** *to stop* | Los empleados **cesan de** trabajar a las seis. |
| **dejar de** *to quit, stop* | ¿Por qué **dejas de** estudiar? |
| **tratar de** *to try* | **Trato de** hacer ejercicios todos los días. |
| | |
| **consistir en** *to consist of* | El trabajo **consiste en** vender enciclopedias. |
| **insistir en** *to insist on* | **Insistimos en** recibir un buen sueldo. |
| **vacilar en** *to hesitate* | ¿Por qué **vacilas en** tomar la decisión? |
| | |
| **soñar** [ue] **con** *to dream of* | **Soñamos con** comprar un coche deportivo. |

## 4 Lo que hacen

Lea las siguientes descripciones y diga en oraciones afirmativas o negativas lo que hacen las personas. Use los verbos entre paréntesis.

MODELO: Adela es franca. (vacilar / expresar sus opiniones)
*No vacila en expresar sus opiniones.*

1. Somos muy ricos. (necesitar / trabajar)
2. Ud. es muy optimista. (soñar / sacarse el gordo [*lottery prize*])
3. Los empleados son serios. (cesar / trabajar antes de las cinco)
4. Alicia quiere ser ingeniera. (aprender / programar)
5. Tú estás a dieta. (tratar / comer menos)
6. Yo soy muy servicial. (vacilar / ayudar a mis amigos)
7. Uds. son honrados *(honest)*. (insistir / decir la verdad)
8. Tomamos cursos de tenis. (comenzar / jugar mejor)
9. El Sr. Ortiz quiere mantenerse en forma. (dejar / fumar)
10. Uds. son perezosos. (decidir / hacer la tarea)

## 5 ¿Y usted?

Diga si hace o no hace las siguientes cosas.

MODELO: aprender (esquiar en el agua)
*Sí, aprendo a esquiar en el agua.*
*(No, no aprendo a esquiar en el agua.)*

1. soñar (vivir en un país hispanohablante / ser millonario)
2. insistir (saber la verdad / ayudar en casa)
3. vacilar (hablar en público / tomar decisiones importantes)
4. tratar (mejorar [*to improve*] mis notas / hacer jogging cada día)
5. comenzar (estudiar a las ocho de la mañana / hablar español muy bien)
6. necesitar (estudiar más / dormir más de 10 horas por día)

APRENDA A CORRER A CABALLO este verano

Principiantes
intermedio
Avansado

**CENTRO ECUESTRE**    Base Naval, Miramar

**Junio**    **Julio**
723-3091    783-9332

# D. Los verbos reflexivos

Compare the non-reflexive and reflexive verbs in the following sentences.

La Sra. Ortiz **lava** su coche.     Después **se lava.**
Luis **despierta** a sus hermanos.     Sus hermanos **se despiertan.**

Reflexive verbs are conjugated with reflexive pronouns that represent the same person as the subject.

## Present indicative: Forms

| INFINITIVE | *levantarse* | | |
|---|---|---|---|
| yo | **me levanto** | nosotros | **nos levantamos** |
| tú | **te levantas** | vosotros | os levantáis |
| él, ella, Ud. | **se levanta** | ellos, ellas, Uds. | **se levantan** |

➜ In infinitive constructions, the reflexive pronouns usually come after the infinitive and are attached to it. The reflexive pronouns may also come before certain conjugated verbs such as **ir**, **querer**, and **acabar de**.

Quiero ir**me** de la ciudad.     **Me** quiero ir de la ciudad.
Paco no quiere levantar**se**.     No **se** quiere levantar.
Acabamos de mudar**nos**.     **Nos** acabamos de mudar.

**Mejor coche del mundo.**

## ¿Necesita esperar a que gane un Óscar para comprarse el nuevo Golf?

# Uses

Reflexive verbs are very common in Spanish.

1. They are used to indicate that the subject is performing the action on or for himself.

| | |
|---|---|
| **Nos lavamos** antes de cenar. | *We wash (ourselves) before eating.* |
| Juan **se mira** en el espejo. | *Juan is looking at himself in the mirror.* |

➡ The Spanish reflexive pronouns **me**, **te**, **nos** are sometimes expressed in English by the pronouns *myself, yourself, ourselves*, respectively.

➡ With verbs relating to personal care, Spanish generally uses the definite article (and *not* the possessive adjective) with parts of the body and articles of clothing.

| | |
|---|---|
| **Te cepillas** los dientes. | *You are brushing your teeth.* |
| **Me quito** los zapatos. | *I take off my shoes.* |

2. They are often used to express a change in physical, mental, or social condition. In English this is expressed by verbs such as *to get, to be getting, to become, to be growing*.

| | |
|---|---|
| **Nos levantamos**. | *We are getting up.* |
| ¿Por qué **te pones furioso**? | *Why are you getting angry?* |
| Alicia **se casa**. | *Alicia is getting married.* |
| Quiero **hacerme** socio del club atlético. | *I want to become a member of the athletic club.* |

3. They are very often used idiomatically. In such cases, Spanish reflexive verbs correspond to non-reflexive verbs in English.

| | |
|---|---|
| **Se queja** de todo. | *He complains about everything.* |

4. They are used to express a reciprocal action. In English, reciprocal action is often rendered by the construction *each other* or *one another*.

| | |
|---|---|
| Tomás y Elena **se quieren**. | *Tomás and Elena love one another.* |
| Vamos a **escribirnos**. | *We are going to write (each other).* |

---

*Un poco más*

A reflexive construction is sometimes used to reinforce the meaning of the verb.

| | |
|---|---|
| El niño **come** un pedazo de torta. | *The child is eating a piece of cake.* |
| El niño **se come** toda la torta. | *The child is eating the whole cake (by himself).* |

---

## 6 ¿Reflexivo o no?

Complete las siguientes oraciones usando la forma reflexiva o no-reflexiva de los verbos entre paréntesis.

1. Son las siete y media. La Sra. Álvarez . . . a sus hijos. (despertar)
2. ¡Qué presumido eres tú! Siempre . . . en el espejo. (mirar)
3. La niñera (baby sitter) . . . al bebé después de la cena. (acostar)
4. Yo siempre . . . colonia después de bañarme. (poner)
5. Carlos es muy atlético. Todos los días . . . pesas (weights) en el gimnasio. (levantar)
6. ¿Por qué . . . tú el cuarto de azul? (pintar)
7. Emiliana . . . las uñas. (cortar)
8. La actriz . . . la boca de rojo. (pintar)
9. El camarero . . . el pan. (cortar)
10. El Sr. Camacho . . . de vacaciones el sábado próximo. (ir)
11. Nosotros . . . a las seis para tomar el tren a las siete. (levantar)
12. Paco, hace mucho frío. ¿Por qué . . . el suéter? (quitar)

## 7 ¿Sí o no?

Lea las descripciones y diga si las siguientes personas hacen o no las cosas indicadas entre paréntesis.

MODELO: El cantante ensaya (rehearses) todos los días. (alistarse para el concierto)
*Se alista para el concierto.*

1. ¡Ud. es un gruñón (grouch)! (quejarse de todo / divertirse)
2. Yo tengo razón. (equivocarse / negarse a mentir)
3. ¡Qué distraído (absent-minded) eres tú! (olvidarse del día de mi cumpleaños / acordarse de la fecha del examen)
4. Carlos tiene que estudiar ahora. (despedirse de sus amigos / reunirse con su novia)
5. ¡Qué tímidos son Uds.! (callarse cuando deben hablar / negarse a salir con chicas)
6. Tú eres muy tranquilo (quiet). (enojarse / enfadarse / ponerse furioso)
7. Acabamos de recibir malas noticias de nuestras amigas. (alegrarse / ponerse tristes)
8. Uds. son muy egoístas. (ocuparse de sí mismos [yourselves] / preocuparse de sus amigos)
9. Los Hidalgo acaban de comprar una casa. (mudarse dentro de dos semanas / quedarse en su apartamento)

## Vocabulario: Algunos verbos reflexivos

**divertirse** [ie]  *to have fun*
**alegrarse**  *to rejoice, be glad*
**aburrirse**  *to get bored*
**enojarse**  *to get upset, angry*
**ocuparse (de)**  *to get busy with*
**preocuparse (de)**  *to worry, get
worried about*
**ponerse furioso**  *to get mad*
**enfadarse**  *to get angry*
**callarse**  *to be quiet, shut up*
**alistarse**  *to get ready*
**prepararse**  *to get ready*

**equivocarse**  *to make a mistake*
**quejarse (de)**  *to complain about*
**olvidarse (de)**  *to forget*
**acordarse** [ue] **(de)**  *to remember*
**negarse** [ie] **(a)**  *to refuse*
**darse cuenta (de)**  *to realize*
**reunirse (con)**  *to meet*
**despedirse** [i] **(de)**  *to take leave (of), say good-bye*
**hacerse** (médico)  *to become* (a doctor)
**casarse**  *to get married; to marry*
**hallarse**  *to be located*
**mudarse**  *to move* (to a new house)

## 8  Entre amigos

Las siguientes personas son amigos. Diga si hacen o no las cosas entre paréntesis.

MODELO:  Ud. y yo (¿hablar por teléfono?)
*Nos hablamos por teléfono.*

1. los estudiantes y yo (¿ayudar con la tarea?)
2. Elena y su novio (¿ver todos los días?)
3. Ud. y sus vecinos (¿reunir los fines de semana?)
4. Carlitos y Nacho (¿pegar [*to hit*]?)
5. La presidenta y sus vicepresidentes (¿consultar a menudo?)
6. Raquel y sus amigas (¿decir mentiras?)

## 9  Preguntas personales

1. ¿En qué circunstancias y por qué motivos se enfada? ¿se aburre? ¿se alegra? ¿se calla?
2. ¿Se queja Ud. de su escuela? ¿De qué se queja? ¿Por qué?
3. ¿Qué va a hacer después de graduarse?
4. ¿A qué edad piensa casarse? ¿Por qué?
5. ¿Dónde se encuentran sus familiares *(relatives)*? ¿En qué parte de los Estados Unidos? ¿Se reúne con ellos todos los años?
6. ¿Dónde se halla la escuela en la que Ud. estudia? ¿En qué parte de la escuela se halla Ud. ahora?

# E. El uso impersonal del pronombre reflexivo se

**Se habla** español aquí.
*Spanish **is spoken** here.*

**Se prohíbe** fumar.
*Smoking **is prohibited**.*

**Se sirve** comida española.
*We **serve** Spanish food.*

**Se sirven** otras especialidades.
*We **serve** other specialties.*

**Se vende** pan en esa tienda.
*They **sell** bread in that shop.*

**Se venden** pasteles también.
*They **sell** cakes also.*

The construction **se** + *verb* is often rendered in English by a passive construction or by a construction using an impersonal subject such as *they, we, people, one*.

➡ Note that in such constructions, the verb agrees with the subject (which, when expressed, usually follows the verb).

## 10 ¿Dónde?

Explique dónde se hacen ciertas cosas combinando las palabras y expresiones de las columnas A y B en oraciones lógicas.

| A | B |
|---|---|
| hablar francés | la playa |
| servir platos picantes *(spicy)* | México |
| alquilar botes de vela | España |
| vender sellos | Colombia |
| ver corridas de toros | algunas provincias del Canadá |
| usar computadoras | las oficinas modernas |
| reparar coches | la oficina de correos |
| cultivar café | restaurantes mexicanos |
| encontrar ruinas aztecas | el taller *(workshop)* del mecánico |

MODELO: *Se habla francés en algunas provincias del Canadá.*

# F. El participio presente y la construcción progresiva

## Present participle: Formation

| INFINITIVE ENDING | | PRESENT PARTICIPLE ENDING | | |
|---|---|---|---|---|
| -ar | → | -ando | tomar | **tomando** |
| -er | → | -iendo | comer | **comiendo** |
| -ir | → | -iendo | escribir | **escribiendo** |

➡ Stem-changing verbs in **-ar** and **-er** do NOT have a stem change in the present participle.

> pensar **pensando**    jugar **jugando**    volver **volviendo**
> contar **contando**    querer **queriendo**

➡ Stem-changing verbs in **-ir** have the following stem changes in the present participle:

> e → i                o → u
>
> sentir **sintiendo**    dormir **durmiendo**
> pedir **pidiendo**

➡ Note the following irregular present participles:

> venir **viniendo**    poder **pudiendo**

➡ The verbs **ir** and **oír** and verbs ending in **-aer**, **-eer**, and **-uir** (but not in **-guir**) have present participles in **-yendo**.

> ir    **yendo**    traer    **trayendo**    construir    **construyendo**
> oír    **oyendo**    leer    **leyendo**

## The progressive construction

The progressive construction is used to emphasize the ongoing nature of an action.

> Elena **está arreglando** su coche.        *Elena is (busy) fixing her car.*
> ¿Qué **estás haciendo**?                *What are you (in the process of) doing?*

The progressive construction is formed as follows:

> **estar** + present participle

➡ Progressive constructions may also be formed with **continuar**, **seguir**
*(to keep on)*, and with verbs of motion.

    **Continuamos estudiando** español.     *We continue to study Spanish.*
    ¿Por qué **sigues trabajando**?     *Why do you keep on working?*
    **Va caminando** a pesar de la lluvia.     *He goes on walking in spite of the rain.*

➡ With reflexive verbs, the reflexive pronouns may come either before
**estar** or after the present participle to which they are attached. In
the second case, an accent mark is placed on the next-to-last syllable
of the present participle to maintain the stress pattern.

    **Me** estoy lavando las manos.     Estoy lavándo**me** las manos.
    Clara **se** está pintando la boca.     Está pintándo**se** la boca.

## 11 Y ahora, ¿qué están haciendo?

Infórmese sobre las siguientes personas y diga lo que están haciendo ahora.

MODELO: Este periodista escribe mucho. (un artículo sobre la economía)
    *Ahora está escribiendo un artículo sobre la economía.*

1. Estudiamos mucho. (los verbos)
2. Tú discutes mucho. (de filosofía)
3. Uds. duermen mucho. (la siesta)
4. Este chico come mucho. (un pastel)
5. Mis vecinos viajan mucho. (por Portugal)
6. Uds. se quejan mucho. (de sus vecinos)

## 12 Minidiálogos: Actividades

Prepare los diálogos según el modelo. Luego represéntelos con un(a)
compañero(a) de clase.

MODELO: tú / en el restaurante / almorzar
    —*¿Dónde estás?*
    —*Estoy en el restaurante.*
    —*¿Qué haces?*
    —*Estoy almorzando.*

1. Rosa / en la biblioteca / leer la última novela de García Márquez
2. el camarero / en el café / servir a los clientes
3. los niños / en el jardín / construir una casita para su perro
4. Adela / en el cuarto de baño / darse un champú
5. tú / en la alcoba / arreglarse para la fiesta
6. Felipe y Tomás / en el aeropuerto / despedirse de sus amigos
7. Uds. / en el dormitorio / vestirse

# Lecturas literarias

## Introducción

Marco Denevi, uno de los mejores cuentistas hispanoamericanos, nació en la Argentina en 1922. Su primera novela, *Rosaura a las diez* (1955), ha obtenido el respeto del mundo literario por su estilo detectivesco y su final sorprendente.[1] Otra de sus obras,[2] *Ceremonia secreta*, ganó el premio[3] *Life en español* como la mejor novela corta hispanoamericana del año 1960.

"No hay que complicar la felicidad" es una fábula corta escrita en forma de minidrama. Los dos personajes, *Él* y *Ella*, no tienen apellidos. ¿Son novios? ¿Son esposos? ¿Qué ocurre al final del drama? Es el lector quien deberá decidir.

Marco Denevi, escritor argentino

---

### *Palabras claves*

el amor *(love)*:  amar *(to love)*  besar *(to kiss)*  la felicidad *(happiness)*

los celos *(jealousy)*:  tener celos *(to be jealous)*  sentir [ie] celos *(to feel jealous)*

la muerte *(death)*: matar *(to kill)*  muerto *(dead)*

el arma *(f.)* de fuego *(gun, firearm)*  el disparo *(shot)*

el grito *(scream)*

---

[1] **sorprendente** surprising   [2] **obras** works   [3] **premio** prize

# No hay que complicar la felicidad

## Marco Denevi

|   |   |   |
|---|---|---|
| | *Él:* | —Te amo. |
| | *Ella:* | —Te amo. |
| They kiss again | | *(Vuelven a besarse.)* |
| | *Él:* | —Te amo. |
| | *Ella:* | —Te amo. |
| | | (Vuelven a besarse.) |
| | *Él:* | —Te amo. |
| | *Ella:* | —Te amo. |
| se levanta | | (Él *se pone* violentamente *de pie*.) |

*Él:* —¡Basta! ¡Siempre lo mismo! ¿Por qué cuando te digo que 10
te amo, no contestas, por ejemplo, que amas a otro?

*Ella:* —¿A qué otro?

*Él:* —A nadie. Pero lo dices para que yo tenga celos. Los celos
*alimentan* al amor. Nuestra felicidad es demasiado simple.
Hay que complicarlo un poco. ¿Comprendes? 15

*Ella:* —No quería confesártelo porque pensé que *sufrirías*.

*Él:* —¿Qué es lo que *adiviné*?

(Ella se levanta, se aleja unos *pasos*.)

*Ella:* —Que amo a otro.

(Él la sigue.) 20

*Él:* —Lo dices para *complacerme*. Porque yo te lo pedí.

*Ella:* —No. Amo a otro.

*Él:* —¿A qué otro?

*Ella:* —A otro.

(Un silencio.) 25

*Él:* —Entonces, ¿es verdad?

*Ella:* (Vuelve a sentarse. *Dulcemente*.) —Sí. Es verdad.

(Él *se pasea. Aparenta un gran furor*.)

*Él:* —Siento celos. *No finjo.* Siento celos. Estoy muerto de celos.
*Quisiera* matar a ese otro. 30

*Ella:* (Dulcemente) —Está allí.

*Él:* —¿Dónde?

*Ella:* —Allí, entre los árboles.

Glosses (left margin):
- They kiss again
- se levanta
- nourishes
- you would suffer
- I guessed
- steps
- to please me
- Gently
- paces about / *Parece furioso.*
- I'm not pretending.
- I would like

| | |
|---|---|
| *Voy a buscarlo.* | *Él:* —*Iré en su busca.* |
| | *Ella:* —Cuidado. Tiene un revólver.     35 |
| courageous | *Él:* —Soy *valiente.* |
| stops laughing | (Él sale. Al quedarse sola, ella ríe. Se escucha el disparo de un arma de fuego. Ella *deja de reír.*) |
| | *Ella:* —Juan. |
| | (Silencio. Ella se pone de pie.)     40 |
| | *Ella:* —Juan. |
| toward | (Silencio. Ella corre *hacia* los árboles.) |
| | *Ella:* —Juan. |
| | (Silencio. Ella desaparece entre los árboles.) |
| | *Ella:* —Juan.     45 |
| se queda / empty | (Silencio. La escena *permanece vacía.* Se oye, lejos, el grito |
| bloodcurdling | *desgarrador* de Ella.) |
| | *Ella:* —¡Juan! |
| | (Después de unos instantes, desciende silenciosamente el |
| curtain | *telón.*)     50 |

## ¿Comprendió Ud.?

Indique si las siguientes frases son ciertas o falsas. Si son falsas, explique por qué.

1. Juan y la mujer se aman.
2. Juan piensa que su felicidad es demasiado simple.
3. La mujer no ama a Juan; ama realmente a otro.
4. Juan realmente siente celos.
5. La mujer sabe que hay alguien entre los árboles.
6. Juan cree que hay alguien entre los árboles.
7. Alguien mata a Juan en el jardín.

## Puntos de vista

1. Recuente el minidrama desde el punto de vista de un espectador en el jardín. Use el tiempo presente . . . y su imaginación.
   *Son las diez de la noche. Un hombre (una mujer, un ladrón, etc.) entra en el jardín. Es . . .*
2. Invente un nuevo final para el minidrama de Denevi. Escriba una segunda escena que tenga lugar en el jardín. Si es necesario, invéntele un nuevo título a este minidrama.

## Temas

1. ¿Cree Ud. que el título del minidrama se puede considerar su moraleja? ¿Está Ud. de acuerdo con esta moraleja?
2. ¿Tiene Ud. celos de vez en cuando? ¿Es malo sentir celos? ¿Piensa Ud. que a veces los celos pueden ser saludables *(healthy)*?

### *Mejore su español*

As you advance in your study of Spanish, you will discover that verbs are the key to proficiency. Here are some of the verbs and verbal expressions from the reading that you should make part of your own vocabulary.

1. **adivinar**   *to guess*
   Él quiere **adivinar** lo que está pensando ella.

2. **aparentar**   *to seem, pretend*
   **Aparenta** ser tu amigo pero no lo es.

3. **fingir** (yo finjo)   *to feign, pretend*
   ¡No **finjas** lo que no sientes!

4. **desaparecer** (yo desaparezco)   *to disappear*
   El amante **desaparece** en el bosque *(forest)*.

5. **permanecer** (yo permanezco)   *to remain, stay*
   El escenario *(stage)* al final **permanece** vacío.

6. **ponerse de pie** (me pongo de pie)   *to stand up*
   Ella **se pone de pie** cuando él sale.

7. **dejar de** + *infinitive*   *to stop doing something*
   Al oírla, **deja de hablar** y permanece en silencio.

8. **volver** [ue] **a** + *infinitive*   *to do something again*
   ¡No **vuelvas a hacerlo**!

9. **ir en busca de**   *to go look for, go in search of*
   El hombre **fue en busca del** amante.

# Unidad 3

## ¡Ay, la vida doméstica!

## ¡No hay justicia!

Eduardo y Alicia Gómez viven en un apartamento moderno en las afueras[1] de una ciudad grande. Eduardo tiene 31 años y es subgerente[2] del Banco Nacional. Su esposa Alicia tiene 26 años. Antes de casarse era una de las secretarias bilingües del banco. Ahora es una activa ama de casa,[3] un trabajo que ocupa todo su tiempo. ¡Hay tanto que hacer en la casa! Veamos un día en la vida de la pareja.[4]

[1] suburbs   [2] assistant manager   [3] homemaker   [4] couple

8:00h de la mañana
Los Gómez acaban de desayunar. Eduardo se pone la chaqueta y besa[1] a su esposa.

   —Adiós, mi amor, me voy . . . Oh, antes de que se me olvide,[2] ¡mi cielo!,[3] ¿me puedes planchar[4] una camisa blanca? La necesito para el viaje de mañana.

   —No me olvidaré, querido.[5] ¡Adiós!

[1] kisses   [2] before I forget   [3] my love   [4] iron   [5] darling

9:00–11:30h de la mañana
El Sr. Gómez llega al banco. Mientras se toma una taza de café discute[1] con sus compañeros de trabajo el partido de fútbol de la noche anterior. Más tarde se sienta a estudiar el proyecto sobre el préstamo[2] a la Compañía de Transporte . . . Lo piensa mejor[3] y se pone a leer el periódico.

   En su casa la Sra. de Gómez tiende la cama,[4] friega[5] los platos del desayuno y limpia el apartamento.

[1] talks over   [2] loan   [3] He thinks better of it   [4] makes the bed   [5] washes

12:00–14:00h de la tarde

El Sr. Gómez y un cliente van a un restaurante para discutir ciertos asuntos de negocios.[1] Piden un suculento almuerzo y un excelente vino español. Y, ¿qué discuten? El partido de fútbol entre la Argentina y México.

Alicia hace la compra[2] del día. Luego corre a la tintorería[3] a llevar unos trajes de su marido.[4] A toda carrera regresa a la casa y se prepara un bocadillo[5] que se come sin sentarse.

[1] business matters     [2] food shopping     [3] dry cleaners
[4] husband   [5] sandwich

14:00–18:00h de la tarde

El Sr. Gómez regresa al banco para asistir a[1] una conferencia sobre la política monetaria internacional. La digestión del delicioso almuerzo no le deja concentrarse en la conferencia. Piensa en su auto nuevo . . . en los encantos[2] de su Alicia . . . y se queda dormido.[3] Termina la conferencia. "¡Dios mío! ¡Mira qué hora es! ¡Tanto trabajo . . . y tan poco tiempo para hacerlo! Ya es muy tarde para ocuparme del contrato de la Compañía Jiménez . . . ¡Qué le vamos a hacer![4] . . . Me voy a la barbería".[5] Luego el Sr. Gómez se va a un café.

La Sra. de Gómez, después de fregar los platos, lava y plancha las camisas de Eduardo, prepara la cena, pone la mesa y, finalmente, cae rendida de cansancio[6] en una butaca.[7]

[1] to attend   [2] charms   [3] falls asleep   [4] Oh, well!   [5] barber shop   [6] exhausted   [7] armchair

19:00h de la noche

—Alicia, ¿dónde estás, mi amor? ¡Ah, aquí está mi reina! ¿Cómo pasaste el día? Aburrida, ¿verdad? Hmm . . . el olor[1] me dice que has preparado una cena exquisita. ¡Eres un sol![2] Mereces un premio:[3] te invito al cine después de cenar. ¡Escoge tú la película! ¿Qué me dices?

—Me gusta mucho la idea, mi amor, pero . . . no, esta noche no. Estoy muy cansada.

—¡Tú no hablas en serio! ¡En esta casa yo trabajo y tú te cansas! ¡Esto sí que tiene gracia![4] ¡No hay justicia en este mundo!

—Tienes mucha razón, Eduardo, ¡no hay justicia!

[1] smell  [2] You're a gem!  [3] You deserve a reward  [4] This is really amusing!

## Preguntas

1. ¿Cuál es el trabajo del Sr. Gómez? ¿Qué hacía la Sra. de Gómez antes de casarse?
2. ¿Qué le pide Eduardo a su esposa antes de salir para el trabajo?
3. ¿Cómo trabaja Eduardo en la oficina?
4. ¿Cómo trabaja Alicia en la casa?
5. ¿Qué diferencias hay entre el almuerzo de Eduardo y el de Alicia?
6. ¿Por qué está rendida de cansancio Alicia?
7. ¿Qué diferencias hay entre la forma de trabajar de Eduardo y la de Alicia?
8. Compare las actitudes de Alicia y Eduardo hacia el trabajo.
9. Describa lo que Ud. considera una relación ''ideal'' entre marido y esposa.
10. ¿Por qué lleva la lectura el título ''¡No hay justicia!''?*

*Comentario cultural*

* **¡No hay justicia!**  En las últimas décadas, el papel de la mujer latinoamericana tanto en la casa como en la esfera pública ha cambiado y sigue cambiando de acuerdo con (in keeping with) los tiempos. Las tradiciones entre esposa y marido también se van transformando a medida que (as) la mujer aumenta su participación en la política y economía de su país.

## Vocabulario temático: Los quehaceres domésticos

Siempre hay un millón de cosas que hacer en la casa. Estas cosas son los **quehaceres domésticos** diarios. Algunos quehaceres rutinarios:

### En el dormitorio / la alcoba / el cuarto

**arreglar** *(to straighten up)* el dormitorio
**tender** [ie] *(to make)* | la cama
**hacer**
**colgar** [ue] *(to hang up)* la ropa en **el armario** *(closet)*
**barrer** *(to sweep)* **el piso** *(floor)*

### En la sala *(living room)* / la oficina

**recoger** *(to pick up, put away)* los periódicos
**colocar** *(to place)* los libros en **el estante** *(bookcase)*
**vaciar** *(to empty)* | **el cesto de papeles** *(waste paper basket)*
| **los ceniceros** *(ashtrays)*
**pasar la aspiradora** *(to vacuum)*
**sacudir** *(to shake)* las alfombras
**quitar el polvo de** *(to dust)* los muebles

### En el comedor

**poner** *(to set)* la mesa
**recoger** *(to clear)* la mesa

### En la cocina

**lavar** las legumbres          **fregar** [ie] *(to wash)* | **los platos** *(dishes)*
**pelar** *(to peel)* las papas   **lavar**
**cortar** el pan                 **secar** *(to dry)* los platos
**limpiar el fregadero** *(sink)* **sacar** *(to take out)* **la basura** *(trash)*

### En la lavandería *(laundry room)*

**lavar las sábanas** *(sheets)*
**secar** los calcetines
**planchar** *(to iron)* las camisas

## En el jardín

plantar las flores
regar [ie] *(to water)* las plantas
cortar | la hierba *(grass)*
       | el césped *(lawn)*

## Con los animales domésticos

cuidar *(to take care of)* a los animales
sacar a pasear *(to walk)* al perro
darle de comer *(to feed)* al gato

## Unos objetos útiles de la vida diaria

un trapo

una percha

una escoba

una plancha

una máquina de lavar /
una lavadora de ropa

una máquina de secar /
una secadora de ropa

un lavaplatos /
una lavadora de platos

una aspiradora

una manguera

una cortadora de césped

# 1 En casa de la Sra. Mateos

Como tiene una familia tan grande, la Sra. Mateos siempre está ocupadísima. Complete las oraciones con los verbos apropiados, indicando lo que ella les pide a sus nietos.

1. Carlos, ¡tienes que . . . la cama antes de salir para la escuela!
2. Isabel, ¿puedes . . . la mesa después del almuerzo?
3. Roberto, ¿puedes . . . la basura a la calle esta noche?
4. Felipe, ¡aquí tienes un cuchillo! ¿Puedes . . . las zanahorias *(carrots)*?
5. Carmencita, ¿puedes . . . los vestidos en el armario?
6. Antonio, ¿puedes . . . las plantas? Necesitan más agua para crecer *(to grow)*.
7. Enrique, tu nuevo traje está arrugado *(wrinkled)*. ¡Tienes que . . . el pantalón y la chaqueta!
8. Marisol, tu cuarto es un desastre. ¡Tienes que . . . los periódicos que están tirados *(scattered)* por todas partes!
9. ¡Ay, qué polvo! ¡y la aspiradora no funciona! Clarita, ¿puedes . . . las alfombras?
10. Luis, ¿puedes . . . los platos después de la cena?
11. Emilia, los animales tienen hambre. ¿Puedes . . . al gato y al perro?
12. Adela, aquí tienes una toalla. ¿Puedes . . . los vasos antes de ponerlos en el gabinete *(cabinet)*?
13. Rodolfo, tienes que arreglar la sala. Primero, hay que . . . los cestos.

## 2 Minidiálogos: En casa

Prepare los diálogos según el modelo. Luego represéntelos con un(a)
compañero(a) de clase.

MODELO:

—¿Qué buscas?
—Busco la escoba.
—¿La escoba? ¿Y para qué necesitas la escoba?
—Quiero barrer el garaje.

un trapo

una manguera

una cortadora de césped

1.

2.

3.

4.

una aspiradora

una plancha

una percha

5.

6.

7.

## 3 ¡Trabajos de verano!

Los siguientes estudiantes han conseguido trabajos de verano. Describa lo que hacen, utilizando los verbos del *Vocabulario temático.*

MODELO: Esteban es un ayudante en el restaurante "Hacienda de los Morales".

*Pone las mesas, corta el pan, recoge las mesas.*

1. Manuela es una ayudante en la cocina del restaurante "La Merluza".
2. Felipe y Nacho trabajan para la compañía "El Paraíso Terrenal" que se especializa en el cuidado y arreglo de los jardines públicos.
3. Lolita y Maité trabajan para la cadena de hoteles "Meliá" como camareras *(chambermaids).*
4. Trabajamos como lavaplatos en el restaurante de mi tío.
5. Juan trabaja para "Limpiatodo", una empresa que se especializa en la limpieza de oficinas.
6. Trabajo como asistente del guardián del zoológico de la ciudad.
7. Ud. trabaja en "Lavamás", una lavandería en su vecindario *(neighborhood).*

## 4 Preguntas personales

1. ¿Cuáles son los quehaceres que debe hacer por la mañana? ¿por la tarde?
2. ¿Cuáles son los quehaceres que le gusta hacer? ¿Cuáles quehaceres detesta Ud.?
3. En su casa, ¿cómo se comparten *(are shared)* los quehaceres domésticos? ¿Qué hace su papá? ¿y su mamá? ¿Qué hacen sus hermanos y sus hermanas?
4. ¿Qué hace cuando organiza una fiesta en su casa? ¿Qué hace después de la fiesta?
5. ¿Qué trabajos hace los fines de semana? ¿durante las vacaciones?
6. ¿Tiene animales domésticos? ¿Qué clase de animales domésticos tiene? ¿Cómo los cuida?

## Para conversar

### Como pedir ayuda

| ¿Me puede | ayudar? |
|---|---|
| ¿Me podría | ayudar a (arreglar el apartamento)? |
| | dar una mano |
| | echar una mano |
| | hacer un favor |

### Como aceptar

Sí, con mucho gusto.
Encantado(a). ¿En qué puedo servirle?

### Como rehusar *(to refuse)*

No, de veras, no puedo.
Mira, me gustaría, pero . . .
Quisiera, pero . . .
Lo siento mucho, pero . . .
Perdóneme, pero . . .
¡Qué lástima!, pero . . .

. . . estoy **ocupadísimo(a)** *(very busy)*.
estoy | **cansado(a)**
   | **rendido(a)** *(exhausted)*
no tengo tiempo
tengo otras cosas que hacer
me es imposible

### Como darle las gracias *(to thank)* a alguien y como aceptarlas

¡Muchas gracias!
¡Mil gracias!
¡Se lo agradezco mucho!

  De nada.
  No hay de qué.
  Para servirle.

Este brazo siempre te echa una mano.

Hazte socio de Cruz Roja

## Conversación dirigida

Prepare el diálogo según las siguientes indicaciones. Luego, represéntelo con un(a) compañero(a) de clase.

| Luis Alfonso | | Margarita |
|---|---|---|
| asks Margarita if she wants to go to the movies tonight | → | says she would like to go, but that she cannot |
| asks why | → | says that she is giving a party tonight and must clean up her apartment |
| asks if he can help her | → | thanks him . . . asks if he could vacuum the living room, sweep the kitchen, do the dishes, empty the wastepaper baskets, and take out the garbage |
| accepts, and asks Margarita what she is going to do while he does all these chores | → | explains that she has to wash her hair, put on her make-up, and get dressed for the party . . . after all, he should remember that she is the hostess (la anfitriona)! |

## Conversaciones libres

Prepare los diálogos que correspondan a las siguientes situaciones. Luego, represéntelos con un(a) compañero(a) de clase.

1. Pedro y Benito son compañeros de cuarto en la universidad. A Pedro le gusta ser ordenado (neat). Benito, en cambio, es un chico desordenado. Pedro critica los hábitos de Benito.
   *Los personajes: Pedro, Benito*
2. El señor Terán, dueño del restaurante "El Miraflores", está entrevistando estudiantes que quieren trabajar durante el verano. En la entrevista, él les explica lo que van a hacer.
   *Los personajes: el señor Terán, los estudiantes*
3. Cada vez que María Cruz le pide un favor a José Miguel, éste encuentra una excusa para no hacerlo.
   *Los personajes: María Cruz, José Miguel*

# Estructuras gramaticales

## A. El concepto del subjuntivo

### Tenses and moods

In a sentence, the verb is the word or group of words that identifies the action. A verb is characterized by its tense and its mood.

- The *tense* indicates the time of the action.
  The *present*, the *preterite*, the *imperfect*, and the *future* are tenses.

- The *mood* indicates the attitude of the speaker toward the action.
  The *indicative*, the *imperative*, and the *subjunctive* are moods.

In English, the subjunctive is used only rarely.

| INDICATIVE | SUBJUNCTIVE |
|---|---|
| You **are** late. | It is important that you **be** on time. |
| I **am** in school. | I wish I **were** on vacation. |
| Paul **speaks** English. | The teacher insists that he **speak** Spanish in class. |

In Spanish, however, the subjunctive is used frequently. As in English, it generally occurs in dependent clauses, that is, in clauses that cannot stand alone and that are connected to the main (or independent) clause.

| MAIN CLAUSE | DEPENDENT CLAUSE |
|---|---|
| Sugiero . . . | que Ud. **sea** más puntual. |
| *I suggest . . .* | *that you **be** more punctual.* |

### The indicative and the subjunctive

Compare the use of the indicative and the subjunctive in the following sentences:

| INDICATIVE | SUBJUNCTIVE |
|---|---|
| Tomás no **trabaja**. | Es importante que **trabaje**. |
| Creo que **es** perezoso. | Dudo que **sea** trabajador. |
| Sé que **limpia** su coche. | Quiero que **limpie** su cuarto también. |

The INDICATIVE MOOD is *objective*. It is used to *describe facts*. It states what is considered to be *certain*. It is the mood of *what is*.

The SUBJUNCTIVE MOOD is *subjective*. It is used to *express feelings, judgments*, and *emotions* relating to an action. It states what is considered to be *desirable, possible, doubtful, uncertain*, and so on. It is the mood of *what may or might be*.

Both the indicative and the subjunctive may occur in a dependent clause introduced by **que**. The choice between the indicative and the subjunctive depends on what is expressed by the verb in the main clause.

| MAIN CLAUSE | | DEPENDENT CLAUSE |
|---|---|---|
| STATEMENT OF FACT OR BELIEF | → | INDICATIVE |
| statement of [ will / necessity or obligation / emotion or feeling / doubt / possibility ] | → | subjunctive |

## *1* ¿Indicativo o subjuntivo?

Indique lo que expresan los verbos en cursiva en las siguientes oraciones: ¿deseo *(wish)*? ¿emoción? o ¿la afirmación de un hecho *(fact)* o convicción? Luego, indique en qué modo, subjuntivo o indicativo, están los verbos subrayados *(underlined)*.

1. Mi prima *siente* que no pueda ir a su fiesta de cumpleaños.
2. Juanita nos *escribe* que pasa unas vacaciones fantásticas en la Argentina.
3. La mamá de Enrique *insiste* en que arregle su cuarto antes de salir.
4. *¿Quieres* que te echemos una mano con los quehaceres?
5. No *sabemos* dónde guardas *(you keep)* la aspiradora.
6. La cocinera del restaurante le *pide* a su auxiliar *(assistant)* que friegue los platos.
7. Te *decimos* que no tenemos tiempo para ayudarte.
8. Los estudiantes *están* seguros que no necesitan un examen final.
9. Nos *alegramos* de que te ganes bien la vida.
10. Mis compañeros de cuarto me *prohíben* que fume.

# B. El presente del subjuntivo: formas regulares

## Present subjunctive: Regular forms

| INFINITIVE | tomar | beber | vivir | tener | conocer |
|---|---|---|---|---|---|
| PRESENT INDICATIVE: yo | tomo | bebo | vivo | tengo | conozco |
| que yo | **tome** | **beba** | **viva** | **tenga** | **conozca** |
| que tú | **tomes** | **bebas** | **vivas** | **tengas** | **conozcas** |
| que él, ella, Ud. | **tome** | **beba** | **viva** | **tenga** | **conozca** |
| que nosotros | **tomemos** | **bebamos** | **vivamos** | **tengamos** | **conozcamos** |
| que vosotros | toméis | bebáis | viváis | tengáis | conozcáis |
| que ellos, ellas, Uds. | **tomen** | **beban** | **vivan** | **tengan** | **conozcan** |

For most verbs, the present subjunctive forms are derived as follows:

| FOR VERBS ENDING IN: | STEM | + | ENDINGS |
|---|---|---|---|
| -ar | yo form of the present indicative minus -o | | **-e, -es, -e, -emos, -éis, -en** |
| -er, -ir | | | **-a, -as, -a, -amos, -áis, -an** |

➡ This pattern applies to regular verbs and to verbs that have irregular **yo** forms in the present indicative.

| | PRESENT INDICATIVE | PRESENT SUBJUNCTIVE |
|---|---|---|
| **poner** | pongo | que yo **ponga** |
| **venir** | vengo | que yo **venga** |
| **conducir** | conduzco | que yo **conduzca** |
| **construir** | construyo | que yo **construya** |
| **recoger** | recojo | que yo **recoja** |

→ Certain spelling changes are necessary to preserve the sound of the stem:

| | | | | |
|---|---|---|---|---|
| **-car** | c → qu | tocar | que yo **toque** | |
| **-gar** | g → gu | pagar | que yo **pague** | |
| **-zar** | z → c | organizar | que yo **organice** | |

# Present subjunctive: Stem-changing verbs

1. Stem-changing verbs in **-ar** and **-er** have the same stem changes in the present subjunctive as in the present indicative.

| | PRESENT INDICATIVE | | PRESENT SUBJUNCTIVE | |
|---|---|---|---|---|
| **pensar** [ie] | pienso | pensamos | que yo **piense** | que nosotros **pensemos** |
| **contar** [ue] | cuento | contamos | que yo **cuente** | que nosotros **contemos** |
| **querer** [ie] | quiero | queremos | que yo **quiera** | que nosotros **queramos** |
| **volver** [ue] | vuelvo | volvemos | que yo **vuelva** | que nosotros **volvamos** |
| **jugar** [ue] | juego | jugamos | que yo **juegue** | que nosotros **juguemos** |

2. Stem-changing verbs in **-ir** have the same stem changes as in the present indicative for the **yo, tú, él,** and **ellos** forms. In addition, the stem vowel in the **nosotros** and **vosotros** forms changes from **e → i**, and **o → u**.

| | PRESENT INDICATIVE | | PRESENT SUBJUNCTIVE | |
|---|---|---|---|---|
| **sentir** [ie] | siento | sentimos | que yo **sienta** | que nosotros **sintamos** |
| **dormir** [ue] | duermo | dormimos | que yo **duerma** | que nosotros **durmamos** |
| **pedir** [i] | pido | pedimos | que yo **pida** | que nosotros **pidamos** |

## 2 Las formas del subjuntivo

Para cada uno de los verbos siguientes, dé *(a)* la forma de **yo** del presente del indicativo, *(b)* la forma de **yo** del subjuntivo y *(c)* la forma del presente del subjuntivo indicada entre paréntesis.

MODELO: escribir (nosotros)

*(yo) escribo / que (yo) escriba / que (nosotros) escribamos*

1. trabajar (ellos)
2. leer (Uds.)
3. abrir (él)
4. realizar (nosotros)
5. buscar (tú)
6. apagar (él)
7. pensar (tú)
8. fregar (ellos)
9. contar (nosotros)
10. almorzar (Uds.)
11. colgar (ellos)
12. entender (tú)
13. volver (ellas)
14. sentir (ella)
15. dormir (ella)
16. pedir (ellos)
17. construir (Uds.)
18. traducir (nosotros)
19. hacer (Uds.)
20. poner (nosotros)
21. salir (tú)
22. obtener (ellos)
23. recoger (Ud.)
24. conocer (tú)

## 3 ¿Qué es importante para Ud.?

Diga si para usted es importante o no hacer las siguientes actividades.

MODELO: ganar mucho dinero

*Sí, es importante que gane mucho dinero.*

*(No, no es importante que gane mucho dinero.)*

1. ayudar en casa
2. aprender bien el español
3. vivir bien
4. practicar muchos deportes
5. sacar buenas notas
6. pagar mis deudas *(debts)*
7. llegar a clase a tiempo *(on time)*
8. gozar de buena salud *(health)*
9. salir bien en el examen
10. tener muchos diplomas
11. conocer a gente intelectual
12. hacerse famoso(a)
13. siempre decir la verdad

## 4 ¡Es necesario hacerlo!

Es necesario que las siguientes personas hagan las cosas que no están haciendo. Exprese esto usando la expresión **es necesario** + *subjuntivo*.

MODELO: No estudias.
> *Es necesario que estudies.*

1. Guillermo no limpia la refrigeradora.
2. Ana no coloca los libros en el estante.
3. Uds. no barren el piso.
4. No recoges la mesa.
5. Los vecinos no riegan las plantas.
6. Los niños no se duermen.
7. El camarero no sirve la comida.
8. No pedimos un aumento de sueldo (*raise*).
9. No dormimos suficiente.
10. No nos despedimos después de la cena.

## 5 ¡Por favor!

Diga en oraciones completas lo que las siguientes personas tienen que hacer.

MODELO: importante / Uds. / venir / a las cuatro
> *Es importante que Uds. vengan a las cuatro.*

1. necesario / la intérprete / traducir / el discurso (*speech*) del presidente
2. mejor / el taxista / conducir / más despacio
3. necesario / los camareros / recoger / las mesas
4. importante / los ingenieros / construir / máquinas eficientes
5. recomendable / tú / ponerte / una corbata para la entrevista
6. importante / yo / hacer la tarea para mañana
7. esencial / Uds. / salir bien en la entrevista
8. indispensable / yo / traer mis cartas de recomendación

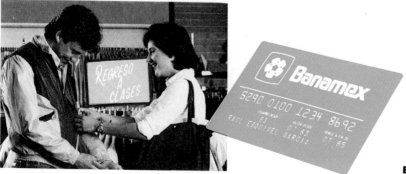

## C. El uso del subjuntivo: la voluntad

Quiero que **limpies** tu cuarto.                     *I want you **to clean** your room.*
Mi mamá me pide que **recoja** la mesa.               *My mother is asking me **to clear** the table.*

Te prohibo que **fumes** en mi cuarto.                *I forbid you **to smoke** in my room.*
Los vecinos nos sugieren que **cortemos**             *The neighbors suggest that we **mow** the lawn.*
  el césped.

The subjunctive is used after verbs and expressions of volition indicating
a wish (strong or weak), an order, a suggestion, or the forbidding of an
action.

→ Note that the wish must concern someone or something other than
the subject. When the wish concerns the subject, an infinitive construction is used. Compare:

  Quiero **salir**.                    *I want **to go out**.*
  Quiero que **tú salgas** conmigo.    *I want **you to go out** with me.*

---

### Un poco más

1. Indirect commands to a third party (**él, ella, ellos, ellas**) may be expressed as follows:

   **que** + subjunctive + subject (if expressed)

   **¡Que entren!**          *Have (Let) them come in.*
   **¡Que lo haga José!**    *Have (Let) José do it.*

   In indirect commands, a verb of volition, such as **quiero**, is understood but not expressed.

2. Certain verbs, such as **decir** and **escribir**, may be used to express a fact or to convey a
   wish. Accordingly, they are followed by the indicative or the subjunctive. Compare:

   | FACT = INDICATIVE | WISH = SUBJUNCTIVE |
   |---|---|
   | Le digo que **trabaja** bien. | Le digo que **trabaje** más. |
   | *I tell him that **he works** well.* | *I tell him **to work** more.* |

# Vocabulario: Verbos y expresiones de voluntad

## PARA HACER SOLICITUDES Y DAR ÓRDENES

**querer** [ie] que   *to wish, want*
**exigir** que   *to demand;*
                 *to require*
**insistir en** que   *to insist*
**mandar** que   *to order*
**pedir** [i] que   *to ask, request*
**rogar** [ue] que   *to beg*
**suplicar** que   *to beg*

## PARA EXPRESAR DESEO

**desear** que   *to wish*
**esperar** que   *to hope*
**ojalá** que   *let's hope that*

## PARA EXPRESAR PREFERENCIA

**preferir** [ie] que   *to prefer*

## PARA DAR CONSEJOS

**aconsejar** que   *to advise*
**recomendar** [ie] que   *to recommend*
**sugerir** [ie] que   *to suggest*

## PARA DAR PERMISO

**dejar** que   *to let*
**permitir** que   *to let, allow*

## PARA EXPRESAR PROHIBICIÓN

**impedir** [i] que   *to prevent*
**oponerse a** que   *to be against,*
                     *opposed to*
**prohibir** que   *to forbid*

---

➤ The construction **ojalá** (or **ojalá que**) + *present subjunctive* is used to express *hope*.

| | |
|---|---|
| *Let's hope that* | ¡**Ojalá** haga buen tiempo este fin de semana! |
| *I hope that* | ¡**Ojalá** que saque una buena nota en el examen! |

➤ Verbs such as **dejar**, **mandar**, **permitir**, and **prohibir** may be followed by a subjunctive or an infinitive construction when the object is a pronoun.

No te permito **usar** mi coche.　　　Te prohibo **leer** esa carta.
No te permito que **uses** mi coche.　　Te prohibo que **leas** esa carta.

➤ Indirect object pronouns (see page 202) are often used with verbs of communication, such as **pedir, mandar, rogar, suplicar, aconsejar, recomendar, sugerir, permitir, prohibir**.

| | |
|---|---|
| **Le** pido **a Luis** que limpie su cuarto. | *I ask **Luis** to clean his room.* |
| El guía **les** sugiere **a los turistas** que visiten el Museo de Oro. | *The guide suggests **to the tourists** that they visit the Gold Museum.* |

## 6  Minidiálogos: ¡La contradicción!

Carlos y su papá no están de acuerdo. Prepare los diálogos según el modelo. Luego represéntelos con un(a) compañero(a) de clase.

MODELO: ayudar en casa

  *Carlos:  No quiero ayudar en casa.*

  *El papá: Pues, yo quiero que ayudes en casa.*

1. acostarme temprano
2. levantarme a las siete
3. arreglar el cuarto
4. sacar a pasear al perro
5. poner la mesa
6. hacer la cama


## 7  Insistencia

Unas personas insisten en que otras hagan ciertas cosas. Exprese esto según el modelo.

MODELO: la cliente / desear / el camarero / traer la cuenta *(bill)*

  *La cliente desea que el camarero traiga la cuenta.*

1. la Sra. Ramos / querer / Paco / recoger sus libros
2. la Sra. Ruiz / insistir en / su hijo / poner el dinero en el banco
3. la Sra. Cruz / desear / su marido / pasar la aspiradora por la sala
4. mi mamá / exigir / nosotros / colgar la ropa en el armario
5. los clientes del hotel / esperar / la camarera / limpiar la habitación *(room)*
6. el cocinero / exigir / sus auxiliares / fregar y secar los platos
7. el papá de Elena / oponerse a / su hija / comprarse una moto
8. yo / preferir / Uds. / no fumar en mi casa


## 8  ¡Un poco de lógica!

Exprese lo que las personas de la columna A esperan de las personas de la columna C. Use las palabras y expresiones de las columnas B y D.

| A | B | C | D |
|---|---|---|---|
| la guía | pedir | el (la) cliente | comer menos |
| el médico | rogar | el secretario | leer la correspondencia personal |
| la azafata | aconsejar | la camarera | tender la cama |
| el cocinero | recomendar | *(maid)* | probar las especialidades |
| la Sra. Cepeda | sugerir | los pasajeros | jugar con fósforos *(matches)* |
| el jefe | permitir | los pacientes | abrocharse el cinturón *(fasten one's seatbelt)* |
| la gerente | prohibir | los turistas | visitar el Museo del Prado |
| del hotel | mandar | el niño | tomar una semana de vacaciones |

MODELO: *La guía les recomienda a los turistas que visiten el Museo del Prado.*

# D. Los subjuntivos irregulares

## Present subjunctive: Irregular forms

| INFINITIVE | ir | ser | saber | dar | estar |
|---|---|---|---|---|---|
| que yo | vaya | sea | sepa | dé | esté |
| que tú | vayas | seas | sepas | des | estés |
| que él, ella, Ud. | vaya | sea | sepa | dé | esté |
| que nosotros | vayamos | seamos | sepamos | demos | estemos |
| que vosotros | vayáis | seáis | sepáis | deis | estéis |
| que ellos, ellas | vayan | sean | sepan | den | estén |

➡ **Ir, ser,** and **saber** have irregular subjunctive stems, but regular endings.

➡ **Dar** and **estar** have an accent mark in certain forms.

➡ The subjunctive of **haber (hay)** is **haya.**

## 9  ¿Es necesario?

Diga si es necesario o no que las siguientes personas hagan lo que se indica entre paréntesis.

MODELO: Clara quiere aprender francés. (ir a París)
*Es necesario (No es necesario) que vaya a París.*

1. Yo quiero hacerme ingeniero. (ir a la universidad / saber programar)
2. Queremos correr en el maratón. (estar en forma / ser buenos atletas)
3. Tú vas a una entrevista profesional. (ser muy cortés / dar una buena impresión)
4. Acabamos de comer bien en el restaurante. (darle una buena propina al camarero / ir a felicitar al cocinero)
5. Felipe y Clara quieren alquilar un coche. (saber conducir / ser prudentes)
6. Mañana tomamos el avión para España muy temprano. (ir al aeropuerto en taxi / estar en el aeropuerto tres horas antes de la salida [*departure*])
7. Quieres hacerte actriz. (ser bonita / saber actuar)
8. El presidente de la compañía va a dar una conferencia de prensa. (estar bien informado / saber hablar en público)

# E. El subjuntivo después de expresiones impersonales

| | |
|---|---|
| Es necesario **que hable** español bien. | *It is necessary **that I speak** Spanish well.* |
| No es bueno **que estés** de mal humor. | *It is not good **that you are** in a bad mood.* |
| Es una lástima **que no vayan** a España. | *It is too bad **that they are not going** to Spain.* |

The subjunctive is used after impersonal expressions that convey an implied command (**es necesario que** . . .), an opinion, or a judgment (**es bueno que** . . .).

→ Such expressions are followed by an infinitive construction when they do not refer to anyone in particular. Compare:

| | |
|---|---|
| Es importante **trabajar**. | *It is important **to work**.* |
| Es importante **que trabajes**. | *It is important **that you work**.* |

---

## Vocabulario: Expresiones impersonales

| | |
|---|---|
| **es bueno** que | **es agradable** (*pleasant*) que |
| **es malo** que | **es justo** (*fair*) que |
| **es mejor** que | |
| | **es absurdo** que |
| **es necesario** que | **es ridículo** que |
| **es indispensable** que | |
| **es importante** que | **es raro** (*strange*) que |
| **es preciso** (*necessary*) que | **es sorprendente** (*surprising*) que |
| | **es escandaloso** (*scandalous*) que |

| | |
|---|---|
| **es (una) lástima** que  *it is too bad* | **Es una lástima** que no sepas esquiar. |
| **vale la pena** que  *it is worthwhile* | **Vale la pena** que aprendas a conducir. |

## 10 Temas de discusión

Exprese su opinión combinando las siguientes palabras y expresiones en oraciones afirmativas o negativas. Si quiere, justifique su opinión.

MODELO: ¿Es justo? / los esposos / compartir (*to share*) los quehaceres
*Sí, es justo que los esposos compartan los quehaceres. En la sociedad moderna, el hombre y la mujer son iguales y deben ayudarse mutuamente.*
*(No, no es justo que . . .)*

1. ¿Es útil? / yo / aprender a programar
2. ¿Vale la pena? / nosotros / saber español
3. ¿Es una lástima? / el mundo moderno / ser tan materialista
4. ¿Es bueno? / los estudiantes / ser idealistas
5. ¿Es importante? / los Estados Unidos / ayudar los países pobres
6. ¿Es indispensable? / el gobierno / prohibir la construcción de los centros nucleares (*power plants*)
7. ¿Es raro? / las mujeres / querer ganar el mismo sueldo (*salary*) que los hombres
8. ¿Es sorprendente? / los jóvenes / ser optimistas
9. ¿Es escandaloso? / los atletas profesionales / recibir tanto dinero
10. ¿Es preciso? / el presidente / proponer un programa de ayuda para los pobres

"Creo que ya se empieza a creer en nosotras"
CAJAS DE AHORROS CONFEDERADAS

# Lecturas literarias

## Introducción

A la edad de 16 años, Carlos Samayoa Chinchilla salió de Guatemala para viajar por la América del Sur y luego por Europa. En 1917, una serie de terremotos[1] destruyó la Ciudad de Guatemala y al regresar, el joven estudiante se encontró solo, sin casa y sin familia. Decidió dedicarse[2] a la preservación de la herencia[3] cultural de sus antepasados.[4] Escribió cuentos históricos y leyendas mayas (*Madre Milpa*,[5] 1934).

Balam-Acab fue uno de los cuatro capitanes semidioses que condujo las tribus maya quiché en el siglo XI de la península del Yucatán a lo que hoy es la parte sur de Guatemala. En este cuento se nos explica el origen del arco iris.[6]

Figura maya, 600–700 A.D.

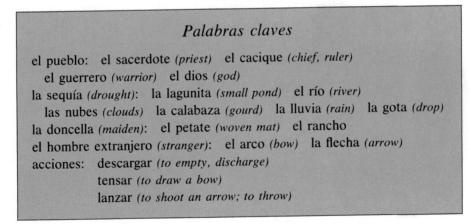

### Palabras claves

el pueblo: el sacerdote *(priest)*   el cacique *(chief, ruler)*
  el guerrero *(warrior)*   el dios *(god)*
la sequía *(drought)*:   la lagunita *(small pond)*   el río *(river)*
  las nubes *(clouds)*   la calabaza *(gourd)*   la lluvia *(rain)*   la gota *(drop)*
la doncella *(maiden)*:   el petate *(woven mat)*   el rancho
el hombre extranjero *(stranger)*:   el arco *(bow)*   la flecha *(arrow)*
acciones:   descargar *(to empty, discharge)*
  tensar *(to draw a bow)*
  lanzar *(to shoot an arrow; to throw)*

---

[1] **terremotos** earthquakes   [2] **dedicarse** to devote himself   [3] **herencia** heritage   [4] **antepasados** ancestors
[5] **Milpa** Cornfield   [6] **arco iris** rainbow

# El arco de Balam-Acab

## Carlos Samayoa Chinchilla

I

En el pueblo de Zubinal hay una gran *sequía*. Los ríos parecen caminos de *arena*. Las plantas de maíz mueren en los *campos*. La sed es inmensa, grande como el pueblo.

Los sacerdotes organizan una expedición *rumbo a* la montaña *sagrada* de Memchuyá donde nacen todos los ríos. Al llegar a la 5 lagunita del cráter, los sacerdotes le ruegan al Dios de los Ríos que les envíe agua para sus campos y pueblos. Le ofrecen maíz

*cocido,* pájaros *asados* y otros platos exquisitos.

Después de las *ofrendas,* uno de los sacerdotes, siguiendo la orden del Dios, ordena a sus hombres que corten los árboles 10

alrededor de la lagunita y que enciendan una gran *hoguera*.

Poco a poco el agua de la lagunita *se calienta* y el vapor del agua sube al cielo en forma de blancas y enormes calabazas. Dos

*garzas* morenas enviadas por el Dios aparecen para *guiar* las nubes calabazas hacia el pueblo. 15

En la plaza de Zubinal, la gente espera ansiosamente la llegada de las nubes calabazas. Sin embargo, pasan las horas y las calabazas no descargan ni una gota del agua que contienen.

Un sacerdote que está de guardia en los templos sube a una pirámide para suplicarles a los dioses: 20

—Oh dioses, queremos que las dos nubes calabazas se abran y

*derramen* el agua sobre nuestras tierras. ¿Qué debemos hacer?

Los dioses responden diciéndole:

—Es necesario romper el *vientre* de las calabazas con una flecha del arco de Balam-Acab. 25

Al escuchar eso, el cacique del pueblo ordena a sus guerreros que suban al templo más viejo y que busquen el antiguo arco de Balam-Acab y sus dos flechas que colgaban del techo.

Todos los hombres del pueblo tratan de usar el arco pero *ni*

*siquiera* el más fuerte de ellos puede tensarlo. 30

Al volver de la plaza, una hermosa doncella encuentra a un hombre extranjero sentado sobre el petate de su rancho. Corre a su madre y le dice:

—Madre, en uno de los petates de nuestro rancho está sentado un hombre extraño. 35

La vieja va a mirar y de repente vuelve a la plaza gritando:

—¡Hombres, mujeres: en el petate de mi rancho está sentado un hombre extraño!

La multitud corre al rancho para llevar al hombre a la plaza y le pide que pruebe el arco de Balam-Acab. 40

*flint / skillfully*   Los ojos del extranjero brillan como el *pedernal. Diestramente,*
*effort*   sin *esfuerzo,* tensa el arco y lanza la primera flecha al cielo. Pero las nubes no son tocadas.

*obsidian (black volcanic glass)*   Ahora sus ojos brillan como la *obsidiana.* Cuidadosamente ajusta la otra flecha en el arco y dispara de nuevo. La segunda flecha 45 se pierde en el cielo y las nubes continúan pasando.

*lightning bolts / extranjero*   Furioso, y con los ojos brillantes como *relámpagos,* el *forastero*
*extremities*   toma el arco por uno de sus *extremos* y lo lanza al cielo. Inmediatamente empieza a caer la lluvia.

# ¿Comprendió Ud.? (I)

A. LA SEQUÍA

1. ¿Cuáles son los resultados de la sequía en el pueblo de Zubinal?
2. ¿Adónde van los sacerdotes?
3. ¿Qué le ofrecen los mayas al Dios de los Ríos? ¿Por qué?
4. ¿Cómo y por qué calientan el agua del cráter?
5. ¿Qué forma tienen las nubes?

B. EL ARCO DE BALAM-ACAB

6. ¿Qué espera la gente en la plaza?
7. ¿Qué pasa con las nubes calabazas?
8. ¿Qué consejo le dan los dioses al sacerdote?
9. ¿Quiénes prueban el arco? ¿Tienen éxito?

C. EL HOMBRE EXTRANJERO

10. ¿Dónde encuentra la doncella al hombre extranjero?
11. ¿Por qué llevan al extranjero a la plaza?
12. ¿Qué pasa con la primera flecha?
13. ¿Qué ocurre con la segunda flecha?
14. ¿Cómo se rompen finalmente las nubes calabazas?

# Nota cultural

## Los mayas

La civilización maya tuvo su origen en la parte norte de la América central y de allí se expandió a la península del Yucatán. Su historia se puede dividir en tres períodos:

*El antiguo imperio maya,* o el período clásico, corresponde a la época entre los siglos IV y IX. Las ciudades mayas famosas de esta época fueron Tikal (Guatemala), Palenque (México) y Copán (Honduras).

*El imperio nuevo,* que se desarrolla principalmente en el norte del Yucatán, data del siglo X hasta el siglo XII. El centro de este imperio fue la ciudad de Chichén Itzá.

*El imperio quiché,* con su capital Utatlán, se desarrolla en lo que hoy es Guatemala. Este imperio data del siglo XI hasta el siglo XVI, cuando llegan los españoles. El *Popol Vuh,* libro sagrado de los mayas quiché donde se habla de Balam-Acab, es un documento muy importante por su compilación de historia y leyendas mayas.

> ## *Palabras claves*
>
> el arco iris *(rainbow)*:  una señal *(sign)*
> el matrimonio *(wedding)*:  el esposo   la esposa
> el regalo:   el saco *(bag, sack)*   la pluma *(feather)*
> el rancho:   el fuego *(fire)*   el suelo *(ground, floor)*
> la calabaza:   el fondo *(bottom)*   la charquita *(pool, puddle)*   la voz *(voice)*
> acciones:   constatar *(to note)*
>             aparecer ≠ desaparecer *(to appear ≠ to disappear)*
>             desesperarse *(to despair)*

## II

### D. LA RECOMPENSA

*roofs*

*earthen jar*

Llueve sobre los *techos,* sobre los campos, sobre los caminos. La tierra huele como una inmensa *tinaja* nueva. En el cielo se ve un magnífico arco iris.

El cacique del pueblo llama al extranjero y le dice:

—Para expresar nuestra gratitud, te vamos a regalar veinte sacos 5 de cacao y un campo.

Pero el forastero no acepta el ofrecimiento.

*measure / dust.*

—Te damos cinco plumas de quetzal, diez piezas de jade del más fino, y una *medida* de *polvo* de oro.

Pero el hombre tampoco acepta la oferta. 10

—¿Qué quieres entonces? Habla.

—La doncella que llegó al rancho es muy hermosa. Quiero tomarla por esposa.

### E. EL MATRIMONIO

*stone for grinding corn*

Esa misma noche tiene lugar el matrimonio. El cacique regaló al forastero y a su esposa un rancho nuevo, una *piedra de moler* 15 nueva y un petate nuevo.

*he has disappeared*

Cuando la doncella, después de encender el fuego, se vuelve hacia su marido, ella descubre con gran sorpresa que *éste ha desaparecido.*

A la siguiente noche ocurre lo mismo. La joven se desespera 20 porque su esposo ha pasado todo el día sentado en el petate sin beber ni comer nada.

*temprano*
*firewood*

Al tercer día, muy *de madrugada,* la joven sale en busca de leña. Al pasar por un campo de maíz, escucha una voz. Mira por todas partes, pero no ve a nadie. En el suelo hay una calabaza 25 con un poco de agua. Del fondo de esa charquita de agua sale la voz de su hombre.

—¿Quieres en realidad ser mi esposa, doncella?

*tal vez*

—¿Eres tú, *acaso,* mi esposo?

—No, no es eso lo que te pregunto. ¿Quieres en realidad ser 30 mi esposa, doncella?

—Quiero ir contigo, mi señor.

—¿Quieres saber quién soy?

—Eres mi esposo, señor.

—No, no es eso lo que te pregunto. ¿Quieres saber quién soy? 35

—Sí, mi señor.

—Doncella, yo soy Balam-Acab, uno de los cuatro legendarios capitanes.

F. EL ARCO IRIS

Al final de esa semana, murió la joven doncella. Cuando la gente del pueblo la encontró, parecía dormida. En el suelo, a su lado, 40 había una calabaza con una charquita de agua.

De vez en cuando, después de la lluvia, aparece en el cielo el arco iris. Es el arco de Balam-Acab y la señal de que la sonrisa de la doncella todavía alegra el corazón de su héroe.

## ¿Comprendió Ud.? (II)

D. LA RECOMPENSA

15. ¿Qué aparece en el cielo después de la lluvia?
16. ¿Qué le ofrece primero el cacique al hombre extranjero?
17. ¿Por qué le hace una segunda oferta?
18. ¿Qué le pide el extranjero al cacique?

E. EL MATRIMONIO

19. ¿Cuáles son los regalos que reciben el forastero y su esposa?
20. ¿Qué pasa la primera noche? ¿y la noche siguiente?

21. ¿Por qué está preocupada la esposa?
22. ¿Qué escucha la esposa el tercer día?
23. ¿Cuál es el secreto del hombre extranjero?

F. EL ARCO IRIS

24. ¿Qué pasó al final de la semana?
25. ¿Por qué había una calabaza con una charquita de agua al lado de la doncella?
26. Según la leyenda maya, ¿qué significado tiene el arco iris?

## Puntos de vista

La hermana menor de la doncella habla de los sucesos *(events)*. Imagínese sus pensamientos, usando los verbos en el presente.

A. La mañana de la excursión a la montaña sagrada de Memchuyá
B. La tarde en la plaza
C. La noche de la boda
D. La muerte de la joven

> A. *Tengo mucha sed. Todo el pueblo tiene sed. No hay agua que beber. Ni siquiera hay agua para los animales. Esta mañana, los sacerdotes y los hombres del pueblo salen para subir la montaña sagrada de Memchuyá. Ellos quieren que el Dios de los Ríos les escuche. ¡Ojalá que el Dios escuche! Es nuestra única esperanza. . .*

## Temas

1. En esta leyenda, el agua tiene un papel muy importante. Encuentre Ud. ejemplos en el texto donde la falta de agua significa tristeza y donde la presencia de agua significa felicidad y bienestar *(well-being)*.
2. ¿Qué importancia tiene el agua en su vida diaria? ¿Cómo usan el agua Ud. y sus vecinos? Haga una lista de los varios usos del agua y escriba cuáles son los usos más importantes y cuáles los menos importantes.

---

### Mejore su español

Word order is much more flexible in Spanish than in English. The subject, especially if it is short, may often follow rather than precede the verb. Note the following examples from the story.

Sin embargo, pasan *las horas* . . . (I, line 17)
. . . en el petate de mi rancho está sentado *un hombre extraño!* (I, lines 37–38)
Inmediatamente empieza a caer *la lluvia.* (I, lines 48–49)
A la siguiente noche ocurre *lo mismo.* (II, line 20)
Del fondo de esa charquita de agua sale *la voz de su hombre.* (II, lines 26–27)
Al final de esa semana, murió *la joven doncella.* (II, line 39)
De vez en cuando, después de la lluvia, aparece en el cielo *el arco iris.* (II, lines 42–43)

---

# Unidad 4

## Por la ciudad

## Unas huellas misteriosas

Para Luis Vigilante no hay nada más aburrido en el mundo que su trabajo; él es el detective privado de un banco donde jamás ocurre nada extraordinario. ¡Ah!, pero un día, al regreso de su trabajo, Luis Vigilante se encuentra con lo que él cree ser la gran oportunidad de su vida: unas huellas[1] misteriosas a la entrada de su casa.

[1] footprints

Luis Vigilante, con visible agitación, examina atentamente las huellas.

—¡Ajá![1] Esto es muy extraño.[2] Estas huellas no estaban aquí esta mañana cuando salí al trabajo. Alguien se aprovechó[3] de mi ausencia. Aquí hay algo muy sospechoso.[4] Voy a seguir estas huellas para ver a dónde me llevan. Yo voy a llegar al fondo[5] de este asunto[6] o dejo de llamarme[7] Luis Vigilante.

[1] Aha!  [2] strange  [3] took advantage  [4] suspicious  [5] bottom
[6] matter  [7] or my name is no longer

—Hay que tomar todas las precauciones. ¡Andemos con cuidado! ¡Huy![1] . . . las huellas no llegan hasta la casa, doblan[2] en dirección del garaje. ¡Esto es extraño!

[1] Eh!  [2] they turn

—¡Eh!, ¿cómo es posible? . . . Las huellas van ahora del garaje a la casa y de ahí doblan a la derecha . . . ahora a la izquierda y siguen por detrás[1] de la casa. ¡Ajá! . . . Aquí hay gato encerrado[2] . . . Tengo sospechas de[3] algo gordo.[4]

[1] in back   [2] I smell a rat (*lit.*, there is a trapped cat here)
[3] I suspect   [4] big

—Sea quien sea,[1] ya lo tengo acorralado.[2] No tiene salida. Aquí recostada a[3] la pared está la escalera[4] que usó para subir al techo.[5] ¡No pierdas la cabeza, Vigilante! Estos ladrones, al ser descubiertos[6] con las manos en la masa,[7] se vuelven[8] peligrosos.

[1] Whoever it is   [2] cornered   [3] leaning against   [4] ladder   [5] roof
[6] upon being discovered   [7] red-handed (*lit.*, with their hands in the dough)   [8] become

Luis Vigilante se decide a subir . . . pero por si acaso,[1] mira por todas partes: a la derecha, a la izquierda . . . Nadie . . . Mira hacia arriba, saca su pistola y sube por la escalera.

[1] just in case

Con aire terrible y amenazador[1] Luis Vigilante apunta su pistola a[2] un hombre que está comiendo un bocadillo[3] enorme sentado en el techo de la casa.

—¡Arriba las manos![4] ¡Dése preso![5]

[1] threatening  [2] points his gun at  [3] sandwich  [4] Hands up!
[5] Surrender!

Blanco como un papel, el desconocido[1] casi se desmaya del susto.[2]

—No dispare,[3] señor, por favor. Piense usted en mi esposa y en mis hijos. ¿Qué va a ser de ellos[4] si usted me mata?[5] Aquí está mi billetera. Tómela usted por favor. Tengo poco dinero, pero no se enoje. Soy un pobre trabajador y estoy aquí para reparar la antena del televisor de la señora Vigilante.

[1] stranger  [2] almost faints from fright  [3] shoot  [4] What will become of them  [5] kill

## Preguntas

1. ¿Por qué le parece aburrido su trabajo a Luis Vigilante?
2. ¿Por qué le parece muy extraño su descubrimiento?
3. ¿Qué decide hacer Luis Vigilante?
4. ¿A quién piensa atrapar?
5. ¿Por qué casi se desmaya el desconocido?
6. ¿Qué estaba haciendo el hombre en el techo?

# El español práctico

## Vocabulario temático: En una ciudad hispana

Viajar a un país extranjero puede ser una experiencia maravillosa.
También puede ser causa de problemas y dolores de cabeza, especialmente cuando nos perdemos en una ciudad que no conocemos.

### Como pedir direcciones

¡Estoy perdido(a)!
¡Por favor!,

| ¿puede | decirme | dónde está | la **Calle** Serrano? |
|--------|---------|------------|----------------------|
| ¿podría | explicarme | dónde queda (*is*) | la **Avenida** Cervantes |
| | indicarme | cómo ir a | la **Plaza** de las Américas |
| | | cómo llegar a | el (al) **Paseo** de la Castellana |

### Otros lugares

**la estación** de trenes
de taxis

**la parada de autobuses** (*bus stop*)

**el aparcamiento** (*parking lot*)

**el estacionamiento**  | más **cercano** (*closest*)

**la gasolinera** (*service station*)

**la estación de bomberos** (*fire station*)

**la oficina de turismo**

**la comisaría de policía** (*police station*)

**la oficina de correos** (*post office*)

**el Hospital** de San Juan de Dios

**la Clínica** del Valle

CALLE DEL MEDIO DIA

PLAZA DE Sⁿ NICOLA

Centro de la Ciudad de México

CALLE DE TOLEDO

## Como responder

| Está | |
|---|---|
| Queda | **enfrente** (*opposite, facing*). |
| | **a la derecha** (*on the right*) |
| | **a la izquierda** (*on the left*) |
| | **muy cerca / lejos de aquí** |
| | **a diez minutos** en taxi |

|  |  |  |
|---|---|---|
| **enfrente de** (*in front of*) | | |
| **al lado de** (*next to*) | | **la catedral** |
| **a unos cien metros de** (*about 100 meters from*) | | **la plaza de toros** |
| **a tres** | **cuadras de** (*blocks from*) | **la fuente** (*fountain*) |
| | **manzanas de** (*blocks from*) | |

en **la esquina** (*corner*) de la Calle Peña
en **el cruce** (*intersection*) de la Calle Segovia y la Calle Quevedo
en **la próxima cuadra / manzana**

| Sólo tiene que | |
|---|---|
| Ud. debe | **seguir derecho** hasta llegar a la Avenida Santander. |
| | **doblar** (*to turn*) a la derecha / izquierda |
| | **virar** (*to turn around*) |
| | **cruzar** (*to cross*) la Calle San Fermín |
| | **tomar la segunda** calle a la izquierda |
| | **subir** por la Avenida 15 de Julio |
| | **bajar hasta** (*as far as*) la Plaza de la Merced |
| | **parar** (*to stop*) enfrente del hotel |

## 1 ¡Lógicamente!

Complete las frases con la expresión que convenga lógicamente.

1. Si hay un incendio (*fire*) en su casa, Ud. telefonea. . .
   a. al semáforo.      b. a la acera.      c. a los bomberos.

2. Por lo general, en un pueblo pequeño no hay. . .
   a. rascacielos.      b. casas de piedra.      c. rótulos.

3. Si Ud. da un paseo por la ciudad, debe caminar. . .
   a. en la clínica.      b. en el cruce.      c. por la acera.

4. Ud. puede dejar su coche. . .
   a. en la glorieta.      b. en el metro.      c. en el estacionamiento.

Ud. debe tomar | un taxi
el metro
el autobús
el tranvía (trolley) | hasta el Paseo del Parque.

Ud. debe **bajarse** (to get off) | en **la tercera parada.**
**justo después** (right after) de la iglesia

Hay
Ud. verá | **un semáforo** (traffic light).
**un letrero**
**un rótulo** | (sign, billboard)
**una señal de tráfico** (traffic sign)
**una acera** (sidewalk)
**una glorieta** (traffic circle)
**un rascacielos** (skyscraper) de 40 **pisos** (stories)
**un edificio** (building) | de **cemento** (concrete)
de **ladrillo** (brick)
de **vidrio** (glass)
**una casa** | de **madera**
de **piedra**

Respete la
señalización.

PARE

Es una recomendación de
Un amigo en su camino

5. Mi primo viene a visitarme. Como no tiene coche, voy a recogerlo. . .
   a. en la estación de bomberos.    b. en la parada de autobuses.
   c. en el rascacielos.

6. Los coches deben pararse. . .
   a. en el semáforo de luz roja.    b. en el edificio de vidrio.
   c. en la clínica.

7. Si Ud. ve un accidente, debe llamar por teléfono a. . .
   a. la manzana.    b. la gasolinera.    c. la comisaría de policía.

8. En la Ciudad de México se puede tomar. . .
   a. el metro.    b. la acera.    c. la parada de tranvía.

## 2 En Villanueva

Ud. acaba de llegar a la ciudad de Villanueva y le pide información a un policía sobre cómo ir a ciertos lugares. Preste atención a lo que dice el policía y siga sus instrucciones al pie de la letra *(precisely)*. El lugar donde está Ud. está indicado con una equis (X) en el mapa.

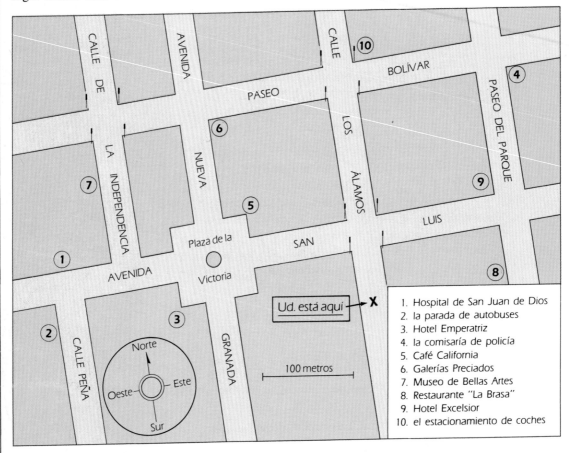

1. "Queda a 250 metros de aquí. Suba por la Calle Los Álamos. Cruce la Avenida San Luis. Siga derecho hasta llegar al Paseo Bolívar. Cruce ese paseo. Lo encontrará a su derecha, justo después del semáforo". ¿Dónde está ahora?
   a. en la comisaría de policía
   b. en el Hospital de San Juan de Dios
   c. en el estacionamiento de coches

2. "Deje su coche allá. Baje por el Paseo Bolívar hacia el oeste. A su izquierda, Ud. verá el edificio de las Galerías Preciados. Doble a la izquierda en la Avenida Nueva Granada y siga derecho hasta llegar a la Plaza de la Victoria. Está a su derecha en el cruce de la Avenida San Luis y la Avenida Nueva Granada". ¿Dónde está ahora?
   a. en el Café California
   b. enfrente del Hotel Emperatriz
   c. al lado de las Galerías Preciados

3. "Deje su equipaje (luggage) allí y baje por la Avenida San Luis en dirección oeste. A su derecha Ud. verá un hospital. Doble a la izquierda y tome la Calle Peña y crúcela. Está a unos veinte metros de allí después del cruce". ¿Dónde está ahora?
   a. enfrente del Museo de Bellas Artes
   b. en la parada de autobuses
   c. en el Hospital de San Juan de Dios

4. "Tome el autobús. El autobús va a doblar a la derecha en la Avenida San Luis, después va a doblar a la izquierda en la Calle de la Independencia. En el semáforo va a doblar a la derecha en el Paseo Bolívar y va a seguir derecho. Lea el nombre de las calles. El autobús va a pararse en la esquina del Paseo Bolívar con el Paseo del Parque. Allí, en el edificio de ladrillo, es donde yo trabajo". ¿Dónde está ahora?
   a. en las Galerías Preciados
   b. en el Hotel Excelsior
   c. en la comisaría de policía

## 3 Le toca a Ud.

Suponga que Ud. vive en Villanueva. Déles las direcciones a los siguientes turistas.

1. La Srta. Mendoza está en el Café California (5) y quiere tomar el autobús (2).
2. El Sr. Montero se queda en el Hotel Emperatriz (3) y quiere almorzar en el Restaurante "La Brasa" (8).
3. La Sra. de Ortiz está en las Galerías Preciados (6) y quiere ir al Hotel Excelsior (9).
4. Un cliente del Hotel Excelsior (9) quiere visitar el Museo de Bellas Artes (7).

## *Vocabulario temático:* En un edificio

¿Podría decirme dónde está(n) | **la entrada** *(entrance)?*
**la salida** *(exit)*
**el ascensor** *(elevator)*
**las escaleras** *(stairs)*
**el baño**
**el servicio** | *(bathroom)*

Está(n) | **por aquí derecho** *(straight ahead).* | **¡Siga derecho!** →
**arriba** *(upstairs)* | **¡Suba!**
**abajo** *(downstairs)* | **¡Baje!**

Está(n) | **al fondo del pasillo** *(at the end of the hall).*
en **la primera puerta** a la derecha
en **el sótano** *(basement)*
en **la planta baja** *(ground floor)*
en **el primer piso** *(second floor: U.S.)*
en **el piso doce**

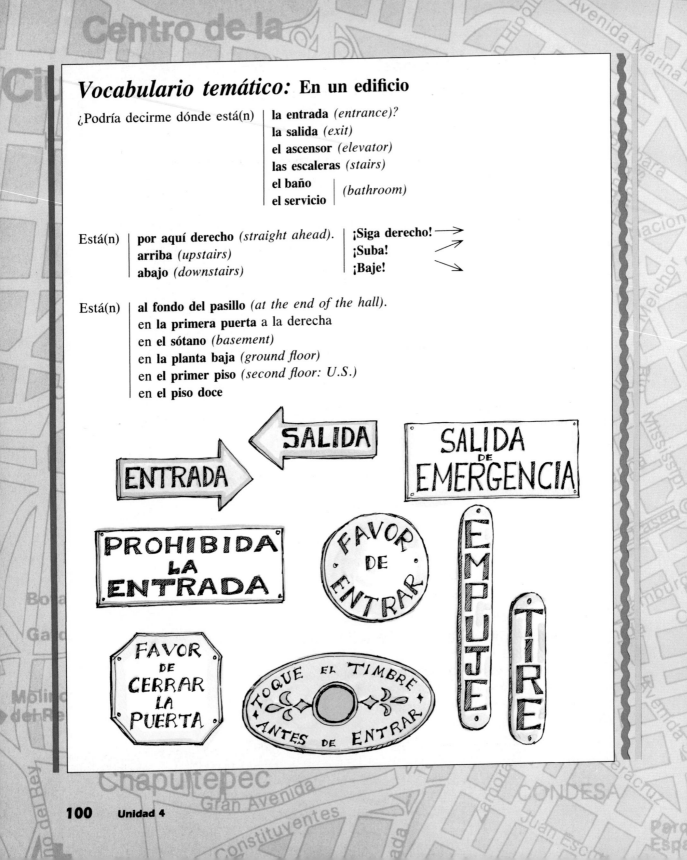

## 4 En la biblioteca municipal

Ud. trabaja para el servicio de información de la biblioteca municipal. Prepare los diálogos que correspondan a las siguientes situaciones. Luego represéntelos con un(a) compañero(a) de clase. Use su imaginación.

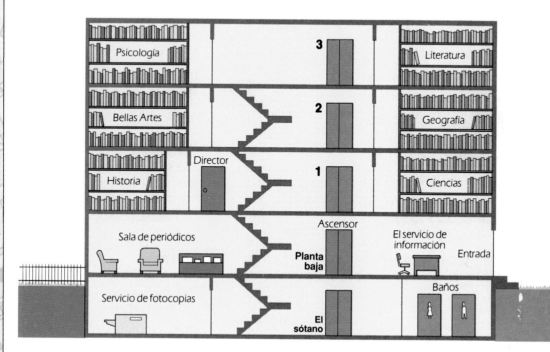

MODELO: La Sra. Quiroga tiene una cita con el director.

Sra. Quiroga: ¿Podría decirme dónde está la oficina del director?

Usted: Claro. Su oficina está en el primer piso. Ud. puede tomar las escaleras o el ascensor.

Sra. Quiroga: Y ¿dónde están las escaleras?

Usted: Siga derecho.

1. Una estudiante desea copiar un artículo.
2. El Profesor Ruiz desea leer un libro sobre Picasso.
3. Una señora quiere lavarse las manos.
4. La Sra. Mendoza quiere leer el último número de "La Prensa".
5. Federico busca unos libros sobre la física nuclear.
6. Marisela tiene que escribir un ensayo (essay) sobre el descubrimiento de América.

## Conversaciones dirigidas

Prepare los diálogos según las siguientes indicaciones. Luego, represéntelos
con un(a) compañero(a) de clase.

**1. En la estación:** María Luisa acaba de llegar a la estación. Ella le
pregunta a un peatón *(pedestrian)* dónde queda el Hotel Las Torres.

| María Luisa | | el peatón |
|---|---|---|
| asks the pedestrian if he knows where the Hotel Las Torres is | ⟶⟵ | answers affirmatively . . . says that it is located in the Plaza Mayor |
| asks if it is far | ⟶⟵ | answers that it is 10 minutes by bus |
| asks him where the bus stop is | ⟶⟵ | tells her that it is next to the post office |
| asks him how to get to the post office | ⟶⟵ | says she just has to cross the street and turn right; it is about 200 meters from there |
| thanks him | | |

**2. Una fiesta:** Marisol ha invitado a Jorge a una fiesta en su apartamento.
Jorge le pide las direcciones para llegar a su casa.

| Jorge | | Marisol |
|---|---|---|
| asks Marisol where she lives | ⟶⟵ | answers that she lives on Paseo Colón |
| asks her how to get there | ⟶⟵ | tells Jorge to take bus number 21 on the Avenida del General Mateos and to get off at the third stop . . . her apartment building is across from the bus stop |
| asks her what type of building it is | ⟶⟵ | says that it's a 6-story brick building |
| asks her on which floor she lives | ⟶⟵ | answers that she lives on the fourth floor |
| asks her if there is an elevator | ⟶⟵ | answers affirmatively and tells him that the elevator is at the end of the hall on the left |
| thanks her and says goodbye . . . tells her that he will see her on Sunday *(Nos vemos el domingo.)* | | |

## Conversaciones libres

Prepare los diálogos que correspondan a las siguientes situaciones. Luego, represéntelos con un(a) compañero(a) de clase.

1. Explíquele a un(a) compañero(a) de clase cómo llegar a su casa desde la escuela.
2. Un(a) turista de Colombia está perdido(a) en el centro de la ciudad donde Ud. vive. Él (Ella) quiere saber dónde quedan ciertos edificios. Ud. le explica cómo llegar a esos lugares.
3. Ud. y sus amigos están de vacaciones en un país hispanohablante. Consulten un plano de una ciudad de este país. Escojan varios lugares que quieren visitar y decidan cómo ir de un lugar a otro.
4. Hay un(a) nuevo(a) estudiante en su clase. Explíquele cómo llegar a la oficina principal de la escuela.

# Estructuras gramaticales

## A. El imperativo: mandatos afirmativos y negativos

### Affirmative and negative imperative: Forms

| INFINITIVE | tomar | comer | escribir | conducir |
|---|---|---|---|---|
| **AFFIRMATIVE** | | | | |
| tú | ¡toma! | ¡come! | ¡escribe! | ¡conduce! |
| Ud. | ¡tome! | ¡coma! | ¡escriba! | ¡conduzca! |
| nosotros | ¡tomemos! | ¡comamos! | ¡escribamos! | ¡conduzcamos! |
| vosotros | ¡tomad! | ¡comed! | ¡escribid! | ¡conducid! |
| Uds. | ¡tomen! | ¡coman! | ¡escriban! | ¡conduzcan! |
| **NEGATIVE** | | | | |
| tú | ¡no tomes! | ¡no comas! | ¡no escribas! | ¡no conduzcas! |
| vosotros | ¡no toméis! | ¡no comáis! | ¡no escribáis! | ¡no conduzcáis! |

The forms of the imperative are the same as the present subjunctive, except for the affirmative **tú** and **vosotros** forms.

→ The affirmative **tú** form of the imperative is the same as the **él** form of the present indicative, with the following exceptions:

| | | | | | |
|---|---|---|---|---|---|
| hacer | **haz** | tener | **ten** | decir | **di** |
| poner | **pon** | venir | **ven** | ir | **ve** |
| salir | **sal** | | | ser | **sé** |

→ The affirmative **vosotros** form is formed by replacing the final **r** of the infinitive by **d**.

→ The **Ud.**, **Uds.**, and **nosotros** forms of the imperative are the same in the affirmative and negative.

¡**Tome** un taxi!    ¡**No tome** el autobús!
¡**Vengan** a las siete!    ¡**No vengan** después de la cena!

## REFLEXIVE VERBS

|  | AFFIRMATIVE | NEGATIVE |
|---|---|---|
| tú | **¡levántate!** | ¡no **te levantes!** |
| Ud. | **¡levántese!** | ¡no **se levante!** |
| nosotros | **¡levantémonos!** | ¡no **nos levantemos!** |
| vosotros | **¡levantaos!** | ¡no os levantéis! |
| Uds. | **¡levántense!** | ¡no **se levanten!** |

In affirmative commands, reflexive pronouns come after the verb and are attached to it. In negative commands they come before the verb.

→ In the **nosotros** and **vosotros** forms, the final consonant (**-s** or **-d**) of the verb is dropped in affirmative commands.

¿Nos **vamos**?          ¡Sí, **vámonos!**

→ When an object pronoun is attached to the command form of a verb of two or more syllables, an accent mark is placed on the next-to-last syllable of the verb. For verb forms of only one syllable, no accent mark is needed. Compare:

**¡Acércate!**          **¡Vete!**

## Uses

The imperative is used to give orders, make suggestions, or tell people what to do. In the **nosotros** form it is the equivalent of *let's + verb*.

**¡Vámonos!**          *Let's go!*
**¡No nos quedemos aquí!**     *Let's not stay here!*

## 1 ¡Por favor!

Pídale unos favores a un(a) compañero(a) de clase. Use la forma de **tú** del imperativo.

MODELO: traer el periódico
    *¡Por favor! Trae el periódico.*

1. abrir la ventana
2. cerrar la puerta
3. encender la radio
4. apagar el televisor
5. servir café
6. almorzar conmigo
7. contar un chiste
8. repetir la pregunta

## 2 Minidiálogos: Entre amigos

Prepare los diálogos según el modelo. Luego represéntelos con un(a) compañero(a) de clase.

MODELO: ¿adónde? / ir después de la clase / a la biblioteca
—*¿Adónde debo ir después de la clase?*
—*Ve a la biblioteca.*

1. ¿cómo? / ir al museo / en taxi
2. ¿con quién? / salir el sábado próximo / con Elena
3. ¿qué? / hacer esta noche / la tarea para mañana
4. ¿qué tipo de música? / poner / un disco de música mexicana
5. ¿qué? / decir / toda la verdad
6. ¿a qué hora? / venir a la fiesta / a las nueve
7. ¿con qué? / tener cuidado / el perro de los vecinos

## 3 ¡Sí y no!

Haga los papeles de las siguientes personas. Dé instrucciones usando el imperativo afirmativo y negativo. Siga el modelo y use la lógica.

MODELO: el médico al paciente (comer frutas y vegetales / chocolate)
*Coma frutas y vegetales. No coma chocolate.*

1. la doctora Sánchez al Sr. Pardo (beber jugo de frutas / vino)
2. la Sra. Duarte a sus hijas (aprender a programar / a tomar taquigrafía [*to take shorthand*])
3. la vice presidenta del banco a su asistente (abrir el fichero [*filing cabinet*] / la caja fuerte [*safe*])
4. el Sr. Carranza al taxista (parar el taxi enfrente del hotel / enfrente de la estación de bomberos)
5. el profesor de la autoescuela (*driving school*) a los estudiantes (doblar a la izquierda / a la derecha)
6. la recepcionista a los clientes del hotel (subir a su cuarto en el ascensor / por las escaleras)

## 4 En la ciudad

Una guía le da algunos consejos a un turista. Haga el papel de la guía usando la forma de **Ud.** del imperativo afirmativo o negativo.

MODELO: buscar un hotel caro (no)
*No busque un hotel caro.*

1. perder su pasaporte (no)
2. almorzar en restaurantes típicos (sí)
3. pagar con cheques viajeros (sí)
4. cruzar la calle cuando vea que la luz está roja (no)
5. sacar muchas fotos (sí)
6. conducir con cuidado por el centro (sí)
7. tener cuidado con el tráfico (sí)
8. salir con desconocidos *(strangers)* (no)
9. venir a la reunión de información (sí)
10. dar un paseo por el parque por la noche (no)
11. ir al museo (sí)
12. saber que los autobuses siempre salen a tiempo (sí)
13. estar de vuelta *(to be back)* a las nueve para la cena del hotel (sí)
14. ser generoso con su guía (sí)

## 5 De visita en la Ciudad de México

Ud. está de visita en la Ciudad de México con varios amigos. Sugiera algunas actividades según se indica en las siguientes frases. Utilice la forma de **nosotros** del imperativo afirmativo.

MODELO: visitar el Museo Nacional de Antropología
*¡Visitemos el Museo Nacional de Antropología!*

1. cenar en el Restaurante "Breda"
2. beber algo en un café del Paseo de la Reforma
3. asistir a un espectáculo de mariachis
4. sacar fotos del Parque Chapultepec
5. almorzar en el Restaurante "Mariscal"
6. pasar por la Zona Rosa
7. dar un paseo por el Zócalo
8. quedarse en el Hotel María Isabel
9. dormir la siesta antes de salir de nuevo
10. seguir los consejos del guía

## 6 Recomendaciones

Analice las situaciones que se describen en las siguientes frases. Luego haga sugerencias con oraciones afirmativas o negativas.

MODELO: No tenemos mucho dinero. (quedarse en un hotel de lujo)
*No nos quedemos en un hotel de lujo.*

1. Señora, Ud. parece muy cansada. (sentarse en esa silla)
2. Uds. tienen que tomar el tren a las siete de la mañana. (despertarse temprano)
3. Tú ves que el semáforo está en rojo. (pararse)
4. No queremos perdernos en la ciudad. (alejarse del hotel)
5. Tú tienes sueño, ¿verdad? (acostarse tarde)
6. Ud. es una persona cortés. (dormirse durante la conferencia)

# *B.* Para y por

**Para** and **por** are prepositions that have distinct uses.

**Para** may express:

- a destination
  (for, to)      Tomamos el autobús **para** la Plaza Mayor.
  (for)      El tren sale **para** Madrid.

- a purpose, goal, or objective. This may be:
  *a person or entity*
  (for)      La carta es **para** ti.
  (for)      Trabajo **para** mi tía.
  (for)      Leonor trabaja **para** una agencia de viajes.

  *a thing or event*
  (for)      Estudiamos **para** el examen.
  (for)      La mesa es **para** el comedor.
  (for)      Compro los boletos **para** el concierto.

  *a point in time*
  (for, by)      Tengo que terminar el trabajo **para** el martes.

- a point of view
  (for)      **Para** mí, Madrid es una ciudad fantástica.

- a point of reference or comparison
  (for)      **Para** su edad, este chico es muy alto.
  (for)      **Para** una norteamericana, Ud. habla español muy bien.

**Por** may express:

- approximate time or duration

| | |
|---|---|
| (for, during) | Vamos a México **por** un año. |
| (in) | Voy a llamarte **por** la mañana. |
| (per) | ¿Cuánto dinero ganas **por** semana? |

- manner or means

| | |
|---|---|
| (by) | Viajamos **por** avión. |
| (by) | Voy a llamarte **por** teléfono. |

- movement

| | |
|---|---|
| (along) | Pasan muchos peatones (pedestrians) **por** la Calle Colón. |
| (through) | ¿Quién entró **por** la ventana? |
| (by, via) | Podemos ir a Madrid **por** Toledo. |
| (around, through) | Me gusta caminar **por** la ciudad. |

- exchange

| | |
|---|---|
| (for) | Quiero vender mi cámara **por** cien dólares. |
| (in exchange for) | Te cambio mi guitarra **por** tu tocadiscos. |

- cause, motivation, or benefit

| | |
|---|---|
| (for) | Muchas gracias **por** tu invitación. |
| (because of) | El doctor se preocupa **por** tu salud (health). |
| (on behalf of) | La abogada habla **por** sus clientes. |
| (for the sake of) | Hagamos todo lo posible **por** nuestros amigos. |

- agent or cause of an action

| | |
|---|---|
| (by) | Lisboa fue destruida **por** un terremoto (earthquake). |
| (by) | Ese edificio fue construido **por** un arquitecto mexicano. |

→ **Por** is also used in certain expressions:

| | | |
|---|---|---|
| **por ciento** | *percent* | cien **por ciento** |
| **por hora** | *per hour* | cien kilómetros **por hora** |

Both **por** and **para** may be followed by an infinitive.

**para** + *infinitive* = for, in order to
  Tomo el autobús **para ir** al museo.

**por** + *infinitive* = for, because of, for reason of
  Perdimos el tren **por llegar** tarde a la estación.

Although **para** and **por** often correspond to the English *for*, they cannot be substituted for one another. Compare:

| | |
|---|---|
| ¿Quieres dinero **para** la moto? | *Do you want money **for** (= **in order to buy**) the motorcycle?* |
| ¿Quieres dinero **por** la moto? | *Do you want money **for** (= **in exchange for**) the motorcycle?* |
| | |
| Salimos **para** la Avenida Bolívar. | *We left **to go to** Bolívar Avenue.* |
| Salimos **por** la Avenida Bolívar. | *We left **via** Bolívar Avenue.* |
| | |
| Nos quedamos **para** el examen. | *We stayed **for** (= **to study for**) the exam.* |
| Nos quedamos **por** el examen. | *We stayed **because of** the exam.* |
| | |
| La secretaria trabaja **para** su jefe. | *The secretary works **for** her boss.* |
| La secretaria trabaja **por** su jefe. | *The secretary works **because (or in place) of** her boss.* |

Recuerda, México es mejor por...

aeroméxico

## 7 Preguntas personales

1. ¿Es Ud. bajo(a) o alto(a) para su edad?
2. ¿Prefiere viajar en tren o por avión? ¿Por qué?
3. ¿Se preocupa mucho por sus estudios? ¿por sus amigos?
4. ¿Para qué tipo de compañía u organización le gustaría trabajar?
5. ¿Tiene planes para el sábado próximo? ¿Qué va a hacer por la noche?
6. ¿Le gusta caminar por el centro? ¿Por dónde le gusta pasear?

## 8 ¿Por o para?

Complete las oraciones siguientes con **por** o **para**.

1. ¡Busca un regalo *para* tu mamá!
2. ¡Compren aspirina *para* el dolor de cabeza!
3. ¡Ven a mi casa *por* la mañana!
4. ¡No entre en el teatro *por* la salida de emergencia!
5. ¡Quedémonos en México *por* dos semanas!
6. ¡No te cases *por* dinero!
7. ¡Termine este proyecto *para* la semana próxima!
8. ¡No pagues tanto dinero *por* esos pendientes *(earrings)*!
9. ¡Tomemos el tren *para* Zaragoza!
10. ¡Suba a mi apartamento *por* las escaleras!
11. ¡ *Para* estudiantes, son muy conservadores!
12. ¿Cuándo van a comprar los boletos *para* el partido de fútbol?
13. Podemos ir a la estación *por* la Calle Cervantes.

## 9 ¿Qué hacen?

Describa lo que hacen las personas de la columna A, combinando las palabras y expresiones de las columnas B, C y D. Haga dos oraciones lógicas con cada sujeto, una con **para,** otra con **por**.

| A | B | C | D |
|---|---|---|---|
| yo | pasar | por | Uds. |
| tú | viajar | para | tren |
| Nacho | trabajar | | avión |
| Cecilia | caminar | | el hotel |
| la Sra. Heredia | tomar el autobús | | Madrid |
| los turistas | mandar la carta | | la Plaza Mayor |
| el doctor Hernández | pagar | | las Galerías Modernas |
| | preocuparse mucho | | la oficina de turismo |
| | hacer la tarea | | mil pesetas |
| | comprar un disco | | su salud |
| | comprar una silla | | su cumpleaños |
| | comprar boletos | | el comedor |
| | comprar un recuerdo | | |
| | *(souvenir)* | | |

MODELOS: *Yo compro un disco para su cumpleaños.*
*Yo compro un recuerdo por mil pesetas.*

# C. Adverbios y preposiciones de lugar

| ADVERBIOS | PREPOSICIONES |
|---|---|
| La estación está **allí**. | La estación está **en** la Calle Colón. |
| La tienda está **cerca**. | La tienda está **cerca de** la Plaza Mayor. |
| Vivimos **enfrente**. | Vivimos **enfrente de** la farmacia. |

Adverbs of place are used by themselves. Prepositions are used with a noun, a pronoun, or an adverb.

→ Prepositions may consist of one or several words. Many prepositions of place, such as **cerca de** and **enfrente de,** are formed as follows:

   adverb of place + **de**

## 10 ¿Dónde?

Describa la posición relativa de los siguientes lugares usando la preposición que más convenga. ¡Sea lógico(a)!

MODELO: la fuente / el parque
   *La fuente está en medio del parque.*

1. el sótano / la planta baja
2. el sexto piso / el quinto piso
3. los Estados Unidos / México y el Canadá
4. la antena del televisor / el techo (*roof*)
5. las afueras (*suburbs*) / la ciudad

6. los billetes / la cartera (*wallet*)
7. la carreta (*cart*) / el caballo
8. los invitados / la mesa
9. el invitado de honor / la anfitriona (*hostess*)

## 11 ¿En qué lugar?

Según la situación, dígale a un(a) amigo(a) lo que tiene que hacer. Use el imperativo afirmativo del verbo entre paréntesis y la expresión del *Vocabulario* que más convenga.

MODELO: Aquí estamos en Madrid y no en Londres. (conducir)
   *¡Conduce a la derecha!*

1. ¡Ahora estamos en Londres! (conducir)
2. ¡Qué mal tiempo! (quedarte)
3. ¡Ahora hace buen tiempo! (jugar)

4. Quiero hablar contigo. (venir)
5. Mi apartamento está en el piso quince. (ir)
6. El agua mineral está en el sótano. (ir)

# Vocabulario: Adverbios y preposiciones de lugar

## ADVERBIOS

| **aquí** | | | **ahí** | | | **allí** | |
|---|---|---|---|---|---|---|---|
| **acá** | *here* | | **allí** | *there* | | **allá** | *over there* |

**arriba**  *up, upstairs*     ≠ **abajo**  *down, downstairs*
**adentro**  *in, inside*     ≠ **afuera**  *out, outside*
**enfrente**  *in front, across, opposite*     ≠ **atrás**  *back, in back*

➡ **Aquí** is more generally used than **acá**.
     **Acá** is principally used with **venir: ¡Ven acá!**

## PREPOSICIONES

| **desde** | *from, since* | Puedo ver el mar **desde** mi cuarto. |
|---|---|---|
| **en** | *in, into, on* | El periódico está **en** la mesa. |
| **entre** | *between* | La farmacia está **entre** un café y un restaurante. |
| **hacia** | *toward, near* | Caminamos **hacia** la playa. |
| **hasta** | *to, up to* | ¿Cuántos kilómetros hay desde Valencia **hasta** Madrid? |
| **sobre** | *on, over, about* | Pon las cartas **sobre** el escritorio. |
| **tras** | *after* | El policía corre **tras** el ladrón. |

**cerca de**  *near, close to*     ≠ **lejos de**  *far from*
**debajo de**  *below, under(neath)*     ≠ **encima de**  *on top of*
**alrededor de**  *around*     ≠ **en medio de**  *in the middle of*
**dentro de**  *inside*     ≠ **fuera de**  *outside*
**detrás de**  *behind, in back of*     ≠ **delante de**  *before, in front of*
**a la derecha de**  *to the right of*     ≠ **a la izquierda de**  *to the left of*

**al lado de**  *beside, near, next to*     **enfrente de**  *facing, in front of*
**junto a**  *next to, near*     **frente a**  *facing, in front of*

➡ When used without **a** or **de,** most compound prepositions function
     as adverbs. Compare:

      Vivimos **al lado de** un parque.     *We live **next to** a park.*
      Vivimos **al lado.**     *We live **close by**.*

# *Lecturas literarias*

## Introducción

Cada país tiene una rica herencia[1] de cuentos folklóricos. Muchos de estos cuentos pasan oralmente de un país a otro y se van transformando según las costumbres locales. "Juan Bobo" es la versión mexicana del "tonto" que se toma todo a pecho,[2] y no reflexiona antes de actuar. Este cuento tiene un final feliz porque Juan Bobo tiene mucha suerte.

Diego Rivera, *La era*, 1904, Guanajuato, Museo Diego Rivera

---

### *Palabras claves*

el mercado *(market)*:  la gallina *(hen)*  una bolsa de arroz *(bag of rice)*

la carretera *(road)*:  la carreta *(cart)*

la boda *(wedding)*:  el novio *(groom)*  la novia *(bride)*

el carnicero *(butcher)*:  los cerdos *(pigs)*

el campesino *(peasant farmer)*:  el campo *(field)*  las malas hierbas *(weeds)*

acciones:  saludar *(to greet)*

agitar el sombrero *(to wave one's hat)*

asustar *(to frighten)*

gritar *(to shout)*

aconsejar *(to advise)*

---

[1] **herencia** heritage  [2] **se toma todo a pecho** takes everything to heart; takes things literally and seriously

# Las aventuras de Juan Bobo

## Cuento folklórico mexicano

### I

*Érase una vez,* hace muchos años, un muchacho tan perezoso que parecía estúpido. Tenía la mejor *voluntad* del mundo para *portarse bien,* pero no hacía ni decía más que *tonterías.* Por eso todo el mundo, menos su madre inteligente y trabajadora, le llamaba Juan Bobo. 5

Cierto día la madre le dijo:

—Vete al mercado del pueblo y vende esta gallina gorda. Con el dinero que recibas, compra una bolsa de arroz.

—Sí, mamá, —dijo Juan.

—Y sé cortés y obediente con toda la gente que encuentres. 10

—Sí, mamá.

Diciendo esto, Juan tomó la gallina y muy alegre salió para el mercado. Pronto se encontró con mucha gente que venía, la *mitad* en una carreta y la otra mitad a caballo. Venían de una boda. Andando, por la carretera, iban el novio, la novia y los *familiares,* 15 mientras los amigos los acompañaban *montados.*

—Tengan ustedes mi *más sentido pésame* —dijo Juan.

En una ocasión había ido con su madre a un funeral, y como ésta había saludado a la familia de ese modo, Juan creyó que había que saludar así siempre que *hubiera mucha gente reunida.* 20

Naturalmente los recién casados, así como los amigos, se enojaron muchísimo y el esposo le dijo a Juan:

—Cuando te encuentres otra vez con mucha gente, debes saludarlos diciendo: «¡Viva, viva!»

—Muchas gracias, *así lo haré* —respondió Juan, triste *por haber* 25 *confundido* los saludos.

Siguió caminando el muchacho, y pronto se encontró con un carnicero y sus tres hijos. Volvían del mercado llevando algunos cerdos que habían comprado.

Recordando las palabras del novio, Juan saludó así:                                    30

—¡Viva, viva! —mientras agitaba su sombrero como el novio
*le había enseñado.*

Los cerdos, asustados al ver a aquel muchacho que agitaba su
sombrero y gritaba, corrieron en *otras tantas* direcciones por el
campo.                                                                                 35

El carnicero se enojó y le gritó:

—¡Estúpido! La próxima vez que veas algo *semejante,* será
mejor que saludes: «*Dios les dé* dos por cada uno».

—Muchas gracias, así lo haré —respondió Juan y siguió
caminando.                                                                             40

D. EL CAMPESINO

Cerca del mercado observó a un campesino que *quemaba* un
montón de malas hierbas que había *arrancado* de sus tierras.

Acordándose de lo que le había enseñado el carnicero, Juan
saludó así:

—¡Dios le dé dos por cada uno!                                                         45

—¿Qué tienes, hijo? No debes decir esto.

—¿Qué debo decir, señor? —preguntó Juan, muy confundido.

—Otra vez que veas algo así, *mejor será que* ayudes *en lugar
de* decir tonterías.

—Muchas gracias, así lo haré —respondió Juan y siguió ca-              50
minando, *afligido,* pensando que él *había nacido* para equivocarse.

E. UNA PELEA

Pronto vio a dos hombres grandes y fuertes que se peleaban en
medio del camino. Se acordó entonces de lo que le había aconsejado
el campesino y corrió gritando:

—Esperen, señores, yo los ayudaré.                                                     55

Al ver al muchacho, los hombres *dejaron de pelear* y empezaron
a reírse.

—No debes decir esto —dijo el primer hombre.

—Pues, ¿qué debo decir?

—Debes decir: «No se peleen, por favor, señores».                                      60

—Sí, eso es lo que debes decir, —*añadió* el segundo hombre.

—Gracias por sus consejos, señores. Los *recordaré.*

Y diciendo esto, Juan continuó su camino mientras repetía:

—No se peleen, por favor . . .

# ¿Comprendió Ud.? (I)

### A. UN CONSEJO
1. ¿Por qué llamaban Juan Bobo al chico?
2. ¿Qué quiere su mamá que haga Juan?
3. ¿Qué le aconseja su mamá?

### B. LOS RECIÉN CASADOS
4. ¿De dónde venía toda esa gente?
5. ¿Cómo los saludó Juan?
6. ¿Qué le aconseja a Juan el esposo enojado?

### C. LA FAMILIA DEL CARNICERO
7. ¿Qué llevaban el carnicero y sus hijos?
8. ¿Qué sucedió cuando Juan Bobo agitaba el sombrero y daba vivas?
9. ¿Cuál fue el consejo del carnicero?

### D. EL CAMPESINO
10. ¿Qué estaba haciendo el campesino?
11. ¿Qué debe decir Juan la próxima vez?
12. ¿Cómo se siente Juan después de equivocarse tantas veces?

### E. UNA PELEA
13. ¿Quiénes estaban en el camino?
14. ¿Por qué dejaron de pelear?
15. ¿Qué le aconsejan a Juan Bobo?

## Nota cultural

### Dos artes folklóricos: La cerámica y el vidrio

Desde muchos siglos antes de la llegada de los conquistadores en 1519, los indios mexicanos ya habían desarrollado[1] una rica tradición artística con cerámica, tejidos,[2] y joyas de oro y plata.

Para facilitar la fabricación de platos y jarros para sus misiones, los españoles introdujeron la rueda del alfarero.[3] Los artistas de cada región continuaron decorando su cerámica con sus propios diseños.

Más adelante, en el siglo XVII, los españoles introdujeron en el Nuevo Mundo el arte de soplar el vidrio.[4] Hoy en día existen algunos pueblos mexicanos que se especializan en vasos y floreros[5] de vidrio de varios colores: azul, aguamarina, café y de color transparente.

[1] **desarrollado** developed  [2] **tejidos** textiles  [3] **rueda del alfarero** potter's wheel  [4] **soplar el vidrio** glass-blowing  [5] **floreros** vases

## Palabras claves

la lluvia *(rain)*: un aguacero *(shower)* las gotas *(raindrops)*
la tempestad *(storm)*: el granizo *(hail)*
el árbol: frondoso *(leafy)* la rama *(branch)* el suelo *(ground)*
el ladrón *(thief)*: el botín *(booty)* el tesoro *(treasure)*
acciones: adquirir *(to acquire)*
conseguir *(to get, obtain)*
refugiarse *(to take refuge)*
golpear *(to hit, strike)*

## II

**F. EN EL MERCADO**

*potters*

*open-mouthed / glassblowers*
*vase*
*he set out*

*He made himself comfortable*
*se durmió en seguida*

Al llegar al mercado, Juan vendió la gallina y compró una bolsa de arroz, según las instrucciones de su madre. Entonces, ya muy feliz, caminó por el mercado. Observó a los *alfareros* haciendo y decorando hermosos jarros, grandes y pequeños. Muy contento y *boquiabierto*, contempló a los *sopladores de vidrio,* y se lamentó 5 por no tener dinero para comprar un *florero* para su mamá.

Por fin, salió Juan del mercado y *se puso en camino* para su casa. Pero, pronto se sintió cansado y subió a un árbol frondoso para dormir la siesta. *Se acomodó* en una rama ancha, y *en un abrir y cerrar de ojos le vino el sueño.* 10

**G. LOS LADRONES**

*dark*

*se acercaban*

*we will be safe*
*have gotten*

Mientras el joven dormía, el cielo *oscuro* anunciaba un aguacero, y al poco tiempo comenzaron a caer gotas gruesas. El ruido de la lluvia y el rumor de voces que *se aproximaban* despertaron al joven. Abrió los ojos y vio a varios ladrones que se refugiaban debajo del árbol. 15

—Aquí *estaremos seguros* de la lluvia. Nadie nos verá mientras contamos el dinero que *hemos conseguido.*

Así habló el jefe de la banda mientras depositaba en el suelo un enorme montón de monedas de oro.

—¡No seas estúpido, Paco! —gritó uno de los ladrones. —No 20 debemos contar el botín hasta la noche.

—¡Silencio! —respondió el jefe golpeando con su mano fuerte al hombre que había hablado.

Alarmado, gritó Juan desde la rama: —¡No peleen, señores, por favor!

Pero, mientras gritaba, rompió el saco que contenía el arroz para su madre.

*Help!* —¡*Socorro!* ¡Socorro! —gritaron los bandidos. —¡Está cayendo

*discovered* granizo! ¡El Dios de la tempestad nos ha *descubierto*! ¡Corramos!

*rápidamente* Y los bandidos corrieron *a toda prisa*, abandonando *su mal*

*acquired by illegal means* *adquirido* tesoro.

H. EL BOTÍN

Juan bajó entonces del árbol, y no tardó en recoger el riquísimo

*whistling* botín que puso en su sarape. Luego, *silbando* una canción muy alegre, corrió en dirección de su casa.

—Aquí estoy, mamá, y le traigo un regalo.

Y abriendo su sarape, le enseñó las monedas de oro.

—¡Ay, mi querido Juanito, somos ricos! Pero, explícame lo que pasó.

—No hay nada que explicar, mamá. Es fácil hacerse rico si una persona es cortés y obediente con toda la gente.

Así habló Juan Bobo, el rico.

## ¿Comprendió Ud.? (II)

### F. EN EL MERCADO

16. ¿Qué hizo Juan Bobo en el mercado?
17. ¿Dónde decidió el muchacho dormir la siesta?

### G. LOS LADRONES

18. ¿Por qué se despertó Juan Bobo?
19. ¿Qué hacían los ladrones en ese momento?
20. ¿Cómo asustó Juan Bobo a los ladrones?

### H. EL BOTÍN

21. ¿Dónde puso Juan el riquísimo botín?
22. ¿Qué le regaló a su mamá?
23. Según Juan Bobo, ¿cómo es fácil hacerse rico?

## Puntos de vista

La madre de Juan Bobo le cuenta a su amiga lo maravilloso que es su hijo. Imagínese la conversación.

> *la amiga: ¿Por qué estás tan contenta?*
> *la mamá: No vas a creerlo. Mi hijo acaba de llegar del mercado con . . .*

## Temas

1. ¿Ha visto Ud. alguna vez películas de Charlie Chaplin? ¿Cree Ud. que el personaje de Charlie Chaplin es la versión norteamericana de "Juan Bobo"? Explique su respuesta.
2. La mamá de Juan Bobo le dice: "Sé cortés y obediente con toda la gente que encuentres", y sin duda alguna, Juan Bobo siguió sus instrucciones al pie de la letra *(to the letter)*. ¿Piensa Ud. que Juan Bobo hace lo que le ordenan como señal de respeto o porque en verdad es un chico muy tonto? Explique.
3. ¿Piensa Ud. que una persona debe ser cortés y obediente con toda la gente que encuentre? Dé sus razones.

---

### Mejore su español

In Spanish, the ending -ísimo (-ísima, -ísimos, -ísimas) is added to an adjective to intensify its meaning.

Recogió el **riquísimo** botín.    *He picked up the **exceedingly rich** booty.*

The absolute superlative of adjectives is formed as follows:

- adjective ending in a consonant: add **-ísimo** → **dificilísimo**
- adjective ending in a vowel: drop vowel, add **-ísimo** → **inteligentísimo**

Note the spelling changes before **-ísimo**:

| c → qu | ric(o) → **riquísimo** |
| g → gu | larg(o) → **larguísimo** |
| z → c | feliz → **felicísimo** |

---

# Unidad 5

## El fin de semana

## Un gruñón° simpático

grouch

Carlos y Enrique estudian biología en la Universidad Nacional. El lunes por la mañana, después de la clase de bioquímica, los dos muchachos hablan de lo que hicieron el pasado fin de semana.

—¡Hola, Enrique! ¿Cómo pasaste el fin de semana?

—¡Así, así! No hice nada de particular. Primero tuve que limpiar mi cuarto; luego lavé unas cuantas° camisas y más tarde salí a comprar algunas cosas. En realidad, lo que más hice fue mirar la televisión. ¡Aburridísimo! Y a ti, ¿cómo te fue? ¡Te ves cansado! ¿Estuviste enfermo?

*a few*

—¡Qué va! Todo lo contrario. Lo pasé a las mil maravillas.°

*Me divertí muchísimo.*

—¡No me digas! Y, ¿qué hiciste?

—Bueno, fui a la playa y allí tuve la suerte de encontrarme con Elena y su grupo. Nadamos, jugamos al volibol y dimos un paseo estupendo en el bote de Luis. Luego Elena nos invitó a su apartamento.

—¡Vaya! ¿Y qué pasó allí?

—Comimos una cena ligera.° Después alguien puso el tocadiscos y nos pusimos a bailar.

*light*

—¿De veras? ¿Ustedes se pusieron a bailar? ¡No me digas! ¿Y el vecino de Elena? . . . El que siempre se queja del menor ruido . . . ¿Sabes de quién te hablo? Ése a quien Elena llama un gruñón de primera clase . . .

—Te refieres al señor Arias, ¿no? . . . Pues sí, a las diez de la noche apareció en la puerta.

—¡Cuéntame!, ¿qué les dijo?

—¡Casi nada! Con furor mal reprimido° nos preguntó si no teníamos idea de la hora que era y dijo que todos estábamos completamente locos, añadiendo:° "¡Si no terminan este estruendo° inmediatamente, voy a llamar a la policía!"

*poorly repressed*

*adding*

*racket*

—Y qué, ¿la llamó por fin?

—¡No, hombre, qué va!° Tú bien sabes lo lista° que es Elena; le dijo al gruñón con una sonrisa:° "Vamos, señor Arias, no sea usted así. En lugar de llamar a la policía, ¿por qué no entra usted y se divierte un poco con nosotros?"

*are you kidding? / how clever*

*smile*

—Eso fue el colmo,° ¿verdad? Seguramente ahí mismo el señor Arias perdió los estribos.° Pero dime . . . dime . . .

the "last straw"
lost his temper

—¡Déjame hablar, hombre! Si voy a contarte. El señor Arias se disculpó° diciendo que no sabía cómo bailar esa música moderna.

apologized

—¿Y qué dijo Elena?

—Con otra sonrisa Elena le dijo: "¿Y por qué no nos enseña a bailar la música que a usted le gusta?" Ésa fue la palabra mágica.

Arias corrió a su apartamento y regresó con un montón° de discos. Nos enseñó a bailar todos los bailes de su juventud:° el tango,* la rumba, el chachachá, el merengue, el mambo* y el paso doble.* Con decirte que° el viejito parecía un trompo° . . . Bailamos toda la noche y nos divertimos un horror° con él, ¡y él más que todos!

stack

youth
Let me tell you
spinning top
extremely

—¡Quién lo hubiera pensado!° Después de todo el señor Arias nos resultó° un gruñón simpático.

Who would have thought!
turned out to be

## Preguntas

1. ¿Qué hacen Carlos y Enrique?
2. ¿Por qué se aburrió Enrique durante el fin de semana?
3. ¿Qué diferencia hay entre las actividades de Enrique y las de Carlos?
4. ¿Quién es Elena?
5. ¿Por qué le llaman "gruñón" al vecino de Elena?
6. ¿Qué hizo Elena para tranquilizar al Sr. Arias?
7. ¿Qué descubrieron los jóvenes sobre el Sr. Arias?
8. ¿Por qué dice Carlos que el Sr. Arias "parecía un trompo"?

*Comentario cultural*
* **El tango**  Baile argentino que se hizo popular a comienzos del siglo.
* **La rumba, el chachachá, el merengue y el mambo**  Son bailes que se originaron en las islas del Mar Caribe, principalmente en Cuba y la República Dominicana.
* **El paso doble**  Baile español cuyo ritmo está basado en las marchas de los matadores en las corridas de toros.

**124**    **Unidad 5**

# El español práctico

## Vocabulario temático: Actividades sociales y culturales

| ¿Adónde ir? | ¿Para hacer qué? |
|---|---|
| al **café**<br>a **un club**<br>a **una reunión** (*social gathering*) | **reunirse** (*to get together*) con amigos<br>**tomar** algo<br>**conversar** (*to talk*), **discutir** (*to discuss*)<br>**charlar, platicar** (*to chat*)<br>**contar** [ue] **chistes** (*to tell jokes*) |
| a **una fiesta** &#124; **de cumpleaños**<br>                **de gala**<br>a **un baile** | **bailar**<br>**conocer a** &#124; el (al) **anfitrión**, la **anfitriona** (*host / hostess*)<br>              los **huéspedes, invitados** (*guests*) |
| al **museo**<br>al **centro cultural**<br>a **una galería** | **asistir a una conferencia** (*lecture*)<br>**ver una exposición** (*exhibit*)<br>**admirar** &#124; las **obras** (*works*) **de arte**<br>**criticar** &#124; las **pinturas**, los **cuadros** (*paintings*)<br>**comentar sobre** &#124; los **retratos** (*portraits*)<br>            los **dibujos** (*drawings*) |
| al **cine**<br>al **teatro** | **hacer cola** (*to stand in line*)<br>**comprar** &#124; **entradas, billetes,**<br>**conseguir** [i] (*to get, obtain*) &#124; **boletos** (*tickets*)<br>    en **la taquilla, la ventanilla** (*box office*)<br>    para &#124; **la sesión** (*showing of a movie*)<br>          **la función** (*show, performance*)<br>**ver** &#124; **una película**<br>      **una obra de teatro** (*play*) |
| al **concierto** &#124; de **jazz**<br>              de **rock**<br>              de **música clásica**<br>al **espectáculo de variedades**<br>    (*variety show*) | **reservar los asientos** (*seats*)<br>**escuchar** &#124; la **orquesta**<br>        el **conjunto** (*band*)<br>        el **grupo musical**<br>        a los **músicos** (*musicians*)<br>        a los **cantantes** (*singers*)<br>**aplaudir las buenas canciones**<br>**silbar** (*to whistle at*) &#124; las malas canciones<br>**chiflar** (*to hiss, boo*) |

## Vocabulario temático: Actividades físicas y deportivas

| ¿Adónde ir? | ¿Para hacer qué? |
|---|---|
| a la piscina | nadar |
| al estadio <br> al campo (field) deportivo | practicar el atletismo (track and field) <br> saltar (to jump) <br> correr <br> hacer jogging \| (to jog) <br> trotar <br> jugar [ue] \| al fútbol \| al baloncesto, básquetbol <br> lanzar (to throw) \| la pelota (ball) <br> coger (to catch) \| el frisbee |
| al gimnasio | ponerse en forma <br> entrenarse (to train) <br> hacer \| ejercicios (to exercise) \| ejercicios de calentamiento (warm-up) \| ejercicios aeróbicos <br> levantar pesas (to lift weights) <br> practicar la gimnasia <br> sudar (to sweat) |
| a la cancha (court) de tenis | jugar [ue] un partido (match, game) <br> marcar \| (to score) \| un punto <br> ganar <br> ganar \| el juego (game) <br> perder [ie] \| el partido <br> participar en un campeonato (championship) <br> ganar la copa (cup) |

PERÚ 86

CAMPEONATO
SUDAMERICANO
DE FÚTBOL

Estadio Nacional  4-19 de Octubre

PERÚ
ARGENTINA
BRASIL
COLOMBIA
VENEZUELA
CHILE
ECUADOR
URUGUAY
BOLIVIA
PARAGUAY

# 1 ¿Qué hacen?

Según la descripción, diga adónde van y lo que hacen las siguientes personas. Haga por lo menos tres oraciones para cada persona.

MODELO: El Sr. Beltrán quiere mantenerse en forma.
   *Va al gimnasio. Levanta pesas. Trota un poco. Suda mucho.*

1. Al Sr. Dávalos y a sus vecinos les gusta mucho discutir sobre la política. café, se reúnen, discuten sobre
2. Son las seis de la mañana. Los jugadores del equipo universitario de fútbol salen del dormitorio. va al estadio,
3. Es el sábado por la noche. El Sr. Heredia se pone un esmoquin *(tuxedo)*. La Sra. Heredia se pone su nuevo vestido de seda. Luego los Sres. Heredia llaman un taxi.
4. Clara y Beatriz son aficionadas a la música latinoamericana. Esta noche salen con sus novios.
5. La Srta. Figueroa es crítica de arte para una revista femenina.
6. Carolina se pone el chandal *(jogging suit)* y los zapatos para correr.
7. Marisela lee el periódico. En la página de los espectáculos, descubre que esta noche dan una película de Nacho Arenas, su actor favorito. Siempre va mucha gente a ver sus películas.

# 2 ¿Por qué?

Pregúntele a un(a) compañero(a) por qué hace las siguientes cosas. Él (ella) debe contestar lógicamente.

MODELO: sudar
   —¿*Por qué sudas?*
   —¡*Ay, caramba! ¡Acabo de levantar pesas por media hora!*

1. aplaudir
2. chiflar malas canciones
3. hacer cola
4. entrenarse to train
5. reservar un asiento
6. rechazar *(to refuse)* la invitación
7. pasar por la taquilla
8. levantar pesas

## 3  Minidiálogos: ¿Tienes planes?

Prepare los diálogos según el modelo. Luego represéntelos con un(a) compañero(a) de clase.

MODELO: esta tarde

—¿Tienes planes para esta tarde?
—Sí, voy al Café Miramar.
—¿Y qué vas a hacer allá?
—Voy a platicar (reunirme, charlar) con mis amigos.

1. el domingo

2. el viernes por la tarde

3. el sábado próximo

4. mañana

# Para conversar: Las invitaciones

## Como invitar a alguien

| ¿Quieres | salir conmigo el domingo? | ¿Puedo invitarte | a un restaurante italiano? |
|---|---|---|---|
| ¿Quisieras | cenar conmigo mañana | ¿Podría invitarte | a un recital de jazz |
| ¿Te gustaría | ir al café a tomar algo | | a comer a mi casa |
| | salir a bailar esta noche | | |
| | ir a una exposición el sábado | | |

## Como aceptar una invitación

| ¡Sí, claro! | ¡Encantado(a)! |
|---|---|
| ¡De acuerdo! | ¡Me encantaría! |
| ¡Con mucho gusto! | ¡Sería un placer! |
| ¡Me gustaría mucho! | |

## Como rechazar *(to refuse)* cortésmente una invitación

| Me gustaría pero **lamentablemente** *(unfortunately)* | no **puedo.** |
|---|---|
| **Lo siento** pero | no **estoy libre** |
| **Te lo agradezco** mucho *(I thank you very much)* pero | estoy **ocupado(a)** |
| **Te doy las gracias** pero | tengo **otros planes** |
| | tengo que **estudiar** |

## Otras expresiones útiles

**¿Qué tal si** *(What if, How about if)* vamos al cine?

| ¿Dónde | podemos | **encontrarnos**? |
|---|---|---|
| ¿Cuándo | | **reunirnos**? |

| En el Café Azteca | a las ocho. |
|---|---|
| Enfrente del cine | quince minutos antes de la película. |

| Yo puedo | **pasar por tu casa.** |
|---|---|
| | **ir a buscarte** |
| | **llevarte a casa** después de la película |

| ¡Nos vemos! | |
|---|---|
| ¡Hasta luego! | *(See you then.)* |
| ¡Hasta entonces! | |

## 4 Minidiálogos: ¡Qué buena idea!

Prepare los diálogos según el modelo usando la información en los siguientes carteles (*posters*) y anuncios (*ads*). Luego, represéntelos con un(a) compañero(a) de clase.

MODELO: Carlos y Ana María

**CINEMA CHAPULTEPEC**

*Carmen*
una película de Carlos Saura

el sábado      12 de octubre
sesiones:      20 y 22 horas

| | |
|---|---|
| *Carlos:* | *Oye, Ana María, ¿qué vas a hacer este sábado por la noche?* |
| *Ana María:* | *Pues, nada de particular.* |
| *Carlos:* | *¿Te gustaría ir conmigo al cine?* |
| *Ana María:* | *Sí, me encantaría.* |
| *Carlos:* | *Podemos ver "Carmen" en el Chapultepec.* |
| *Ana María:* | *¡Qué buena idea! ¿Dónde podemos reunirnos?* |
| *Carlos:* | *Enfrente del cine. A las ocho menos cuarto.* |
| *Ana María:* | *¡De acuerdo! Entonces, hasta el sábado.* |
| *Carlos:* | *¡Adiós! Nos vemos el sábado.* |

**Cine Alameda**

**EL PISTOLERO**
con **Julio Alemán**

matiné:          14:15
vespertina:      18:15
noche:           21:15

1. Andrés y Consuelo

**Museo de Arte Moderno**

Miró.

Exposición de
**cuadros** y **litografías**

abierto de 10:00 a 16:00
cerrado el lunes

2. Silvia y Antonio

*Teatro Zorrilla*

presenta

**BODAS DE
SANGRE**

de

**Federico García Lorca**

domingo 15 de junio
20h.30

3. Alicia y Rodolfo

COLISEO
DEPORTIVO DE QUITO

**GRAN FINAL**
de la
**COPA ECUADOR
de TENIS**

| Andrés **Gómez** | vs. | Guillermo **Vilas** |

Domingo: 22 de Junio
14:30 h.

4. Tomás y Marisela

**¡Fabuloso Concierto!**

conjunto

*AIRES
BUCANEROS*

en el **AUDITORIO**
de la **UNIVERSIDAD**
de **PUERTO RICO**

martes, 13 de diciembre
8:30 p.m.

5. Beatriz y Rogelio

## Conversaciones dirigidas

Unos estudiantes de la Universidad de San Marcos en Lima discuten sus planes para el fin de semana. Prepare los diálogos según las siguientes indicaciones. Luego represéntelos con un(a) compañero(a) de clase.

### 1. Antonio y Olga

| Antonio | | Olga |
|---|---|---|
| asks Olga if she would like to have something to drink | → | accepts, and asks where |
| suggests the Café Mendoza | → | asks when they should meet |
| answers at 4:00, after biology class | | |

### 2. Marcos y Patricia

| Marcos | | Patricia |
|---|---|---|
| asks Patricia if she wants to go to a Chinese restaurant | → | says she would love to, and asks when |
| replies Friday evening | → | refuses politely, saying that she has other plans that evening |
| asks about Saturday evening | → | accepts |
| tells her that he can pick her up at her house | → | asks at what time |
| replies at 7:30 | → | agrees and says good-bye |

### 3. Manuel y Teresa

| Manuel | | Teresa |
|---|---|---|
| invites Teresa to see a movie tonight | → | refuses politely, saying she has a headache |
| invites Teresa to a restaurant on Saturday night | → | refuses, saying that she is not free |
| asks Teresa what she is doing | → | says that she is going to a party |
| asks Teresa with whom she is going | → | tells Manuel it's none of his business (*¡No es asunto tuyo!*) |

## Conversaciones libres

Prepare los diálogos que correspondan a las siguientes situaciones. Luego, represéntelos con un(a) compañero(a) de clase.

1. **En un café:** Una estudiante norteamericana está en un café en Barcelona. Un estudiante español inicia la conversación con ella. Quiere invitar a la joven a cenar pero ella rechaza la invitación cortésmente. El estudiante insiste.

   *Los personajes: la estudiante norteamericana, el estudiante español*

2. **Planes para el fin de semana:** Cuatro amigos discuten lo que van a hacer el fin de semana próximo. Desgraciadamente cada uno tiene una idea distinta y trata de convencer a los otros.

   *Los personajes: dos chicos y dos chicas*

# Estructuras gramaticales

## A. El pretérito: formas regulares y usos

### Preterite: Regular forms

| INFINITIVE | tomar | | comer | vivir | |
|---|---|---|---|---|---|
| INFINITIVE STEM | tom- | ENDINGS | com- | viv- | ENDINGS |
| yo | tomé | -é | comí | viví | -í |
| tú | tomaste | -aste | comiste | viviste | -iste |
| él, ella, Ud. | tomó | -ó | comió | vivió | -ió |
| nosotros | tomamos | -amos | comimos | vivimos | -imos |
| vosotros | tomasteis | -asteis | comisteis | vivisteis | -isteis |
| ellos, ellas, Uds. | tomaron | -aron | comieron | vivieron | -ieron |

➤ Verbs ending in **-car**, **-gar**, and **-zar** have a spelling change in the **yo** form of the preterite so as to preserve the sound of the stem.

| c → qu | buscar | (yo) **busqué** |
|---|---|---|
| g → gu | pagar | (yo) **pagué** |
| z → c | realizar | (yo) **realicé** |

➤ In the preterite, **dar** and **ver** take the endings of the **-er** and **-ir** verbs. Note that there is no accent mark in the **yo** and **él** forms of these verbs.

| dar | **di** | **diste** | **dio** | **dimos** | disteis | **dieron** |
|---|---|---|---|---|---|---|
| ver | **vi** | **viste** | **vio** | **vimos** | visteis | **vieron** |

➤ **Oír, caer,** and verbs ending in **-eer** and **-uir** (but not in **-guir**) have the following change in the **él** and **ellos** forms of the preterite: **i → y.** Note the accent mark on the **í** of the endings in the other forms.

| oír | **oí** | **oíste** | **oyó** | **oímos** | oísteis | **oyeron** |
|---|---|---|---|---|---|---|
| caer | **caí** | **caíste** | **cayó** | **caímos** | caísteis | **cayeron** |
| leer | **leí** | **leíste** | **leyó** | **leímos** | leísteis | **leyeron** |
| construir | **construí** | **construíste** | **construyó** | **construímos** | construísteis | **construyeron** |

## Preterite: Stem-changing verbs

1. Verbs in **-ar** and **-er** that have a stem change in the present do NOT have this stem change in the preterite.

   pensar [ie]   (yo) **pensé**   perder [ie]   (yo) **perdí**
   contar [ue]   (yo) **conté**   volver [ue]   (yo) **volví**
   jugar [ue]    (yo) **jugué**

2. Verbs in **-ir** that have a stem change in the present have the following stem changes in the **él** and **ellos** forms of the preterite:

   e → i   sentir [ie]   (yo) **sentí**   (él) **sintió**   (ellos) **sintieron**
   e → i   pedir [i]     (yo) **pedí**    (él) **pidió**    (ellos) **pidieron**
   o → u   dormir [ue]   (yo) **dormí**   (él) **durmió**   (ellos) **durmieron**

➡ **Reír** and **sonreír** have the following preterite forms:

   **reí   reíste   rió   reímos**   reísteis   **rieron**

## Uses

The preterite is used to describe events and actions that took place and were completed in the past.

| | |
|---|---|
| La Argentina **ganó** el Mundial en 1986. | Argentina **won** the World Cup (in soccer) in 1986. |
| Ayer, **asistí a** una conferencia muy interesante. | Yesterday I **attended** a very interesting lecture. |

## *1* Minidiálogos: Entre amigos

Prepare los diálogos según el modelo. Luego represéntelos con un(a) compañero(a) de clase.

MODELO: ¿dónde? / reunirse con sus amigos // en el Club Estudiantil
   —*¿Dónde te reuniste con tus amigos?*
   —*Me reuní con ellos en el Club Estudiantil.*

CONSEJO PROVINCIAL DE LIMA METROLITANA
PRESENTA
A
**RAFAEL MOREY**
**DANZA**
**CONTEMPORANEA**
**16, 17, 18 de Marzo Hora 8 p.m**

1. ¿dónde? / almorzar ayer // en el restaurante "Las Pirámides"
2. ¿cuánto? / pagar por los boletos // cien pesetas
3. ¿qué? / leer en la clase // unos poemas de Federico García Lorca
4. ¿qué? / ver en el cine // una película del oeste
5. ¿cuántas fotos? / sacar en la reunión // unas veinte
6. ¿por dónde? / dar un paseo después del concierto // por la Plaza Mayor
7. ¿a quién? / encontrar en la fiesta // una amiga del colegio
8. ¿cuántos kilómetros? / correr el sábado pasado // unos diez
9. ¿cuándo? / asistir a la conferencia sobre arte azteca // anoche

## 2 ¿Sí o no?

Describa lo que hicieron las siguientes personas. Después diga si hicieron o no las actividades indicadas entre paréntesis. ¡Sea lógico(a)!

MODELO: Marta / quedarse en casa (salir)
*Marta se quedó en casa. No salió.*

1. Ud. / jugar mal (sacar *(serve)* bien / perder el partido / ganar)
2. los estudiantes / oír un buen chiste (divertirse mucho / morirse de risa)
3. Juan / perder el equilibrio (caerse de la bicicleta / romperse una pierna)
4. Mis amigas / jugar al fútbol por dos horas (sentirse cansadas después del partido / salir / dormir bien)
5. Adela y Marcos / ver una obra de teatro muy aburrida (divertirse / aplaudir / chiflar a los actores)
6. Ana / llegar muy tarde al cine (conseguir boletos / ver la película)
7. el turista / dar un paseo por la ciudad (perderse / caminar diez kilómetros / reírse de la aventura)
8. el espía *(spy)* / entrar por la ventana (abrir la caja fuerte [*safe*] / leer la correspondencia secreta / destruir los documentos secretos)
9. tú / perder tu cartera *(wallet)* en la calle (almorzar en el restaurante con tus amigos / divertirse / volver temprano a casa)

## 3 Una carta de España

Gloria, una estudiante norteamericana, viaja por España con su prima Linda. Le escribe a su novio David. Complete Ud. la carta de Gloria usando el pretérito de los verbos indicados entre paréntesis.

Querido David,

¡No puedo creer que estoy en España! (Yo: llegar) . . . a Madrid el sábado pasado con mi prima Linda. El domingo, (nosotras: caminar) . . . por toda la ciudad. (Comer) . . . en un restaurante donde (ellos: servirnos) . . . comida española típica y por la tarde (ver) . . . una película. El lunes, (nosotras: tomar) . . . el tren para Málaga. Cuando (nosotras: llegar) . . . allá, (buscar) . . . un hotel pero no (encontrar) . . . uno barato. Por fin, (nosotras: quedarnos) . . . en el Albergue Estudiantil.

Ayer (yo: dar) . . . una vuelta en moto con unas estudiantes españolas. Linda (preferir) . . . quedarse en la ciudad. (Ella: salir) . . . con un estudiante inglés que (conocer) . . . en la playa.

Te cuento más en la próxima carta.

Mil besos,
*Gloria*

# B. El pretérito: formas irregulares

Several groups of verbs have irregular preterite stems and distinctive endings.

## Preterite: Irregular forms

| INFINITIVE | ser / ir | ("J" GROUP) traer | | ("I" GROUP) querer | ("U" GROUP) estar | |
|---|---|---|---|---|---|---|
| yo | fui | traje | -e | quise | estuve | -e |
| tú | fuiste | trajiste | -iste | quisiste | estuviste | -iste |
| él, ella, Ud. | fue | trajo | -o | quiso | estuvo | -o |
| nosotros | fuimos | trajimos | -imos | quisimos | estuvimos | -imos |
| vosotros | fuisteis | trajisteis | -isteis | quisisteis | estuvisteis | -isteis |
| ellos, ellas, Uds. | fueron | trajeron | -eron | quisieron | estuvieron | -ieron |

➤ Note that the **yo** and **él** forms of the preterite of the above verbs have no accent marks.

➤ In the preterite, **ser** and **ir** have the same forms. Usually the context clarifies the meaning of the verb.

    (ser)   Clara **fue** campeona de tenis.
    (ir)    Antonio **fue** a la ceremonia para felicitarla.

➤ Review the irregular preterite stems of the following verbs:

| "J" GROUP | | "I" GROUP | | "U" GROUP | | | |
|---|---|---|---|---|---|---|---|
| traer | **traj-** | querer | **quis-** | estar | **estuv-** | poner | **pus-** |
| decir | **dij-** | hacer | **hic-** | andar | **anduv-** | saber | **sup-** |
| producir | **produj-** | venir | **vin-** | poder | **pud-** | tener | **tuv-** |

➤ The **él** form of the preterite of **hacer** is **hizo**.

➤ Verbs conjugated in the present like **hacer, venir, poner** and **tener** have similar conjugation patterns in the preterite.

    (componer)   ¿Quién **compuso** la sinfonía?
    (mantener)   Me **mantuve** en forma, haciendo jogging.

➤ The preterite of **hay** is **hubo**.

    Anoche, **hubo** un concierto en el parque público.

When used in the preterite, a few verbs may have special meanings in addition to their regular meanings.

|  | REGULAR MEANING | SPECIAL PRETERITE MEANING |  |
|---|---|---|---|
| **conocer** | to know | met (for the first time) | Carlota **conoció** a Tomás en Madrid. |
| **poder** | to be able | succeeded | **Pude** comprar un boleto. |
| **querer** | to want | tried | **Quise** arreglar el coche pero no pude. |
| **no querer** | to not want | refused | ¿Por qué **no quisiste** entrenarte con el equipo? |
| **saber** | to know | found out | ¿**Supiste** quién ganó la copa? |
| **tener** | to have | got, received | ¿**Tuviste** noticias de tus primas? |

## **4** Minidiálogos: ¿Qué hicieron?

Prepare diálogos según el modelo. Luego represéntelos con un(a) compañero(a) de clase.

MODELO: tú, anoche / ir al concierto
—¿Qué hiciste tú anoche?
—Fui al concierto.

1. los turistas, por la mañana / andar por la Puerta del Sol
2. Uds., el verano pasado / hacer un viaje a México
3. el testigo *(witness),* durante el juicio *(trial)* / decir la verdad
4. el camarero, durante la comida / traer un vino muy bueno
5. tú, durante las vacaciones / estar enfermo(a)
6. Ud., durante la fiesta / poner música para bailar
7. tus amigos, el fin de semana / ir a la playa
8. Catalina, el sábado pasado / tener una cita con Juan Manuel

## 5 ¿Qué ocurrió antes?

Lea lo que ocurre ahora y diga lo que ocurrió antes, usando los mismos verbos en el pretérito.

MODELO: Hoy vamos al cine. (ayer / al concierto)
*Ayer fuimos al concierto.*

1. Hoy mis amigas vienen a almorzar. (anoche / a cenar)
2. Este año Ramón produce una película. (el año pasado / una obra de teatro)
3. Este fin de semana vamos a una exposición. (el fin de semana pasado / a una conferencia)
4. Ahora Clara hace jogging. (antes / sus ejercicios de calentamiento)
5. Ahora tú sabes lo que pasó. (ayer / quién rompió tu tocadiscos)
6. Durante el semestre no puedo llamarte. (durante las vacaciones / escribirte)
7. Esta tarde hay una conferencia. (la semana pasada / una exposición)
8. Esta noche el espectáculo de variedades es mediocre. (la semana pasada / emocionante)
9. Hoy Uds. andan tres kilómetros. (anteayer / dos kilómetros)
10. Hoy queremos ver la película. (anoche / asistir al concierto)

## 6 El sábado pasado

Enrique describe en el presente lo que hizo el sábado pasado. Cambie su narración al pretérito.

Por la mañana hago la tarea para el lunes. Luego voy de compras con mi hermano y hacemos unos mandados (*errands*) en el centro. Después del almuerzo, mis amigos vienen a visitarme. Deciden ir a la playa conmigo. Nos ponemos el traje de baño y vamos a la Playa del Farol. Nos bañamos y después andamos por las rocas (*rocks*).

Desgraciadamente empieza a llover. Hay una verdadera tempestad (*storm*). Hace mucho frío y me resfrío (*I catch a cold*). Estoy enfermo y tengo que quedarme en cama. No puedo salir con mi novia. El domingo ella viene a visitarme y me trae un montón de periódicos.

## 7 ¡A Ud. le toca!

Describa Ud. lo que hizo en los períodos indicados, por lo menos usando tres oraciones.

1. ayer, durante el día
2. ayer, después de la cena
3. el sábado pasado, por la noche
4. el domingo pasado, por la tarde
5. durante las vacaciones de verano

10:00 conocí a Apple

10:30 trabajé con Apple

Apple Computer

# C. Expresiones negativas

## Affirmative and negative expressions

| AFFIRMATIVE EXPRESSIONS | |
|---|---|
| **alguno(a)** | some, any |
| **alguien** | someone, somebody |
| **algo** | something |
| **siempre** | always |
| **alguna vez** | ever |
| **algunas veces** | sometimes |
| **o . . . o** | either . . . or |
| **también** | also, too |

| NEGATIVE EXPRESSIONS | |
|---|---|
| **ninguno(a)** | no, none, not any |
| **nadie** | no one, nobody, not anyone |
| **nada** | nothing, not anything |
| **nunca** / **jamás** | never |
| **ni . . . ni** | neither . . . nor |
| **tampoco** | neither |

→ **Alguno** and **ninguno** become **algún** and **ningún** before a masculine singular noun.

¿Practicas **algún** deporte?
No saqué **ningún** punto en el partido.

→ The personal **a** is required with **alguien, nadie, alguno**, and **ninguno** when those words are used as direct objects.

No conocemos **a ninguno** de tus amigos.
No encontré **a nadie** en el café.

→ When used in a question, **jamás** corresponds to *ever*.

¿Has visto **jamás** un partido tan      *Have you **ever** seen such an exciting*
emocionante?                              *game?*

→ **Tampoco** is used to express agreement with negative statements.
Compare the use of **también** and **tampoco**:

Carlos habla español.        Yo **también**.    *So do I.*
Carlos no habla francés.     Yo **tampoco**.    *Neither do I. (I don't either.)*

Negative words may come either before or after the verb. Note the corresponding patterns.

| negative word + verb | **no** + verb + negative word |

**Nadie** vio la película.    *No one saw the movie.*
**No** vi a **nadie** en la cafetería.    *I didn't see anyone in the cafeteria.*

**Nunca** trabajo los fines de semana.
**No** trabajo **nunca** los fines de semana. | *I never work on weekends.*

➡ Two or more negative words may be used in a Spanish sentence. When the negative words come before *and* after the verb, **no** is not used. When both negative words come after the verb, **no** is used.

**Nadie** dice **nada**.    *Nobody is saying anything.*
¡**No** digas **nada** a **nadie**!    *Do not say anything to anyone!*

## Pero *and* sino

Both **pero** and **sino** mean *but*. **Sino** is used if the first part of the sentence is negative and is contradicted by the second part. It is equivalent to the expressions *but instead* and *but rather*.

No fuimos a la playa **sino** a la piscina.    *We didn't go to the beach **but instead** (we went) to the pool.*

No voy a nadar **sino** a tomar sol.    *I'm not going to swim **but rather** to sunbathe.*

➡ **Pero** is used instead of **sino** if there is no direct contradiction between the two parts of the sentence.

Mi primo no es francés **pero** vive en París.    *My cousin is not French **but** he lives in Paris.*

➡ **Sino que** is used instead of **sino** to connect two contradictory clauses.

No fuimos al cine **sino que** nos quedamos en casa.    *We didn't go to the movies, **but instead** we stayed at home.*

NO ES LO QUE USTED COME, SINO... ¡CUANDO Y COMO!

1. Both **nunca** and **jamás** mean *never,* but **jamás** is more emphatic. Both words can be used affirmatively in the sense of *ever.*

> Es el mejor partido que he visto **jamás.**    *That's the best game I have **ever** seen.*
> ¿**Nunca** has visto una película de Buñuel?    *Have you **ever** seen a movie by Buñuel?*

2. Note the following affirmative and negative expressions:

| | | | |
|---|---|---|---|
| **en / a alguna parte** | somewhere | ≠ **en / a ninguna parte** | nowhere |
| **de alguna manera** | (in) some way | ≠ **de ninguna manera** | (in) no way |
| **de algún modo** | somehow | ≠ **de ningún modo** | not in any way |

| | | |
|---|---|---|
| **ya no . . .** | no longer | **Ya no** practico ningún deporte. |
| **ni siquiera . . .** | not even | **Ni siquiera** hago ejercicios en casa. |
| **no . . . todavía** | not yet | Mi hermano **no** tiene **todavía** el carnet de conducir. |
| **todavía . . . no** | | |

# En nuestro país, usted es alguien.

**ine**
OFICINA DEL CENSO ELECTORAL

### 8 ¡No!

Conteste negativamente las siguientes preguntas.

MODELO: ¿Leíste algún libro?
       *No, no leí ningún libro.*

1. ¿Hiciste algo el fin de semana pasado?
2. ¿Invitaste a alguien?
3. ¿Viste alguna película?
4. ¿Vino alguien a tu casa?
5. ¿Oíste algún disco ayer?
6. ¿Fuiste alguna vez a un concierto de Julio Iglesias?
7. ¿Comiste algo bueno?
8. ¿Te ocurrió algo interesante?
9. ¿Jugaste al tenis o al fútbol?
10. ¿Dijo alguien algo interesante en la clase de ayer?
11. ¿Sacó alguien algunas fotos de la fiesta?
12. ¿Practicaste la gimnasia alguna vez?

## 9  Lo mismo

Lea lo que hacen o no hacen las siguientes personas. Luego, diga si las personas indicadas entre paréntesis hacen o no hacen lo mismo. Siga el modelo.

MODELOS:  Felipe habla francés. (tú)
*Tú también.*
Elena no juega al tenis. (yo)
*Yo tampoco.*

1. No salí el fin de semana pasado. (Enrique)
2. Nunca vimos esa película. (Uds.)
3. Elena chifla a los malos actores. (su novio)
4. No compré ningún boleto. (tú)
5. Jamás corrí más de diez kilómetros. (Alicia)
6. Conocí a alguien muy simpático en la fiesta. (mi hermana)

## 10  ¡Qué suerte!

Complete las siguientes oraciones con **pero, sino** o **sino que**.

1. Mis amigas no estudian francés . . . italiano.
2. El periodista no criticó la nueva película . . . escribió un artículo muy favorable.
3. El ladrón no robó el dinero . . . un retrato de poco valor.
4. La anfitriona no les sirvió a los invitados ponche (*punch*) . . . champán.
5. Este jugador de baloncesto no es alto . . . siempre marca muchos puntos.
6. María Estrella no jugó bien . . . ganó el partido.
7. Mi tío no nos invitó a una cafetería barata . . . a un restaurante de primera clase.
8. Juanita compró solamente un boleto de lotería . . . se sacó el gordo (*grand prize*).

# D. El uso del presente del indicativo con desde y desde hace

Compare the use of the tenses in the following pairs of sentences.

**Juego** al tenis.
**Juego** al tenis **desde** la una.
**Juego** al tenis **desde hace** dos horas.

*I am playing* tennis.
*I have been playing* tennis **since** one o'clock.
*I have been playing* tennis **for** two hours.

Clara **vive** en Bogotá.
Clara **vive** en Bogotá **desde** el primero de junio de 1980.
Clara **vive** en Bogotá **desde hace** siete años.

*Clara lives in Bogota.*
*Clara has been living in Bogota since June 1, 1980.*
*Clara has been living in Bogota for seven years.*

In Spanish the present tense is used to describe actions or situations that *have been* going on *since* a specific point in time or *for* a certain period of time. The patterns are:

> present + { **desde** *(since)* + point in time
> **desde hace** *(for)* + duration of time

➡ Note the corresponding interrogative expressions:

¿**Desde cuándo** . . . ?
¿**Desde hace cuánto tiempo** . . . ?

*Since when . . . ?*
*(For) how long . . . ?*

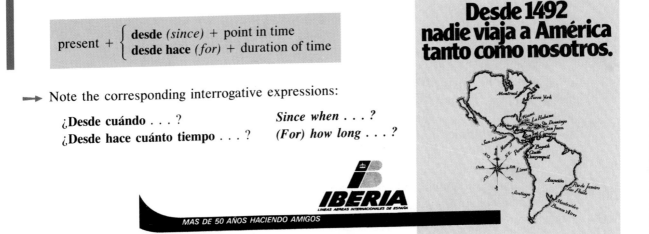

Desde 1492 nadie viaja a América tanto como nosotros.

**IBERIA**
LÍNEAS AEREAS INTERNACIONALES DE ESPAÑA

MAS DE 50 AÑOS HACIENDO AMIGOS

---

*Un poco más*

In Spanish one can also describe an action that has been going on for a given period of time with the following construction:

**hace** + duration of time + **que** + present

**Hace** siete años **que** Clara **vive** en Bogotá.

## 11 ¿Desde cuándo?

Lea las siguientes descripciones y diga desde cuándo las personas hacen las cosas indicadas entre paréntesis.

MODELO: María Estrella llegó a la cancha de tenis a las tres y media.
(jugar al tenis)
*Juega al tenis desde las tres y media.*

1. Los jugadores llegaron al estadio a las dos. (entrenarse)
2. Compramos los boletos a la una y media. (esperar el tren)
3. Yo me matriculé *(registered)* en la Universidad de Salamanca el primero de octubre. (ser estudiante)
4. Mi hermana obtuvo el carnet de conducir en febrero. (poder conducir)
5. Mis vecinos se mudaron a Cartagena en 1980. (vivir en Cartagena)
6. Carlota y Raúl se casaron en octubre de 1982. (estar casados)
7. Mi prima se matriculó en el Instituto de Idiomas el mes pasado. (aprender inglés)
8. Isabel conoció a su novio durante las vacaciones. (salir con él)


## 12 Minidiálogos: ¿Desde hace cuánto tiempo? ¿Desde cuándo?

Prepare los diálogos según el modelo. Luego represéntelos con un(a) compañero(a) de clase.

MODELO: tú / esperar el tren / unas dos horas
—*¿Desde hace cuánto tiempo esperas el tren?*
—*Espero el tren desde hace unas dos horas.*

MODELO: tú / esperar el autobús / las dos y media
—*¿Desde cuándo esperas el autobús?*
—*Espero el autobús desde las dos y media.*

1. tú / tener el carnet de conducir / el mes pasado
2. Uds. / alquilar este apartamento / cinco años
3. la Sra. Pardo / trabajar en esa oficina / el primero de febrero
4. tus primos / vivir en el Perú / seis meses
5. Juan / conocer a Maricarmen / el verano pasado
6. tú / saber escribir a máquina / 1986
7. Cecilia Mateos / ser abogada / su graduación
8. Felipe / estar enfermo / dos semanas
9. Julián y Paco / hacer cola / quince minutos

# Lecturas literarias

## Introducción

En 1919, Luis C. Infante obtuvo su doctorado de la Universidad de San Marcos en Lima con una tesis sobre los derechos[1] del niño. Durante su larga carrera como director del Instituto Pedagógico Nacional escribió muchos textos sobre la historia del Perú y la naturaleza.[2] Infante también escribió tres volúmenes de antologías para los profesores de castellano, titulados *Cinco cincuentas* (1941, 1942).[3] Una de las selecciones incluidas es "Signos de puntuación".

El Sr. Álvarez acaba de morir y deja un testamento escrito sin ningún signo de puntuación. ¿Cómo entender los deseos del Sr. Álvarez? El juez reúne a los futuros y posibles herederos e invita a cada uno a interpretar el testamento.

El Palacio Torre Tagle, Lima, Perú

---

*Palabras claves*

el testamento *(will)*: la herencia *(inheritance)*  los bienes *(property)*
  el heredero *(heir)*
el juez *(judge)*:  el juicio *(judgment)*
el maestro *(school teacher)*:  la pizarra *(blackboard)*  la tiza *(chalk)*
el sastre *(tailor)*  el mendigo *(beggar)*
acciones:  puntuar *(to punctuate)*
          demostrar [ue] *(to demonstrate)*
          mandar *(to will; to order; to send)*

---

[1] **derechos** rights  [2] **naturaleza** natural history *(lit.,* nature)  [3] **Cinco cincuentas** Cada antología contiene 5 × 50, es decir 250 selecciones para los alumnos.

# Signos de puntuación

## Luis C. Infante

### Personajes

| | |
|---|---|
| *El juez* | *El mendigo* |
| *El maestro* | *El hermano* |
| *El sastre* | *El sobrino* |

### Escena

*(Una sala. Los personajes están sentados delante de una mesa. Hay una pizarra colocada frente al público.)*

<table>
<tr><td>so that</td><td>El juez:</td><td>Y ya, señores, para que todos aprecien las diversas interpretaciones del testamento que dejó nuestro buen amigo, el señor Álvarez, vamos a copiar en esa pizarra 5 la forma en que lo dejó. (al maestro) Hágame el favor de copiarlo usted, señor maestro, que sabe usar</td></tr>
</table>

so that   El juez: Y ya, señores, para que todos aprecien las diversas interpretaciones del testamento que dejó nuestro buen amigo, el señor Álvarez, vamos a copiar en esa pizarra 5 la forma en que lo dejó. (al maestro) Hágame el favor de copiarlo usted, señor maestro, que sabe usar

assurance / any — la tiza con más *soltura* que *cualquiera* de nosotros . . .

Déme — **El maestro:** *Permítame* el original, señor juez.

**El juez:** *(dándoselo)* Sírvase. 10

*(El maestro copia en la pizarra el testamento que dice:)*

> bill
> way / statement / wish
>
> Dejo mis bienes a mi sobrino no a mi hermano tampoco jamás se pagará la *cuenta* del sastre nunca de ningún *modo* para los mendigos todo lo *dicho* es mi *deseo* yo 15 Federico Álvarez.

I would like — **El hermano:** Señor juez, como hermano, *quisiera* hacer la primera interpretación.

**El juez:** Puede hacerla, señor.

**El hermano:** *(Puntúa el testamento y lo lee en la siguiente forma:)* 20

> ¿Dejo mis bienes a mi sobrino?
> No: a mi hermano.
> Tampoco jamás se pagará la cuenta del sastre.
> Nunca, de ningún modo para los mendigos.
> Todo lo dicho es mi deseo. Yo, Federico Álvarez. 25

Ésta fue la única y verdadera intención de mi hermano.

**El sobrino:** Está equivocado, completamente equivocado, señor juez. La verdadera intención de mi tío fue otra, como les puedo demostrar. *(Puntúa el testamento y lee.)*

> Dejo mis bienes a mi sobrino, no a mi hermano.　30
> Tampoco jamás se pagará la cuenta del sastre.
> Nunca de ningún modo para los mendigos.
> Todo lo dicho es mi deseo. Yo, Federico Álvarez.

No puede haber mayor claridad, ¿no es eso?

**El sastre:** Sí que puede haber otra interpretación y ya voy a　35 demostrarle a Ud. cuando el señor juez me dé su permiso.

**El juez:** Ya lo tiene usted.

**El sastre:** *(Puntúa el testamento y lo lee.)*

> ¿Dejo mis bienes a mi sobrino? No.　40
> ¿A mi hermano? Tampoco, jamás.
> Se pagará la cuenta del sastre.
> Nunca de ningún modo para los mendigos.
> Todo lo dicho es mi deseo. Yo, Federico Álvarez.

No creo que se pueda dudar que ésta fue la intención　45 de mi cliente, el Sr. Álvarez.

*Allow me* **El mendigo:** *Permítame,* señor juez, puntuar el testamento como lo quería el señor Álvarez. *(Puntúa el testamento y lo lee.)*

> ¿Dejo mis bienes a mi sobrino? No.　50
> ¿A mi hermano? Tampoco jamás.
> ¿Se pagará la cuenta del sastre? Nunca, de ningún modo.
> Para los mendigos todo.
> Lo dicho es mi deseo. Yo, Federico Álvarez.

Esto y nada más es lo que quiso mandar el señor　55 Álvarez. *Téngalo por seguro.*

*You can be sure of it*

*reject* **El maestro:** Yo no lo creo y *rechazo* todas las puntuaciones pre-

*would have wanted* cedentes. El señor Álvarez *habría querido* que yo como maestro puntuara el testamento para él. (*Lo hace y lee el testamento en esta forma.*) 60

> ¿Dejo mis bienes a mi sobrino? No.
> ¿A mi hermano? Tampoco.
> Jamás se pagará la cuenta del sastre.
> Nunca, de ningún modo para los mendigos.
> Todo lo dicho es mi deseo. Yo, Federico Álvarez. 65

*El sastre:* — would not have left — En esa forma el señor Álvarez *no habría dejado* herederos.

*El hermano:* Y el estado se llevará la herencia.

*El sobrino:* ¡Claro, porque es una herencia vacante!

*El maestro:* Ésa es la realidad. En este testamento no hay 70 herederos.

*El juez:* Así es, en efecto, y, visto y considerando que esta *última* interpretación es correcta, declaro terminado — last — el juicio, *incautándome* de esta herencia en nombre — seizing — del estado. 75

## ¿Comprendió Ud.?

1. ¿Qué decidió hacer el juez con el testamento original?
2. ¿Quién copió el testamento?
3. ¿Cómo interpretó el testamento el hermano?
4. ¿Qué dijo el sobrino al leer la interpretación del hermano?
5. Según el sastre, ¿cuál fue la verdadera intención del Sr. Álvarez?
6. ¿Cuál fue la conclusión del mendigo?
7. ¿Hubo herederos en la versión del maestro?
8. ¿Quién se benefició del testamento al final de la escena?

## Puntos de vista

Imagínese que Ud. es uno de los siguientes personajes. El juez ha tomado su decisión y Ud. está describiéndosela a las personas indicadas entre paréntesis lo que pasó.

1. el mendigo (a los otros mendigos)
2. el sastre (a su esposa)
3. el sobrino (a sus primos)
4. el hermano (a su novia)
5. el maestro (a sus amigos)

# Temas

1. ¿Piensa Ud. que los signos de puntuación tienen importancia en inglés? Dé ejemplos que apoyen *(support)* su respuesta.
2. Imagínese que Ud. puede disponer *(dispose)* de 100 dólares para regalar. ¿Cómo los compartiría? ¿A quién se los daría? ¿a un amigo? ¿a un pariente? ¿a una organización caritativa *(charitable)*? ¿a su colegio? ¿a un país extranjero? Explique por qué.

## *Mejore su español*

It is often useful to be able to refer to punctuation and spelling marks in Spanish.

| | | | |
|---|---|---|---|
| , | la coma | « » | las comillas |
| . | el punto | ( ) | los paréntesis |
| ; | punto y coma | ~ | la tilde |
| : | dos puntos | ´ | el acento escrito |
| ¿? | los signos de interrogación | A | una mayúscula, una letra mayúscula |
| ¡! | los signos de admiración | a | una minúscula, una letra minúscula |

# Unidad 6

## De vacaciones

# ¡Qué lindas vacaciones!

Por muchos meses, en su apartamento de Bogotá,* la familia Revueltas ha vivido soñando con las vacaciones de verano. Después de mucha discusión ellos decidieron pasarlas en una pintoresca[1] playa de la costa norte de Colombia.

[1] picturesque

SÁBADO

    ¡Por fin llegó el día! Muy temprano por la mañana los Revueltas salieron de Bogotá felices y emocionados.[1] ¡Qué delicia pasar dos semanas al sol y al aire libre! Pero . . . ¡Oh, el destino! Al llegar a Cartagena,* cansados y con mucha hambre, descubrieron que todos los hoteles cercanos a la playa estaban completamente llenos.[2] Con mucha dificultad encontraron habitaciones en un hotel muy lejos de la playa, sin comodidades y con un servicio muy malo. "¡Qué vamos a hacer! ¡Paciencia! ¡Aún[3] tenemos la playa!" todos se dijeron.

[1] excited    [2] full    [3] Still

### Comentario cultural
**\* Bogotá**   Capital de Colombia. Por estar situada a una gran altura en la Cordillera de los Andes, tiene un clima templado y son frecuentes la niebla (*fog*) y la lluvia. En busca de un mejor clima, sus habitantes suelen ir de vacaciones a la costa norte del Mar Caribe.

**\* Cartagena**   Centro turístico en la costa norte de Colombia. Sus hermosas playas y su arquitectura colonial atraen a millares de turistas tanto de Colombia como de otras partes del mundo.

**DOMINGO**

Muy temprano por la mañana el Sr. Revueltas salió de pesca.[1] Atrapó[2] un pez enorme, pero . . . tan grande era que arrastró[3] al pobre señor al agua. Al caerse[4] perdió la caña de pescar[5] y, ¡por supuesto!, el pez que había atrapado.

[1] went fishing  [2] He caught  [3] it dragged  [4] As he fell in
[5] fishing rod

**LUNES**

Enrique, el hijo de la familia, alquiló una bicicleta para visitar una finca[1] cercana. Al regresar tuvo un desinflado.[2] Al pobre muchacho no le quedó más remedio que[3] caminar 15 kilómetros bajo un sol abrasador[4] para llegar al hotel.

[1] farm  [2] flat tire  [3] (he) had no other choice but to
[4] scorching

**MARTES**

Nora, la hija, se fue a la playa. Mientras caminaba pisó[1] una piedra filuda[2] y se cortó el pie. ¡Cómo sangraba[3] la pobre chica! La llevaron a un dispensario médico[4] y le dieron siete puntos.[5] Ahora tiene que caminar con unas muletas.[6]

[1] she stepped on  [2] sharp  [3] How (she) bled!  [4] clinic
[5] stitches  [6] crutches

Con la intención de fotografiar a los aldeanos,[1] la Sra. de Revueltas decidió visitar el mercado al aire libre en la plaza del pueblo. Caminaba entusiasmada sacando fotos y no vio una bicicleta que venía a toda velocidad y . . . ¡Pum! La pobre señora rodó[2] por el suelo[3] y . . . ¡Adiós cámara! ¡Adiós fotos! ¡Adiós recuerdos[4] de vacaciones!

[1] villagers   [2] tumbled down   [3] ground   [4] memories

JUEVES

Para olvidarse de todas estas desgracias,[1] la familia decidió pasar un día en la tranquilidad del campo. Cuando almorzaban sentados en la hierba, un toro enfurecido[2] apareció de repente y los atacó.[3] ¡Era de verse[4] la velocidad con que todos corrían hacia el coche! Atrás[5] quedó el toro, pero también quedaron el mantel[6] y la comida.

[1] misfortunes   [2] furious   [3] attacked   [4] It was something to see   [5] Behind   [6] tablecloth

VIERNES

Hacía muy mal tiempo. Llovía a cántaros.[1] Los Revueltas decidieron quedarse en el hotel. Enrique compró una tarjeta postal y se sentó a escribirle a su novia.

[1] in torrents

Querida Ana,

¡Por fin estamos en Cartagena! Nuestro hotel tiene una vista al mar que es un sueño.[1] El restaurante del hotel prepara unos platos muy suculentos. Hace muy buen tiempo: con decirte que pasamos el día entero[2] en la playa. Ayer, sólo para variar, nos fuimos al campo y nos divertimos muchísimo. En resumidas cuentas,[3] lo único que me falta en estas vacaciones fenomenales es tu adorable presencia.

Mil besos,

Enrique

Ana Molina
Carrera 22 n° 30-35
Bogotá, Colombia

[1] dream  [2] entire  [3] All in all

## Preguntas

1. ¿Qué tipos de problemas tuvo la familia Revueltas al llegar el primer día a Cartagena?
2. ¿Por qué no les gustó el hotel que encontraron?
3. ¿Qué hizo el Sr. Revueltas al día siguiente?
4. ¿Por qué perdió su caña y el pez?
5. ¿Qué problemas tuvo Enrique el lunes?
6. ¿Por qué tuvieron que llevar a Nora al dispensario médico?
7. ¿Cómo perdió su cámara y sus fotos la Sra. de Revueltas?
8. ¿Qué percance (mishap) les ocurrió a los Revueltas el jueves?
9. ¿Qué tiempo hacía el viernes?
10. ¿Por qué podemos decir que la tarjeta de Enrique es una ficción?

# El español práctico

## Vocabulario temático:

### Las vacaciones—placeres y problemas

**Las vacaciones son para . . .**

**descansar** (*to rest*)
**divertirse**
**pasarlo bien** | (*to have a good time*)
pasar momentos | **divertidos** | con sus amigos
 | **entretenidos** |

**disfrutar** (*to enjoy*) | **del tiempo libre**
**gozar** | **del buen tiempo**
 | **del aire puro** (*clean air*)

**y no para . . .**

**cansarse** (*to get tired*)
**aburrirse** (*to get bored*)

---

Hay tantas cosas interesantes que se pueden hacer durante las vacaciones . . . pero, ¡cuidado! Hay también problemas y peligros.

### En la playa, a orillas del mar (*seashore*)

*Se puede . . .*

**bañarse** (*to go swimming*)
**tirarse** (*to dive*) **al agua**
**zambullirse** (*to plunge*) **en el agua**
**bucear** (*to go snorkeling, scuba diving*)

**tomar el sol**
**tomar un baño de sol** | (*to sunbathe*)
**broncearse** (*to get a tan*)

**dar un paseo** | **en barco** (*to go boating*)
 | **en bote de vela** (*to go sailing*)
**pescar** (*to fish*)

*Pero, ¡cuidado! No debe . . .*

**ahogarse** (*to drown*)

**quemarse** (*to get burnt*)
**sufrir** | **una quemadura de sol**
 | (*sunburn*)
 | **una insolación** (*sunstroke*)

**marearse** (*to get seasick*)
**caerse al mar** (*to fall overboard*)

## En el campo *(country)*

**Se puede . . .**

**caminar** | por **un campo** *(field)*
**pasear, dar un** | por **un prado** *(meadow)*
**paseo** *(to go* | por **un bosque** *(forest)*
*for a walk)* | por **un cerro** *(hill)*
| por **un valle** *(valley)*

**Pero, ¡cuidado! No debe . . .**

**perderse** [ie] *(to get lost)*

**dar una vuelta** *(to go* | **en bicicleta**
*on an outing)* | **a caballo**
| *(on horseback)*

**caerse**
**hacerse daño** *(to hurt oneself)*
**torcerse** [ue] *(to twist)* **el tobillo** *(ankle)*

**ir de excursión** *(to go on a trip)*
**acampar** *(to camp)*
**ir de camping** *(to go camping)*

**merendar** [ie] **en el campo** *(to have a picnic)*
**hacer una barbacoa** *(to have a barbecue)*

**poner fuego** *(to set fire to)* al bosque
**quemar** *(to burn down)* los árboles

## En las montañas

**Se puede . . .**

**practicar el alpinismo** *(to go mountain climbing)*
**escalar** *(to climb)* **un pico** *(mountain peak)*
**subir un acantilado** *(cliff)*
**trepar** *(to climb)* | **las peñas** *(boulders)*
| **las rocas** *(rocks)*

**Pero, ¡cuidado! No debe . . .**

**perder el equilibrio** *(balance)*
**resbalarse** | *(to slip, slide)*
**deslizarse** |
**romperse la pierna**
**fracturarse el hombro** *(shoulder)*
**desmayarse** *(to faint)*
**matarse** *(to get killed)*

## *1* Preguntas personales

1. ¿Adónde fue Ud. durante las vacaciones pasadas? ¿Lo pasó bien? ¿Qué hizo?
2. ¿Prefiere pasar las vacaciones a orillas del mar o en las montañas? ¿Por qué?
3. ¿De qué manera disfruta Ud. de su tiempo libre? ¿Qué hace? ¿Adónde va? ¿Con quién?
4. ¿Le gusta ir a la playa? ¿Por qué o por qué no? ¿Qué hace allá?
5. ¿Le gusta a Ud. la naturaleza *(nature)*? ¿Le gusta ir de excursión al campo? ¿Qué hace Ud.?
6. Según Ud., ¿cuáles son las ventajas *(advantages)* y las desventajas de vivir en el campo?
7. ¿Ha acampado Ud. alguna vez? ¿Dónde? ¿Cuándo? ¿Le gustó la experiencia? ¿Por qué o por qué no?
8. Según Ud., ¿es peligroso dar un paseo a caballo? ¿dar un paseo en barco? ¿practicar el alpinismo? Explique.
9. Para una persona aficionada a los deportes, ¿cuáles son las ventajas de vivir en California? ¿en la Florida? ¿en Colorado? ¿en Puerto Rico? ¿en Acapulco?
10. ¿Qué hace Ud. cuando quiere pasarlo bien?

## 2  ¡Qué terrible!

Describa lo que les ocurrió a las siguientes personas usando las expresiones del *Vocabulario temático*. Haga por lo menos tres oraciones para cada situación.

MODELO:  ayer / Dulce

*Ayer Dulce fue a la playa. Tomó un baño de sol por tres horas. Desgraciadamente, como el sol estaba muy fuerte, se quemó.*

fui a una finca

1. el viernes pasado / yo

2. en febrero / mi vecino

3. el verano pasado / nosotros

4. ayer / el pobre pescador (*fisherman*)

# Para conversar

## Como relatar un suceso

Hola, Miguel. ¿Qué tal?

¡Oye Marcos! **¡Adivina lo que** | **me pasó!**
| **ocurrió**

No sé. **¿Qué** | **te pasó?**
| **ocurrió**

| **Me pasó** | algo divertido. |
| **Participé en** | |
| **Vi** | |
| **Presencié** | algo muy interesante. |
| **Asistí a** | |

> **ver** *(to see)*
> **presenciar** *(to witness)*
> **asistir a** *(to be present at)*

¿Cuándo ocurrió eso?

| **Ocurrió** | **anoche** *(last night)*. |
| **Sucedió** | **anteayer** *(the day before yesterday)* |
| **Aconteció** | **por la mañana** *(in the morning)* |
| **Tuvo lugar** | **la semana pasada** *(last week)* |

> **ocurrir** *(to occur)*
> **suceder** *(to happen)*
> **acontecer** *(to happen)*
> **tener lugar** *(to take place)*

**el día antes de mi graduación** *(on the eve of my graduation)*
**hace poco tiempo** *(recently)*
**hace tres días** *(three days ago)*
**hace mucho tiempo** *(a long time ago)*

¿Dónde estabas?

Estaba | en **el centro**.
| en **las afueras** *(suburbs)* de la ciudad
| en **el campo**
| en **la carretera** *(road, highway)*

| en **el extranjero** *(abroad)*
| en **los Estados Unidos**
| en **el estado** de Colorado
| en **el Canadá**
| en **la provincia** de Quebec

¿Qué hora era?

Era(n) **la una / las once.**

Era **el mediodía / la medianoche.**

Era **de madrugada** *(at dawn).*

Era **de día / de noche.**

**Amanecía.**

**Anochecía.**

| |
|---|
| **amanecer** *(to get light)* |
| **anochecer** *(to get dark)* |

¿Qué tiempo hacía?

Hacía | **buen / mal tiempo.**
| **calor / frío / fresco** *(cool)*
| **sol / viento**

Estaba | **nublado** *(cloudy).*
| **despejado** *(clear)* / **soleado** *(sunny)*

Había | **nubes** *(clouds).*
| **niebla** *(fog)* / **neblina** *(mist)*
| **hielo** *(ice)*
| **granizo** *(hail)*

**Llovía. Estaba lloviendo.**

**Nevaba. Estaba nevando.**

| |
|---|
| **llover** [ie] / **la lluvia** |
| **nevar** [ie] / **la nieve** |

¿Qué hiciste?

**Primero,** *(First,)*

**Luego,**
**Después,** | *(After that,)*

**En seguida,** *(Right after,)*     llamé a la policía.

**Entonces,** *(Then,)*

**Por fin,**
**Finalmente,** | *(At last, finally,)*

## *Algunos sucesos . . .*

**un suceso**

**un acontecimiento** | *(event)*

**un evento**

**un hecho** *(fact; event)*

**un accidente**

**un fuego**
**un incendio** | *(fire)*

**un robo** *(robbery, theft)*

## *y fenómenos naturales*

**un aguacero** *(shower)*

**una tormenta**
**una tempestad** | *(storm)*

**una tormenta de nieve** *(blizzard)*

**un terremoto** *(earthquake)*

**un temblor** *(small earthquake)*

## 3  Reportajes *(News reports)*

Imagínese que Ud. es reportero(a) en el periódico "El Día". Informe a sus lectores sobre los sucesos señalados en la columna A, combinando las palabras y expresiones de las columnas B y C.

| A: ¿Qué? | B: ¿Cuándo? | C: ¿Dónde? |
|---|---|---|
| un robo | esta mañana | en Las Vegas |
| un incendio | ayer por la tarde | en la galería de arte |
| una explosión | anoche | en la iglesia de San Marcos |
| un temblor | el fin de semana pasado | en la isla de Cuba |
| una tormenta de nieve muy fuerte | el viernes pasado | en la provincia de Quebec |
| un terrible accidente | la semana pasada | en los Andes |
| el matrimonio *(wedding)* del actor Julio Ruiz | el invierno pasado | en la parte central del Perú |
| el divorcio de la actriz Raquel Amaral | de madrugada | en la carretera número 24 |
| | | en las afueras de Barcelona |
| | | en una fábrica de fósforos *(matches)* |
| | | en una fábrica de juguetes *(toys)* |

MODELO: *Un terrible accidente ocurrió ayer por la tarde en las afueras de Barcelona.*

## 4  Minidiálogos: ¿Por qué no?

Prepare los diálogos según el modelo. Luego represéntelos con un(a) compañero(a) de clase. Observe que la respuesta a la primera pregunta puede ser afirmativa o negativa según las condiciones del tiempo descrito en el dibujo.

MODELO: salir ayer
  —¿Saliste ayer?
  —¡No! No salí.
  —¿Y por qué no?
  —Porque llovía (estaba lloviendo).

1. sacar fotos el sábado    2. dar un paseo anteayer    3. ir a la playa ayer

## Conversación dirigida

Prepare la conversación telefónica según las siguientes indicaciones. Luego represéntela con un(a) compañero(a) de clase.

| Susana | | Roberto |
|---|---|---|
| asks Roberto how he is | → ← | says he's not too well |
| asks him what happened | → ← | tells her that he had a car accident |
| asks when *Cuándo ocurrió eso* | → ← | answers Friday night |
| asks how it happened | → ← | says that there was a lot of snow and that his car skidded off (*fuera de*) the road |
| asks him if he broke anything | → ← | says no, but that he fainted |
| responds that it's nothing to make a fuss about (*Eso no es para tanto.*) | → ← | insists that it is *Sí, lo es* |
| asks why | → | tells her that his new Honda is totally demolished (*demolido*) *está* |

## Conversaciones libres

Prepare los diálogos que correspondan a las siguientes situaciones. Luego, represéntelos con un(a) compañero(a) de clase.

1. Beatriz pasó unas vacaciones muy divertidas en la estancia de su tío en la Argentina. Roberto fue a Acapulco y lo pasó mal. Ahora, Beatriz y Roberto hablan de sus vacaciones.
   *Los personajes: Beatriz, Roberto*
2. Eduardo Ruiz y su esposa María Teresa hacen sus planes de vacaciones. A Eduardo le gustaría ir a la costa para estar cerca del mar. A Beatriz, en cambio, le gustaría ir al campo.
   *Los personajes: Eduardo Ruiz, María Teresa de Ruiz*
3. Marcos usó el nuevo coche de su papá sin pedirle permiso. Al regresar de una fiesta, hacía muy mal tiempo y Marcos tuvo un accidente. Su papá, muy enojado, le pregunta a su hijo lo que pasó.
   *Los personajes: el papá, Marcos*

# Estructuras gramaticales

## A. El imperfecto: las formas

*Imperfect tense: Forms*

| INFINITIVE | hablar | | comer | vivir | |
|---|---|---|---|---|---|
| INFINITIVE STEM | habl- | ENDINGS | com- | viv- | ENDINGS |
| yo | hablaba | -aba | comía | vivía | -ía |
| tú | hablabas | -abas | comías | vivías | -ías |
| él, ella, Ud. | hablaba | -aba | comía | vivía | -ía |
| nosotros | hablábamos | -ábamos | comíamos | vivíamos | -íamos |
| vosotros | hablabais | -abais | comíais | vivíais | -íais |
| ellos, ellas, Uds. | hablaban | -aban | comían | vivían | -ían |

➡ Only three verbs have irregular forms in the imperfect:

| | | | | | | |
|---|---|---|---|---|---|---|
| ir | iba | ibas | iba | íbamos | ibais | iban |
| ser | era | eras | era | éramos | erais | eran |
| ver | veía | veías | veía | veíamos | veíais | veían |

➡ The imperfect of **hay** is **había**.

---

### Un poco más

The imperfect progressive is formed as follows:

imperfect of **estar** + present participle

| ¿Qué **estabas haciendo**? | *What were you (busy) doing?* |
| **Estaba arreglando** mi coche. | *I was (busy) fixing my car.* |

---

# 1 ¿Te acuerdas?

*(handwritten above title: antiguo)*

En su reunión anual, los ex alumnos de la Universidad de Granada se acuerdan de los buenos momentos que pasaron en la universidad cuando eran estudiantes. Describa la personalidad de cada uno, usando el imperfecto de **ser**. Luego, diga si hacían o no las cosas indicadas entre paréntesis.

MODELO: Elena / muy seria (platicar en clase)
   *Elena era muy seria. No platicaba en clase.*

1. tú / muy chistoso (*funny*) (contar buenos chistes / aburrir a tus amigos)
   *(handwritten: eras, contaba, aburrían)*
2. Consuelo y Carmen / atléticas (ir al gimnasio frecuentemente / correr todas las mañanas / entrenarse)
   *(handwritten: eran, iban, corrían, se entrenaban)*
3. yo / dormilón (*fond of sleeping*) (levantarse temprano / asistir a la primera clase de la mañana / dormirse en la clase de inglés)
   *(handwritten: era, se levantaba, se dormía, asistía)*
4. Uds. / perezosos (estudiar mucho / salir bien en los exámenes / hacer la tarea regularmente)
   *(handwritten: eran, estudiaban, salían, hacían)*
5. nosotros / intelectuales (discutir de política / dirigir el club literario / asistir a una reunión de poetas y artistas una vez por semana)
   *(handwritten: éramos, discutían, dirigían, asistían)*
6. Ud. / sociable (salir mucho / organizar fiestas / ver a sus amigos los fines de semana)
   *(handwritten: era, salía, organizaba, veía)*
7. mis compañeros de cuarto / muy ricos (conducir un coche deportivo / ir a esquiar en el invierno / viajar al extranjero en el verano)
   *(handwritten: eran, conducían, iban, viajaban)*

# B. El uso del imperfecto y del pretérito

When referring to the past, Spanish speakers use both the imperfect and the preterite. The choice between the two tenses depends on what type of events and actions are being described.

- In general, the IMPERFECT is used to describe ongoing or habitual actions in the past.
  It describes *what was happening, what was going on at a certain time,* or *what used to be.*

| | |
|---|---|
| Mis padres **viajaban** todos los veranos. | *My parents **used to travel** every summer.* |
| Ana **esquiaba** en una pista muy difícil. | *Ana **was skiing** on a very difficult trail.* |

- In general, the PRETERITE is used to describe specific actions that occurred at a point in time or during a certain period and that were completed.
  It describes *what happened, what occurred.*

| | |
|---|---|
| El año pasado, mis padres **pasaron** las vacaciones en México. | *Last year my parents **spent** their vacation in Mexico.* |
| Ana **se resbaló, se cayó** y **se torció** el tobillo. | *Ana **slipped, fell,** and **sprained** her ankle.* |

¡México amigo te espera!

aeroméxico

| The IMPERFECT is used to describe: | The PRETERITE is used to describe: |
|---|---|
| 1. *habitual* actions and actions that were *repeated* an *undetermined number* of times | 1. *simple* or *isolated* actions and actions that were *repeated* a *specific number* of times |
| Cuando **era** estudiante, no **tenía** coche.<br><br>Los veranos, **íbamos** al campo.<br>Cuando Ana y Paco **eran** novios, **se escribían** todos los días. | **Compré** mi primer coche después de graduarme.<br>El verano pasado **fuimos** a la Costa del Sol.<br>**Se escribieron** todos los días por dos años. |
| 2. *progressive* actions that were going on for an *indefinite* period of time | 2. actions that occurred during or at a *specific time* |
| Ayer, a las 4, **jugaba** al tenis.<br>¿Qué **hacían** los vecinos durante el robo de su apartamento? **¡Dormían!** | **Jugué** al tenis desde las 3 y media hasta las 5.<br>¿Qué **hicieron** los vecinos cuando **vieron** al ladrón? **¡Llamaron** a la policía! |
| 3. the *background* and *circumstances* of a main action, for example:<br>• *time* and *weather*<br>• *age; outward* or *physical appearance*<br>• *feelings, beliefs, emotional states*<br>• other *external circumstances* and *actions in progress* | 3. *main* actions and events |
| **Eran** las dos de la tarde y **hacía** calor.<br>**Tenía** dolor de cabeza y **me sentía** cansado.<br>Cuando **tenía** 21 años, Elena **era** muy idealista y **quería** ayudar a los demás.<br>**Había** neblina. La visibilidad **era** muy mala.<br>El hombre **tenía** unos 30 años. **Era** alto y esbelto. **Llevaba** sombrero y gafas de sol. | **Fuimos** a la piscina.<br>**Fui** a mi cuarto y **me acosté.**<br><br>**Se alistó** (*She joined*) en el Cuerpo de Paz.<br>El conductor del coche no **vio** el obstáculo en la carretera.<br>**Bajó** del coche, **entró** al banco y **sacó** una pistola. |

→ Note the use of the imperfect and the preterite with **hace** *(ago)*.

**Hace una hora** cenábamos.
Cenamos **hace una hora.**

*An hour ago we were having dinner.*
*We had dinner an hour ago.*

**Hace 5 años** Clara vivía en España.
**Hace 4 años** se mudó a México.

*Five years ago, Clara was living in Spain.*
*Four years ago she moved to Mexico.*

**CITIBANK ⊕ ESPAÑA**
*Ganamos cuando usted gana.*

**Hace sólo 15 días que fuimos a Citibank, y ya estamos en casa.**

---

### Un poco más

1. In referring to the past, one sometimes has the choice of using either the PRETERITE or the IMPERFECT, depending on how one views the action being described. Note the differences in meaning in the following pairs of sentences.

   A las seis **terminaba** mi trabajo.
   A las seis **terminé** mi trabajo.

   *At six I was finishing my work.*
   *At six I finished my work.*

   Inés **estaba** enferma.
   Inés **estuvo** enferma.

   *Inés was sick (and was feeling terrible).*
   *Inés got sick (and now is well again).*

2. The IMPERFECT is used with **desde** *(since)* and **desde hacía** *(for)* to express actions and situations that *had been going on* since a certain point in time or for a certain length of time.

   **Tomaba el sol desde** la mañana.
   **Tomaba el sol desde hacía** tres horas.

   *I had been sunbathing since morning.*
   *I had been sunbathing for three hours.*

   **Nos escribíamos desde** el primero de junio.
   **Nos escribíamos desde hacía** cuatro semanas.

   *We had been writing each other since June first.*
   *We had been writing each other for four weeks.*

## 2 Un terremoto

El verano pasado hubo un terremoto en el balneario (*seaside resort*) de San Miguel. Diga lo que hacían las siguientes personas cuando ocurrió el terremoto.

MODELO: Felipe / correr en la playa
*Felipe corría en la playa.*

1. nosotros / tomar el sol
2. yo / bucear
3. Uds. / hacer una barbacoa
4. Elisa y Marisol / subir un acantilado
5. tú / pescar
6. Antonio / zambullirse en el agua
7. Ramón y yo / esquiar en el mar
8. mi hermana / recoger piedras
9. tú y José / montar a caballo

## 3 ¡Qué cambios!

Cuando era niña, la Sra. Alvarado pasaba las vacaciones en un pequeño pueblo. Treinta años después, regresa al pueblo y observa muchos cambios. Lea la descripción de como es el pueblo hoy día. Luego, describa como era el pueblo hace treinta años usando las palabras entre paréntesis.

MODELO: Los habitantes trabajan en fábricas modernas. (los campos)
*Hace treinta años, los habitantes trabajaban en los campos.*

1. La gente vive en apartamentos modernos. (casas viejas)
2. Todos van de compras a un supermercado muy grande. (tiendas pequeñas)
3. Esta fábrica produce computadoras. (herramientas agrícolas [*farming tools*])
4. Todas las haciendas tienen un tractor. (caballos)
5. Los jóvenes tienen motocicletas. (bicicletas)
6. El alcalde (*mayor*) conduce un Mercedes. (un Ford muy viejo)
7. Aquí hay un hotel de veinte pisos. (un prado)
8. La gente joven se reúne en el club atlético. (el café del Comercio)

## *Vocabulario: Algunas expresiones de tiempo para describir el pasado*

**el domingo**  *Sunday*
**el sábado pasado**  *last Saturday*
**el fin de semana pasado**  *last weekend*

**ayer**  *yesterday*
**anteayer**  *the day before yesterday*

**un día**  *one day*
**el día anterior**  *the day before*
**el otro día**  *the other day*

**una vez**
**alguna vez** | *once*
**dos veces**  *twice*
**por primera vez**  *for the first time*

**de repente** | *suddenly, all of*
**de pronto** | *a sudden*

**por fin**
**finalmente** | *finally, at last*

**los domingos**  *on Sundays*
**los sábados por**  *on Saturday evenings*
  **la noche**
**los fines de semana**  *on weekends*

**cada día**
**todos los días** | *every day*

**antes**  *before*
**en el pasado**  *in the past*

**algunas veces**
**a veces** | *sometimes*
**de vez en cuando**  *from time to time*

**siempre**  *always*
**a menudo**  *often*
**raramente**
**rara vez** | *rarely*

**por lo general**
**generalmente** | *generally*
**usualmente**

→ The expressions on the left are often (but not always) used with the preterite because they usually refer to specific events. The expressions on the right may be used with the preterite or the imperfect, depending on the meaning the speaker wishes to convey.

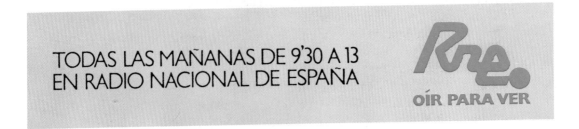

## 4 Durante las vacaciones

Describa lo que hicieron o lo que hacían las siguientes personas, usando el pretérito o el imperfecto.

1. Luisa / bucear / por primera vez
2. yo / tomar el sol / todos los días después del almuerzo
3. nosotros / dormir la siesta / todos los días
4. el diez de agosto / tú / conocer a Gloria en la playa
5. Uds. / reunirse con sus amigas en la discoteca / los sábados por la noche
6. los fines de semana / mis compañeros / escalar las montañas
7. de repente / Emilio / perder el equilibrio y caerse
8. por lo general / nosotros / merendar en el campo
9. un día / Uds. / hacer una barbacoa en la playa

Escaladas
en Gredos
y Pirineos

escuela madrileña de alta montaña
**CURSO de ESCALADA**
**VERANO '86**

información:
escuela madrileña de alta montaña
c/apodaca,16 (metro Tribunal)
lunes a viernes de 20 a 22 h.
tlf. 4480724

## 5 Una fiesta de cumpleaños

Lea lo que Carlos Cepeda escribió en su diario el 3 de junio. Luego, reemplace **Hoy** por **Ayer** y transforme la narración al pasado usando el pretérito y el imperfecto.

Hoy es el 3 de junio. Es el día de cumpleaños de mi prima Catalina. Voy a su casa. Hay muchos invitados. Mi prima me presenta a una chica muy bonita que se llama Teresa. Es muy elegante. Lleva una falda azul, una blusa blanca y un collar de perlas.

Como hace sol, merendamos en el césped. Después de la merienda (*picnic*), charlo con la joven y le pregunto si quiere dar un paseo en bote conmigo en el lago. Contesta que sí. Subimos al bote. Tengo calor y me quito la chaqueta. Desgraciadamente, pierdo el equilibrio y me caigo al agua. Teresa se cae también. El agua está muy fría y ella está muy enfadada conmigo. ¡Qué desastre!

# C. El uso del pretérito y del imperfecto en la misma oración

Both the preterite and the imperfect are often found in the same sentence.

| SPECIFIC ACTION | ONGOING OR PROGRESSIVE ACTION |
|---|---|
| **Vi** un accidente . . . | mientras **esperaba** el autobús. |
| Alguien **entró** a la casa . . . | cuando los vecinos **estaban** de compras. |
| | |
| Cuando **llamaste** . . . | **estudiaba.** |
| Cuando **conoció** a Clara . . . | Felipe **era** estudiante. |
| | |
| Le **hablé** a una turista . . . | que **sacaba** fotos. |
| Ana **sacó** una foto de los niños . . . | que **jugaban** en la playa. |

The relationship between events and the corresponding choice of the preterite or the imperfect can be illustrated graphically as follows:

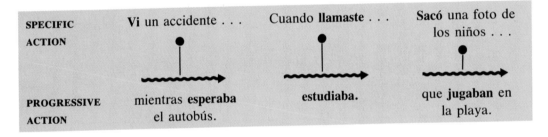

→ A sentence may also contain two specific actions or two progressive actions.

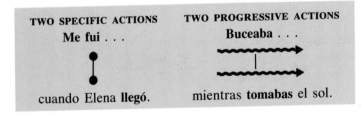

ELLOS ENCONTRARON LO QUE BUSCABAN

CONSULTANDO LAS PÁGINAS AMARILLAS

## Vocabulario: Otras expresiones de tiempo

| | | |
|---|---|---|
| **durante** | *during* | ¿Qué hiciste **durante** las vacaciones? |
| **cuando** | *when* | ¿Qué hizo Ud. **cuando** vio el accidente? |
| **mientras (que)** | *while* | Yo estudiaba **mientras (que)** dabas un paseo. |
| **en el momento que** | *at the moment when* | El teléfono sonaba **en el momento que** llegué a casa. |

➡ The construction **durante** + *period of time* corresponds to the English *for* + *period of time.*

Viví en Toledo **durante** dos años.     *I lived in Toledo **for** two years.*

## **6** Encuentros de vacaciones

Describa los siguientes encuentros según el modelo.

MODELO: Ayer / Adela / charlar con un chico / tomar el sol en la playa
*Ayer Adela charló con un chico que tomaba el sol en la playa.*

1. Esta mañana / yo / encontrarse con unos amigos / dar un paseo por el bosque
2. Anteayer / tú / ver a alguien / acampar en un prado
3. En el verano / nosotros / conocer a estudiantes / pasar las vacaciones en Guatemala
4. Durante la excursión / los turistas / sacar fotos de niños / zambullirse en el agua
5. El fin de semana pasado / Ud. / ser presentado (*introduced*) a una joven / almorzar en el restaurante

## **7** ¿Dónde estabas?

Ricardo le pregunta a cada uno de sus amigos dónde estaba cuando ocurrieron ciertos hechos. Represente los diálogos con un(a) compañero(a).

MODELO: Paso por tu casa. (en el supermercado / comprar comestibles [*foods*])
—¿Dónde estabas cuando pasé por tu casa?
—¿Yo? Estaba en el supermercado. Compraba comestibles.

1. Te llamo. (en mi alcoba / dormir)
2. Ocurre el robo en el banco. (en el café / leer el periódico)
3. Ocurre el incendio. (en la biblioteca / estudiar)
4. Se ahoga el pobre hombre. (en la playa / broncearse)
5. El profesor anuncia la fecha del examen. (en el baño / lavarse las manos)

**Estructuras gramaticales**     **173**

## 8 ¿Qué pasó?

Combine las oraciones con **cuando** y diga lo que pasó. Siga el modelo.

MODELO: Es la una. Vamos a la playa.

*Era la una cuando fuimos a la playa.*

1. Son las once. Los turistas llegan al museo.
2. Nieva mucho. Los esquiadores se pierden en la montaña.
3. Hace mucho sol. El Sr. Molina se quema.
4. El agua está muy fría. Me caigo del bote de vela al mar.
5. Hay mucho hielo en la carretera. El coche se desliza.
6. Anochece. Federico regresa del campo.
7. Marisela lleva un vestido muy bonito. El coche la salpica *(splashes)*.

## 9 ¡Qué lío!

Hay problemas que siempre se presentan en los momentos más inoportunos.
Exprese esto según el modelo.

MODELO: Damos un paseo por el campo / cuando / empieza a llover

*Dábamos un paseo por el campo cuando empezó a llover.*

1. Elena gana el partido / cuando / se resbala y se cae
2. Estamos en el ascensor / en el momento que / hay un apagón *(power failure)*
3. Mis hermanos visitan Puerto Rico / cuando / hay un huracán
4. Jorge le escribe a su novia / cuando / el profesor le hace una pregunta
5. Sacas una foto / cuando / pierdes el equilibrio y te caes en la piscina
6. Luis le da un beso a Ana / en el momento que / el papá de Ana entra

## 10 ¡Más percances!

Describa los siguientes percances *(mishaps)* en el pasado.

1. Vamos al campo. Mientras merendamos, un toro furioso se escapa
   del corral y nos ataca.
2. Antonio llega bajo el balcón de la bella Rosita y le da una serenata.
   Mientras canta y toca la guitarra, el papá de Rosita abre la ventana
   y le echa *(throws)* un cubo *(pail)* de agua fría al pobre muchacho.
3. El Sr. Ordóñez sube al techo de su casa para reparar la antena del
   televisor. Mientras la repara, el viento derriba *(knocks down)*
   la escalera *(ladder)* y el pobre señor tiene que pasar la noche en el techo.
4. Paco va a una hacienda con su novia Gloria. Mientras le enseña a
   ella como montar a caballo, su caballo comienza a dar coces *(to kick)*.
   Paco se cae y se rompe el brazo.

## 11  ¡Un robo extraño!

Algo extraño ocurrió el sábado en casa del Sr. Rodríguez. Transforme la narración al pasado.

Es el sábado por la noche. Son las dos de la mañana. Hace mucho calor en la casa del Sr. Rodríguez. Todas las ventanas están abiertas. En su alcoba, el Sr. Rodríguez duerme profundamente. A las dos en punto, un hombre pasa por la calle. Es joven. Lleva gafas de sol y un sombrero grande. Ve que la ventana está abierta. Entra por la ventana. Va al salón donde hay cuadros muy valiosos (valuable). Enciende la luz y admira los cuadros. Después, va a la oficina. Hay mucho dinero en el escritorio. El hombre no toca nada. Luego, va a la cocina. Abre la refrigeradora donde encuentra un pollo frío. Se quita la chaqueta, se sienta a la mesa y se come todo el pollo. ¡Qué hambre tiene! Por fin, apaga la luz, sale por la ventana y desaparece en la calle.

A las tres, el Sr. Rodríguez se despierta. Tiene mucha sed. Va a la cocina y descubre el plato con los huesos del pollo. En seguida llama a la comisaría de policía. A las tres y media llega un detective de la policía. Es un hombre joven que lleva gafas de sol y un sombrero grande. Parece ser gemelo (twin) del otro hombre. ¡Qué raro! ¡Increíble!, ¿verdad?

## 12  Un accidente

Anoche Clara vio un accidente. Narre (Narrate) lo que ella vio usando el pretérito y el imperfecto.

Estoy en casa. Mis padres duermen, pero yo estudio. De repente, oigo un ruido tremendo en la calle. Abro la ventana. Veo un coche en la acera. Salgo de la casa y corro hasta el coche. Dentro del coche hay un joven que está desmayado. Veo que está sangrando (is bleeding). Me doy cuenta de que tiene una herida (injury) en la cabeza. Le pongo un pañuelo sobre la herida. Le pido auxilio (help) a un hombre que pasa por la calle. Él llama al hospital. Cinco minutos después llega una ambulancia. Mis padres se despiertan con el ruido de la sirena. Al regresar a casa, encuentro a mis padres muy preocupados porque yo no estoy. Les explico todo y me acuesto. No duermo mucho esa noche, pensando en el accidente.

# Lecturas literarias

## Introducción

Gregorio López y Fuentes (1897–1966) vivió su juventud[1] entre los campesinos[2] del estado mexicano de Veracruz. A la edad de 17 años, luchó[3] por la Revolución[4] en el ejército[5] del General Carranza. Como escritor y periodista continuó luchando por la reforma agraria. Un tema principal de sus novelas *¡Tierra!* (1932) y *El Indio* (1935) es la triste condición social de los indios y de los campesinos.

Su conocido cuento, ''Una carta a Dios'', de la colección *Cuentos campesinos de México* (1940), presenta el caso de Lencho, un campesino muy trabajador cuya cosecha ha sido destruida por una tempestad. A pesar de[6] la ruinosa situación en que se encuentra, Lencho sigue siendo optimista porque tiene la confianza de que Dios lo ayudará.

Diego Rivera, *Huastec Civilization*, 1950, Palacio Nacional, México, D. F.

---

## Palabras claves

la cosecha *(harvest)*:  el maíz *(corn)*  los frijoles *(beans)*
la huerta *(garden)*:  el frijol *(bean plant)*  la hoja *(leaf)*
  la flor *(flower)*  maduro *(ripe)*
una moneda de plata *(silver coin)*  una perla *(pearl)*
acciones:  exponerse a *(to expose oneself to)*
    darse el gusto de *(to give oneself the pleasure of)*
    afligirse *(to be distressed)*

---

[1] **juventud** youth   [2] **campesinos** farmers   [3] **luchó** he fought   [4] **Revolución** The Mexican Revolution (1910–1917)
[5] **ejército** army   [6] **A pesar de** In spite of

# Una carta a Dios

## Gregorio López y Fuentes

### I

A. LA CASA DE LENCHO

*promised*

*at least*

*northeast*

*really*

*God willing*

La casa . . . única en todo el valle . . . estaba en lo alto de un cerro bajo. Desde allí se veían el río y, junto al corral, el campo de maíz maduro con las flores del frijol que siempre *prometían* una buena cosecha.

Lo único que necesitaba la tierra era una lluvia, o *a lo menos* 5 un fuerte aguacero. Durante la mañana, Lencho . . . que conocía muy bien el campo . . . no había hecho más que examinar el cielo hacia el *noreste.*

—Ahora *sí que* viene el agua, vieja.

Y la vieja, que preparaba la comida, le respondió: 10

—*Dios lo quiera.*

Los muchachos más grandes trabajaban en el campo, mientras que los más pequeños jugaban cerca de la casa, hasta que la mujer les gritó a todos:

—Vengan a comer . . . 15

B. LA TEMPESTAD

*had said*

*pleasant*

*pequeñas*

*covered / curtain*

*to blow*

*Those really*

*frozen*

Fue durante la comida cuando, como lo *había dicho* Lencho, comenzaron a caer grandes gotas de lluvia. Por el noreste se veían avanzar grandes montañas de nubes. El aire estaba fresco y *dulce.*

El hombre salió a buscar algo en el corral solamente para darse el gusto de sentir la lluvia en el cuerpo, y al entrar exclamó: 20

—Éstas no son gotas de agua que caen del cielo; son monedas nuevas; las gotas grandes son monedas de diez centavos y las gotas *chicas* son de cinco . . .

Y miraba con ojos satisfechos el campo de maíz maduro con las flores del frijol, todo *cubierto* por la transparente *cortina* de 25 la lluvia. Pero, de pronto, comenzó a *soplar* un fuerte viento y con las gotas de agua comenzaron a caer granizos muy grandes. *Esos sí que* parecían monedas de plata nueva. Los muchachos, exponiéndose a la lluvia, corrían a recoger las perlas *heladas.*

—Esto sí que está muy malo—exclamaba mortificado el hombre 30 —ojalá que pase pronto . . .

destroyed / soul
sadness

locusts / would have left
we will have

fue una

we shall go hungry

hope / help
even if

No pasó pronto. Durante una hora cayó el granizo sobre la casa, la huerta, el monte, el maíz y todo el valle. El campo estaba blanco, como cubierto de sal. Los árboles, sin una hoja. El maíz, *destruido*. El frijol, sin una flor. Lencho, con el *alma* llena de *tristeza*. Pasada la tempestad, en medio del campo, dijo a sus hijos: 35

—Una nube de *langostas habría dejado* más que esto . . . El granizo no ha dejado nada: no *tendremos* ni maíz ni frijoles este año . . . 40

La noche *fue* de lamentaciones:

—¡Todo nuestro trabajo, perdido!

—¡Y nadie que pueda ayudarnos!

—Este año *pasaremos hambre* . . .

Pero en el corazón de todos los que vivían en aquella casa solitaria en medio del valle había una *esperanza*: la *ayuda* de Dios. 45

—No te aflijas tanto, *aunque* el mal es muy grande. ¡Recuerda que nadie se muere de hambre!

—Eso dicen: nadie se muere de hambre . . .

# ¿Comprendió Ud.? (I)

A. LA CASA DE LENCHO

1. ¿Dónde estaba la casita de Lencho?
2. ¿Qué se veía desde allí?
3. ¿Qué necesitaba la tierra?
4. ¿Qué hacía la esposa de Lencho?
5. ¿Qué hacían sus hijos?

B. LA TEMPESTAD

6. ¿Qué sucedió durante la comida que alegró mucho a Lencho?
7. ¿Con qué compara Lencho las gotas de lluvia?
8. ¿Qué pasó de pronto?
9. ¿Qué parecían los granizos?

C. ¡QUÉ DESTRUCCIÓN!

10. ¿Cómo estaba el campo después de la tempestad? ¿Cuáles fueron los resultados?
11. ¿Qué esperanza tenía Lencho?

## II

D. LA IDEA DE LENCHO

*only*

*whose*

*even / bottom*

*sin educación / animal*

*strengthened*

*to plant again / is coming in*

*put in*

*= la carta*

Y durante la noche, Lencho pensó mucho en su *sola* esperanza: la ayuda de Dios, *cuyos* ojos, según le habían explicado, lo miran todo, *hasta* lo que está en el *fondo* de las conciencias.

Lencho era un hombre *rudo*, trabajando como una *bestia* en los campos, pero sin embargo sabía escribir. El domingo siguiente, 5 con la luz del día, después de haberse *fortificado* en su idea de que hay alguien que nos protege, empezó a escribir una carta que él mismo llevaría al pueblo para echarla al correo.

No era nada menos que una carta a Dios.

«Dios», escribió, «si no me ayudas, pasaré hambre con toda 10 mi familia durante este año. Necesito cien pesos para *volver a sembrar* y vivir mientras *viene* la nueva cosecha, porque el granizo . . .»

Escribió «A Dios» en el sobre, *metió* la carta y, todavía pre-ocupado, fue al pueblo. En la oficina de correos, le puso un sello 15 a la carta y echó *ésta* en el buzón.

E. EL CORREO

*addressed*

Un empleado, que era cartero y también ayudaba en la oficina de correos, llegó riéndose mucho ante su jefe, y le mostró la carta *dirigida* a Dios. Nunca en su existencia de cartero había conocido esa casa. El jefe de la oficina . . . gordo y amable . . . también 20

he was tapping on the table
had
confidence
revealed
he followed through / decisión
salary
were obliged to
to collect
half

empezó a reír, pero muy pronto se puso serio y, mientras *daba golpecitos en la mesa* con la carta, comentaba:

—¡La fe! ¡Ojalá que yo *tuviera* la fe del hombre que escribió esta carta! ¡Creer como él cree! ¡Esperar con la *confianza* con que él sabe esperar! ¡Empezar correspondencia con Dios! 25

Y, para no desilusionar aquel tesoro de fe, *descubierto* por una carta que no podía ser entregada, el jefe de la oficina tuvo una idea: contestar la carta. Pero cuando la abrió, era evidente que para contestarla necesitaba algo más que buena voluntad, tinta y papel. Pero *siguió* con su *determinación:* pidió dinero a su empleado, 30 él mismo dio parte de su *sueldo* y varios amigos suyos *tuvieron que* darle algo «para una obra de caridad».

Fue imposible para él *reunir* los cien pesos pedidos por Lencho, y sólo pudo enviar al campesino un poco más de la *mitad*. Puso los billetes en un sobre dirigido a Lencho y con ellos una carta 35 que tenía sólo una palabra como firma: DIOS.

## El mercado del domingo

Cuando los conquistadores españoles llegaron al nuevo mundo, uno de sus objetivos era convertir a los indígenas[1] a la fe católica. El domingo era el día de la semana cuando la gente de todos los alrededores[2] venía al pueblo para oír misa.[3] A causa de esta costumbre el domingo se convirtió[4] en el día de ir al mercado.

Este tradicional mercado del domingo ha seguido[5] hasta el siglo XX en el México rural y en Guatemala. Además, muchas tiendas y bancos y hasta la oficina de correos están abiertos para atender a los clientes dominicales.

[1] **indígenas** natives   [2] **alrededores** surrounding areas
[3] **misa** mass   [4] **se convirtió** se hizo   [5] **ha seguido** has continued

usual

joy

Al siguiente domingo, Lencho llegó a preguntar, más temprano que *de costumbre,* si había alguna carta para él. Fue el mismo cartero quien le entregó la carta, mientras que el jefe, con la *alegría* de un hombre que ha hecho una buena acción, miraba por la 40 puerta desde su oficina.

surprise

so great / certainty

Lencho no mostró la menor *sorpresa* al ver los billetes . . . *tanta* era su *seguridad* . . . pero se enfadó al contar el dinero . . . ¡Dios no podía haberse equivocado, ni negar lo que Lencho le había pedido! 45

Inmediatamente, Lencho se acercó a la ventanilla para pedir papel y tinta. En la mesa para el público, empezó a escribir,

wrinkling / forehead

*arrugando* mucho la *frente* a causa del trabajo que le daba expresar sus ideas. Al terminar, fue a pedir un sello, que mojó con la lengua

affixed it / blow of the fist

y luego *aseguró* con un *puñetazo.* 50

As soon as

*Tan pronto como* la carta cayó al buzón, el jefe de correos fue a abrirla. Decía:

«Dios: Del dinero que te pedí, sólo llegaron a mis manos sesenta pesos. Mándame el resto, como lo necesito mucho; pero no me lo mandes por la oficina de correos, porque los empleados son 55 muy ladrones. —Lencho».

# ¿Comprendió Ud.? (II)

12. ¿Qué idea tuvo Lencho esa noche?
13. ¿Qué le decía Lencho a Dios?
14. ¿Adónde fue Lencho el domingo siguiente?

15. ¿Por qué se reía el cartero que ayudaba en la oficina de correos?
16. ¿Qué dijo el jefe de la oficina al leer la carta de Lencho?
17. ¿Qué obra de caridad hicieron el jefe, su empleado y sus amigos? ¿Qué contenía el sobre?

18. ¿Por qué no mostró Lencho ninguna sorpresa al abrir el sobre?
19. ¿Por qué se enfadó Lencho?
20. Inmediatamente después, ¿qué hizo Lencho?
21. ¿Qué le decía Lencho a Dios en su segunda carta?

## Puntos de vista

Imagínese una continuación a la historia de Lencho. ¿Qué ocurrió al volver Lencho a la oficina de correos la próxima semana? ¿Encontró el resto del dinero? ¿Recibió por lo menos una carta? Utilice el pretérito y el imperfecto.

## Temas

1. ¿Es cómico o triste el final del cuento? Explique.
2. En este cuento, el jefe de correos hace un esfuerzo particular para ayudar a su prójimo *(one's neighbor)*, pero su única recompensa es ser considerado como "ladrón". Según Ud., ¿quiere decirnos López y Fuentes que no debemos ayudar a los demás? Explique su opinión.

---

### *Mejore su español*

Spanish, like English, has many families of related words. If you can discover a familiar root in an unfamiliar word, this can often help you guess its meaning. Here are some examples from the story you have just read.

| Familiar words: | New words: |
|---|---|
| **ADJECTIVES** | |
| seguro *(sure)* | la seguridad *(security)*; asegurar *(to fasten securely; to assure)* |
| triste *(sad)* | la tristeza *(sadness)* |
| alegre *(happy)* | la alegría *(happiness)* |
| **VERBS** | |
| esperar *(to hope)* | la esperanza *(hope)* |
| ayudar *(to help)* | la ayuda *(help)* |
| gustar *(to please)* | el gusto *(pleasure)* |
| **NOUNS** | |
| el agua *(water)* | el aguacero *(shower)* |
| el campo *(field)* | el campesino *(farmer)* |

---

# Unidad 7

## ¡Buen provecho!

## La especialidad de la casa

Linda, una estudiante norteamericana, está de visita en España. Es la una y ahora está buscando un lugar en donde comer. El anuncio° de un restaurante le llama° la atención: "Especialidades turísticas". Linda decide entrar y se sienta en una de las mesas. La boca se le hace agua.° ¡Al fin va a comer una comida española! El camarero se acerca.

*sign / attracts*

*Her mouth waters.*

—Buenas tardes, señorita. ¿En qué puedo servirle?°
—Buenas tardes. ¿Puede traerme la carta,° por favor?
—En seguida, señorita . . . Aquí la tiene.
—Camarero . . .

*May I help you?*

*menu*

—¿Ha escogido° lo que desea?

—Sí, cómo no. Tráigame una paella valenciana* y . . .

—Perdone que la interrumpa,° señorita . . . (en voz muy baja y con aire de misterio), no se la recomiendo, los mariscos° no están frescos.

—¡Qué lástima! Muchas gracias por la advertencia.° En ese caso . . . Déjeme ver . . . ¡Oh, sí! Tráigame un caldo gallego* y . . .

El camarero se desconcierta° aún más. Mira a todos lados° y por fin, en voz aún más baja, le dice a Linda:

—Tampoco se lo recomiendo, señorita. Nuestro cocinero aún no ha dado en el clavo° con ese plato y además los frijoles están muy duros.°

Linda no sabe qué decir . . . Mira al camarero . . . Vuelve a leer la carta.

—¡Esto es increíble! . . . Bueno, tráigame el pollo a la catalana* . . .

—Ahora sí que ha escogido bien, señorita. Ese plato es excelente, ¡una verdadera delicia! Por desgracia,° otro cliente pidió la última porción y ahora se nos acabó.°

—¡Caramba!, por lo que veo es bastante difícil comer en este restaurante . . . ¡En fin! Usted, ¿qué me recomienda?

—¿Por qué no pide una hamburguesa? Nuestro cocinero las prepara como para chuparse los dedos.° Con decirle que es la especialidad de la casa.

—¡No puedo creerlo! ¡Esto es el colmo!° . . . ¿Una hamburguesa? No es posible que después de recorrer medio mundo° venga yo aquí a comerme una hamburguesa . . . y en lugar donde anuncian "Especialidades turísticas".

| | |
|---|---|
| Have you chosen | |
| Excuse me for interrupting you, | |
| seafood | |
| advice | |
| gets disconcerted | |
| all around | |
| hasn't hit the nail on the head | |
| hard | |
| Unfortunately, | |
| we have run out of it. | |
| good enough to lick your fingers | |
| the "limit" | |
| halfway around the world | |

*Comentario cultural*

**\* Paella valenciana** Plato típico español de la región de Valencia en España. La paella está hecha de arroz, mariscos y condimentos especiales.

**\* Caldo gallego** Sopa típica de la región de Galicia en España. Sus ingredientes principales son frijoles blancos, carne de cerdo (*pork*) y de res (*beef*), papas y repollo (*cabbage*).

**\* Pollo a la catalana** Pollo guisado (*stewed*) con piñones (*pine nuts*) y pasas (*raisins*). Es típico de la región de Cataluña en España.

—Un momento, señorita. Tampoco así.° Ese anuncio    *Not that, either!*
tiene buenas intenciones. Con él queremos decir justamente°    *precisely*
eso: "especialidades" que les gustan a los turistas. Miles
de turistas norteamericanos nos visitan cada verano y no
me negará usted° que son muy pocos los norteamericanos    *you won't disagree with me*
a quienes no les gustan las hamburguesas.

  Linda se da por vencida.° Resignada, pide una    *gives up*
hamburguesa.

### Preguntas

1. ¿Por qué decide entrar Linda al restaurante?
2. ¿Por qué se le hace agua la boca a Linda?
3. ¿Cuál es el problema con la paella valenciana?
4. ¿Por qué se desconcierta el camarero cuando Linda pide
   el caldo gallego?
5. ¿Qué ha pasado con el pollo a la catalana?
6. ¿Qué le recomienda finalmente el camarero?
7. ¿Cómo reacciona Linda a esta recomendación?
8. ¿Cómo explica el camarero el propósito del anuncio?

# El español práctico

## Vocabulario temático:

### Las tiendas de comestibles

En los países hispanos, hay una gran variedad de tiendas especializadas en las que se puede comprar comida.

| | |
|---|---|
| la panadería | para el pan |
| la pastelería | para los pasteles |
| la lechería | para la leche y los productos lácteos (dairy products) |
| la carnicería | para la carne    aves → pollo, pavo |
| la pescadería | para el pescado (fish) y los mariscos (shellfish) |
| la frutería | para las frutas |
| la verdulería | para las legumbres (vegetables) y verduras (green vegetables) |
| la tienda de comestibles (grocery store) | para todo tipo de comidas |
| el supermercado | para todo |

## 1  Minidiálogos: La lista de compras

La Sra. Solé necesita varias cosas y le pide a su marido que vaya de compras. Prepare los diálogos según el modelo. Luego, represéntelos con un(a) compañero(a) de clase.

MODELO: lechuga (lettuce)

Sra. Solé: ¿Puedes ir de compras por mí?
Sr. Solé:  Sí, claro. ¿Qué necesitas?
Sra. Solé: Lechuga.
Sr. Solé:  Bueno. Voy a pasar por la verdulería.

1. queso y mantequilla
2. cuatro bistecs (steaks) para la cena
3. una libra de sardinas frescas
4. una tarta de fresa
5. una botella de vinagre y un paquete de sal
6. plátanos y naranjas
7. pan de centeno (rye)

Merluza al horno ............................ 1.200
Merluza con salsa mahonesa ............ 1.200
Calamares fritos ............................. 580
Lenguado frito, al horno o a la plancha (pieza) ... 1.200
Trucha a la Navarra ......................... 550
Chipirones en su tinta (arroz blanco) ... 580

## Vocabulario temático:

### En la tienda de comestibles

Buenos días, señor. | ¿En qué puedo servirle? *(What can I do for you?)*
| ¿Qué se le ofrece?

| | |
|---|---|
| **Necesito** | **un litro** de leche. |
| **Quisiera** | **un kilo** de papas |
| **Déme** | **una libra** *(pound)* de **aceitunas** *(olives)* |
| | **una docena** *(dozen)* de huevos |
| | **un pedazo** *(piece)* de queso |

| | |
|---|---|
| **¿Desea** | **algo más?** |
| **¿Se le ofrece** | **alguna otra cosa** |
| **¿Necesita** | |

Sí, necesito también | **un tarro** *( jar)* de **mostaza** *(mustard)*.
| **una lata** *(can)* de **atún**
| **un paquete** *(package)* de **arroz**
| **una botella** de **agua mineral**
| **una caja** *(box)* de **galletas** *(cookies)*
| **una bolsa** *(bag)* de **rosetas de maíz** *(popcorn)*

Eso es todo, gracias.

Pase a **la caja** *(cashier's)*, por favor.

**¿Cuánto es?**
**¿Cuánto le debo?**

**Son cien pesos.**
**¿Tiene cambio** *(change)***?**
**Aquí tiene su cambio.**

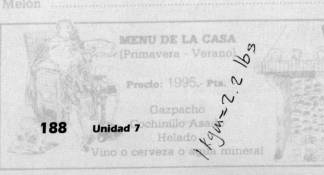

## 2 Minidiálogos: De compras

Tomás quiere comprar varias cosas y pasa por algunas tiendas. Prepare
los diálogos con los comerciantes según el modelo. Escoja las cantidades
apropiadas. Luego, represente los diálogos con un(a) compañero(a) de
clase.

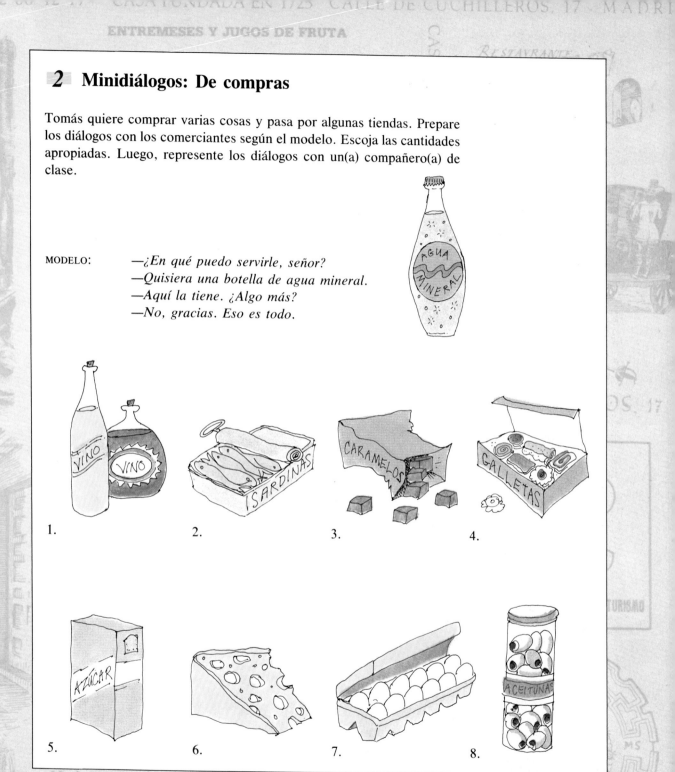

MODELO: —¿En qué puedo servirle, señor?
—Quisiera una botella de agua mineral.
—Aquí la tiene. ¿Algo más?
—No, gracias. Eso es todo.

1.

2.

3.

4.

5.

6.

7.

8.

Merluza con salsa mahonesa ............................ 1.200
Calamares fritos ............................ 580
Lenguado frito, al horno o a la plancha (pieza) ... 1.200
Trucha a la Navarra ............................ 550
Chipirones en su tinta (arroz blanco) ............. 580

**El español práctico 189**

## *Vocabulario temático:*  En el restaurante

También hay una gran variedad de lugares en los que se puede comer.

| | |
|---|---|
| **el restaurante** | |
| **la fonda** | para **comidas completas** |
| **el mesón** *(inn)* | |
| **la posada** *(inn)* | para **comidas regionales típicas** |
| **el café** | |
| **la cafetería** | para **comidas ligeras: bocadillos** *(sandwiches)* y **helados** |

### *Como pedir*

| | | |
|---|---|---|
| **Camarero(a)** | por favor, ¿puede **traerme** | **el menú**? |
| **Mozo(a)** | | **una jarra** *(pitcher)* de agua helada |
| **Mesero(a)** | | **una servilleta** *(napkin)* |

Sí, señor / señora / señorita. **En seguida** *(Right away).*

**Aquí lo(la) tiene.**
**Aquí está.** | *(Here it is.)*

| ¿Qué nos | sugiere | como | aperitivo *(appetizer)*? |
|---|---|---|---|
| | recomienda | | plato principal *(main dish)* |

Recomiendo | **el cóctel de mariscos.**
| **la paella valenciana**
| **el arroz con pollo**

Es muy **sabroso(a)** *(tasty, delicious).*

**De postre** voy a pedir | **la tarta** *(pie)* de fresa.
| **un helado** de chocolate

Muy bien, señor / señora / señorita.  **¡Buen provecho!** *(Enjoy your meal!)*

### *Como pagar*

¿Puede traerme **la cuenta** *(bill)*?

¿Puedo pagar | con **cheques** / **de viaje** / **de viajero** / **viajeros** *(traveler's checks)*?
| con **tarjeta de crédito** *(credit card)*

¿Está incluido(a) | **el servicio**?
| **la propina** *(tip)*

# RESTAURANTE BUENAVISTA

## MENÚ

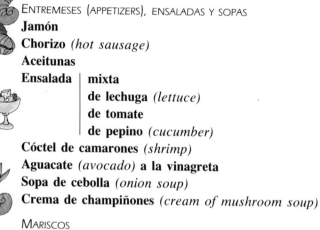

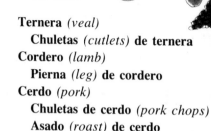

ENTREMESES (APPETIZERS), ENSALADAS Y SOPAS

**Jamón**

**Chorizo** *(hot sausage)*

**Aceitunas**

**Ensalada** | **mixta**
| **de lechuga** *(lettuce)*
| **de tomate**
| **de pepino** *(cucumber)*

**Cóctel de camarones** *(shrimp)*

**Aguacate** *(avocado)* **a la vinagreta**

**Sopa de cebolla** *(onion soup)*

**Crema de champiñones** *(cream of mushroom soup)*

MARISCOS

**Camarones** *(shrimp)*

**Almejas** *(clams)*

**Mejillones** *(mussels)*

**Ostras** *(oysters)*

**Langosta** *(lobster)*

HUEVOS

**Huevos fritos**

**Huevos revueltos** *(scrambled)*

**Tortilla de huevo** *(omelet)*

CARNES

**Pollo** | **frito**
| **asado** *(roast)*

**Pato** *(duck)*

**Res** *(beef)*

**Lomo de res** *(prime rib)*

**Guisado** *(beef stew)*

**Bistec a la parrilla** *(grilled steak)*

**Filete a la parrilla**

**Ternera** *(veal)*

**Chuletas** *(cutlets)* **de ternera**

**Cordero** *(lamb)*

**Pierna** *(leg)* **de cordero**

**Cerdo** *(pork)*

**Chuletas de cerdo** *(pork chops)*

**Asado** *(roast)* **de cerdo**

PESCADOS

**Filete de atún**

**Bacalao** *(cod)*

**Pez espada** *(swordfish)*

LEGUMBRES

**Papas fritas**

**Frijoles** *(beans)*

**Garbanzos** *(chickpeas)*

**Guisantes** *(peas)*

**Zanahorias** *(carrots)*

POSTRES

**Flan** *(custard)*

**Helado de** | **chocolate**
| **vainilla**

**Tarta de** | **pera**
| **manzana**
| **fresa**

**Torta** *(cake)* **de chocolate**

**Pastel de coco**

FRUTAS

**Melocotones** *(peaches)*

**Uvas** *(grapes)*

**Sandía** *(watermelon)*

**Piña** *(pineapple)*

**Toronja** *(grapefruit)*

### 3 ¿Qué es eso?

Explique lo que son las siguientes cosas: ¿legumbres? ¿verduras? ¿un plato de carne? ¿un postre? ¿un tipo de pescado? ¿un tipo de marisco?

MODELO: el atún
*El atún es un tipo de pescado.*

1. las ostras
2. el flan
3. las chuletas de cerdo
4. los guisantes
5. el lomo de res
6. el bacalao
7. la sandía
8. los pepinos
9. las uvas
10. el guisado
11. las piñas
12. las toronjas

Ternera asada con guisantes ............................. 920
Solomillo con patatas ....................................... 1.340
Solomillo con champiñón .................................. 1.340
Entrecot a la plancha, con guarnición ............... 1.100
Ternera a la Riojana ........................................ 995

Cuajada ............................
Tarta helada ............
Tarta de crema ............
Tarta de manzana ............
Flan ............................
Flan con nata ............
Helado de vainilla, cho
Espuma de chocolate
Dulce de membrillo
Melocotón en almíbar
Melocotón con nata
Fruta del tiempo ........
Queso ............................
Piña en almíbar ..........
Piña natural al Dry-Sac
Fresón al gusto ............
Sorbete de limón ..........
Sorbete de frambuesa
Melón

Salón de té
Rincón del Prado

HOTEL
P
EL PRADO

Vino o cerveza o agua mineral

## 4 En el mercado

Cuando van al mercado las siguientes personas siempre compran cosas típicas de la región donde están. Diga lo que compra cada una.

MODELO: Alicia vive en la Florida.
*En el mercado, compra toronjas y naranjas.*

1. Los Jiménez pasan las vacaciones en un pueblo de pescadores de Nueva Inglaterra.
2. Olivia visita a su tía en Puerto Rico.
3. Delia vive en una estancia de la pampa argentina.
4. Los Ribera están de vacaciones en California.
5. Antonio vive en Nueva Orleans.
6. Silvia pasa las vacaciones en una pequeña isla del Caribe.

### HUEVOS

| | |
|---|---:|
| Huevos revueltos con salmón ahumado | 600 |
| Huevos revueltos con champiñón | 350 |
| Huevos a la Flamenca | 350 |
| Tortilla con gambas | 450 |
| Tortilla con jamón | 350 |
| Tortilla con chorizo | 350 |
| Tortilla con espárragos | 350 |
| Tortilla con escabeche | 350 |

## 5 Preguntas personales

1. ¿Ha comido Ud. en un restaurante recientemente? ¿Dónde? ¿Qué pidió de entremés? ¿de carne? ¿de postre?
2. ¿Qué le gusta más a Ud.? ¿la comida italiana? ¿la comida china? ¿la comida norteamericana? ¿Por qué? ¿Qué otro tipo de comida le gusta?
3. ¿Le gusta la comida picante *(hot, spicy)*? ¿Ha comido alguna vez en un restaurante mexicano? ¿Qué pidió?
4. ¿Qué clase de comida es típica de la región donde Ud. vive? ¿del noreste de los Estados Unidos? ¿del suroeste de los Estados Unidos? ¿de Luisiana? ¿de Texas?
5. ¿Qué tipo de carne prefiere? ¿Qué tipo de legumbres y verduras? ¿Qué tipo de frutas? ¿Qué tipo de postre?
6. ¿Le gustan a Ud. los mariscos? ¿De qué tipo?

| | |
|---|---:|
| Merluza al horno | 1.200 |
| Merluza con salsa mahonesa | 1.200 |
| Calamares fritos | 580 |
| Lenguado frito, al horno o a la plancha (pieza) | 1.200 |
| Trucha a la Navarra | 550 |
| Chipirones en su tinta (arroz blanco) | 580 |

## 6 Las especialidades de la casa

Imagínese que Ud. se encuentra en los restaurantes que aparecen en los dibujos. Le pide consejos al (a la) camarero(a). Prepare los diálogos y represéntelos con un(a) compañero(a) de clase.

MODELO:

—¡Por favor, camarero! ¿Qué puede recomendarme?
—Le recomiendo el cóctel de camarones. Es muy sabroso. Le recomiendo también el filete de atún a la parrilla. Es la especialidad de la casa.
—Tráigame entonces el cóctel de camarones y el filete de atún.

1. otro restaurante especializado en mariscos

2. un restaurante argentino especializado en carne de res

3. un restaurante vegetariano

4. un salón de té conocido por la variedad de sus postres

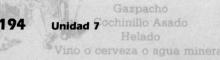

## Conversaciones dirigidas

Prepare los diálogos según las siguientes indicaciones. Luego, represéntelos con un(a) compañero(a) de clase.

**1. En la tienda de comestibles:** Sofía está de compras.

| Sofía | | el tendero (shopkeeper) |
|---|---|---|
| says hello | ⇄ | responds, and asks how he can help her |
| says that she needs two cans of tuna, a bottle of vinegar, and a pound of sugar | ⇄ | hands her these products and asks her if she needs anything else |
| asks for a jar of mustard and a pound of green olives | ⇄ | asks if she needs anything else |
| says that is all and asks how much it is | ⇄ | responds that it is 2,400 pesos |
| gives him 2,500 pesos | ⇄ | thanks her and gives her the change: 100 pesos |
| thanks him | | |

**2. En un restaurante:** La Sra. Murillo almuerza en un restaurante.

| el camarero | | la Sra. Murillo |
|---|---|---|
| greets her politely, and asks if he can be of assistance | ⇄ | asks him to bring the menu |
| brings it and presents it to her | ⇄ | asks what he recommends as an appetizer |
| recommends the onion soup or the cream of mushroom soup, saying that they are the house specialties | ⇄ | orders the cream of mushroom soup . . . says that she would like the pork chops and beans as a main course, and the strawberry pie as dessert |
| says that the pie is delicious . . . asks her what she wants to drink | ⇄ | asks for a glass of red wine (una copa de vino tinto) and a bottle of mineral water |
| says he'll bring the drinks right away | | |

Langostinos con mahonesa .................... 1.900
Cazuela de Pescados a la Marinera .......... 715
Gambas a la plancha .......................... 1.130
Merluza rebozada .............................. 1.200
Merluza al horno .............................. 1.200
Merluza con salsa mahonesa .................. 1.200
Calamares fritos .............................. 580
Lenguado frito, al horno o a la plancha (pieza) ... 1.200
Trucha a la Navarra .......................... 550
Chipirones en su tinta (arroz blanco) ........ 580

## Conversaciones libres

Prepare los diálogos que correspondan a las siguientes situaciones. Luego, represéntelos con un(a) compañero(a) de clase.

1. Gabriela organiza un picnic para mañana. Primero prepara una lista de las cosas que necesita. Después va de compras a varias tiendas.

   *Los personajes: Gabriela, los comerciantes*

2. En un restaurante de lujo en Buenos Aires, un(a) mozo(a) le explica cuáles son las varias especialidades de la casa a un(a) cliente. El(La) cliente está de mal humor. No parece gustarle nada.

   *Los personajes: el(la) mozo(a), el(la) cliente*

3. El Sr. Mendoza y su socia *(partner)*, la Sra. Montijo, están en un restaurante para almorzar y hablar de negocios. El Sr. Mendoza está a dieta *(on a diet)*. La Sra. Montijo es una gastrónoma *(gourmet)* a quien le gusta comer bien.

   *Los personajes: el camarero, el Sr. Mendoza, la Sra. Montijo*

4. Eduardo ha invitado a Emilia a cenar a su casa. Como plato principal ha preparado un sabroso pollo asado. Por desgracia, Eduardo no sabe que su amiga es vegetariana.

   *Los personajes: Eduardo, Emilia*

5. Para el fin de semana, los Velázquez han decidido ir a un restaurante pero no están de acuerdo sobre qué tipo de restaurante. Al Sr. Velázquez le gustan los platos de carne. La Sra. Velázquez prefiere los mariscos y los pescados.

   *Los personajes: El Sr. Velázquez, la Sra. Velázquez*

6. Matilde ha invitado a su primo Salvador a un restaurante. Al pedir, el camarero les sugiere algunos platos muy caros. Matilde no tiene mucho dinero y trata de convencer a Salvador que pida algo que no sea muy caro.

   *Los personajes: el camarero, Matilde, Salvador*

## A. *El participio pasado y el presente perfecto del indicativo*

### Past participle: Formation

| INFINITIVE ENDING | | PAST PARTICIPLE ENDING | |
|---|---|---|---|
| -ar | → | -ado | hablar → **hablado** |
| -er | → | -ido | comer → **comido** |
| -ir | → | -ido | vivir → **vivido** |

➡ Note the accent marks on the past participles of **oír** and verbs in **-aer** and **-eer**:

    oír → **oído**    traer → **traído**    leer → **leído**

➡ Some verbs have irregular past participles.

| | |
|---|---|
| decir → **dicho** | escribir → **escrito** |
| hacer → **hecho** | ver → **visto** |
| abrir → **abierto** | morir → **muerto** |
| cubrir → **cubierto** | romper → **roto** |
| poner → **puesto** | ✳ imprimir *(to print)* → **impreso** |
| volver → **vuelto** | |

➡ Compounds of the above verbs usually follow the same patterns.

| | |
|---|---|
| descubrir → **descubierto** | describir → **descrito** |
| devolver → **devuelto** | componer → **compuesto** |

# Present perfect: Forms

| INFINITIVE | *hablar* | *divertirse* |
|---|---|---|
| yo | he hablado | me he divertido |
| tú | has hablado | te has divertido |
| él, ella, Ud. | ha hablado | se ha divertido |
| nosotros | hemos hablado | nos hemos divertido |
| vosotros | habéis hablado | os habéis divertido |
| ellos, ellas, Uds. | han hablado | se han divertido |

The present perfect is a compound tense that is formed according to the pattern:

present of **haber** + past participle

→ With reflexive verbs, the reflexive pronoun precedes **haber.**

¿**Te has** divertido mucho?

## Uses of the present perfect

The present perfect is used to describe past events or actions that have been going on up to (and into) the present. As in English, it is used to describe events that *have* (or *have not*) *happened.*

Compare:

**Trabajé** mucho ayer.
**He trabajado** mucho esta semana.

*I worked a lot yesterday.*
*I have worked a lot this week.*

**No comí** en ese restaurante.
Todavía **no he comido** en ese restaurante.

*I didn't eat in that restaurant.*
*I have not eaten in that restaurant yet.*

# 1 Lo que Ud. ha hecho

*alguna vez = ever*

Pregúnteles a sus compañeros(as) si han hecho o no las siguientes cosas.

MODELO: comer en un restaurante mexicano
—¿*Has comido alguna vez en un restaurante mexicano?*
—*Sí, he comido en un restaurante mexicano.*
(*No, no he comido nunca en un restaurante mexicano.*)

1. beber champán (*champagne*)
2. vivir en un país hispanohablante
3. esquiar en el agua
4. asistir a una corrida de toros (*bullfight*)
5. ir a Machu Picchu
6. *hecho* hacer un viaje en globo (*hot-air balloon*)
7. *escrito* escribir una novela de ciencia ficción
8. *compuesto* componer una canción
9. *visto* ver un platillo volador (*flying saucer*)
10. *descubierto* descubrir un tesoro (*treasure*)
11. *no me he roto nunca* romperse la pierna alguna vez
12. sacarse el gordo (*win first prize*) de la lotería
13. *abierto* abrir una cuenta (*account*) en el banco

# 2 ¿Por qué?

Lea las siguientes descripciones. Luego explique por qué se sienten así las personas mencionadas. Forme oraciones afirmativas o negativas con las palabras y expresiones entre paréntesis. ¡Sea lógico(a)!

MODELO: El profesor está furioso. (nosotros / hacer la tarea)
*No hemos hecho la tarea.*

1. Tu hermana está enojada contigo. (tú / romper su nuevo disco) *tú has roto*
2. Dolores está muy triste. (su pájaro / morirse) *se ha muerto*
3. Carlos está muy contento. (su novia / escribirle) *se ha ? escrito*
4. Mis padres están preocupados. (mi hermano y yo / volver a casa) *hemos vuelto a casa*
5. La ingeniera está muy feliz. (su asistente / descubrir la solución del problema técnico) *ha descubierto*
6. El padre está furioso. (sus hijos / decir la verdad) *no han ? dicho*
7. Tu mamá está irritada. (tú / poner tus cosas en orden) *no has puesto*
8. La cliente del hotel está enojada. (la camarera [*maid*] / hacer la cama) *no ha hecho*

# B. Los pronombres sujetos y preposicionales

## Forms

| SUBJECT | OBJECT OF A PREPOSITION | SUBJECT | OBJECT OF A PREPOSITION |
|---------|-------------------------|---------|-------------------------|
| yo | mí | nosotros | nosotros |
| tú | ti | vosotros | vosotros |
| él | él | ellos | ellos |
| ella | ella | ellas | ellas |
| Ud. | Ud. | Uds. | Uds. |

## Uses

Because verb forms in Spanish indicate who the subject is, subject pronouns are usually omitted.

→ **Ud.** and **Uds.** are often used as a matter of politeness. Compare:

¿Dónde vives?  ¿Dónde vive **Ud.**?
Prueba este plato.  Pruebe **Ud.** este plato.

→ Subject pronouns are used for emphasis and clarification. They are also used to express contrast.

**Tú** pediste el salmón, **yo** no.
Tomás y Clara trabajan en el mismo restaurante.
**Ella** es la gerente *(manager)*. **Él** es camarero.

■ Prepositional pronouns are used as the object of a preposition.

El postre es para **ti**.

→ **Con** + **mí** and **con** + **ti** become **conmigo** and **contigo**, respectively.

¿Quieres ir al restaurante **conmigo**?

→ Both subject pronouns and prepositional pronouns can be reinforced by **mismo(a)**. This is frequently the case when the prepositional pronoun represents the same person as the subject.

**Yo mismo** preparé la comida.  *I prepared the meal **myself**.*
Nora, prueba este plato **tú misma**.  *Nora, try this dish **yourself**.*

When the subject is **él, ella, Ud., ellos, ellas, Uds.**, or a noun, the corresponding prepositional pronoun is **sí**, which is usually reinforced by **mismo(a)**.

**Con** + **sí** becomes **consigo**.

Compare:

Raúl y Emilio son buenos amigos.
Raúl siempre habla de **él**.      *Raúl always talks about **him** (= Emilio).*
Emilio siempre habla de **sí mismo**.      *Emilio always talks about **himself**.*

Alicia está enojada con **ella**.      *Alicia is upset with **her** (= her friend).*
Alicia está enojada **consigo misma**.      *Alicia is upset with **herself**.*

## 3   ¡Qué lástima!

Diga que las siguientes acciones no son recíprocas. Use pronombres preposicionales y sujetos para poner énfasis. ¡Preste atención al modelo!

MODELO: Yo compré un regalo para ti.
     *Pero tú no compraste un regalo para mí.*

1. Arturo está enamorado de Carolina.
2. Soy muy generoso con Uds.
3. El profesor se preocupa mucho por los estudiantes.
4. Tomás piensa mucho en sus amigos.
5. Quiero salir con Elena.
6. Quieres ir al restaurante con Isabel.
7. Carlos habla mucho de su novia.
8. Estoy de acuerdo con Uds.

# C. Los pronombres de complemento directo e indirecto

Verbs in English may take a direct object, an indirect object, or both.

|  | OBJECT NOUNS | OBJECT PRONOUNS |
|---|---|---|
| direct | *I write the letter.* | *I write it.* |
| indirect | *I write to Paul.* | *I write to him.* |
| direct and indirect | *I write the letter to Paul.* <br> *I write Paul the letter.* | *I write it to him.* |

➡ Direct objects may represent people or things.

     I see **Paul**.     I see **the book**.

➡ Indirect objects represent only people (or animals). They are usually introduced by *to* or *for*, even though the preposition is not always expressed.

     I will write **(to) him**.

## Forms and uses

| SUBJECT | DIRECT OBJECT | INDIRECT OBJECT | SUBJECT | DIRECT OBJECT | INDIRECT OBJECT |
|---|---|---|---|---|---|
| yo | **me** | **me** | nosotros | **nos** | **nos** |
| tú | **te** | **te** | vosotros | **os** | **os** |
| él, Ud. | **lo** | **le** | ellos, Uds. | **los** | **les** |
| ella, Ud. | **la** | **le** | ellas, Uds. | **las** | **les** |

| | | | |
|---|---|---|---|
| **Lo** veo. | *I see **him**.* | **Le** hablo. | *I speak **to him**.* |
| **La** llamo. | *I call **her**.* | **Le** escribo. | *I write **to her**.* |

➡ Some verbs that take an indirect object in English take a direct object in Spanish.

| INDIRECT | DIRECT |
|---|---|
| *I listened **to him**.* | **Lo** escuché. |

➡ In general, when the indirect object is a noun, the indirect object pronoun **le** or **les** is also used in the same sentence. The indirect object pronoun also occurs with **a alguien, a nadie,** and **¿a quién?**

> El camarero **le** da la cuenta a la cliente.
> ¿A quién **le** prestaste tu coche?

➡ Indirect object pronouns are often used in sentences in which the direct object is a part of the body or a personal possession. Compare Spanish and English usage:

> El peluquero **me** cortó **el pelo**.     *The barber cut **my** hair.*
> El dentista **le** sacó **la muela**.     *The dentist pulled **his / her / your** tooth.*
>
> El botones **nos** trae **el equipaje**.     *The bellboy is carrying **our** baggage.*
> El pintor **le** pinta **la casa**.     *The painter is painting **his / her / your** house.*

➡ For emphasis or precision, the expressions **a mí, a ti,** and so on are often used together with an indirect object pronoun.

> **Le** hablé **a ella**.     *I spoke **to her**.*
> Pablo **te** escribió una carta **a ti**.     *Pablo wrote **you** a letter.*

➡ The neuter direct object pronoun **lo** often replaces a phrase or sentence (rather than a single noun). **Lo** is often the equivalent of the English *it, so,* or *that.*

> ¿Sirven comida española aquí?     No **lo** sé.     *I don't know **(that)**.*
> ¿Es francés el cocinero?     Sí, **lo** es.     *Yes, he is **(that)**.*

## Position

❚ Object pronouns, including reflexive pronouns, usually come *before* the verb.

> ¿Encontraste tus anteojos?     No, no **los** encontré.
> ¿Leíste la carta?     Sí, **la** leí.
> ¿Le dejo una propina al mozo?     ¡No, no **le** dejes nada!

❚ When the verb is in the affirmative imperative, the object pronouns come *after* the verb and are attached to it.

> ¿Cuándo te llamo?     Lláma**me** después de la cena.
> ¿Lavo los platos?     Sí, láva**los**, por favor.
> ¿Les escribo a Carlos y Elena?     Sí, escríbe**les**.

TE GUSTA.

TE VA.

TE INSPIRA.

TE IDENTIFICA.

TÉ LIPTON.

When object pronouns are used with an infinitive or a present participle, they follow them and are attached to them. In a progressive construction, or in an infinitive construction introduced by **ir a**, **querer**, **poder**, or **saber**, the object pronouns may be placed before the conjugated verb.

| | |
|---|---|
| ¿Está sirviendo a **las clientes** el camarero? | Sí, está sirviéndo**las**. |
| | Sí, **las** está sirviendo. |
| ¿Quieres ver **la lista** de vinos? | No, no quiero ver**la**. |
| | No, no **la** quiero ver. |

➡ The stressed syllable of the verb always remains the same. If the verb is normally stressed on the next to last syllable, this syllable requires an accent mark when the verb has pronouns attached to it.

**Tráigame** el periódico, por favor.       **Escúchame**.

## 4 Minidiálogos: En "Las trece monedas"

Ud. y un(a) compañero(a) cenan en el restaurante "Las trece monedas". Responda negativamente a las preguntas que le hace su amigo(a). Use pronombres de complemento directo.

MODELO: necesitar el menú
    —¿Necesitas el menú?
    —No, no lo necesito.

1. pedir los mariscos
2. escoger el asado
3. probar (taste) los entremeses
4. comer la tarta de fresa
5. pagar la cuenta
6. llamar al mozo
7. invitar a tus amigos
8. felicitar (congratulate) al cocinero

## 5 Servicios

Describa los servicios que las personas de la columna A les prestan a las personas de la columna D, combinando las palabras y expresiones de las columnas B y C en oraciones lógicas.

| A | B | C | D |
|---|---|---|---|
| el profesor | dar | el apartamento | el hombre de negocios |
| el mozo | prestar | dinero | el Sr. Miranda |
| la dueña (landlady) | entregar (deliver) | el menú | la familia Cabrera |
| la banquera (banker) | alquilar | las cartas | los estudiantes |
| el dependiente | traer | la chaqueta | los vecinos |
| el cartero (mailman) | vender | un examen | los clientes del restaurante |

MODELO: *El profesor les da un examen a los estudiantes.*

## 6  ¿Qué hacen?

Lea la información sobre las siguientes personas. Diga lo que hacen o no hacen las personas indicadas entre paréntesis. Use pronombres de complemento directo o indirecto en oraciones afirmativas o negativas.

MODELO: Los estudiantes son perezosos. (el profesor: dar buenas notas)
   *El profesor no les da buenas notas.*
   — becoz talking about students

1. El camarero sirve bien a los clientes. (los clientes: dar las gracias / dar una propina)   *le*
2. Teresa es la novia de Carlos. (Carlos: llamar a menudo / escribir poemas)   *la*
3. Las turistas italianas no conocen bien la ciudad. (la guía: ayudar / *LAS* acompañar al hotel / explicar donde está el museo)
4. Ud. es muy honrado (*honest*). (sus amigos: creer / escuchar / decir mentiras)   *no le dicen*
5. Tú eres mi mejor amiga. (yo: ayudar / hablar de todo)   *me (te)*
6. Nosotros estudiamos mucho. (el profesor: felicitar / criticar)   *nos*

## 7  ¡Por favor!

Dígale a un(a) compañero(a) lo que tiene que hacer para las siguientes personas. Use el imperativo y los pronombres apropiados.

MODELO: María no entiende la tarea. (ayudar)
   *¡Por favor, ayúdala!*

1. Esteban está enfermo. (visitar)   *lo visita (visítalo)*
2. Rosa y Mónica están de vacaciones. (escribir)   *las escriben (escríbelas)*
3. Esos turistas no saben dónde está el restaurante. (acompañar)   *le (acompáñales)*
4. Esta señora tiene sed. (traer una gaseosa bien fría)   *dale (tráigale)*
5. Yo no te creo. (decir la verdad)
6. Nosotros estamos sin dinero. (prestar cien pesos)   *nos (préstanos)*

## 8  ¡Más tarde!

Diga cuándo las siguientes personas van a hacer las actividades señaladas.

MODELO: No arreglo mi cuarto. (mañana)
   *Voy a arreglarlo mañana.*

1. Carmen no les escribe a sus abuelos. (esta tarde)   *va a   los escríbeslos*
2. El camarero no recoge los platos. (después de la comida)   *recogerlos*
3. La cocinera no pela las papas. (antes del almuerzo)   *pelarlas*
4. Yo no te hablo. (después de la película)   *hablarme*
5. Tú no nos llamas. (a las nueve)   *llamarnos   te*

# D. La posición de dos pronombres

¿Te cortó el pelo el peluquero?          Sí, **me lo** cortó.
¿Me enseñas las cartas?                  No, no **te las** enseño.
¿Se compró el coche la Sra. Arana?       Sí, **se lo** compró.

¿Te traigo la gaseosa?                   Sí, tráe**mela**.
¿Vas a mandarme el regalo?               Sí, voy a mandár**telo**.
¿Está lavándose el pelo Gloria?          Sí, está lavándo**selo**.

In sentences containing two object pronouns, the sequence is:

> indirect object ⎫
> reflexive object ⎭ before direct object

➤ **Se** replaces **le** and **les** before the direct object pronouns **lo**, **la**, **los**,
   **las**.

   ¿**Le** escribiste **la carta** a Elena?      Sí, **se la** escribí.
   ¿**Les** mandas **el telegrama** a **tus primos**?   No, no voy a mandár**selo**.

➤ When a verb is followed by two object pronouns, an accent mark
   is required on the stressed syllable.

   *infinitive:* stress on last syllable          Voy a **enseñártelo**.
   *present participle:* stress on next-to-last syllable   No está **enseñándomelos**.

## 9 Minidiálogos: A veces sí, a veces no

Prepare los diálogos según el modelo. Luego represéntelos
con un(a) compañero(a) de clase.

MODELO: contar el chiste / tu amigo (no)
    —¿Te ha contado el chiste tu amigo?
    —No, no me lo ha contado.

1. explicar los ejercicios / el profesor (sí)
2. regalar el coche deportivo / tus padres (no)
3. demostrar la computadora personal / la dependiente (sí)
4. entregar las cartas / el cartero (sí)
5. devolver las revistas / Ana (no)
6. dar la llave / el chófer (no)

Imagínatelo.
Telefónica

## Vocabulario: Verbos con complementos directos e indirectos

**pedir** [i]  *to ask for (something)*     No te **pido** nada.

**dar**  *to give*     Le **damos** una buena propina a la camarera.

**regalar**  *to give (as a gift)*     Clara le **regala** una corbata a su novio.

**prestar**  *to lend, loan*     ¿Puedes **prestarme** tu coche?

**traer**  *to bring*     El camarero le **trajo** la cuenta a la cliente.

**devolver** [ue]  *to give back, return*     ¿Le **has devuelto** el dinero a Carlota?

**entregar**  *to deliver, hand over to*     Los estudiantes le **entregaron** la tarea al profesor.

**mandar**  *to send*     Mi primo me **mandó** una tarjeta postal de Lima.

**enviar**  *to send*     Los inquilinos *(tenants)* le **han enviado** un cheque a la dueña *(landlady)*.

**mostrar** [ue]  *to show*     La dependiente le **mostró** los nuevos vestidos a Alicia.

**enseñar**  *to show, point out*     Elena nos **enseñó** la oficina donde trabajaba.

**contar** [ue]  *to tell*     Te **he contado** todo lo que sé.

**explicar**  *to explain*     El cocinero le **explica** la receta *(recipe)* a su ayudante.

**recomendar** [ie]  *to recommend*     El mozo nos **ha recomendado** la paella.

## 10  Minidiálogos: ¡Por favor!

La Sra. Medina es gerente *(manager)* de un banco. Le pide a su asistente que haga ciertas cosas. Prepare diálogos según el modelo. Luego, represéntelos con un(a) compañero(a) de clase.

MODELO: mandarle el telegrama al Sr. Ávila.

> *Sra. Medina: Por favor, ¿puede mandarle el telegrama al Sr. Ávila?*
>
> *El asistente: ¡Sí! Se lo voy a mandar en seguida.*

1. entregarle el informe *(report)* a la presidenta
2. mostrarles el contrato a los abogados
3. devolverles los documentos a los clientes
4. llevarle el dinero a la cajera *(cashier)*
5. enviarle los cheques al contador
6. darle la propina al mensajero *(messenger)*

## 11 Servicios

Pídale a un(a) compañero(a) que les haga unos servicios a las siguientes personas. Use la forma de **tú** del imperativo del verbo y dos pronombres.

MODELO: El profesor necesita los libros. (devolver)
    *Devuélveselos, por favor.*

1. La cliente necesita la cuenta. (traer) *tráetela tráesele*
2. El secretario necesita la máquina de escribir. (prestar) *préstasele*
3. La abogada necesita los documentos. (enviar) *envíaselos*
4. Enrique necesita el lápiz. (dar) *dásele*
5. Clara necesita tu diccionario. (pasar) *pásalo*
6. Tus compañeros no entienden la tarea. (explicar) *explícanselos*
7. Los vecinos quieren saber la verdad. (decir) *díeenselo*

## 12 Minidiálogos: ¡Sí!

Nos encontramos en los lugares indicados. Alguien les ofrece ciertos servicios a otras personas y éstas aceptan. Prepare los diálogos según el modelo. Luego, represéntelos con un(a) compañero(a) de clase.

MODELO: en el hotel (mostrarles el cuarto a Uds.)
    —¿Les muestro el cuarto a Uds.?
    —Sí, por favor. ¡Muéstrenoslo!

1. en la peluquería (*barber shop*) (cortarle el pelo a Ud.) *le corta / yes g*
2. en el café (recomendarle las especialidades a Ud.) *g - le*
3. en la oficina de turismo (reservarles los billetes de tren a Uds.) *me - nos*
4. en la oficina de correos (entregarle la carta a Ud.) *g - le*
5. en la carnicería (darle las chuletas a Ud.) *g - le*
6. en el mesón (traerles la cuenta a Uds.) *me - nos*

## 13 Ahora no

Diga cuándo las siguientes personas van a hacer las actividades indicadas.

MODELO: Ana no le regala la corbata a Luis. (para su cumpleaños)
    *¡Sí, claro!, pero va a regalársela para su cumpleaños.*

1. El camarero no les trae la cuenta a los clientes. (después de la cena)
2. Los empleados no le piden un aumento de sueldo a su jefe. (en enero)
3. Nuestras amigas no nos mandan unas tarjetas postales. (durante las vacaciones)
4. La profesora no me da la carta de recomendación. (después del examen)
5. No te devuelvo los libros. (después de la clase)

# E. La construcción me gusta

Verbs like **gustar** *(to please; to be pleasing)* are often used according to the pattern:

> indirect object pronoun + **gustar** + subject

In such constructions, the verb agrees with the subject and can be in any tense or mood.

¿Te **gusta la comida** mexicana?  Sí, a mí me **gusta** mucho.
¿Les **gustaron las especialidades** del restaurante  A ellos no les **gustaron** mucho.
  a tus amigos?

➡ Some verbs like **gustar** can be followed by an *infinitive*. In such cases the verb is in the singular.

En Madrid, me **gustaba** ir al Rastro *(flea market).*

---

## Vocabulario: *Verbos que se utilizan como* gustar

**agradar**  *to please*     Me **agrada** *(I love)* la música mexicana.
**disgustar**  *to disgust*     Me **disgustan** *(I hate)* los turistas descorteses *(impolite).*
**encantar**  *to enchant*     Me **encanta** *(I love)* este restaurante.
**enojar**  *to anger*     Me **enoja** *(I get angry about)* la descortesía.
**gustar**  *to please*     Me **gusta** la paella valenciana.
**importar**  *to matter*     No me **importan** sus opiniones.
**interesar**  *to interest*     Me **interesan** *(I'm interested in)* las recetas *(recipes)* de postres.

**molestar**  *to bother*     Me **molestan** los perfumes fuertes.
**parecer**  *to seem, appear*     Me **parecen** sabrosos esos postres.
**preocupar**  *to worry*     Me **preocupa** *(I am worried about)* la cuenta.
**sorprender**  *to surprise*     Me **sorprende** tu reacción.

**doler** [ue]  *to hurt*     Me **duelen** los músculos. *(I have sore muscles.)*
**quedar**  *to be left*     Les **quedaban** diez dólares. *(They had ten dollars left.)*
**faltar**  *to be lacking*     Nos **faltan** veinte centavos para el autobús. *(We are short twenty cents for the bus.)*

## 14 ¡Buen provecho!

Diga lo que les gusta o no les gusta a las siguientes personas. Use el verbo **gustar** en el tiempo *(tense)* apropiado.

MODELO: María no comía nunca mariscos.
   *A ella no le gustaban los mariscos.*

1. Los invitados comieron el pollo frito.
2. Tú no comiste las chuletas.
3. El niño no comió las espinacas *(spinach)*.
4. Marta comía legumbres y verduras.
5. Comemos carne de res.
6. Uds. no comieron la ensalada mixta.

## 15 Descripciones

Lea la descripción de las siguientes personas. Luego haga oraciones afirmativas o negativas usando la forma apropiada de los verbos entre paréntesis.

MODELO: Ud. es vegetariano. (gustar / el jamón)
   *A Ud. no le gusta el jamón.*

1. Somos músicos. (gustar / las óperas clásicas)
2. Mi mamá es muy conservadora. (agradar / las modas extravagantes)
3. Ud. tiene un fuerte dolor de cabeza. (molestar / el ruido)
4. Uds. son pacifistas. (disgustar / la violencia)
5. Soy muy optimista. (preocupar / las tensiones internacionales)
6. Esos estudiantes son perezosos. (interesar / sus estudios)
7. Ud. va al dentista. (doler / la muela del juicio [*wisdom tooth*])
8. Yo gasté 50 dólares de los 100 que tenía. (quedar / 50 dólares)
9. Tienes solamente dos dólares para comprar el boleto que cuesta cinco dólares. (faltar / tres dólares)

# *Lecturas literarias*

## Introducción

Cuando era un joven estudiante de arte en París, el pintor mexicano Gerardo Murillo (1875–1964) dejó de usar su nombre original y adoptó la firma "Dr. Atl".[1] Al volver a México en 1907, siguió los pasos de los impresionistas franceses[2] e insistió en que sus estudiantes pintaran al aire libre. Como precursor del movimiento del arte moderno mexicano, infundió ánimo[3] en los grandes muralistas Diego Rivera y José Clemente Orozco.

Como escritor, usando el nombre de Murillo, publicó estudios sobre volcanes y una colección de cuentos en tres volúmenes, *Cuentos de todos colores* (1933, 1936, 1941). En "El cuadro mejor vendido" un artista, quizás[4] el mismo Dr. Atl, ha acabado de pintar un paisaje montañoso del Valle de México.

Dr. Atl, *Autorretrato*, 1900, Museo Nacional de Arte Moderno, México, D.F.

---

### *Palabras claves*

el cuadro:  la tela *(canvas)*  la pintura *(paint; painting)*
el paisaje *(landscape)*:  la loma *(hill)*  el volcán *(volcano)*
el regateo *(bargaining)*:  el trato *(agreement)*
la casa:  un baúl *(trunk)*  una olla de barro *(earthen jar)*
　　　　una vela *(candle)*  una moneda de cobre *(copper coin)*
acciones:  luchar *(to struggle)*
　　　　estar de pie *(to be standing)*
　　　　juntar *(to join; to bring together)*

---

[1] **Dr. Atl** La palabra "atl" quiere decir "agua" en la lengua nahuatl que era la usada por los aztecas.  [2] **impresionistas franceses**: especially Monet, Manet, Degas, and Renoir  [3] **infundió ánimo** he inspired  [4] **quizás** perhaps

# El cuadro mejor vendido

## Gerardo Murillo

A. EL PAISAJE — *slowly*

El artista trabajaba *despacio*, luchando por llevar a la tela el paisaje vigoroso y trágico del Anáhuac, sumergido en esa luz extraña que todo lo define y todo lo ensombrece:[1] el valle, las lomas *pedregosas* y cubiertas de cactus, los volcanes de conos *plateados*, y las montañas, azules como las olas del mar.

*rocky* — *pedregosas*
*de color de plata* — *plateados*

Estaba de pie junto a una casita de adobes, en Santa María de Aztahuacán, pueblo *adormecido* y sucio que habitan gentes serias y *suaves*, como sus *antepasados* aztecas.

*sleepy* — *adormecido*
*gentle / ancestors* — *suaves / antepasados*

B. EL REGATEO

Cuando el cuadro estuvo terminado, la dueña de la casita se le acercó poco a poco, preguntando:

—¿Puedo mirarlo?

—Sí, cómo no.

La mujer lo miró con profundo interés, comparándolo con el paisaje real.

—No es lo mismo, —comentó—pero está más bonito aquí en la pintura que allá donde lo hizo Dios Nuestro Señor. *Será que* usted ha puesto en *ella* la inteligencia que Él le dio.

*It must be that* — *Será que*
*= la pintura* — *ella*

—Gracias. ¿Le gusta?

—Mucho, sí. *¡Quién pudiera* tenerlo!

*If only I could* — *¡Quién pudiera*

—¿Por qué no me lo compra?

—¿Yo? . . . ¡Imposible, yo soy tan pobre!

—Pues como a usted le gusta, yo se lo doy por cinco pesos.

La mujer sonrió, juntó las manos en actitud devota, y dijo *emocionada:*

*con emoción* — *emocionada*

—¡Ay, señor! Yo tengo los cinco pesos, pero, la verdad . . . ¿cómo puede usted dármelo por tan poco? Tanto trabajo que le ha costado; tanta pintura, y luego *figúrese*: no más en puros camiones se le han ido a usted más de cinco pesos.[2] Mejor es que hagamos un trato: yo le doy a usted el dinero, y usted me deja el cuadro por unos días, *para estarlo viendo.*

*just think* — *figúrese*
*so that I can look at it* — *para estarlo viendo*

—No, señora, se lo vendo por cinco pesos.

—Bueno, entonces venga conmigo.

---

[1] **esa luz extraña . . . ensombrece:** strange light that sharpens the outline and casts shadows everywhere
[2] **no más en puros . . . cinco pesos:** just in bus fare alone you have spent more than 5 pesos

## Anáhuac, Tenochtitlán y el Imperio Azteca

Por estar en un área de muchos lagos, el Valle de México era llamado Anáhuac, palabra nahuatl que significa "cerca del agua". Éste era el lugar donde el imperio azteca se extendía entre dos cordilleras.[1]

Fundada en 1325, Tenochtitlán, la capital del imperio azteca y lo que hoy en día es la Ciudad de México, era una ciudad hermosa de magníficos templos, pirámides, jardines y plazas. Tenochtitlán fue construida sobre muchas islas conectadas por canales con jardines flotantes. Uno puede imaginarse la belleza de esta ciudad visitando el famoso parque de Xochimilco[2] en la Ciudad de México.

En su cuento, Murillo describe el Valle de Anáhuac como "vigoroso y trágico", "vigoroso" porque los aztecas habían formado allí una civilización avanzada, "trágico" porque en el siglo XVI esa civilización fue destruida por los españoles. En el siglo XX, el Valle continúa siendo "vigoroso" porque el espíritu de los indios sigue expresándose por medio de las artes populares, y "trágico" porque esos mismos descendientes de los aztecas se han quedado pobres y sin tierra.

[1] **cordilleras** mountain ranges  [2] **Xochimilco** en nahuatl quiere decir "el lugar de las flores".

Diego Rivera, *The Great City of Tenochtitlán*, 1945, Palacio Nacional, México, D.F.

= la olla / few

empezó a

It took me a lot of effort

me quedan

I will be able

La mujer cogió el cuadro con respeto religioso, entró en la casita y lo colgó en la pared. Luego sacó de un baúl una olla de barro, y de *ella* unas *cuantas* monedítas de plata, de níquel y de cobre, 35 y *se puso a* contarlas una por una.

—Aquí tiene los cinco pesos, señor. *Mucho me ha costado* juntarlos, pero vea usted: *me sobran* diez y siete centavos para las velas, y así *podré* verlo de día y de noche, porque nunca me cansaré de verlo.

40

whistling

honored

El artista puso los cinco pesos en el bolsillo, le dio las gracias, y se fue *silbando*, seguro de que, en aquella casita de adobes grises, su cuadro quedaba más *honrado* y lleno de gloria que en la galería de arte más famosa del mundo . . .

## ¿Comprendió Ud.?

A. EL PAISAJE

1. ¿Cómo era el paisaje que pintaba el artista?
2. ¿Cómo era el pueblo?

B. EL REGATEO

3. ¿Quién se le acercó al pintor? ¿Para qué?
4. Según la mujer, ¿por qué es más bonito el cuadro que el paisaje real?
5. ¿Qué trato quiso hacer la mujer con el pintor?
6. ¿Por cuánto quería vender el cuadro el pintor?

C. LA VENTA

7. ¿De dónde sacó la mujer los cinco pesos?
8. ¿Cuánto le sobra?
9. ¿Cómo va a admirar ella el cuadro de día? ¿y de noche?
10. ¿Qué razón tenía el pintor por silbar tan alegremente?

## Puntos de vista

La dueña de la casita ha colgado el cuadro en la pared cuando uno de sus vecinos la visita. Ella le explica lo mucho que le gusta el cuadro y cómo lo acaba de adquirir. Continúe su conversación.

*Entra, entra . . . ¡Quiero mostrarte el cuadro más lindo que he visto! ¿Recuerdas al señor que estaba pintando junto a la casa? . . .*

# Temas

1. ¿A qué tipo de arte se dedica Ud.? ¿a la pintura? ¿al dibujo? ¿a la cerámica? ¿a trabajar con madera? ¿a revelar fotografías? ¿Por qué? ¿Piensa Ud. que el acto de crear algo artístico es fácil o es difícil? Cuando Ud. acaba de terminar un proyecto de arte, ¿prefiere conservarlo o se lo da a alguien quien lo pueda apreciar?

2. Describa un cuadro o una pintura que a Ud. le gusta. ¿Qué tipo de cuadro es? ¿un paisaje? ¿un retrato? ¿un dibujo? ¿Quién es el artista?

3. Uno de los muchos artistas mexicanos en quien el Dr. Atl infundió ánimo fue Frida Kahlo (1907–1954), una mujer muy valiente que superó *(overcame)* la polio en su infancia y quedó minusválida *(handicapped)* a causa de un accidente de autobús a la edad de 18 años. A Kahlo, que se dedicó a la pintura a pesar de estar hospitalizada y en una silla de ruedas *(wheelchair)*, su arte le dio significado a la vida. Y a Ud., ¿qué otras cosas le proporcionan un sentido de orientación y propósito en la vida? (¿los deportes? ¿el baile? ¿la ciencia? ¿la poesía? ¿el trabajo? ¿la familia?) ¿Por qué?

Frida Kahlo, *Autorretrato con el retrato del Dr. Farill,* 1951

## A. WORD FAMILIES

The story contained several adjectives related to familiar nouns and verbs.

| Familiar words: | New words: |
|---|---|
| la piedra *(stone)* | pedregoso *(stony, rocky)* |
| la plata *(silver)* | plateado *(silvery)* |
| la emoción | emocionado *(moved, with emotion)* |
| dormir *(to sleep)* | adormecido *(sleepy)* |

## B. MORE VERBS

**costar** [ue] *to cost; to require (effort)*

Me **costó** mucho trabajo obtener este cuadro.

**sobrar** *to have left (over)* (constructed like *gustar*)

Al regresar del mercado me **sobraban** cien pesos.

**figurarse** *to imagine, to think*

**Figúrate**, en México puedes visitar pirámides aztecas.

**ponerse a** + *infinitivo   to begin to*

Debes **ponerte a** pintar el cuadro.

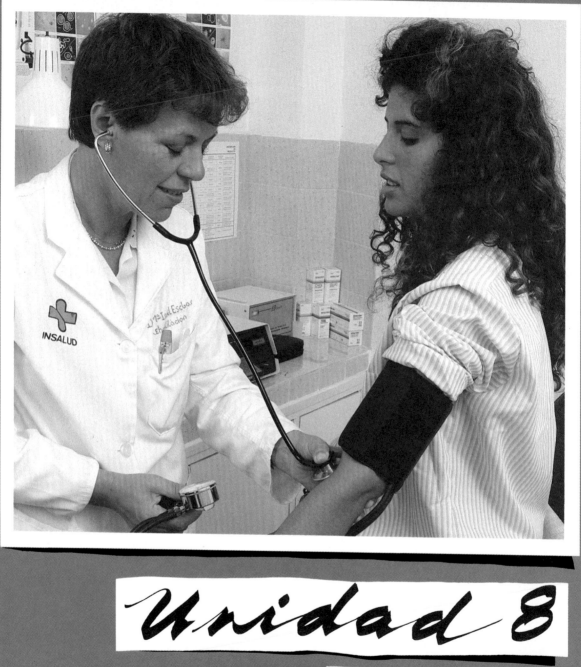

# Unidad 8

## La salud

## En un consultorio

   Una señora pálida y muy nerviosa entra a un consultorio.°

   —¡Doctor, doctor!

   —¿Qué es lo que tiene, señora?

   —Necesito sus servicios inmediatamente . . . Mi . . .

   —Por favor, cálmese usted, señora. Yo sé muy bien lo que tengo que hacer . . . La veo muy pálida. ¿Tiene usted fiebre?

doctor's office

—Sí, sí . . . Pero, doctor, es necesario que usted comprenda que no . . .

—Tranquila, tranquila. No tenga usted miedo, ya está en manos de la ciencia. No puede ser nada grave. Abra la boca . . . A ver, saque la lengua° . . . ¡Bien! Diga usted "ahh" . . .

tongue

—Ahh . . . Escuche, doctor . . .

—Observo que tiene la garganta° muy inflamada.° Ha estado tosiendo° mucho, ¿verdad?

throat / swollen
coughing

—Sí, sí . . . Pero déjeme hablar, doctor . . .

—¿Le duele la cabeza?

—Sí, claro . . . pero . . .

—¿Y le duelen los músculos también?

—Sí, un poco . . . pero . . .

—Bueno, me temo° que pueda ser una gripe° . . . Nada grave, no se asuste.° Aquí tiene la receta.°

Tengo miedo de / flu
don't be alarmed / prescription

—Doctor, permítame explicarle. No es por mí que vengo a verlo.

El doctor mira perplejo° a la señora. Por fin reacciona.

perplexed

—¡No es por usted que viene a consultarme! Pues, ¿por quién es?

—Bien, doctor . . . Es por mi esposo. El pobre se ha resbalado en una cáscara° de banana y ahora no puede moverse . . . Está allá afuera en la acera . . . Temo que se haya roto la pierna.

peel

—¡Su marido se ha roto la pierna! ¡Dios mío, señora! ¿Por qué no me lo dijo antes?

## Preguntas

1. ¿Cómo actúa la señora al entrar al consultorio?
2. ¿Cuál es la reacción del doctor?
3. ¿Por qué no puede hablar la señora?
4. ¿Cuál es el diagnóstico del doctor?
5. ¿Qué es lo que le explica finalmente la señora al doctor?
6. ¿Qué le ha pasado al esposo de la señora?
7. ¿Cómo reacciona el doctor a su explicación?

# El español práctico

## Vocabulario temático: Una visita al médico

### En la sala de espera (waiting room)

¿Tiene Ud. **una cita** (appointment)?

Sí, tengo una cita con la doctora Sánchez a las dos.

> el(la) **médico(a)**
> el(la) **enfermero(a)**
> el(la) **cirujano(a)** (surgeon)
> el(la) **dentista**
> el(la) **oculista**

### En el consultorio (office) de la doctora

**¿Cómo está Ud.?**
**¿Cómo se siente?**

Estoy bien.
Estoy de
Gozo de ⎱ **buena salud** (health).

No estoy muy bien.
Estoy
Me siento ⎱ **mal**.

> **cansado** (tired)
> **débil** (weak)
> **enfermo** (sick)
> **nervioso** (nervous)
> **deprimido** (depressed)

**¿Tiene Ud. fiebre?**

Sí, **tengo fiebre**.
Tengo **39 grados de fiebre**.

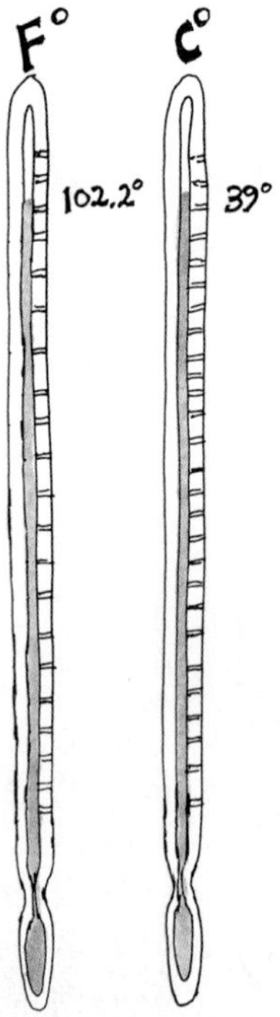

F° 102.2°  C° 39°

¿Qué le duele?

Me duele la cabeza.
Tengo dolor de cabeza.

| |
|---|
| **la garganta** *(throat)* |
| **el estómago** *(stomach)* |
| **el hombro** *(shoulder)* |
| **la rodilla** *(knee)* |
| **los oídos** *(inner ears)* |

¿Qué le pasa? ¿Cómo se siente?

Estoy | **resfriado** *(I have a cold)*.
      | **mareado** *(I am dizzy)*

Sufro    | de **insomnio**.
Padezco  | de **mareos** *(dizzy spells)*
         | de **dolores musculares**

| **sufrir** | |
|---|---|
| **padecer** | *(to suffer)* |

Toso mucho.

| |
|---|
| **toser** *(to cough)* |
| **estornudar** *(to sneeze)* |
| **vomitar** *(to vomit)* |
| **sonarse** [ue] **la nariz** *(to blow one's nose)* |
| **marearse** *(to feel dizzy / seasick)* |
| **desmayarse** *(to faint)* |

Por favor, ¡abra Ud. la boca!

| |
|---|
| **respirar** *(to breathe)* **profundamente** *(deeply)* |
| **tragar** *(to swallow)* |
| **sacar** *(to stick out)* **la lengua** *(tongue)* |

CAMPAÑA DONACIÓN
DE SANGRE
MINISTERIO DE SANIDAD Y CONSUMO

**¿Cuáles enfermedades infantiles tuvo?**

Tuve **(el) sarampión** *(measles).*

> **(las) paperas** *(mumps)*
> **(la) varicela** *(chicken pox)*
> **(la) rubeola** *(German measles)*

**Voy a examinarlo.**

> **auscultar** *(to listen with a stethoscope)*
> **tomar** | **la temperatura**
> | **el pulso**
> | **la presión** *(blood pressure)*
> | **una radiografía** *(x-ray)*
> **hacer un análisis de sangre** *(blood test)*
> **poner una inyección** *(shot)*

**Ud. tiene pulmonía** *(pneumonia).*

> **un resfriado** *(cold)*
> **(la) gripe** *(flu)*
> **(una) bronquitis**
> **(la) mononucleosis**

**Voy a recetarle** *(to prescribe)* **una medicina.**
**Aquí tiene la receta** *(prescription).*
**Tome Ud. esos antibióticos** | **por la mañana** y **por la noche.**
| **dos veces** al día
| **cada** seis horas

> **(una) aspirina**
> **(unas) pastillas** *(tablets)*
> **(unas) píldoras** *(pills)*
> **(unas) gotas** *(drops)*
> **(unas) vitaminas**
> **(un) jarabe para la tos**
> *(cough syrup)*
> **(la) penicilina**

**Ud. debe descansar.**

> **guardar cama** por una semana
> **mejorarse** *(to get better)*
> **cuidarse** *(to take care of yourself)*
> **pedirle** [i] **otra cita** a la recepcionista

**¡Que se mejore!**

## 1 En el consultorio del médico

Seleccione la conclusión que mejor convenga a las siguientes situaciones.

1. ¿Qué le pasa? ¿Por qué estornuda tanto?
   a. Tengo un resfriado.
   b. Estoy deprimido.
   c. Me mareo mucho.

2. ¿Está enferma?
   a. No, no soy enfermera.
   b. Sí, estoy de buena salud.
   c. Sí, tengo treinta y nueve grados de fiebre.

3. ¿Duerme Ud. bien?
   a. No, padezco de insomnio.
   b. Sí, estoy mareado.
   c. Sí, tengo varicela.

4. ¿Por qué te tomó una radiografía la doctora?
   a. Porque tengo paperas.
   b. Porque me puso una inyección.
   c. Quería saber si me había roto la pierna.

5. Visité a Antonio en el hospital. Él se ha mejorado mucho.
   a. ¡Qué bueno! ¿Cuándo va a salir?
   b. ¿De veras? ¿Por qué no descansa?
   c. ¡El pobre! ¡Debe sufrir mucho!

6. ¿Qué le recetó a Ud. el doctor?
   a. El sarampión.    b. La gripe.    c. Unas píldoras.

7. No puedo tragar bien.
   a. ¿Le duele la garganta?
   b. ¿Tiene la presión baja?
   c. ¿Sufre de mareo?

8. El paciente se desmayó en el consultorio del médico.
   a. ¿Padecía de insomnio?
   b. ¿Le dolía la garganta?
   c. Estaba muy débil, ¿verdad?

9. Me duele mucho respirar profundamente.
   a. ¿Sufres de dolor de estómago?
   b. ¿Tienes pulmonía?
   c. ¿Tienes rubeola?

Aspirina

Contra el dolor
de cabeza,
fiebre y síntomas
de resfriados.

desde siempre...

## 2 Síntomas

Describa por lo menos tres síntomas *(symptoms)* para cada persona y diga lo que debe hacer.

MODELO: Mi hermanito tiene paperas.
> *No se siente bien. Tiene cuarenta grados de fiebre. Le duelen los oídos y la garganta. Tiene dificultades al tragar. Tiene que tomar aspirina y guardar cama por dos semanas.*

1. Tienes gripe. *Toso mucho. Sufro de insomnia. me duelen la garganta*
2. La Sra. Ochoa está resfriada. *Tiene fiebre. Estornuda mucho, tiene dolor de cabeza*
3. Estos estudiantes tienen mononucleosis. *Están débil. Están cansado. tienen fiebre*
4. Rafael tiene bronquitis. *tiene fiebre. Le duelen la garganta. Se marea*
5. Mi hermanita tiene sarampión. *tiene fiebre. Sufra de insomnia. padezca de mareas.*

## 3 ¡Ud. es el(la) doctor(a)!

Ud. es médico(a). Sus pacientes le hablan de sus problemas. Dígales que no se preocupen y explíqueles lo que va a hacer.

MODELO: Me siento muy débil.
> *¡No se preocupe Ud.! Voy a hacerle un análisis de sangre.*
> *(Voy a examinarlo(la). Voy a recetarle unas píldoras.)*

1. Creo que tengo fiebre. *No se preocupe ud. voy a examinarlo. voy a tomarlo la temperatura*
2. Tengo dificultad al respirar. *voy a*
3. ¡Ay! Creo que me torcí el tobillo *(sprained my ankle).* *tomarlo un aradiografía*
4. Creo que tengo mononucleosis. *hacerle un análisis de sangre*
5. Tengo una tos *(cough)* muy fuerte. *ponerle un inyección*
6. Siempre me mareo cuando viajo en avión. *recetarle unas pastillas*

**224** Unidad 8

# *Vocabulario temático:* Otros problemas médicos

## *En el consultorio del dentista*

¡Ay! | Tengo **dolor de muelas** *(toothache).*
| Me duele la muela.

Tiene **una caries** *(cavity).*
Voy a ponerle una inyección de **novocaína**.

| | |
|---|---|
| **rellenar** *(to fill)* el diente | |
| **sacarle** | **una muela** *(molar)* |
| | **una muela del juicio** *(wisdom tooth)* |

**Como Limpiarse Los Dientes**

## *En el hospital*

Esta persona está **herida** *(injured, hurt).*

Acaba de **cortarse** el pie.

| |
|---|
| **golpearse** *(to hit)* la cabeza |
| **herirse** [ie, i] *(to injure)* la rodilla |
| **romperse** una pierna |
| **fracturarse** el hombro |
| **torcerse** [ue] *(to sprain, twist)* **el tobillo** *(ankle)* |
| **quemarse** *(to get a burn)* |

El(la) enfermero(a) va a tomar una radiografía.

| |
|---|
| **vendar** *(to bandage)* **la herida** *(cut, wound)* |
| **poner puntos** *(stitches)* |
| **enyesar** *(to put in a cast)* el brazo |

El herido lleva **una venda** *(bandage).*

| |
|---|
| **una curita** *(band-aid)* |
| **un yeso** *(cast)* |

El herido anda con **muletas** *(crutches).*

## 4  Minidiálogos: ¿Te duele mucho?

Prepare los diálogos según el modelo. Luego represéntelos con un(a) compañero(a) de clase.

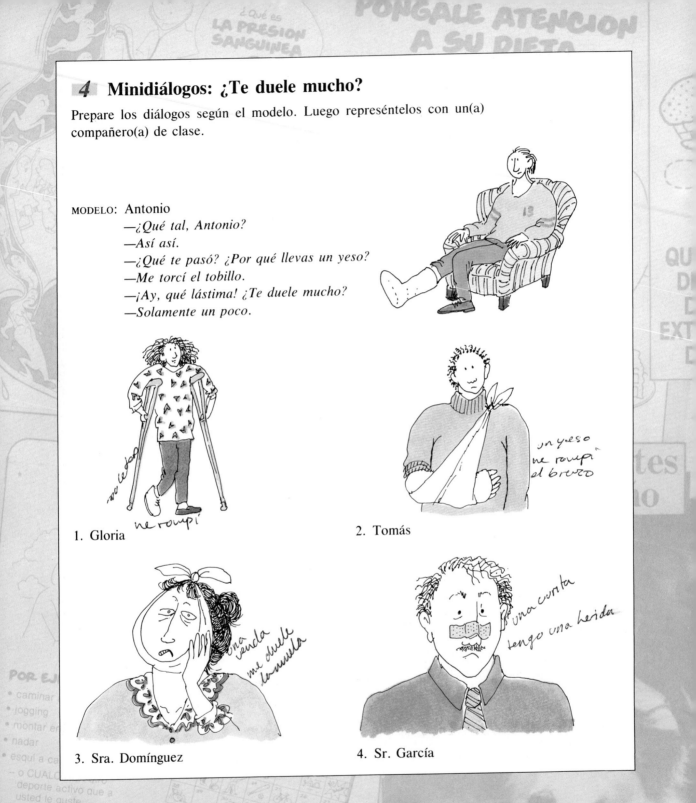

MODELO: Antonio

—¿Qué tal, Antonio?

—Así así.

—¿Qué te pasó? ¿Por qué llevas un yeso?

—Me torcí el tobillo.

—¡Ay, qué lástima! ¿Te duele mucho?

—Solamente un poco.

me lastimé

me rompí

1. Gloria

un yeso
me rompí
el brazo

2. Tomás

una venda
me duele
la muela

3. Sra. Domínguez

una curita
tengo una herida

4. Sr. García

## Conversaciones dirigidas

Prepare los diálogos según las siguientes indicaciones.

1. Ana María Gómez no se siente bien. Llama a la doctora Oniz y le contesta la recepcionista.

| Ana María Gómez | | la recepcionista |
|---|---|---|
| gives her name, asks to talk to Dr. Oniz | ⟶ | apologizes, says Dr. Oniz is with a patient |
| says that she would like to make an appointment *(una cita)* | ⟶ | asks what is wrong |
| says that she does not feel good and that she feels dizzy *(me mareo)* | ⟶ | asks if she has a fever |
| says that she has a temperature of 39° | ⟶ | asks if she can come this afternoon at 3:30 |

*39° de fiebre*

2. Enrique está en el consultorio de la doctora Peña.

| la doctora Peña | | Enrique |
|---|---|---|
| greets Enrique and asks how he feels | ⟶ | answers that he does not feel well |
| asks what is wrong | ⟶ | says that he has a headache and a sore throat . . . says he is also sneezing and coughing a lot *estornudo y toso mucho* |
| *voy a examinarte* tells Enrique that she will examine him *abre la boca* . . . asks him to open his mouth, to stick *saca la lengua* out his tongue, to breathe deeply, to *respira profundamente* cough, to swallow *tose traga* | ⟶ | *me duele cuando yo trago* says it hurts when he swallows |
| tells Enrique that he probably has a strep throat *(una infección en la garganta)* and she's going to give him a shot of penicillin *penicilina* | ⟶ | says "Ouch!" *(¡Ay!)* |
| gives Enrique a prescription . . . tells him he should take a tablet every six hours *cada 6 horas* | ⟶ | asks if he can go to classes |
| *quédate en tu casa y Ud. debe* says no and tells him he should stay *descansar y Ud.* home, rest, and come back in a week | ⟶ | asks if he should make an appointment |
| replies that yes he should make an appointment with the nurse as he leaves *(antes de salir)* | | |

## Conversaciones libres

Prepare los diálogos que correspondan a las siguientes situaciones. Luego, represéntelos con un(a) compañero(a) de clase.

1. Un(a) estudiante trata de convencer a la enfermera de la escuela que debe descansar en vez de ir a clase para tomar un examen.
   *Los personajes: el(la) estudiante, la enfermera*
2. Anoche Juan Molina celebró su cumpleaños con sus amigos. Por la mañana tiene un terrible dolor de cabeza y no quiere ir a su trabajo. Llama a la gerente de la oficina donde trabaja y le explica su problema.
   *Los personajes: Juan Molina, la gerente*
3. Un charlatán pretende haber inventado una maravillosa medicina que cura todo tipo de enfermedades. Una periodista incrédula *(doubting)* lo entrevista.
   *Los personajes: la periodista, el charlatán*

4. El doctor Ruiz examina a una paciente que tiene síntomas de mononucleosis.
   *Los personajes: el doctor Ruiz, la paciente*
5. La Sra. Ochoa llama al doctor Salazar porque cree que su hijo Roberto tiene pulmonía.
   *Los personajes: la Sra. Ochoa, el doctor Salazar*

# Estructuras gramaticales

## A. El uso del subjuntivo: emociones y sentimientos

| | |
|---|---|
| Me alegro de que Ud. **se mejore**. | *I am happy that you **are getting better**.* |
| Tus amigos sienten que no **estés** bien. | *Your friends are sorry that you **are** not well.* |
| ¿Te molesta que **abra** la ventana? | *Do you mind (= Does it bother you) if **I open** the window?* |
| Me gusta que el cuarto **esté** arreglado. | *I am pleased that the room **is** in order.* |

The SUBJUNCTIVE is used after verbs and phrases that express *feelings* and *emotions*, such as happiness, regret, surprise, fear, anger and pride.

➡ When the feeling or emotion concerns the action of the subject itself, an infinitive construction is used. Compare:

| | |
|---|---|
| Me alegro de **almorzar** contigo. | *I am happy **to have lunch** with you.* |
| Me alegro de que **tú almuerces** conmigo. | *I am happy that **you are having lunch** with me.* |

## Vocabulario: Verbos y expresiones de emoción

**PARA EXPRESAR ALEGRÍA** *(HAPPINESS)*

**alegrarse** *(to be happy; to rejoice)* **de que**
**estar encantado** *(delighted)* **de que**
**(me) gusta que**
**(me) encanta que**

**PARA EXPRESAR TRISTEZA** *(SADNESS)*
**Y PENA** *(REGRET)*

**entristecerse que** *(to feel sad)*
**sentir** [ie] **que**
**lamentar** *(to regret)* **que**
**deplorar que**
**(me) desilusiona** *(it disappoints me)* **que**

**PARA EXPRESAR TEMOR** *(FEAR)*

**temer que**
**tener miedo que**

**PARA EXPRESAR IRRITACIÓN E
IRA** *(ANGER)*

**(me) enoja que**
**(me) irrita que**
**(me) molesta que**
**(me) enfada que**

**PARA EXPRESAR ORGULLO** *(PRIDE)*

**estar orgulloso** *(proud)* **de que**
**enorgullecerse** *(to take pride)* **de que**

**PARA EXPRESAR SORPRESA Y EMOCIÓN**

**(me) sorprende que**
**(me) emociona** *(it touches, thrills me)* **que**

## 1 ¡Sea lógico(a)!

Exprese lo que sienten las personas de la columna A por las personas
de la columna C usando las palabras y expresiones de las columnas B
y D en oraciones lógicas.

| A | B | C | D |
|---|---|---|---|
| yo | alegrarse de que | yo | mejorarse |
| la médica | sentir que | tú | estar bien |
| el enfermero | temer que | Ud. | estar deprimido |
| la Sra. Cepeda | deplorar que | su hija | ser cirujana |
| el Sr. Otero | estar orgulloso de que | nosotros | tener gripe |
| Uds. | estar encantado de que | sus pacientes | padecer de insomnio |
| mi mamá | | Uds. | recuperarse del accidente |
| | | | gozar de buena salud |
| | | | tener pulmonía |
| | | | venir a la fiesta |

MODELO: *La Sra. Cepeda está orgullosa de que su hija sea cirujana.*

## 2 Reacciones

Describa las reacciones de las siguientes personas. ¡Cuidado! Los verbos en el subjuntivo pueden ser afirmativos o negativos. Sea lógico(a).

MODELO: A la doctora Arias / desilusionar / el paciente / ¿mejorarse?
*A la doctora Arias le desilusiona que el paciente no se mejore.*

1. Al Sr. Bautista / molestar / los vecinos / ¿hacer tanto ruido?
2. A la profesora / sorprender / los malos estudiantes / ¿sacar buenas notas en el examen?
3. A los clientes del restaurante / enojar / el servicio / ¿ser más rápido?
4. A Uds. / emocionar / la cantante / ¿darles su autógrafo?
5. A mí / molestar / Uds. / ¿ser más puntuales?
6. A Julieta / encantar / Romeo / ¿enviarle cartas de amor?
7. A nosotros / enfadar / el profesor / ¿siempre darnos tarea para el fin de semana?
8. A ti / irritar / tu compañero de cuarto / ¿leer tu correspondencia?

## 3 ¡A Ud. le toca!

Reaccione a las siguientes situaciones usando los verbos y expresiones del *Vocabulario*.

MODELO: Ud. me dice una mentira.
*Me molesta (no me gusta, me irrita) que Ud. me diga una mentira.*

1. No hay examen mañana.
2. El profesor tiene un resfriado.
3. Uds. no vienen a mi fiesta de cumpleaños.
4. Fumas en mi cuarto.
5. Te quejas de todo.
6. Vamos a un restaurante mexicano.
7. No me crees.
8. Mis amigas se enojan conmigo.

**Estructuras gramaticales**  **231**

# B. El uso del subjuntivo con expresiones de duda

Compare the use of the indicative and subjunctive in the sentences below.

| CERTAINTY | DOUBT, DENIAL, OR UNCERTAINTY |
|---|---|
| Creo que **estás** cansada. | Dudo que **estés** enferma. |
| El médico piensa que **tengo** gripe. | Niega que **tenga** mononucleosis. |
| Es verdad que Alicia **está** palida. | Es probable que **esté** enferma. |
| Es verdad que **hace** buen tiempo ahora. | Es posible que **haga** mal tiempo mañana. |

The INDICATIVE is used after verbs and expressions of *certainty*.
The SUBJUNCTIVE is used after verbs and expressions of *doubt* and *uncertainty*.

→ Many verbs like **pensar, opinar, creer, estar seguro** and expressions like **es cierto, es verdad**, are used to convey belief, knowledge, or conviction of certain facts, and are followed by the INDICATIVE.

● When used in the *negative*, however, these verbs and expressions usually convey an element of *doubt* or *uncertainty*. In such cases, they are followed by the SUBJUNCTIVE. Compare:

| CERTAINTY (INDICATIVE) | UNCERTAINTY (SUBJUNCTIVE) |
|---|---|
| Creo que **estás** cansado. | No creo que **estés** enfermo. |
| Estoy seguro de que **dices** la verdad. | No estoy seguro de que **digas** toda la verdad. |

● When used in the *interrogative*, these verbs and expressions may or may not imply doubt. Depending on the context, they may be followed by the SUBJUNCTIVE or the INDICATIVE. Compare:

| | |
|---|---|
| ¿Crees que el Sr. Arias **es** muy rico? | *Do you believe that Sr. Arias is very rich?* (**I believe so.**) |
| ¿Crees que el enfermero **sea** competente? | *Do you believe that the nurse is competent?* (**I don't know.**) |

---

*Un poco más*

When used in the affirmative, verbs like **dudar** and **negar** convey doubt: they are then followed by the subjunctive. When used in the negative, they convey certainty and are followed by the indicative.

Dudo que **sea** simpático.
No dudo que el médico **es** muy capaz.

---

## Vocabulario: *Verbos y expresiones de certeza* (certainty) *y de duda*

**PARA EXPRESAR CERTEZA:**

saber que
creer *(to believe, think)* que
opinar *(to be of the opinion)* que
pensar [ie] que

estar seguro *(sure)* de que
es verdad que
es cierto *(certain)* que
es seguro que

**PARA EXPRESAR DUDA:**

dudar *(to doubt)* que                     negar [ie] *(to deny)* que
no creer que
no opinar que
no pensar [ie] que

no estar seguro de que
no es verdad que
es dudoso *(doubtful)* que
es posible que                             es imposible que
es probable que                            es improbable que

## 4  El optimista y el pesimista

El optimista siempre piensa en el aspecto positivo de las cosas. El pesimista
piensa en el aspecto negativo. Represente los papeles del optimista y
del pesimista, empezando sus oraciones con **Creo que** y **Dudo que**.

MODELO: el médico / ser capaz

> *el(la) optimista: Creo que el médico es capaz.*
> *el(la) pesimista: Dudo que el médico sea capaz.*

1. la gente / ser generosa
2. los jóvenes / tener ideales
3. los periodistas / decir la verdad
4. nosotros / vivir en un mundo sano *(healthy)*

5. la vida / ser magnífica
6. la situación internacional / mejorarse
7. los científicos / ir a descubrir pronto
   una cura para el cáncer

## 5  ¿Está Ud. de acuerdo?

Exprese su opinión, usando las expresiones del *Vocabulario*.

MODELO: el presidente / ser capaz

> *Creo (estoy seguro de, es cierto) que el presidente es capaz.*
> *Dudo (no creo, no es verdad) que el presidente sea capaz.*

1. el dinero / ser absolutamente indispensable
2. los norteamericanos / gozar de buena salud
3. la prensa / manipular la opinión pública
4. nosotros / vivir en una época peligrosa

5. los marcianos / existir
6. el fin del mundo / venir mañana
7. las mujeres / tener las mismas
   responsabilidades que los hombres

# C. El uso del subjuntivo después de un pronombre relativo

Compare the use of the indicative and the subjunctive in the sentences below.

| **WHAT IS**<br>(EXISTENCE IS CERTAIN) | **WHAT MAY BE**<br>(EXISTENCE IS UNCERTAIN) |
|---|---|
| La Sra. Durán tiene un asistente que **sabe** escribir a máquina. | La Sr. Durán busca un asistente que **sepa** programar. |
| ¿Conoces a la enfermera que **habla** inglés? | ¿Conoces una enfermera que **hable** alemán? |
| Hay alguien que **vende** periódicos norteamericanos. | ¿Hay alguien que **venda** periódicos franceses? |
| Hay un mecánico que **sabe** reparar coches extranjeros. | No hay mecánico que **sepa** reparar mi coche. |
| Vivimos en un apartamento que **está** en el centro. | Queremos vivir en un apartamento que **esté** fuera de la ciudad. |
| Conocemos un hotel que **es** muy cómodo. | ¿Conocen Uds. un hotel que **sea** más barato? |
| María tiene algo que Ud. **puede** tomar para la tos. | ¿Tiene algo mejor que yo **pueda** tomar para el dolor? |

After a relative pronoun:
the INDICATIVE is used to refer to people or things whose existence is *certain*;
the SUBJUNCTIVE is used to refer to people or things whose existence is still *uncertain*.

→ The personal **a** is omitted before a noun referring to a person whose existence is uncertain. (It is, however, used before **alguien** and **nadie**.) Compare:

Ud. conoce **a** un abogado que **habla** inglés.
¿Conoce una abogada que **hable** japonés?
No conozco **a nadie** que **hable** chino.

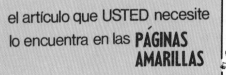

el artículo que USTED necesite
lo encuentra en las **PÁGINAS AMARILLAS**

## 6 Ofertas de empleo

Ud. es jefe de personal en una compañía mexicana. Busca empleados con las siguientes cualificaciones. Prepare los anuncios de empleo según el modelo.

MODELO: una secretaria / saber inglés
*Buscamos una secretaria que sepa inglés.*

1. una directora de ventas / hablar francés *que hable*
2. dos ingenieros / ser especialistas en la electrónica *que sean*
3. dos asistentes / escribir a máquina *que escriban*
4. técnicos / saber programar *que sepan*
5. dos vendedores / tener experiencia en la venta de computadoras *que tengan*
6. una ejecutiva / poder asistir a la presidenta de la compañía *que pueda / pueda*

COMPAÑIA MINERA DE CANANEA, S. A.
SOLICITA

## Secretaria Bilingüe

(INGLES-ESPAÑOL) A NIVEL DIRECCION
REQUISITOS:
* Buena presentación
* Inglés 100%
* Buena ortografía
OFRECEMOS:
— Magnífico sueldo
— Prestaciones superiores a las de la ley
Interesadas presentarse en INSURGENTES SUR No. 1377, piso 11, con PATRICIA FLORES.

## 7 ¡Nunca satisfechos!

Las siguientes personas no están satisfechas. Exprese lo que quieren usando la construcción (**le**) **gustaría** + *infinitivo*.

MODELO: Vivimos en una casa que tiene aire acondicionado. (piscina)
*Nos gustaría vivir en una casa que tenga piscina.*

1. Yo ceno en un restaurante que sirve comida italiana. (comida mexicana) *me gustaría cenar sirva*
2. Tenemos un profesor que tiene buen sentido de humor. (más paciencia con nosotros) *Nos gustaría tener que*
3. La Sra. Paz tiene una asistente que sabe taquigrafía. (programar) *le gustaría tener*
4. Olga sale con un chico que es millonario. (sincero y romántico) *le gustaría salir sea*
5. Los turistas tienen un guía que entiende japonés. (español) *les gustaría*
6. Uds. alquilan un apartamento que está cerca de la estación. (en el centro) *les gustaría estea*

# D. El presente perfecto del subjuntivo

## Present perfect subjunctive: Forms

| INFINITIVE | *hablar* | *divertirse* |
|---|---|---|
| que yo | **haya hablado** | **me haya divertido** |
| que tú | **hayas hablado** | **te hayas divertido** |
| que él, ella, Ud. | **haya hablado** | **se haya divertido** |
| que nosotros | **hayamos hablado** | **nos hayamos divertido** |
| que vosotros | hayáis hablado | os hayáis divertido |
| que ellos, ellas, Uds. | **hayan hablado** | **se hayan divertido** |

The present perfect subjunctive is a compound tense. It is formed as follows:

present subjunctive of **haber** + past participle

## Uses

Compare the use of the present and the present perfect subjunctive.

Siento que **estés** enfermo.
Siento que **hayas estado** enfermo.

*I'm sad that you **are** sick.* Now
*I'm sad that you **have been** (were) sick.* past

El doctor duda que Ud. **tenga** pulmonía.
El doctor duda que Ud. **haya tenido** pulmonía.

*The doctor doubts that you **have** pneumonia.*
*The doctor doubts that you **had** pneumonia.*

The present perfect subjunctive is used instead of the present subjunctive to refer to past events or situations.

SONY

El color negro más brillante que Ud. jamás haya visto.

## 8 ¿Alegres o tristes?

*[handwritten top margin: don't use se not reflexive to, ta, etc. le]*

Diga si las siguientes personas se alegran o ~~se entristecen~~ y explique por qué usando el presente perfecto del subjuntivo.

MODELO: Salvador (su novia se ha olvidado de la fecha de su cumpleaños)
*Salvador se entristece que su novia se haya olvidado de la fecha de su cumpleaños.*

*[handwritten: a / lo]*

*[handwritten: alegra / entristece que hayan visitado]*
1. el enfermo (sus amigos lo han visitado en el hospital)

*[handwritten: entristece que su hayan]*
2. el entrenador *(coach)* (su equipo ha perdido el partido de fútbol)

3. la doctora (Ud. no se ha mejorado) *se entristece que Ud. no se haya*

4. tus amigos (tú no los has esperado) *se entristece que hayas*

5. la profesora (nosotros hemos salido bien en el examen) *se alegran ~~se entristece~~ que hayamos salido*

6. mi abuela (yo le he escrito por su cumpleaños) *se alegra haya* *[CUMPLEAÑOS]*

*Un Saludo De CUMPLEAÑOS*

## 9 Lo que piensan

Exprese lo que piensan las siguientes personas según el modelo.

MODELO: la enfermera / temer / tú / romperse la pierna
*La enfermera teme que tú te hayas roto la pierna.*

1. mi hermanito / sentir / su pájaro / escaparse *[handwritten: siente / se haya escapado]*
2. el médico / no creer / yo / tener bronquitis *[handwritten: ~~tenido~~ yo haya tenido]*
3. la Sra. Quiñones / estar orgullosa / su hija menor / hacerse abogada *[handwritten: que / se haya hecho]*
4. el guía / deplorar / los turistas / no ver el Museo de Oro *[handwritten: que no hayan visto]*
5. yo / lamentar / tú / decirme una mentira *[handwritten: que tú me hayas ~~me~~ dicho una mentira]*
6. el profesor / no creer / nosotros / estudiar para el examen *[handwritten: hayamos estudiado]*
7. los historiadores / dudar / un agente soviético / asesinar al presidente Kennedy *[handwritten: haya asesinado]*
8. los científicos / no creer / los egipcios *(Egyptians)* / descubrir la electricidad *[handwritten: hayan descubierto]*
9. la doctora / temer / Ud. / torcerse el tobillo *[handwritten: se haya torcido]*

# Lecturas literarias

## Introducción

Don Juan Manuel (1282–1348) fue un noble español de Toledo y el sobrino del rey de Castilla, Alfonso X, el Sabio.[1] Su clásico literario, *El Conde Lucanor*, es una colección de 51 "ejemplos" o cuentos didácticos. En cada uno de los ejemplos, el Conde Lucanor le presenta a su consejero Patronio un problema para resolver. A su vez, Patronio le sugiere la solución al problema por medio de[2] un cuento. Al final del episodio, el Conde Lucanor escribe en su diario la esencia de la moraleja en dos versos rimados.[3]

Este cuento se trata de la siguiente cuestión: ¿hasta qué punto se debe soportar en silencio los agravios[4] que le causan otras personas?

Toledo, España

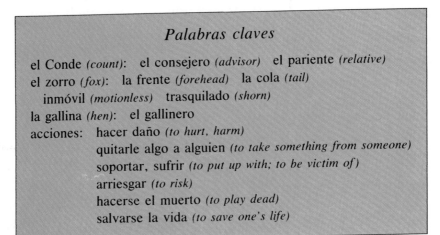

*Palabras claves*

el Conde *(count)*:   el consejero *(advisor)*   el pariente *(relative)*
el zorro *(fox)*:   la frente *(forehead)*   la cola *(tail)*
   inmóvil *(motionless)*   trasquilado *(shorn)*
la gallina *(hen)*:   el gallinero
acciones:   hacer daño *(to hurt, harm)*
           quitarle algo a alguien *(to take something from someone)*
           soportar, sufrir *(to put up with; to be victim of)*
           arriesgar *(to risk)*
           hacerse el muerto *(to play dead)*
           salvarse la vida *(to save one's life)*

---

[1] **Sabio** wise   [2] **por medio de** by means of   [3] **dos versos rimados** rhymed couplets   [4] **agravios** offenses, insults

# El zorro que se hizo el muerto

## Don Juan Manuel

A. EL PROBLEMA DEL CONDE LUCANOR

Patronio era el consejero del Conde Lucanor y siempre le escuchaba sus problemas y trataba de ofrecerle soluciones.

El Conde le cuenta a Patronio sobre los sufrimientos de un pariente *suyo* y le pide que le aconseje.

*of his*

"Mi hermano tiene miedo de que sus vecinos *poderosos* le 5

*powerful*

quiten sus tierras y sus propiedades. Él se enoja de que lo *humillen*

*they humiliate*

y lo molesten constantemente. No sabe si debe soportar en silencio

*annoyances, discomforts*

estas *molestias* o si debe luchar contra ellos para salvar su honor y sus propiedades".

Patronio le respondió: "Lamento que su hermano tenga que 10 sufrir estos problemas. Voy a contarle el cuento del zorro que se hizo el muerto. Creo que es un buen ejemplo de los problemas

*is facing*

que *enfrenta* su hermano".

B. EL ZORRO

Una noche un zorro entró a un gallinero. De tanto perseguir a las gallinas se olvidó de la hora y pronto amaneció *sin darse* 15

*without his realizing it*

*cuenta*.

Cuando descubrió esto y que había gente caminando por las calles, se le ocurrió un plan para salvarse la vida.

Salió a la calle y se tendió en el suelo, donde *permaneció* com-

*se quedó*

pletamente inmóvil para que las personas pensaran que estaba 20

*did not pay attention to him*

muerto. Todo el mundo que pasaba *lo ignoraba* por esto.

C. LAS MOLESTIAS

*while*

Después de un *rato*, llegó un hombre que exclámo: "¡Un zorro muerto! Los pelos de su frente son buenos para curar enfermedades infantiles". Entonces sacó de su bolso unas tijeras y le cortó el pelo de la frente al zorro.

25

Más tarde, llegó otro hombre que dijo: "Los pelos de la cola del zorro me servirán para curar resfriados". Luego cortó un poco de pelo de la cola del zorro. Llegaron más personas que decían

*similares*

cosas *parecidas* y cada vez le quitaban más y más pelo.

Pero el zorro no se movía porque no tenía duda que *más valía* 30
perder el pelo que la vida. Finalmente, después de un buen rato,
se quedó sin pelo, completamente trasquilado.

Vino otro hombre y dijo que la uña del zorro era muy buena
para curar dolores de cabeza. Le cortó una uña al zorro y éste
continuó haciéndose el muerto. 35

Se le acercó un hombre que lo vio y dijo que un diente de zorro
era un gran remedio para el dolor de muelas. Le sacó un diente
y el zorro siguió sin moverse.

### D. EL PELIGRO

Finalmente vino un hombre que dijo: "El corazón del zorro
protege contra las enfermedades cardíacas". Entonces sacó del 40
bolso un cuchillo para sacarle el corazón al zorro.

Al escuchar lo que dijo el hombre, el zorro comprendió que iba
a perder su vida si continuaba haciéndose el muerto. Pensó que

era el momento de arriesgarlo todo y *se incorporó de un salto* y
comenzó a correr *hasta lograr* escapar y salvarse la vida. 45

### E. EL CONSEJO DE PATRONIO

Así pues, señor Conde, debe decirle a su hermano que siga el
ejemplo del zorro.

A las personas que quieren hacerle daño es mejor tratar de
ignorarlas y sufrir en silencio si los *daños* no son muy graves.

Pero si estas personas *amenazan con* quitarle su honor o su 50
vida, *despojándole* de la casa donde vive o de las tierras que
cultiva, es preferible arriesgarlo todo y luchar contra ellas.

Al Conde le pareció esto un buen consejo. Sacó el cuaderno en
el que *solía anotar* los consejos de Patronio y escribió los siguientes
versos: 55

Sufre las cosas en cuanto debieres;
Extraña las otras en cuanto pudieres.[1]

---

[1] Esta moraleja, escrita en castellano de la Edad Media, aconseja: *Bear things you ought to put up with, and don't accept (that is, banish) those you cannot tolerate.*

## Alfonso el Sabio y el castellano

En 1252, al ascender al trono de Castilla, el rey Alfonso X, el Sabio, trajo a Toledo, su capital, los más brillantes eruditos[1] cristianos, moros[2] y judíos[3] para que produjeran obras de historia y de ciencias en la lengua de su reino:[4] el castellano. El mismo Alfonso X supervisó la redacción de un nuevo código de leyes[5] en castellano, *Las siete partidas*. Bajo su dirección y tolerancia religiosa, Toledo se convirtió en la ciudad más próspera de su época.

Como resultado de haber comisionado traducciones del árabe al castellano de numerosas obras orientales, tal como las fábulas hindúes de *Calila e Dimna* y los cuentos persas[6] de Sendebar,[7] Alfonso X estableció un nuevo estilo literario. Don Juan Manuel continuó esta tradición de fábulas en prosa en *El libro del Conde Lucanor*.

[1] **eruditos** scholars  [2] **moros** Moorish, Muslim  [3] **judíos** Jewish  [4] **reino** kingdom  [5] **código de leyes** code of laws  [6] **persas** Persian  [7] **Sendebar** Sinbad (the Sailor)

Detalle de una ilustración en Las Cantigas de Alfonso el Sabio

# ¿Comprendió Ud.?

## A. EL PROBLEMA DEL CONDE LUCANOR

1. ¿De quién tiene miedo el hermano del Conde Lucanor?
2. ¿Qué le pueden quitar?
3. ¿Por qué se enoja?
4. ¿Qué no puede decidir?

## B. EL ZORRO

5. ¿Dónde pasó la noche el zorro?
6. ¿Qué hacía el zorro que le causó olvidarse de la hora?
7. ¿Qué decidió hacer el zorro para salvarse la vida?

## C. LAS MOLESTIAS

8. ¿Por qué le cortó el hombre los pelos de la frente al zorro?
9. ¿Cuál es la razón para cortarle el pelo de la cola?
10. Finalmente, ¿cómo quedó el zorro?
11. ¿Para qué es buena la uña del zorro?
12. ¿Por qué le sacó el hombre el diente al zorro?

## D. EL PELIGRO

13. ¿Qué iba a hacer el hombre que quería protegerse de enfermedades cardíacas?
14. Esta vez, ¿qué iba a perder el zorro?
15. ¿Qué pensó el animal? ¿Cómo reaccionó?

## E. EL CONSEJO DE PATRONIO

16. Según Patronio, ¿cuándo es mejor sufrir en silencio?
17. ¿En qué circunstancias es necesario luchar?
18. ¿Qué hizo el Conde con el buen consejo?

# Puntos de vista

Imagínese que Ud. es el zorro del cuento. Escriba un monólogo que exprese lo que piensa en las siguientes situaciones.

A. en el gallinero, persiguiendo a las gallinas
B. cuando se da cuenta que ha amanecido
C. cuando la gente le corta el pelo
D. cuando un hombre le corta la uña
E. cuando escucha que el hombre quiere sacarle el corazón
F. al volver a su cueva (den)

> A. *¡Qué suerte tengo! Hay tantas gallinas aquí y se ven muy sabrosas. No voy a darme prisa porque éste es un verdadero banquete.*

# Temas

1. Imagínese que el Conde Lucanor le ha pedido a Ud. consejos sobre el problema de su pariente. ¿Piensa Ud. que él debe seguir las sugerencias de Patronio? Si cree que debe hacerlo, explique por qué. Si Ud. opina lo contrario, sugiérale otra solución.

2. Describa una situación moderna o contemporánea en la cual alguien se siente amenazado (*threatened*) por gente muy poderosa. ¿Opina Ud. que la moraleja del zorro se puede aplicar a los problemas del siglo XX?

3. El zorro y la zorra son animales muy populares en las fábulas porque se les considera listos y engañosos (*deceitful*). A continuación aparece una fábula muy corta de Félix María Samaniego (1745–1801), uno de los mejores fabulistas de España. ¿Piensa Ud. que su moraleja es aún válida en el siglo XX?

### La Zorra y el Busto

Dijo la Zorra al Busto
después de olerlo:
—Tu cabeza es hermosa,
pero sin *seso*.               brains
Como éste hay muchos,
que *aunque* parecen hombres,     although
sólo son bustos.

In this reading you have encountered many new verbs and verbal expressions.

1. **darse cuenta (de)**   *to realize*
   Sin **darse cuenta de** la hora, permaneció en el gallinero.

2. **soler** [ue]   *to be accustomed to; to usually (do something)*
   La gente **solía** caminar por las calles en la madrugada.

3. **ignorar**   *not to pay attention to*
   Al principio la gente **ignoraba** al zorro muerto.

4. **quitar**   *to take away*
   Los hombres le **quitaron** los pelos de la cabeza y de la cola.

5. **amenazar con** + *infinitive*   *to threaten to*
   El hombre le **amenazó con matarlo.**

6. **incorporarse**   *to sit up or get up from a reclining position*
   De un momento a otro **se incorporó** y saltó.

7. **lograr** + *infinitive*   *to manage to*
   El animal **logró escaparse** de la gente.

# Unidad 9

## ¡Siga la moda!

## El corbatín

"Un corbatín[1] negro. ¡Que no se me olvide[2] comprar un corbatín negro!" Esta noche Óscar Áviles va a una fiesta de gala en el Club Atlántico con su esposa. Es el evento social más importante y más prestigioso de la temporada.[3] Esta mañana, al revisar[4] su esmoquin,[5] Óscar no puede encontrar su corbatín negro. "No te preocupes", le dice a su esposa, "compraré uno en las Galerías Modernas cuando salga del trabajo".

[1] bowtie  [2] I should not forget  [3] season  [4] on checking  [5] tuxedo   *frac- tux con tails.*

Pensando en el corbatín, Óscar sale de la oficina un poco temprano para ir a las Galerías Modernas. Un dependiente muy amable lo recibe.

—¿En qué puedo servirle, señor?

—Estoy buscando un corbatín negro. Aquí se venden, ¿no es cierto?

—¡Por supuesto! En el segundo piso tenemos una variada selección . . . De camino[1] voy a mostrarle las camisas que acabamos de recibir.

—Pero . . . en realidad yo no necesito camisas . . .

—Sí, ya sé . . . Pero si se las menciono, señor, es porque esta semana tenemos una liquidación[2] especial de camisas . . . ¡Una verdadera ganga![3] Nada menos que ¡dos camisas por el precio de una! ¡Venga, venga! Nada se pierde con mirar.[4]

Óscar sigue al amable dependiente, examina atentamente las camisas y por fin escoge dos camisas rosadas.

[1] On the way  [2] sale  [3] bargain  [4] You have nothing to lose by looking.

—¡Qué buen gusto[1] tiene el señor! ¡Rosado! El último grito de la moda.[2] Con sus pantalones verdes estas camisas serán una sensación.

—¿Verdes? . . . Yo no tengo pantalones verdes . . .

—Nada más fácil de solucionar.[3] Acabamos de recibir el envío[4] de un famoso diseñador[5] italiano. La cantidad es muy limitada y le aconsejo que no pierda la oportunidad. Mire, ¡qué suerte! Aquí tengo su talla.[6]

En las manos del dependiente aparecen unos pantalones verdes que muy pronto Óscar tiene puestos.[7]

[1] taste  [2] The latest style.  [3] to solve  [4] shipment  [5] designer  [6] size  [7] has put (them) on

—¡Le quedan[1] muy bien! Con esta chaqueta amarilla el efecto será completo. ¡Todo el mundo pensará que usted es una estrella[2] de cine!

¡Óscar ya tiene puesta la chaqueta amarilla!

[1] They fit you  [2] star

—Lo único que falta[1] ahora son unos zapatos blancos. Si me lo permite, lo acompaño a nuestra sección de zapatos: ¡la mejor y la más económica de toda la ciudad!

[1] The only thing missing

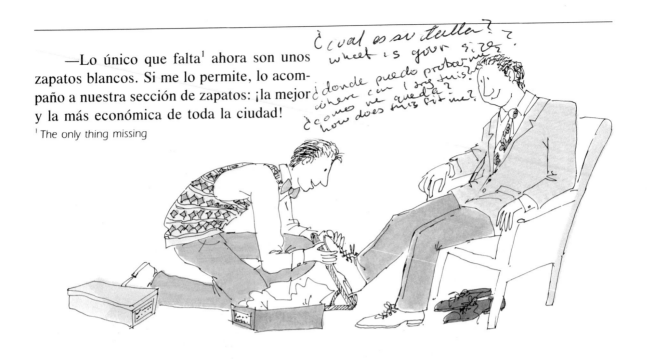

Con la ayuda del dependiente Óscar escoge un par de zapatos blancos, tres pares de calcetines y un cinturón. Finalmente, cargado[1] con los paquetes de sus compras, el señor no ve ni por donde camina.[2] El dependiente, siempre servicial,[3] lo acompaña, llama un taxi y acomoda[4] en él al confuso cliente.

[1] loaded down  [2] he can't even see where he's walking
[3] helpful  [4] installs comfortably

Óscar llega a su casa y su esposa, muy nerviosa, le dice:

—Mi amor, me tenías muy preocupada. Si no nos damos prisa, vamos a llegar tarde a la fiesta.

—No tienes por qué preocuparte . . . Estaba de compras.

—¡Ya lo veo! Supongo que compraste el corbatín.

—¿El corbatín? . . . ¡Ay, Dios mío! ¡El corbatín! . . . Ya sabía yo que se me olvidaba[1] algo.

[1] I forgot

## Preguntas

1. ¿Por qué va a llevar un esmoquin Óscar Áviles esta noche? ¿Qué le falta?

2. ¿Qué es un corbatín? ¿Dónde y cuándo va a comprar Óscar el corbatín que necesita?

3. ¿Qué le muestra primero a Óscar el dependiente? ¿Por qué es una verdadera ganga?

4. ¿Con la ayuda del dependiente, ¿qué otros artículos compra Óscar? ¿Los necesita todos?

5. ¿Por qué y cómo felicita (congratulates) el dependiente a Óscar?

6. ¿Por qué necesita un taxi Óscar?

7. ¿Por qué estaba preocupada la esposa de Óscar?

8. Según Ud., ¿es buen vendedor el dependiente? ¿Por qué?

9. Según Ud., ¿qué va a hacer Óscar después de darse cuenta de que no tiene corbatín?

# El español práctico

## Vocabulario temático:  La ropa

*En la sección* (department) *de ropa para caballeros*

la chaqueta

un chaleco
el pantalón

un traje

un suéter
un jersey

un impermeable

un abrigo

el cuello
el bolsillo
la manga
un botón
el puño

una camisa

(los) pantalones vaqueros
(los) bluejeans

(unos) calcetines

una camisa de
manga corta

una camisa de
manga larga

una camiseta

YO ♥ MADRID

calzones
(underwear)

un pantalón corto

la ropa interior

## En la sección de ropa para damas

el traje sastre

la chaqueta

la falda

una blusa

un vestido

un traje
de baño

(unas) medias

## En la sección de artículos personales

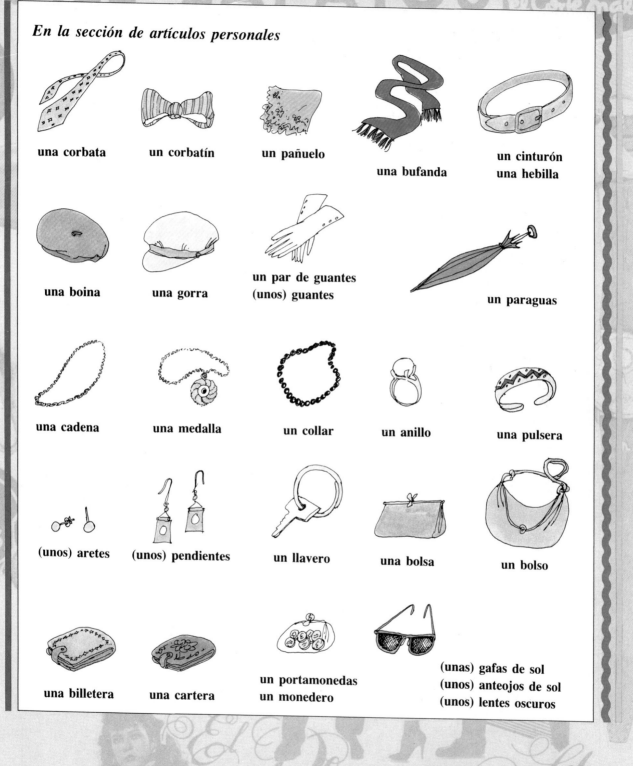

una corbata

un corbatín

un pañuelo

una bufanda

un cinturón
una hebilla

una boina

una gorra

un par de guantes
(unos) guantes

un paraguas

una cadena

una medalla

un collar

un anillo

una pulsera

(unos) aretes

(unos) pendientes

un llavero

una bolsa

un bolso

una billetera

una cartera

un portamonedas
un monedero

(unas) gafas de sol
(unos) anteojos de sol
(unos) lentes oscuros

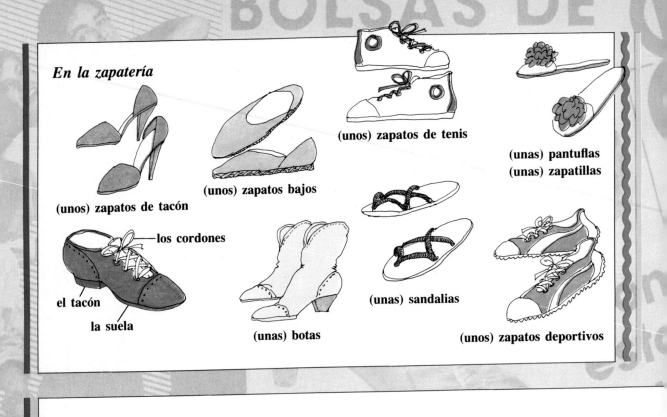

### En la zapatería

(unos) zapatos de tenis

(unas) pantuflas
(unas) zapatillas

(unos) zapatos bajos

(unos) zapatos de tacón

los cordones

el tacón

la suela

(unas) botas

(unas) sandalias

(unos) zapatos deportivos

---

## Como describir la ropa

- *Tipos de tela* (*fabric*) *y otros materiales*
  —¿Es de **algodón** la camisa?
  —No, es de **lana. Es una camisa de lana.**

| | | |
|---|---|---|
| **el algodón** (*cotton*) | **la piel** (*fur, fine leather*) | **el plástico** |
| **la lana** (*wool*) | **el terciopelo** (*velvet*) | **la goma** |
| **la seda** (*silk*) | **la pana** (*corduroy*) | **el caucho** (*rubber*) |
| **el lino** (*linen*) | **el nilón** (*nylon*) | |
| **el cuero** (*leather*) | **el poliéster** | |

- *Los colores*
  —¿De qué **color** es este suéter?
  —Es . . .

     **azul**    **verde**    **amarillo**    **rojo**    **blanco**    **negro**    **gris**
     **rosado** (*pink*)    **anaranjado** (*orange*)    **morado** (*purple*)    **pardo** (*brown*)
     **verde claro** (*light green*)    **azul oscuro** (*dark blue*)    **azul marino** (*navy blue*)

## 1 Las maletas

Imagínese que Ud. va a viajar. Describa algunas de las cosas que va a meter en su maleta en los siguientes casos.

1. Ud. va a pasar una semana en una estación de esquí.
2. Ud. va a hacer un viaje en un crucero *(cruise)* por el Caribe.
3. Ud. va a pasar el mes de noviembre en Irlanda.
4. Ud. va a pasar el mes de agosto en la Ciudad de México.
5. Ud. va a pasar las vacaciones en un balneario *(seaside resort)* de la Costa de Sol en España.
6. Ud. va a pasar dos semanas en una estancia en la pampa argentina.

**Galerías Preciados**

- *El diseño* *(design)*
    —¿Le gusta **el diseño** de esa tela?
    —Me gusta más **la tela** . . .

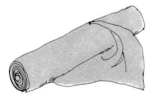

**de un solo color**

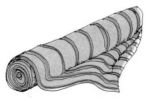

**a rayas**

**a cuadros**

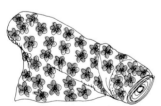

**de florecitas**

**de bolitas**

**estampada**

## 2 Descripciones

Describa lo que llevan *(are wearing)* las siguientes personas, dando el máximo de detalle acerca del color, diseño, tela y artículos personales.

1. Srta. Estrada

2. Sr. Bello

3. Sr. Romero

4. Luisa Olivares

5. Rogelio Valencia

6. Antonio Portillo

## 3 Minidiálogos: De compras

Prepare los diálogos entre un(a) dependiente y un(a) cliente según las siguientes indicaciones. Luego, represéntelos con un(a) compañero(a) de clase.

MODELO: lana / algodón
   2.500 pesetas
   —¿En qué puedo servirle?
   —Busco una falda.
   —¿De lana o de algodón?
   —Me gustan más las faldas de lana.
   —Ésa es muy bonita, ¿verdad?
   —¡Claro! ¿Cuánto cuesta?
   —Dos mil quinientas pesetas.
   —¡Bueno! Voy a comprarla.

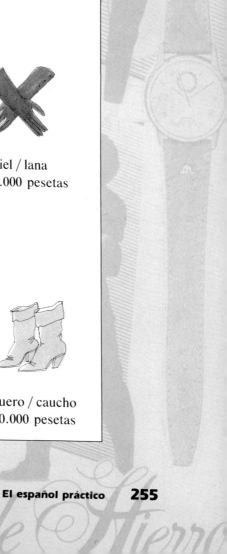

1. seda / algodón
   4.000 pesetas

2. plástico / cuero
   1.500 pesetas

3. plata / oro
   3.000 pesetas

4. piel / lana
   5.000 pesetas

5. lino / pana
   6.000 pesetas

6. algodón / nilón
   3.000 pesetas

7. terciopelo / seda
   5.000 pesetas

8. cuero / caucho
   10.000 pesetas

# Para conversar:  Comprando ropa

## ¿Dónde comprar ropa?

Eso depende de **la calidad** y del **precio** *(price)*.

Se puede comprar ropa

- en **un gran almacén** (las Galerías Preciados y el Corte Inglés en
  España; la Puerta del Hierro en la Ciudad de México; los Gobelinos
  en Buenos Aires; la Casa Tosi en Quito)
- en **una tienda de lujo**
- en **una tienda de moda** *(boutique)*
- en **una tienda de liquidaciones** *(discount store)*
- en **un mercado al aire libre** *(open-air market)*
- en **un centro comercial** *(mall)*

## En una tienda de ropa

¿En qué puedo servirle?

| | |
|---|---|
| **Busco** | |
| **Necesito** | un pantalón. |
| **Quisiera comprar** | |

¿Qué **talla** *(size)* usa Ud.?

Uso **talla cuarenta**.

No sé. ¿Puede tomarme **las medidas** *(measurements)*?

*¿Cual es su talla?*

## Tallas, medidas

**Damas (vestidos, blusas . . . )**

| | | | | | | | |
|---|---|---|---|---|---|---|---|
| tallas españolas | 36 | 38 | 40 | 42 | 44 | 46 | |
| tallas norteamericanas | 4 | 6 | 8 | 10 | 12 | 14 | |

**Caballeros (pantalones)**

| | | | | | | | |
|---|---|---|---|---|---|---|---|
| tallas españolas | 36 | 38 | 40 | 42 | 44 | 46 | |
| tallas norteamericanas | 35 | 36 | 37 | 38 | 39 | 40 | |

**Caballeros (camisas)**

| | | | | | | | |
|---|---|---|---|---|---|---|---|
| tallas españolas | 36 | 37 | 38 | 40 | 41 | 42 | 43 |
| tallas norteamericanas | 14 | 14½ | 15 | 15½ | 16 | 16½ | 17 |

¿Quiere Ud. **probarse** [ue] *(to try on)* ese abrigo?

Sí, voy a **probármelo.**

No, no me gusta. ¿Puede Ud. **mostrarme** [ue] otro? *enseñarme – to teach, show*

*quetar – to try*

¿**Le queda bien a Ud.** *(does it fit you)* el pantalón?

Sí, **me queda bien.**

No, **no me queda bien.**

**Me queda un poco** | **grande** *(big)* ≠ **chico** *(small).*
 | **largo** *(long)* ≠ **corto** *(short)*
 | **ancho** *(wide)* ≠ **estrecho** *(narrow)*
 | **flojo** *(loose)* ≠ **apretado** *(tight)*

¿**Le gusta a Ud.** este vestido?

Sí, **me gusta mucho.**   ≠ No, **no me gusta.**

Es | **lindo** |
 | **bonito** | *(pretty).*   ≠ No, es | **feo** *(ugly).*
 | **elegante** |    | **demasiado sencillo** *(simple)*
 | **vistoso** *(dressy)*
 | **de buen gusto** *(in good taste)*

**Está de moda** *(in style).*   ≠ **Está pasado de moda** *(out of style).*

Tenemos **una selección muy variada.**

Por favor, | ¿**cuál es el precio** del chaleco en | **el escaparate** *(store window)*?
 | ¿**cuánto cuesta** el chaleco en | **el mostrador** *(counter)*
 | | **la vitrina** *(display case)*

**Cuesta solamente** 20.000 pesos.

Está **en liquidación** *(on sale).*

Está **rebajado** *(discounted).*

¡Es muy **barato!**   ≠   ¡Es muy **caro!**     *el probador – fitting room*

¡Es **una ganga** *(bargain)*! ≠ | ¡**Cuesta una fortuna!**
 | ¡**Cuesta un ojo de la cara!**

¿**Se ha decidido?**

Sí, **voy a llevarme** la chaqueta amarilla.

No, **no estoy totalmente** | **convencido(a).**
 | **seguro(a)**

**Voy a pensarlo.** *(I'm going to think it over.)*

### En una zapatería

¿En qué puedo servirle?

Necesito **un par de zapatos** negros.

¿Qué **número calza** Ud.? *(What size do you wear?)*

**Calzo** 37.

¿**Le quedan bien** esos zapatos?

Sí, **me quedan bien.**

No, | **me quedan apretados** *(too tight).*
| **me aprietan** *(they pinch).*

> **calzar** *to wear (shoes)*
> **quedar** *to fit*
> **apretar** [ie] *to be too tight*

| Números / Tamaños | (damas y caballeros) | | | | | | | |
|---|---|---|---|---|---|---|---|---|
| números españoles | 36 | 37 | 38 | 39 | 40 | 41 | 42 | |
| números norteamericanos | 5 | 6 | 7 | 8 | 9 | 9½ | 10 | |

### 4 Preguntas personales

1. ¿Hay grandes almacenes en la ciudad donde vive? ¿Cómo se llaman?

2. ¿Hay tiendas de lujo también? ¿Cómo se llaman? ¿Qué tipo de ropa venden?

3. ¿Dónde compra Ud. su ropa? ¿Espera Ud. las liquidaciones para comprar ropa? ¿En qué época del año hay liquidaciones?

4. ¿Qué es lo más importante cuando Ud. elige ropa? ¿el estilo? ¿el precio? ¿la calidad?

5. ¿Qué talla de camisa usa Ud.? (¿en talla norteamericana? ¿en talla española?) ¿Qué talla de pantalón?

6. ¿Qué número calza Ud.? (¿en número norteamericano? ¿en número español?)

7. Cuando Ud. lleva zapatos nuevos, ¿le quedan bien o le aprietan un poco?

8. ¿Le gusta vestirse a la moda? ¿Qué está de moda ahora?

## 5 Minidiálogos: ¿Le queda bien a Ud.?

Prepare los diálogos según las siguientes indicaciones. Luego, represéntelos con un(a) compañero(a) de clase.

MODELO: —¿Te queda bien el pantalón?
—¡No! Me queda flojo.

1.

2.

3.     4.     5.     6.

## Conversaciones dirigidas

Prepare los diálogos que correspondan a las siguientes situaciones. Luego, represéntelos con un(a) compañero(a) de clase.

1. Marcos va al Corte Inglés para comprarse una chaqueta.

| el dependiente | | Marcos |
|---|---|---|
| asks Marcos if he can help him | → ← | says he would like a jacket |
| says that he has a very elegant woolen jacket | → ← | replies that he prefers a corduroy jacket |
| asks Marcos his size *¿que talla usa vd.?* | → ← | answers 41 *uso talla 41* |
| asks him if he wants to try on a navy blue jacket *¿quieres probar un chaqueta azul marino* | → ← | says that he prefers a brown one |
| shows him a brown one and asks him to try it on *pruebas este* | → ← | tries on the jacket and asks the salesperson if it fits well *¿me le me queda bien?* |
| says that it fits very well *le que da bien a vd.* | → ← | asks about the price *¿wat es el precio?* |
| says that it costs only 15,000 pesetas because it is on sale | → | says that he will take it |

2. Ana María está en la tienda "Carolina" mirando los vestidos.

| la dependiente | | Ana María |
|---|---|---|
| asks Ana María if she can help her | → ← | says that she is looking for a cotton dress |
| asks her what color | → ← | replies yellow |
| asks Ana María her size | → ← | says 38 |
| asks if she wants to try on a light yellow dress with a flower print | → ← | tries on the dress and says that it doesn't fit . . . it is too tight |
| shows Ana María another dress: yellow with polka dots . . . asks if she likes it | → | says that she does not, that she was really looking for a solid yellow dress . . . she is going to think it over . . . she thanks the saleswoman |

## Conversaciones libres

Prepare los diálogos según las siguientes indicaciones. Luego, represéntelos con un(a) compañero(a) de clase.

1. Marisela está en las Galerías Preciados buscando un regalo para el cumpleaños de su novio. La dependiente le sugiere algunas cosas.
   *Los personajes: Marisela, la dependiente*
2. En una tienda especializada en liquidaciones, el Sr. Velázquez compra un traje barato y pasado de moda sin probárselo. Al regresar a su casa, se da cuenta que el traje no le queda bien. La Sra. Velázquez le dice, con mucho detalle, por qué no debía haberlo comprado.
   *Los personajes: el Sr. Velázquez, la Sra. Velázquez*

3. Felipe quiere comprar una chaqueta, talla 42. Se prueba una chaqueta de pana que le queda ancha y otra de cuero que le gusta mucho pero que cuesta una fortuna. El(la) dependiente quiere venderle la chaqueta de cuero.
   *Los personajes: Felipe, el(la) dependiente*
4. Emilio y Gloria son recién casados. Están invitados a una fiesta en la casa de la familia de Gloria. Ella quiere vestirse elegantemente, pero Emilio prefiere llevar ropa sport.
   *Los personajes: Gloria, Emilio*

# Estructuras gramaticales

## A. El uso del artículo como sustantivo

Compare the use of the definite article in the following sentences.

| "EL" + NOUN | "EL" USED AS A NOUN |
|---|---|
| Me gusta **el suéter azul**. | Me gusta **el azul**. *(the blue one)* |
| Voy a comprar **la camisa de nilón**. | Voy a comprar **la de nilón**. *(the nylon one)* |
| No me gustan **los pantalones que compraste**. | No me gustan **los que compraste**. *(the ones that you bought)* |

The definite article can be used to replace a noun that has already been expressed. The most common patterns are:

**el (la, los, las)** + *adjective*
**el (la, los, las)** + **de** + *noun*
**el (la, los, las)** + **que** + *clause*

➡ Note the use of the neuter article **lo** in the constructions **lo** + *adjective* and **lo que**.

| | |
|---|---|
| ¡Siempre escoges **lo caro**! | *You always choose **what is expensive**!* |
| Muéstrame **lo que compraste**. | *Show me **what you bought**.* |
| **Lo que dices** es absurdo. | *What (the things that) you are saying is absurd.* |

➡ The indefinite article can be used in similar constructions. Note that **uno** (and not **un**) is used to replace a masculine singular noun.

| | |
|---|---|
| Felipe se prueba **un pantalón azul**. | Jaime se prueba **uno gris**. |
| Clara compra **una falda roja**. | Inés compra **una amarilla**. |
| Juan compró **un pantalón de algodón**. | José compró **uno de pana**. |

---

*Un poco más*

Note the following constructions with **lo**:

- **lo** + *past participle*     **lo dicho**    *what is said*
                          **lo hecho**    *what is done*
- **todo lo que**   *all that*     No repitas **todo lo que** te dije.

---

## 1 Algo diferente

Las siguientes personas decidieron hacer algo diferente de lo indicado en las oraciones. Exprese esto según el modelo.

MODELO: Adela no escogió la pulsera de oro. (de plata)
*Decidió escoger la de plata.*

1. Teresa no se probó los pantalones blancos. (negros) *los de negros*
2. El Sr. Gómez no se puso la corbata de florecitas. (de rayas) *la de rayas*
3. Enrique no le regaló los aretes de oro a su novia. (de diamantes) *los de diamantes*
4. No compré los zapatos caros. (baratos) *los de baratos*
5. La Sra. Vidal no llevó el vestido rosado. (anaranjado) *el anaransado*
6. No nos compramos las botas de cuero. (de caucho) *las de caucho*

## 2 Minidiálogos: De compras

Inés y Luis están de compras. Represente los diálogos según el modelo.

MODELO: los aretes que están en la vitrina (en el mostrador)
*Inés: ¿Te gustan los aretes que están en la vitrina?*
*Luis: Sí, pero me gustan mucho más los que están en el mostrador.*

1. las botas que están en el escaparate (en el mostrador) *me gustan mucho las que estan*
2. la chaqueta que cuesta 8.000 pesetas (40.000 pesetas) *" gustan " " la que cuesta*
3. el abrigo que nos mostró la dependiente (la gerente del almacén) *el que la la ...*
4. los zapatos que son importados de Italia (de Francia) *los de Francia*
5. el perfume que huele a (*smells of*) rosas (jazmín) *el que huele a Jazmín*
6. las pulseras que vimos en la sección de joyería (en la tienda de la Calle Colón) *las*

## 3 Lo que hacen

Describa lo que hacen las siguientes personas. Luego, describa la personalidad de cada una usando los adjetivos indicados entre paréntesis para formar oraciones afirmativas o negativas.

MODELO: tú / gastar / ganar (¿ahorrador? [*thrifty*])
*Tú gastas lo que ganas. No eres ahorrador.*

1. los estudiantes / terminar / empezar (¿responsables?)
2. Olga / repetir / oír (¿discreta?) *lo que*
3. Ud. / devolver / pedir prestado (¿honesto?)
4. tú / criticar / ver (¿fácil de complacer? [*easy to please*])
5. nosotros / probarse / comprar (¿cuidadosos? [*careful*])

*ves*

# B. El adjetivo y pronombre interrogativo ¿cuál?

The interrogative expression ¿**cuál?** can be used as an adjective or as a pronoun.

<table>
<tr><td>

ADJECTIVE: INTRODUCING A NOUN

(¿**cuál?** = *which*)

¿**Cuál vestido** le gusta más?

¿**Cuáles camisas** quiere comprar Ud.?

</td><td>

PRONOUN: REPLACING A NOUN

(¿**cuál?** = *which one*)

¿**Cuál** le gusta más?

¿**Cuáles** quiere comprar Ud.?

</td></tr>
</table>

→ In current usage, the interrogative adjective ¿**qué?** is used rather than ¿**cuál?** to introduce a noun.

   ¿**Qué** color prefieres?    *Which color do you prefer?*

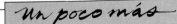

The pronoun ¿**cuál?** in the sense of *which* or *what* is used as the subject of **ser.** However, ¿**qué?** is used with **ser** to ask for a definition. Compare:

   ¿**Cuál es** el chaleco que te gusta más?
      *Which is the vest you like the best? (The red one.)*
   ¿**Qué es** un chaleco?
      *What is a vest? (A jacket without sleeves.)*

## 4 Minidiálogos: A su gusto

Prepare los diálogos según las siguientes indicaciones. Luego, represéntelos con un(a) compañero(a) de clase.

MODELO: probarme un suéter / estar en la vitrina
   —Quisiera probarme un suéter.
   —¡Claro! ¿Cuál quiere probarse?
   —El que está en la vitrina.

1. probarme unos zapatos / estar rebajados
2. comprar unos pañuelos / estar en liquidación
3. visitar un gran almacén / estar en la Gran Vía
4. pedir prestados unos libros / estar en el estante
5. reservar una mesa / estar cerca de la ventana

CASA Rionda, S.A.

*Lo más exclusivo en regalos y artículos para caballero*
• *MADERO Y BOLIVAR*
• *NIZA 19*

# C. Los adjetivos y pronombres demostrativos

Demonstrative adjectives *(this, that)* introduce nouns. Demonstrative pronouns *(this one, that one)* replace nouns.

**Este abrigo** cuesta 20.000 pesetas.
¿Te gustan **aquellos muebles?**

**Éste** cuesta solamente 15.000 pesetas.
¿Te gustan más **aquéllos?**

Demonstrative adjectives and pronouns have the following forms:

| | ADJECTIVE | | | | PRONOUN | | |
| | this | that | that (over there) | | this one | that one | that one (over there) |
|---|---|---|---|---|---|---|---|
| **SINGULAR** | | | | | | | |
| **MASCULINE** | este | ese | aquel | | éste | ése | aquél |
| **FEMININE** | esta | esa | aquella | | ésta | ésa | aquélla |
| **PLURAL** | | | | | | | |
| **MASCULINE** | estos | esos | aquellos | | éstos | ésos | aquéllos |
| **FEMININE** | estas | esas | aquellas | | éstas | ésas | aquéllas |

➡ Demonstrative pronouns differ from demonstrative adjectives in that they have an accent mark on the stressed syllable.

➡ **Este** refers to what is near the speaker.
**Ese** refers to what is near the person who is being addressed.
**Aquel** refers to what is distant from the speaker or the person being addressed.

➡ The neuter demonstrative pronouns **esto, eso, aquello** refer to an idea, a fact, a statement, or a thing that has not been specifically named.

| | |
|---|---|
| **Eso** es muy caro. | *That is very expensive.* |
| ¿Qué piensas de **esto**? | *What do you think of **this**?* |
| ¿Qué es **aquello**? | *What is **that** (over there)?* |

## 5 Minidiálogos: Desacuerdo

Raúl y Margarita no están de acuerdo. Prepare los diálogos según las siguientes indicaciones. Luego, represéntelos con un(a) compañero(a) de clase.

MODELO: comprarte los guantes
>  Raúl:  ¿Vas a comprarte estos guantes o ésos?
>  Margarita: Voy a comprarme aquéllos.

1. escoger el impermeable
2. probarte las sandalias
3. ponerte los pendientes
4. regalarme la corbata
5. almorzar en el restaurante
6. elegir los platos

# D. Los adjetivos y pronombres posesivos

## Forms

Possessive adjectives and pronouns have the following forms in the singular. Note that the adjectives have a short or unstressed form that is used before the noun, and a longer or stressed form that is used after the noun.

| POSSESSOR | POSSESSIVE ADJECTIVES | | | POSSESSIVE PRONOUNS | |
| | UNSTRESSED FORM | STRESSED FORM | | | |
|---|---|---|---|---|---|
| yo | mi | mío | mía | el mío | la mía |
| tú | tu | tuyo | tuya | el tuyo | la tuya |
| él, ella, Ud. | su | suyo | suya | el suyo | la suya |
| nosotros | nuestro(a) | nuestro | nuestra | el nuestro | la nuestra |
| vosotros | vuestro(a) | vuestro | vuestra | el vuestro | la vuestra |
| ellos, ellas, Uds. | su | suyo | suya | el suyo | la suya |

→ Plural forms are obtained by adding an **-s** to the singular form.

**Tus** zapatos son negros.   Los **míos** son amarillos.

→ Possessive pronouns are formed as follows:

definite article + stressed possessive adjective

## Uses

Possessive adjectives (*my, your . . .*) introduce nouns. Possessive pronouns
(*mine, yours . . .*) replace nouns.

**Mi** coche es amarillo.  **El mío** es amarillo. (***Mine** is yellow.*)

Olga vende **sus** cintas.  Olga vende **las suyas**. (*Olga is selling **hers**.*)

➡ Stressed possessive adjectives always follow the noun. They are
used to reinforce the idea of possession or relationship, and correspond
to the English expressions *of mine, of yours*, etc.

Un **amigo mío** vive aquí.  *A **friend of mine** lives here.*

Teresa va a invitar a unas **amigas suyas**.  *Teresa is going to invite (some) **friends of hers**.*

➡ Stressed possessive adjectives can also be used alone after **ser**.

El abrigo es **mío**.  *The coat is **mine**. (The coat belongs **to me**.)*

¿Son **suyos** los guantes?  *Are these gloves **yours**? (Do these gloves belong **to you**?)*

## 6 Minidiálogos: Los objetos perdidos

Hay muchas cosas en la sala de los objetos perdidos (*lost and found*).
Represente los diálogos según el modelo.

MODELO: el abrigo / azul oscuro

—¿Es suyo ese abrigo?

—No, no es mío.

—¿Está Ud. seguro(a)?

—¡Claro que sí! El mío es azul oscuro.

1. la gorra / verde
2. el paraguas / negro
3. los guantes / amarillos
4. la corbata / de seda
5. la pulsera / de plata
6. las sandalias / de cuero negro
7. la billetera / de piel roja
8. las botas / de caucho

## 7 ¡No!

Las personas indicadas entre paréntesis no hacen lo que hacen las siguientes
personas. Exprese eso usando el pronombre posesivo apropiado.

MODELO: Respeto a mis profesores. (Uds.)

Uds. no respetan a los suyos.

1. Teresa ahorra su dinero. (tú)
2. Los Montero venden su casa. (nosotros)
3. Óscar plancha sus camisas. (Ud.)
4. Arreglamos nuestro cuarto. (Alicia)
5. El Sr. López se queja de sus vecinos. (nosotros)
6. Clara visita a sus primas. (yo)

# E. Las comparaciones

Comparative constructions *(more, less, as . . .)* are used to compare people, activities, or things with one another.

In Spanish, comparative constructions with adjectives follow the patterns:

| | | |
|---|---|---|
| + | **más** inteligente **que** | *more intelligent than, smarter than* |
| – | **menos** inteligente **que** | *less intelligent than* |
| = | **tan** inteligente **como** | *as intelligent as* |

➤ Comparative constructions with adverbs follow the same patterns:

Alicia se viste **tan (más, menos)** elegantemente **como (que)** su hermana.

➤ The following adjectives and adverbs have an irregular comparative form:

| | | | | |
|---|---|---|---|---|
| **bueno** | *good* | **mejor** *better* | Este restaurante es **mejor** que ése. |
| **bien** | *well* | | Cocinamos **mejor** que Ud. |

| | | | | |
|---|---|---|---|---|
| **malo** | *bad* | **peor** *worse* | Una "F" es **peor** que una "D". |
| **mal** | *badly* | | Carlos juega al tenis **peor** que tú. |

➤ Comparative constructions can also be formed with nouns. However, **tan** becomes **tanto** and agrees with the noun it introduces. Compare:

| **ADJECTIVE** | **NOUN** |
|---|---|
| Marcos es **tan** rico **como** Paco. | Tiene **tanto** dinero **como** él. |
| Elena es **tan** elegante **como** Clara. | Tiene **tantas** faldas bonitas **como** ella. |

*TANTO → verbs*

---

### Un poco más

1. In current Spanish, the irregular comparatives **mayor** (= **más grande**) and **menor** (= **más pequeño**) are used when comparing ages.

   Clara es **mayor que** su prima. *(older than)*
   Inés y Beatriz son **menores que** Juana. *(younger than)*

2. Note the use of **más de** and **menos de** before a number or quantity.

   Hoy trabajé **más de** 8 horas.
   Antonio tiene **más de** diez pares de zapatos.
   Gastamos **menos de** 1.000 dólares durante las vacaciones.

---

*just have/has*
*no tiene más que cinco*

## 8 En su opinión

Haga comparaciones usando los adjetivos entre paréntesis.

MODELO: México / los Estados Unidos (grande)
*México es menos grande que (no es tan grande como) los
Estados Unidos.*

1. el español / el francés (difícil, útil) *es menos dificel que el frances*
2. el amor / la amistad (importante, duradero [*lasting*]) *es tan importante como*
3. la comida mexicana / la comida norteamericana (picante, bueno) *es más picante que*
4. los zapatos de tacón / las zapatos deportivos (cómodo, elegante) *son menos cómodo que*
5. los coches norteamericanos / los coches japoneses
   (barato, económico) *son mas baratos que*
6. los Osos (*Bears*) de Chicago / los Delfines de Miami
   (popular, bueno) *son menos populas que*

HACIENDA
EL MORTERO
COMIDA MEXICANA

## 9 Minidiálogos: ¡Qué problemas!

Prepare los diálogos según las siguientes indicaciones. Luego, represéntelos con un(a) compañero(a) de clase.

MODELO: ¿comprar los zapatos negros o los rojos? (elegante / cómodo)
—*Tengo un problema.*
—*¿Qué problema?*
—*No sé si debo comprar los zapatos negros o los rojos.*
—*Compra los negros. Son más elegantes que los rojos.*
—*Sí, ¡pero no son tan cómodos!*

1. ¿comprar los pendientes de oro o los de plata? (bonito / barato)
2. ¿alquilar el Mercedes o el Fiat? (rápido / económico)
3. ¿pedir la pizza o el bistec? (bueno / nutritivo)
4. ¿ponerme los pantalones de lana o los de algodón?
   (vistoso / cómodo)
5. ¿salir con Gloria o con Isabel? (inteligente / simpático)
6. ¿invitar a los Gómez o a los Montero? (amable / divertido)

# F. El superlativo

Superlative constructions (*the most, the least*) are used to compare people or things with the others of a group. Superlative constructions with adjectives follow the pattern:

| el, la (los, las) | más <br> menos | inteligente(s) de | *the most intelligent, smartest in* <br> *the least intelligent in* |
|---|---|---|---|

➡️ Some adjectives have an irregular superlative form.

| bueno | *good* | **el mejor** | *the best* | Enrique y Estela son los **mejores** atletas de la clase, |
|---|---|---|---|---|
| malo | *bad* | **el peor** | *the worst* | pero son los **peores** estudiantes. |

➡️ In superlative constructions, the definite article may be replaced by a possessive adjective.

Cristina es **la** mejor amiga de Clara.
También es **mi** mejor amiga.

➡️ In a superlative construction, the position of the adjective (before or after the noun) usually remains the same as in a simple (non-superlative) construction.

Madrid es una ciudad **grande**.  Es **la** ciudad **más grande** de España.
Picasso es un **famoso** pintor.  Es **el más famoso** pintor del siglo XX.

➡️ Adverbs can be used in superlative constructions according to the pattern:

| más <br> menos | + adverb |
|---|---|

Carmen es la que se viste **más** **elegantemente**.  *Carmen is the one who dresses **the most** **elegantly**.*
De mis amigos, Paco es el que me escribe **menos frecuentemente**.  *Of my friends, Paco is the one who writes me **the least frequently**.*

➡️ Nouns can be used in superlative constructions according to the pattern:

| más <br> menos | + noun |
|---|---|

Carlos es el que tiene **más dinero**.  *Carlos is the one who has **the most money**.*
También es el que tiene **menos amigos**.  *He's also the one who has **the least friends**.*

1. Note the following irregular superlatives:

| **el mayor** | *the oldest* | Clara es **la mayor** de mis primas. |
| **el menor** | *the youngest* | Alberto es **el menor** de sus hermanos. |

2. The suffix **-ísimo** for adjectives (and **-ísimamente** for adverbs in **-mente**) is used to express a very high degree of a given quality. These forms are called absolute superlatives, although no comparisons are being made.

| Esta falda es **carísima**. | *This skirt is **very, very expensive**.* |
| Esos zapatos son **baratísimos**. | *Those shoes are **very, very inexpensive**.* |

## 10 ¿Sí o no?

Lea las descripciones siguientes. Para cada cosa o persona, diga si es la mejor en su categoría.

MODELO: San Francisco es una ciudad hermosa. (los Estados Unidos)
*Sí, es la ciudad más hermosa de los Estados Unidos.*
*(No, no es la ciudad más hermosa de los Estados Unidos.)*

1. Madrid es una ciudad grande. (el mundo) *No, no es la ciudad más grande del mundo*
2. Los Andes son montañas altas. (América del Sur) *Sí, son altísimas de*
3. Hemingway es un autor famoso. (su generación) *es el autor más famoso de su generación*
4. Tina Turner es una buena cantante. (la época actual)
5. Mis amigos(as) y yo somos buenos(as) estudiantes. (la clase) *los mejores*
6. "Los Yankees" es un buen equipo. (la Liga Americana)
7. Los Estados Unidos es un país poderoso (*powerful*). (el mundo) *el país más*

## 11 Minidiálogos: ¡Lo mejor para Ud.!

Dos amigos discuten qué es lo mejor en ciertas categorías. Prepare los diálogos según se indica en el modelo.

MODELO: La chaqueta azul es barata. (la tienda)
—*¿Es barata la chaqueta azul?*
—*Sí, es muy barata.*
—*¿No hay chaquetas más baratas?*
—*Lo siento, amigo(a), pero es la más barata de la tienda.*

1. El Hotel Excelsior es moderno. (la ciudad)
2. El restaurante Rodríguez es bueno. (el barrio)
3. Este vino tinto es bueno. (la lista)
4. Esa secretaria es capaz. (la oficina)
5. Aquel dependiente es servicial. (el almacén)
6. Este mecánico es competente. (la estación de servicio)
7. Aquella profesora es interesante. (el colegio)

# Lecturas literarias

## Introducción

Ermilo Abreu Gómez (1894–1971) nació en Mérida, México. Como crítico literario, se especializó en la figura de Sor Juana Inés de la Cruz.[1] De 1946 hasta 1960 fue alto funcionario de la Unión Panamericana en Washington. Hoy en día, Abreu Gómez es más conocido por su obra *Los héroes mayas* (1942). En sus *Cuentos de Juan Pirulero* (1939, 1944) y *Cuentos para contar junto al fuego* (1959), se inspiró con los recuerdos de su niñez.

En "El ratoncito", Abreu Gómez nos ofrece su versión de un viejo cuento folklórico en el cual doña Rata y don Ratón buscan al esposo ideal para su única hija.

Pero, éste es un cuento dentro de otro. Al principio y al final del cuento, el lector se familiariza con doña Charo, la joven tía del autor, y Ramiro, el muchacho de la casa[2] que la entretiene contándole un cuento "verdadero".

Tulum, México

---

### Palabras claves

el casamiento *(wedding)* = la boda:  casarse con *(to marry)*

el novio *(fiancé)*   el marido *(husband)*   el yerno *(son-in-law)*

el ratón *(mouse)*:   dar cabezadas *(to nod)*   alzar la cola *(to raise, lift his tail)*

horadar *(to bore, dig holes in)* el muro / la tapia *(wall)*

---

[1] **Sor Juana Inés de la Cruz** (1651–1695) poeta y feminista mexicana   [2] **el muchacho de la casa** servant boy

# El ratoncito

## Ermilo Abreu Gómez

A. PRÓLOGO

—Esto que le voy a contar a usted, niña Charo,[1] no crea usted que es invención mía. Esto que le voy a contar me lo contó anoche el niño Ermilo. Y el niño Ermilo dice que así sucedió y que así debe creerse que así sucedió. Y así lo creo.

*nonsense, craziness*    —Será alguna *locura*.     5

*It is about / cuento*    —No, niña—añadió Ramiro—. *Se trata de* la *historia* del casamiento de un ratoncito.

—Bueno, cuéntame esa historia.

B. EN BUSCA DEL MARIDO IDEAL

*everywhere (lit., in all corners)*    —Pues mire usted. Sucedió que doña Rata y don Ratón tuvieron una ratita. La ratita creció y *en todos los rincones* se supo que 10 era la ratita más linda del mundo. Tan linda parecía que doña Rata pensó en buscarle marido. Don Ratón sólo ayudaba, dando cabezadas y meneando la cola. La que pensaba y *disponía* era doña

*arranged matters*    Rata. Pensaron en todos los novios posibles y *dignos* de la ratita.
*worthy*    Todos tenían defectos. A éste le faltaba cola; al otro bigotes; al 15

*position*    otro algún diente. Ninguno servía para el altísimo *oficio* de marido.

C. EL SOL

Después de mucho pensar, doña Rata y don Ratón *se fijaron*

*settled on*    *en* el Sol. Esperaron que amaneciera. Y en cuanto apareció su
*cara grande / techo*    *carota* redonda por encima del *tejado* le saludaron y le hablaron así:     20

*Debes*    —Señor Sol, te esperábamos. *Has de* saber que tenemos una hija lindísima. Es la ratita más linda que ha nacido, y tú que eres

*deserve her*    lo más grande, *la mereces*. Queremos que tú te cases con ella.

Entonces el Sol dijo:

—Yo no soy lo más grande, lo más grande es la Nube que me 25 cubre.

---

[1] Charo es el apodo *(nickname)* de Rosario.

## Expresiones de cortesía

Las expresiones de cortesía en español se originaron hace muchos siglos en la clase noble que gobernaba el país. Así **Ud.** (o **Vd.**) era la forma abreviada más cortés que significaba **Vuestra Merced.**[1]

Antiguamente las palabras **don** y **doña,**[2] que se usan con el nombre de pila de la persona, se daban a muy pocas personas de la nobleza. A través de los años, se usaban para referirse a toda la aristocracia y a las personas de la clase alta. De la misma manera, las palabras **niño** y **niña**[3] se usaban con el nombre de pila de las personas solteras. Los criados utilizaban don / doña y niño / niña al hablar con sus amos.[4]

Igualmente, las palabras **señor** y **señora**[5] se empezaron a usar para expresar cortesía y respeto con los apellidos y las profesiones de las personas.

[1] **Vuestra Merced:** Your Grace (*lit.*, your mercy)  [2] **Don y doña** vienen de la palabra latina *dominus* que significa señor.  [3] **Niño y niña** vienen de la palabra latina *minimus* que significa el más pequeño.  [4] **amos:** masters  [5] **Señor y señora** vienen de la palabra latina *senior* que significa de edad mayor.

Don Carlos Nebel, México, 1834

*crying*
*estaba*

Oyeron esto doña Rata y don Ratón y se fueron en busca de la Nube. La encontraron *llorando*; creyeron que era porque *se encontraba* sola y le dijeron las mismas palabras que habían dicho al Sol. La Nube contestó: 30

—Yo no soy lo más grande. Lo más grande es el Viento que me empuja.

*surprised*

Doña Rata y don Ratón, *asombrados,* fueron en busca del Viento. Lo encontraron en el camino. Aunque no pudieron hacer que *se detuviera* un momento, le hablaron así, casi *al oído*: 35

*he stop / en la oreja*

—Señor Viento . . .

El Viento contestó:

—Lo sé todo. Pero yo no soy lo más grande. Lo más grande es el Muro que *me detiene*.

*holds me back*

Doña Rata y don Ratón miraron hacia adelante. Allí había un 40 Muro. Corrieron hacia él y le hablaron. El Muro estaba negro y *verdoso* por el tiempo. Doña Rata y don Ratón le hablaron con verdadera fuerza varias veces. El Muro *por viejo* estaba ya un poco *sordo.* De ahí viene aquello de las tapias que no oyen.[2] Al fin oyó y dijo: 45

*greenish (moss-covered)*
*= porque era viejo*
*deaf*

—Yo no soy lo más grande. Lo más grande es el ratón que me horada.

*horadas*
*enseñanza*

*laid back*
*wrinkled / snout*
*slid along / edge*

Doña Rata y don Ratón se miraron. Alzaron sus colitas; *agacharon* un poco, no mucho, sus orejitas; *fruncieron el hocico y se deslizaron por* la *orilla* del camino para no ser vistos. 50

*convinced*
*being*

Doña Rata y don Ratón casaron a su ratita con un ratoncito. El día de la boda, doña Rata y don Ratón estaban *convencidos* de que el ratoncito, su yerno, era el *ser* más grande del mundo. Y así lo creyeron siempre y fueron muy felices.

---

[2] Hay una expresión en español: ''más sordo que una tapia'' que corresponde a la expresión en inglés ''deaf as a post''.

—Calla, cállate—gritó doña Charo mientras subía, con la falda 55
levantada, sobre la mesa.

worried  Por allí corría, tímido e *inquieto*, un ratoncito.

## ¿Comprendió Ud.?

A. PRÓLOGO

1. ¿Por qué dice Ramiro que el cuento no es una invención suya?
2. ¿De qué se trata el cuento?

B. EN BUSCA DEL MARIDO IDEAL

3. ¿Cómo era la hija de doña Rata y don Ratón?
4. ¿Qué decidió hacer doña Rata con la ratita?
5. ¿Cómo ayudaba don Ratón a doña Rata con sus planes?
6. ¿Qué clase de defectos tenían los posibles novios de la ratita?

C. EL SOL

7. Según los padres, ¿quién sería el perfecto marido?
8. ¿Qué le dijeron los ratones al posible novio? ¿Cómo respondió?

D. LA NUBE, EL VIENTO, EL MURO

9. ¿Por qué la Nube no se considera ser lo más grande?
10. ¿Qué contestó el Viento a la oferta de los padres?
11. ¿Por qué tuvieron los ratones que hablarle al Muro con fuerza?

E. EL YERNO IDEAL

12. Después de tanto trabajo, ¿quién resultó ser el novio perfecto para la ratoncita?
13. En el día de la boda, ¿de qué estaban convencidos los padres de la novia?

F. LA REACCIÓN DE DOÑA CHARO

14. ¿Qué sucedió en el momento que Ramiro acabó de contar el cuento?
15. ¿Cómo reaccionó doña Charo?

## Puntos de vista

Doña Charo le cuenta a su amiga Consuelo sobre el susto que se llevó a causa de un ratoncito. Complete esta conversación imaginaria.

*Consuelo: Charo, me parece que estás un poco pálida. ¿Qué te pasa?*

*Charo: Conoces a Ramiro, ¿verdad? Él sabe muy bien que temo a los ratones. Pues, lo primero que hace es contarme un cuento sobre ratones.*

*Consuelo: ¿De veras? ¡Qué mal gusto! Bueno . . . cálmate, querida. ¡Cuéntame lo que pasó!*

# Temas

1. ¿Es el ratoncito verdaderamente más grande que el sol? Desarrolle *(Develop)* un razonamiento que demuestre lógicamente por qué el muro es más grande que el ratón, el viento más grande que el muro, etc.
2. Imagine que Ud. conoce a alguien que teme a los ratones . . . o que tiene miedo de los gatos, de los perros, de las culebras *(snakes)* o de las arañas *(spiders)*. O ¿quizás Ud. conoce a alguien que tiene miedo de las alturas o de la oscuridad? ¿Qué consejos le daría Ud. a esa persona?

Figuras de animales, hechas y pintadas a mano, México

Diminutives are very common in Spanish. They indicate endearment as well as smallness in size.

| | | |
|---|---|---|
| **-ito, -ita** | el papel | el papel**ito** *(note-size paper)* |
| | la rata | la rat**ita** |
| **-cito, -cita** | el ratón | el raton**cito** |
| | la torre *(tower)* | la torre**cita** |
| **-illo, -illa** | la cocina | la cocin**illa** |
| **-cillo, -cilla** | la cruz *(cross)* | la cruce**cilla** |
| **-ete, -eta** | el peso | la pes**eta** |

**Augmentatives indicate an increase in size.**

| | | |
|---|---|---|
| **-ón** | la caja *(box)* | el caj**ón** *(chest)* |
| | la pistola | el pistol**ón** |
| **-ote, -ota** | la cara | la car**ota** |

Both diminutives and augmentatives may also be used with adjectives.

| | |
|---|---|
| **-ito** | pequeñ**ito**, pequeñ**ita** *(very small)* |
| **-cito** | limpie**cito**, limpie**cita** *(sparkling clean)* |
| **-ote, -ota** | grand**ote**, grand**ota** *(very big)* |

# Unidad 10

## ¡Buen viaje!

## Con destino a Santiago

*Escena 1:* **En el hotel**

Leonardo Buendía está descansando en su habitación del Hotel Castellana de Madrid. Leonardo ha trabajado mucho durante el día, pero está muy satisfecho con los resultados de su labor. De repente suena° el teléfono. Es la operadora del hotel.

rings

—Señor Buendía, una llamada del hospital de Santiago.

—¿Del hospital de Santiago? ¡Ah! Debe ser mi esposa.

Pero no es la Sra. de Buendía la que habla, sino una enfermera del hospital.

—Señor Buendía, ¡felicitaciones!° Es usted el dichoso° papá de un robusto niño.

congratulations! / happy

—¡Un varón!° Muchas gracias, señorita. ¿Cómo está mi esposa?

boy

—Perfectamente bien. Ahora está descansando. ¿Podrá usted llamarla dentro de dos horas?

—¡No, no! Dígale a mi esposa que regresaré inmediatamente.

Buendía, el viajante° más eficaz° de una compañía de juguetes,° vive en Santiago de Compostela, una ciudad situada a unos 400 kilómetros al noroeste de Madrid. El trabajo requiere viajes frecuentes por toda España y Francia, principalmente por tren. El nacimiento° de su hijo es una ocasión extraordinaria y Buendía decide hacer el viaje a su casa por avión. ¡Será más rápido!

traveling salesman / effective
toys

birth

## *Escena 2:* **En el aeropuerto**

Sin perder un minuto, el nuevo papá hace las maletas, paga la cuenta del hotel, sale y llama un taxi. Cuando llega al aeropuerto se dirige rápidamente al mostrador° de la línea Iberia.

counter

—Señorita, ¿a qué hora sale el próximo vuelo para Santiago? Necesito un billete.

—Dentro de media hora sale un avión. ¿Es un viaje de ida y vuelta?°

round trip

—No, no . . . Sólo de ida. Aquí tiene mi tarjeta de crédito.

—Muchas gracias, señor Buendía, pero necesito también su pasaporte.

Leonardo mira extrañado° a la empleada. Lo piensa mejor° y le entrega el pasaporte. En estos tiempos de constantes secuestros° de aviones, todas las precauciones son pocas. Eso es una medida conveniente y eficaz° para identificar a todos los pasajeros.

surprised
He thinks better of it
hijackings
efficient

—Muy bien, todo está en orden, señor Buendía. Aquí está su billete. El avión sale de la puerta° 5. Ya están abordando° los pasajeros. ¡Que tenga buen viaje!

gate
boarding

*Escena 3:* **En el avión**

Buendía tiene un pensamiento° fijo:° su esposa y su
hijo recién nacido.° Sube al avión, se ajusta el cinturón de
seguridad,° toma una revista y trata de leer. El avión despega°
y muy pronto Buendía se queda profundamente dormido.°
¡Está tan cansado!

thought / fixed
newly born
safety belt / takes off
falls into a deep sleep

Ocho horas más tarde se despierta y mira por la ventanilla. Se sorprende al ver los picos nevados° de una cadena°
de montañas . . . Algo anda mal. Estas enormes montañas
en nada se parecen a las colinas° que rodean° a Santiago
de Compostela. Mira el reloj . . .

snowy peaks / chain

hills / surround

—¿Dónde estamos? ¡Dios mío!° Han secuestrado° el
avión mientras dormía. ¡Qué mala suerte! ¿Cuándo podré
ver a mi esposa y a mi hijito?

My goodness! / hijacked

En ese momento se oye la voz de una azafata° por el
altoparlante:° —Señores pasajeros, ¡atención! El capitán
ha encendido la señal de no fumar. Por favor, apaguen los
cigarrillos. Pronto aterrizaremos° en Santiago de Chile.

stewardess
loudspeaker

we will land

—¡Chile! Yo pedí un billete para Santiago de Compostela y estos tontos° me han mandado a Santiago de
Chile. ¿Qué voy a hacer, Dios mío? ¡Qué mala pata!°

dummies
bad luck

*Escena 4:* **El aterrizaje°**

El avión aterriza. "Bienvenidos a Chile" dice un inmenso cartel. Una vez en la aduana° Leonardo corre al teléfono más cercano y llama a su esposa. La Sra. de Buendía contesta el teléfono.

—¡Oh, Leonardo! Hace horas que te espero. Tenía el alma en un hilo.° La enfermera me dijo anoche que habías salido para acá. ¿Dónde estás?

—Pues aquí, en Chile.

—¿En Chile? ¿Pero te has vuelto loco? ¿Qué haces tú en Chile?

—Esto . . . Hm . . . Mira es que . . . Bueno, no todos los días nace un Buendía, así es que pensé que antes de ir a verlos tenía que comprarte un buen regalo. ¿Qué te parece una auténtica manta° chilena tejida° a mano por una india araucana?*

landing

*apenado*

customs

*Tenía mucho miedo.*

blanket / woven

**Comentario cultural**

**\* Los araucanos**  Indios sudamericanos que viven en la parte central de Chile.

## Preguntas

*Escena 1:* **En el hotel**

1. ¿Qué tipo de trabajo tiene el Sr. Buendía? ¿Qué tiene que hacer en este trabajo?
2. ¿Por qué lo llama la enfermera? ¿Qué le dice él a ella?
3. Generalmente, ¿cómo viaja Buendía? Esta vez, ¿cómo va a regresar a casa? ¿Por qué?

*Escena 2:* **En el aeropuerto**

4. ¿Cómo paga Buendía el billete de avión?
5. ¿Según él, por qué les pide la señorita el pasaporte a los pasajeros?

*Escena 3:* **En el avión**

6. ¿Qué hace Buendía al entrar en el avión? ¿Qué hace después?
7. ¿Qué le sorprendió a Buendía al mirar por la ventanilla? ¿Cuál fue su primer pensamiento?
8. ¿Cuál ha sido la equivocación *(mistake)* de su viaje? ¿Cómo le ocurrió?

*Escena 4:* **El aterrizaje**

9. ¿Qué hace Buendía al llegar a Chile?
10. ¿Por qué tenía el alma en un hilo la Sra. de Buendía?
11. ¿Qué razones le da Buendía a su esposa por estar en Chile? Según Ud., ¿por qué no le dice la verdad a ella?

¡BIENVENIDOS A CHILE!

# El español práctico

## Vocabulario temático: ¡Buen viaje!

### En la agencia de viajes

| Me gustaría | alquilar un coche. | | |
|---|---|---|---|
| Quisiera | comprar | un pasaje *(ticket)*  un billete  un boleto | para Madrid. |

**hacer una reservación**
**reservar un asiento** *(seat)* en **el vuelo** *(flight)* 101

| **confirmar la hora** | **de salida** *(departure)* |
|---|---|
| | **de llegada** *(arrival)* |

**cancelar** una reservación
**saber** si hay **vuelos** a Guayaquil

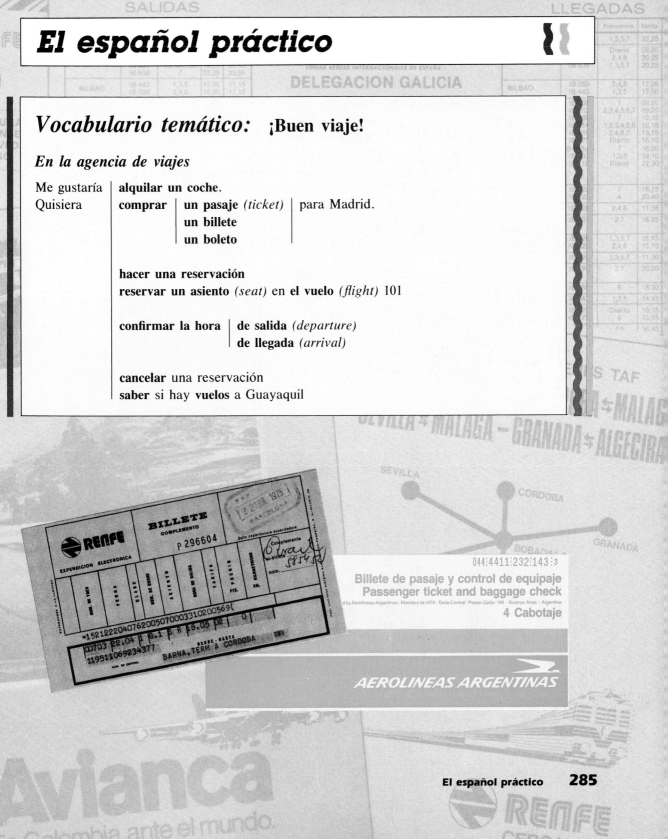

## En la estación de trenes

Me gustaría saber dónde está
¿Me podría indicar dónde está

| | |
|---|---|
| **la taquilla** | *(ticket window).* |
| **la ventanilla** | |

**el horario de trenes** *(train schedule)*
**el horario de salidas y llegadas** *(schedule)*
**la oficina de información**
**el andén** *(platform)* número 3

**la salida** *(exit)*
**la sala de espera** *(waiting room)*
**la consigna de equipaje** *(baggage room)*

| | |
|---|---|
| **el puesto de revistas** | *(newsstand)* |
| **el quiosco de periódicos** | |

*puesto = any situado* [handwritten]

Quiero comprar
¿Me podría dar

un **pasaje de primera clase.**
un **pasaje de segunda clase**
un **pasaje de ida** *(one-way)*
un **pasaje de ida y vuelta** *(roundtrip)*

¿Me podría decir

| | |
|---|---|
| **el precio del pasaje**? | ¿**Cuánto cuesta el pasaje**? |
| **la hora de salida** | ¿**A qué hora sale el tren**? |
| **la hora de llegada** | ¿**A qué hora llega el tren**? |

> ¡ATENCIÓN! ¡ATENCIÓN!
> EL TREN CON DESTINO A
> CÓRDOBA ESTÁ A PUNTO DE
> SALIR. SE RUEGA A LOS
> PASAJEROS QUE ABORDEN
> EL TREN INMEDIATAMENTE
> EN EL ANDÉN NÚMERO CUATRO.

a qué hora sale **el próximo tren** para Valencia

| si el tren | **viene** | **a tiempo** *(on time)* | |
|---|---|---|---|
| | **sale** | **adelantado** *(ahead of schedule)* | Lleva 10 minutos **de adelanto.** |
| | **llega** | **con retraso** *(late, behind schedule)* | Lleva 5 minutos **de retraso.** |

| si está | **libre** *(free)* | este **asiento** | *no hace paradas — tren directo* [handwritten] |
|---|---|---|---|
| | **ocupado** | | |

si el tren es **directo**
si hay (un) **cambio de tren** *(change of train, transfer)*

| dónde hay que | **cambiar de tren** | *(to change trains)* |
|---|---|---|
| | **hacer el cambio de tren** | |

| en qué estación tengo que | **bajar** *(to get off)* del tren |
|---|---|
| | **subir** *(to get on)* al tren |

## En el aeropuerto

¿Dónde está | **la puerta** (*gate*) 42?
**el horario de vuelos** (*flight schedule*)
**el mostrador** (*counter*) de Iberia
**la aduana** (*customs*)
**la oficina de inmigración**
**la sala de reclamación de equipaje** (*baggage claim*)

Quisiera | **un pasaje de clase turista.**
**un pasaje de primera clase**
**un asiento** | al lado **de la ventanilla**
al lado **del pasillo** (*aisle*)
en **la sección de** | **fumar** (*smoking*)
**no fumar**

¿Hay un **vuelo** (*flight*) **directo** a Buenos Aires?
¿Este avión **hace escala** (*stopover*)?

¿Tiene Ud. | su **pasaje**?
su **pasaporte**
su **tarjeta de embarque** (*boarding pass*)
su **comprobante de equipaje** (*baggage claim check*)

Los **pasajeros** (*passengers*) tienen que ✳*facturar el equipaje*

**facturar** (*to check*)
**depositar** (*to check*) | su **equipaje** (*luggage*).
**recoger** (*to pick up*) | sus **maletas**

**presentarse** a la puerta 12
**embarcarse** (*to board, go aboard*)
**abordar** (*to board*) el avión
**buscar** el asiento

**poner el equipaje de mano** (*carry-on luggage*)
debajo de sus asientos
**abrocharse** (*to fasten*) **el cinturón de seguridad** (*seat belt*)
**desembarcar** (*to deplane*)
**pasar por la aduana**

Aquí llega | **el piloto**.
**el capitán**
**la azafata** *(stewardess)*
**el(la) auxiliar de vuelo** *(flight attendant)*
**la tripulación** *(crew)*

El avión va a | **despegar** *(to take off)*.
**aterrizar** *(to land)*
**volar** [ue] *(to fly)* a **una altura** *(altitude)* de diez mil metros
**sobrevolar** [ue] *(to fly over)* los Andes
**hacer escala** *(to make a stopover)* en Quito

*escalas — stop over*

Está prohibido fumar durante | **el despegue** *(take off)*.
**el aterrizaje** *(landing)*
**el vuelo**

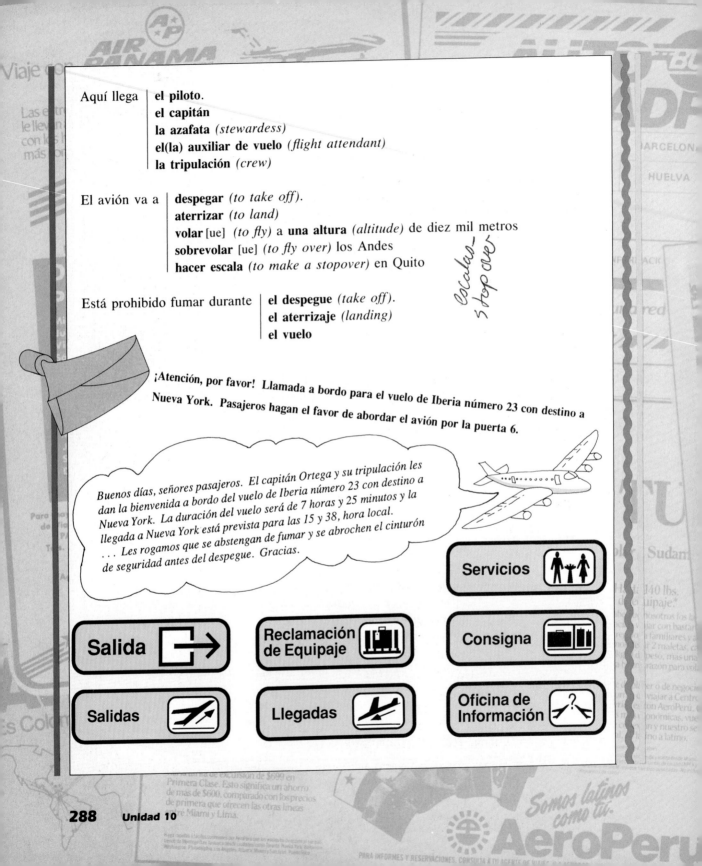

**¡Atención, por favor!** Llamada a bordo para el vuelo de Iberia número 23 con destino a Nueva York. Pasajeros hagan el favor de abordar el avión por la puerta 6.

Buenos días, señores pasajeros. El capitán Ortega y su tripulación les dan la bienvenida a bordo del vuelo de Iberia número 23 con destino a Nueva York. La duración del vuelo será de 7 horas y 25 minutos y la llegada a Nueva York está prevista para las 15 y 38, hora local. ... Les rogamos que se abstengan de fumar y se abrochen el cinturón de seguridad antes del despegue. Gracias.

**Servicios**

**Salida**

**Reclamación de Equipaje**

**Consigna**

**Salidas**

**Llegadas**

**Oficina de Información**

## 1 ¿Dónde?

Complete las siguientes oraciones indicando el lugar apropiado en el espacio en blanco.

MODELO: *Aquí no se venden los pasajes. Se venden en* el mostrador.

1. Si no necesitas tus maletas, puedes dejarlas en . . . *la sala de reclamación de equipaje*
2. Lo siento, señorita, pero no sé cuándo sale el autobús para Toledo. Ud. puede preguntarlo en . . . Siempre está abierta. *la oficina de informa.*
3. Voy a comprar un periódico. ¿Sabes dónde está . . . ? *el quiosco de periódicos*
4. El tren para Valencia va a salir del . . . número 8. *andén* — *andén*
5. Los pasajeros con destino a Lima tienen que presentarse en . . . *la puerta* número 32 con su tarjeta de embarque.
6. Cuando pasan por . . . , los viajeros tienen que mostrar sus *la aduana* pasaportes y abrir sus maletas.
7. ¡Caramba! No puedo encontrar mis comprobantes. ¡Espero que no vayan a pedírmelos en . . . ! *la aduana consigna de equipaje*

## 2 ¿Qué pasa?

Complete las oraciones con los verbos apropiados.

1. Voy a . . . mis maletas. No las necesito durante el vuelo. *facturar*
2. El avión acaba de . . . y ahora los pasajeros van a desembarcar. *aterrizar*
3. Hay turbulencia y los pasajeros deben . . . el cinturón. *abrocharse*
4. No, señor, el vuelo no es directo. Vamos a . . . en Madrid. *hacer escala*
5. El avión está al comienzo de la pista (*runway*). Dentro de un minuto, va a . . . *despegar*
6. Sí, vamos a . . . la Sierra Nevada. *sobrevolar*
7. Sí, Ud. puede . . . el avión, pero primero tiene que darle su tarjeta de embarque al agente. *embarcarse / abordar*
8. Ud. tiene que . . . del tren en la estación Madrid-Chamartín. *cambiar*
9. Generalmente, cuando estamos en España, viajamos en tren, pero este verano vamos a . . . un coche. *alquilar*
10. Antes de salir del aeropuerto, los pasajeros van a la sala de reclamación de equipaje para . . . sus maletas. *recoger*

## 3 Minidiálogos: En Barajas

Ud. está en Barajas, el aeropuerto internacional de Madrid. Prepare los diálogos según el modelo. Luego represéntelos con un(a) compañero(a) de clase.

### SALIDAS — VUELOS INTERNACIONALES

| Vuelo N° | Líneas aéreas | Destino | Hora | Puerta |
|---|---|---|---|---|
| 012 | Iberia | Buenos Aires | 9:35 | 9 |
| 022 | Swissair | Ginebra | 10:12 | 13 |
| 121 | Pan Am | Nueva York | 10:23 | 6 |
| 946 | Air Canada | Montreal | 10:47 | 3 |
| 811 | AeroMéxico | México | 11:08 | 11 |
| 018 | Iberia | París | 11:16 | 8 |

MODELO:  Buenos Aires

—*Disculpe, señorita. ¿Podría decirme a qué hora sale el vuelo doce de Iberia con destino a Buenos Aires?*

—*Sale a las nueve y treinta y cinco.*

—*¿De qué puerta?*

—*De la puerta 9.*

—*Muchas gracias.*

—*Para servirle.*

1. Ginebra
2. Nueva York
3. Montreal
4. México
5. París

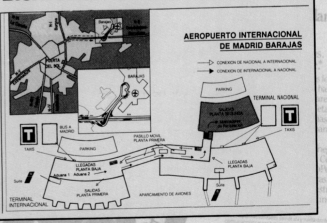

290    Unidad 10

## 4 Minidiálogos: En la agencia de viajes Sol y Mar

La agencia de viajes Sol y Mar organiza viajes turísticos. Complete la conversación entre un(a) empleado(a) y un(a) turista.

| Destino | Salidas | | Precios | |
|---|---|---|---|---|
| | | | *primera clase* | *clase turista* |
| Mallorca | 3 de marzo<br>6 de junio | 18 de abril<br>7 de septiembre | 20.000 pesetas | 16.000 pesetas |
| Gran Canaria | 4 de abril<br>7 de julio | 25 de mayo<br>12 de octubre | 45.000 pesetas | 35.000 pesetas |
| Puerto de la Cruz | 6 de mayo<br>8 de septiembre | 17 de julio<br>20 de noviembre | 95.000 pesetas | 65.000 pesetas |
| Acapulco | 6 de mayo | 18 de septiembre | 130.000 pesetas | 90.000 pesetas |
| Tenerife | 21 de abril | 12 de diciembre | 100.000 pesetas | 70.000 pesetas |

**VIAJES SOL Y MAR**

Empleado(a): ¿Adónde le gustaría ir, señorita?
Turista: *Quisiera ir a Gran Canaria*

Empleado(a): ¿En qué fecha quisiera salir?
Turista: *quisiera salir en el 7 de Julio*

Empleado(a): ¿En qué clase le gustaría viajar?
Turista: *viajar en la clase de turista*

Empleado(a): ¿Qué tipo de asiento le gustaría?
Turista: *un asiento al lado de la ventanilla*

Empleado(a): ¿Preferiría un asiento en la sección de fumar?
Turista: *no*

Empleado(a): Aquí tiene su pasaje y su tarjeta de embarque.
Turista: Muchas gracias, señor(a).

## Conversaciones dirigidas

Prepare los diálogos según las siguientes indicaciones.

1. Rafael Fonseca, un estudiante madrileño, se va de vacaciones a Barcelona. Toma el tren en la estación de Madrid-Chamartín.

| Rafael | | el empleado |
|---|---|---|
| greets the agent and asks for a ticket to Barcelona *un billete a barcelona* | → | asks if it is one-way or roundtrip *un pasaje de ida o ida y vuelta* |
| says one-way *un pasaje de ida* | → | indicates that the price is 8,000 pesetas *el precio es* |
| gives the agent the money and asks when the next train leaves *¿A qué hora sale el próximo tren?* | → | says at 11:36 *sí, el tren sale a 11:36* |
| asks if the train is direct *¿es el tren directo?* | → | answers that there is a change in Zaragoza *hay un cambio en* |
| asks what platform the train is leaving from *¿De qué andén sale el tren?* | → | says he does not know and tells Rafael to look at the schedule board |
| asks where the board is | → | says next to the baggage room *Próxima consigna de equipaje* |

2. La Sra. Montero, presidenta de la compañía Asofar en Caracas, Venezuela, pasa por una agencia de viajes para comprar un pasaje de avión para Quito, Ecuador.

| Sra. Montero | | la empleada |
|---|---|---|
| greets the agent and says she would like to buy a ticket for Quito | → | asks for which dates |
| says she will leave May 15 and return on May 22 | → | says that there is a Viasa flight at 9:15 a.m. and an Ecuatoriana flight in the afternoon |
| says that she would like to reserve a seat on the Ecuatoriana flight | → | asks in which class |
| answers in first class | → | asks if she wants the non-smoking section |
| answers yes, and says that she would like a seat next to the window | → | tells her that the ticket costs 5,000 bolivars (*bolívares*) |
| says that she is going to pay with her credit card (*tarjeta de crédito*) | → | gives Mrs. Montero the ticket and the boarding pass and tells her to be at the airport one hour before departure time *una hora antes de su salida* |

## Conversaciones libres

Prepare los diálogos que correspondan a las siguientes situaciones. Luego, represéntelos con un(a) compañero(a) de clase.

1. Tomás va a pasar un fin de semana en Bilbao. Llama por teléfono a la oficina de información de la estación Madrid-Charmartín. Quiere saber el horario de los trenes, el precio del billete y si hay que hacer cambios.
   *Los personajes: Tomás, el empleado*

2. La Sra. Ramírez va a pasar una semana de vacaciones en Ginebra (del 2 al 9 de julio). Llama por teléfono a una agencia de viajes que le ofrece la opción entre un vuelo de Swissair por la mañana y uno de Iberia por la tarde.
   *Los personajes: la Sra. Ramírez, la empleada*

3. Isabel Arciniegas, célebre pianista española, viaja regularmente entre Madrid y Nueva York. Pero esta vez su maleta no aparece en la sala de reclamación de equipaje. La pianista desconcertada le explica a un agente su problema.
   *Los personajes: Isabel Arciniegas, el agente*

4. Luisa Torres va a viajar de Madrid a Málaga con su prima Teresa, una jovencita de 12 años. Como es el primer viaje de Teresa en avión, ella le hace muchísimas preguntas a Luisa, que le explica todo con mucha paciencia.
   *Los personajes: Teresa, Luisa*

5. Emilia, una estudiante colombiana, ha decidido pasar una semana de vacaciones en México y ha reservado su asiento unos días antes del día de salida. Al llegar al aeropuerto, se presenta al mostrador pero el agente de la compañía aérea no puede encontrar rastro *(trace)* de su reservación en la computadora. No queda asiento para ella en el avión porque todos los pasajes están vendidos.
   *Los personajes: Emilia, el agente*

## A. El futuro

### Future: Forms

| INFINITIVE | hablar | vender | vivir | ir | ENDINGS |
|---|---|---|---|---|---|
| yo | hablaré | venderé | viviré | iré | -é |
| tú | hablarás | venderás | vivirás | irás | -ás |
| él, ella, Ud. | hablará | venderá | vivirá | irá | -á |
| nosotros | hablaremos | venderemos | viviremos | iremos | -emos |
| vosotros | hablaréis | venderéis | viviréis | iréis | -éis |
| ellos, ellas, Uds. | hablarán | venderán | vivirán | irán | -án |

In Spanish the future is a simple tense consisting of one word. It is formed as follows:

> future stem + future endings

➡ All verbs have the same set of future endings.

➡ For most verbs, the future stem is the infinitive.

➡ Verbs that have an accent mark in the infinitive lose this accent mark in the future.

    oír → oiré    reír → reiré

➡ A few verbs have irregular future stems. Note that all future stems end in the consonant **r**.

exelvision

"No temas al futuro"

| INFINITIVE | FUTURE STEM |
|---|---|
| poder | **podr-** |
| poner | **pondr-** |
| salir | **saldr-** |
| tener | **tendr-** |
| venir | **vendr-** |

| INFINITIVE | FUTURE STEM |
|---|---|
| decir | **dir-** |
| hacer | **har-** |
| querer | **querr-** |
| haber (hay) | **habr- (habrá)** |
| saber | **sabr-** |

## Uses

The future tense is generally used to describe events that *will* (or *will not*) happen some time in the future.

| | |
|---|---|
| **Llegaremos** al aeropuerto a la una. | *We **will arrive** at the airport at one.* |
| El avión **no hará** escala en Montevideo. | *The plane **will not make** a stop in Montevideo.* |
| ¿Cuándo **saldrá** el tren? | *When **will** the train **leave**?* |
| **Me iré** a las dos. | *I **will leave** at two o'clock.* |

→ In Spanish, as in English, the future is used to express the result of a supposition which concerns the future. It describes what *will happen* if a certain condition is met.

| | |
|---|---|
| Si el autobús no llega, **tomaremos** un taxi. | *If the bus doesn't come, **we will take** a taxi.* |

→ The future is sometimes used to wonder about or express a guess concerning the present. This is called the FUTURE OF PROBABILITY.

| | |
|---|---|
| ¿Qué hora **será**? | *I **wonder** what time it is.* |
| **Serán** las tres. | *It **is probably** (it **must be**) three o'clock.* |
| ¿Dónde **estará** Paco? | *I **wonder** where Paco is.* |
| **Estará** en la sala de espera. | *He **is probably** (he **must be**) in the waiting room.* |

Nadie estará más en demanda en los próximos 20 años que los programadores de computadoras.

## 1 ¿Cuándo?

Utilice el futuro para indicar cuándo tendrán lugar las siguientes acciones.

MODELO: Vamos a comprar los billetes. (la semana próxima)
*Compraremos los billetes la semana próxima.*

1. Tú vas a alquilar un coche. (para el fin de semana) *Alquilarás*
2. Ud. va a reservar los asientos. (mañana) *reservará*
3. Los turistas van a llegar al aeropuerto. (una hora antes de la salida) *llegarán*
4. Uds. van a subir al avión. (en diez minutos) *subirán*
5. El avión va a despegar. (pronto) *despegará*
6. Yo voy a abrocharme el cinturón de seguridad. (antes del despegue) *abrocharé me*
7. La azafata va a servir la comida. (durante el vuelo) *servirá*
8. Nosotros vamos a aterrizar en Caracas. (dentro de una hora) *aterrizaremos*
9. Los pasajeros van a bajar del avión. (después del aterrizaje) *bajarán*
10. Voy a leer estas revistas. (después de la comida) *leerán*

## 2 ¿Y ustedes?

Pregúnteles a sus compañeros si harán lo siguiente.

MODELO: ¿hacer la tarea esta tarde?
—*¿Harás la tarea esta tarde?*
—*Sí, la haré. (No, no la haré.)*

1. ¿salir el fin de semana? *Saldrás/saldré*
2. ¿hacer un viaje a México este verano? *Harás/Haré*
3. ¿tener trabajo durante las vacaciones? *tendrás/tendré*
4. ¿saber hablar español muy bien al final *(by the end)* del año? *sabrás/sabré*
5. ¿obtener tu diploma pronto? *obtendrás/obtendré*
6. ¿querer ganar mucho dinero el año próximo? *querrás/querré*
7. ¿poder ganarte bien la vida en cinco años? *podrás/podré*
8. ¿siempre decirles la verdad a tus amigos? *decirás las/deciré*

**EL LUGAR MÁS NUEVO ES TAMBIÉN EL MÁS ANTIGUO ¡MÉXICO!**

## 3 ¡Sí o no!

Diga si las siguientes personas harán o no lo que está indicado.

MODELO: Carmen está muy resfriada. (¿salir esta noche?)
*No saldrá esta noche.*

1. Te rompiste la pierna. (¿querer bailar el viernes? ¿poder esquiar este fin de semana?) *No querré/podré*
2. Quiero adelgazar *(to lose weight)*. (¿hacer ejercicios? ¿ponerme a dieta?) *harás/pondré*

3. Marcos, el gastador *(spendthrift)*, acaba de sacarse el gordo.
(¿poner todo el dinero en el banco? *(Pondrá)* ¿poder comprarse un coche deportivo? *(Podrá)*)
4. Tomamos un curso de informática *(data processing)*. (¿saber
programar? ¿hacer la tarea de matemáticas más de prisa? *sabremos/haremos*)
5. Quieres verme urgentemente. (¿venir a mi casa? ¿decirme lo que
te preocupa? *Vendrás/diréme*)
6. Uds. quieren ganar dinero durante el verano. (¿ir de vacaciones?
¿tener que buscar trabajo? *no irán/tendrán*)

## 4  Minidiálogos: ¿Qué sabes?

Prepare los diálogos según las siguientes indicaciones.

MODELO: ¿Dónde está Carlos? (en el café)
—¿Sabes dónde estará Carlos?
—No sé exactamente. Estará en el café.

1. ¿Dónde están Margarita y sus amigas? (en el museo) *estarán*
2. ¿Qué hora es? (las tres y media) *será / serán*
3. ¿Qué edad tiene la profesora de inglés? (unos treinta años) *tendrá, tendrá*
4. ¿Cuánto cuesta el pasaje para Asunción? (unos diez mil pesos) *costará*
5. ¿A qué hora llega el tren de Quito? (a las cinco menos diez) *llegará*
6. ¿Quién es la señorita del traje azul? (la azafata de nuestro vuelo) *será*
7. ¿De qué andén sale el tren para La Paz? (del andén número 6) *saldrá*
8. ¿Dónde se venden los billetes para Toledo? (en la ventanilla 12) *venderán*
9. ¿De qué nacionalidad son los turistas que esperan el avión? (ingleses) *serán*

## 5  Si . . .

Diga lo que harán (o no harán) las personas indicadas entre paréntesis
si ocurre lo siguiente.

MODELO: La taquilla está cerrada. (los viajeros / ¿poder comprar billetes?)
*Si la taquilla está cerrada, los viajeros no podrán comprar
billetes.*

1. El bus va adelantado. (nosotros / ¿llegar a tiempo a la cita? *llegaremos*)
2. El camarero es muy servicial. (la cliente / ¿darle una propina? *darále*)
3. Mis maletas están demasiado pesadas *(heavy)*. (yo / ¿buscar a un *buscaré*
portero?)
4. El tren es directo. (Uds. / ¿deber hacer un cambio? *serán*)
5. El capitán enciende la señal. (los pasajeros / ¿tener que dejar de fumar? *tendrán*)
6. Hay mucha turbulencia. (nosotros / ¿ponerse el cinturón de
seguridad? *pondremos*)

# B. El condicional

## Conditional: Forms

| INFINITIVE | *hablar* | *vivir* | *ir* | *venir* | |
|---|---|---|---|---|---|
| **FUTURE STEM** | *hablar-* | *vivir-* | *ir-* | *vendr-* | **ENDINGS** |
| yo | **hablaría** | **viviría** | **iría** | **vendría** | **-ía** |
| tú | **hablarías** | **vivirías** | **irías** | **vendrías** | **-ías** |
| él, ella, Ud. | **hablaría** | **viviría** | **iría** | **vendría** | **-ía** |
| nosotros | **hablaríamos** | **viviríamos** | **iríamos** | **vendríamos** | **-íamos** |
| vosotros | hablaríais | viviríais | iríais | vendríais | -íais |
| ellos, ellas, Uds. | **hablarían** | **vivirían** | **irían** | **vendrían** | **-ían** |

In Spanish, the conditional is a simple tense consisting of one word. It is formed according to the pattern:

future stem + conditional endings

→ The conditional endings are the same for all verbs.

→ Verbs which are irregular in the future have the same irregular stem in the conditional.

## Uses

The conditional is often used to express what *would* (or *would not*) happen if a certain condition were met.

| | |
|---|---|
| Con más dinero, **compraría** un billete de primera clase. | *With more money (but I don't have any more), I would buy a first class ticket.* |
| En tu lugar, **me abrocharía** el cinturón. | *In your place (but I am not in your place), I would fasten my seat belt.* |

→ In such sentences, the condition is often expressed by **si** + *imperfect subjunctive* (see page 368).

| | |
|---|---|
| Si estuviéramos de vacaciones, **viajaríamos**. | *If we were on vacation (but we are not), we would travel.* |

see 368

¿Le gustaría ir a la piscina sin salir de su casa?

TORRES DE NERVION
Inmobiliaria

→ The conditional is used to make polite requests with verbs such as **gustar**, **poder**, and **deber**.

| | |
|---|---|
| **Me gustaría** alquilar un coche. | *I would like to rent a car.* |
| **¿Podría Ud.** reservarme un billete para el 10? | *Could you reserve a ticket for me for the 10th?* |
| **Deberías** confirmar la reservación antes de ir al aeropuerto. | *You should confirm your reservation before going to the airport.* |

→ The conditional is also used to describe future events in relation to a point of reference in the past. This usage occurs frequently in indirect speech when the declarative verb (such as **decir**, **declarar**, **anunciar**, **responder**) is in a past tense. Compare the use of tenses in the sentences below and note how Spanish and English usage is similar.

| | |
|---|---|
| **Se anuncia** que el avión **llegará** con retraso. | *They are announcing that the plane will arrive late.* |
| **Se anunció** que el avión **llegaría** con retraso. | *They announced that the plane would arrive late.* |

After a declarative verb, future events are expressed according to the following sequence of tenses:

| DECLARATIVE VERB | FUTURE EVENT |
|---|---|
| present | → future |
| past (preterite, imperfect, etc.) | → conditional |

→ The conditional is used to wonder or express a guess about the past. This is called the CONDITIONAL OF PROBABILITY.

| | |
|---|---|
| ¿Qué hora **sería**? | *I wonder what time it was.* |
| **Serían** las seis y media. | *It was probably half past six.* |
| ¿Dónde **estaría** Catalina? | *I wonder where Catalina was.* |
| **Estaría** en la oficina de información. | *She was probably at the information office.* |

## 6 Si pudiera . . .

¿Qué haría Ud. si tuviera las siguientes opciones? Responda usando la
expresión "si pudiera escoger" (if I could choose).

MODELO: ¿ir a Italia o a España?
Si pudiera escoger, iría a España (a Italia).

1. ¿visitar México en tren o en avión?
2. ¿ser un(a) gran artista o un(a) gran científico(a)? sería
3. ¿comprar un bote de vela o un coche deportivo? compraría
4. ¿aprender a programar o a pilotar un avión? aprendería a pilotear
5. ¿ganarse un Óscar o el premio Nobel? ganaría
6. ¿hacerse famoso(a) o rico(a)? haceería
7. ¿hacer un viaje en globo (hot air balloon) o en un cohete (rocket)? haceería
8. ¿tener muchas responsabilidades o mucho tiempo libre? tenería
9. ¿salir bien del examen de español o del examen de inglés? saldré saliría
10. ¿poner un disco de música clásica o de jazz? pondré ponería

## 7 Con más dinero

Diga lo que harían (o no harían) las siguientes personas si tuvieran más dinero.

MODELO: yo (cenar en un buen restaurante / pedir espaguetis)
Cenaría en un buen restaurante. No pediría espaguetis.

1. nosotros (trabajar durante el verano / viajar a México) trabajaríamos, viajaríamos
2. yo (vender mi coche viejo / comprar un Mercedes) venderemos, compraría
3. tú (matarte trabajando / salir todos los fines de semana) matarías, salirías
4. Uds. (hacer muchos viajes / poder viajar en primera clase) harán, podrían
5. la Sra. Dávila (descansar / tener que trabajar tanto) descansaría, tenería
6. Uds. (poner el dinero en el banco / hacer muchos gastos) podrán, haceerías

## 8 Un poco de cortesía

Exprese las siguientes peticiones (requests) con más cortesía usando el
condicional.

MODELO: ¿Puedes ayudarme?
¿Podrías ayudarme?

1. ¿Puede Ud. decirme de qué andén sale el tren? Podrías
2. ¿Puedo pedirle prestado su coche? Podría
3. ¡Debes ser más serio! Deberías
4. ¡Uds. deben ser más prudentes! deberían

5. ¿Tienes tiempo para explicarme la tarea?
6. Uds. no deben llegar con retraso.
7. ¿Estás dispuesto (prepared) a decirme
   la verdad?

## 9  ¿Qué haría Ud.?

Diga lo que Ud. haría (y lo que no haría) en las siguientes circunstancias.
Utilice su imaginación.

MODELO:  Hay un incendio (*fire*) en la sala de clase.
>   *Gritaría "Incendio". Llamaría a los bomberos.*
>   *(No me asustaría. No saltaría por la ventana.)*

1. Al regresar a su casa, Ud. descubre que ha sido víctima de un robo. *llamaría la policía*
2. Ud. está en el ascensor. Hay un apagón de luces (*power failure*).
3. Al explorar el desván (*attic*) de una casa abandonada, Ud. encuentra un saco lleno de monedas de oro.
4. Cada día Ud. recibe una carta de amor de un(a) admirador(a) desconocido(a).
5. Ud. hereda (*inherit*) un millón de dólares de su tía.
6. Ud. recibe una invitación para asistir a una recepción en la Casa Blanca.
7. Un productor de cine le ofrece un papel importante en una película.

## 10  Anuncios

Describa los siguientes anuncios según el modelo.

MODELO:  el capitán / anunciar // "Vamos a aterrizar en 20 minutos".
>   *El capitán anunció que aterrizaríamos en veinte minutos.*

1. la agencia de viaje / prometernos // "Vamos a tener un asiento cerca de la ventanilla".
2. la azafata / decirles a los pasajeros // "Va a servir la comida dentro de media hora".
3. el guía / anunciarles a los turistas // "Van a visitar el museo por la tarde".
4. yo / escribirle a mi primo // "Voy a llegar a Madrid el 12 de junio".
5. mi primo / contestarme // "Va a recogerme en el aeropuerto".
6. el servicio meteorológico (*weather bureau*) / predecir // "Va a hacer buen tiempo mañana".

# C. El pluscuamperfecto

## Pluperfect: Forms

| INFINITIVE | hablar | | |
|---|---|---|---|
| yo | **había hablado** | nosotros | **habíamos hablado** |
| tú | **habías hablado** | vosotros | habíais hablado |
| él, ella, Ud. | **había hablado** | ellos, ellas, Uds. | **habían hablado** |

The pluperfect is a compound tense that is formed as follows:

imperfect of **haber** + past participle

BALEARES
La gran evasión.

Mallorca: «Encontré
todo lo que siempre había buscado».

## Uses

In Spanish as in English, the pluperfect is used to describe what *had happened* before another past event or point of time in the past.

| | |
|---|---|
| Este verano fuimos a España. | *This summer we went to Spain.* |
| Nunca antes **habíamos ido** al extranjero. | *We **had** never **gone** abroad before.* |
| Ayer recogí los pasajes que | *Yesterday I picked up the tickets that* |
| **había reservado** la semana pasada. | *I **had reserved** last week.* |
| Cuando Carlos llegó a la estación, | *When Carlos arrived at the station,* |
| el tren ya **había salido**. | *the train **had** already **left**.* |

→ In Spanish as in English, the pluperfect is used in indirect speech when the declarative verb is in the past tense and reference is made to a previous past action. Compare the sequence of tenses in the following examples:

| | |
|---|---|
| El altoparlante **anuncia** que el avión de Quito **ha llegado**. | *The loudspeaker **is announcing** that the plane from Quito **has arrived**.* |
| El altoparlante **anunció** que el avión de Quito **había llegado**. | *The loudspeaker **announced** that the plane from Quito **had arrived**.* |

## 11 La primera vez

Lea lo que hicieron las siguientes personas. Diga que nunca lo habían hecho antes.

MODELO: Este verano Carlitos voló en avión.
*Nunca antes había volado en avión.*

1. El sábado pasado, Felipe salió con Gloria. *había salido*
2. Durante las vacaciones, fuiste al extranjero. *habías ido*
3. En enero, esquié en la Sierra Nevada. *había esquiado*
4. Para su cumpleaños, el Sr. González bebió champán. *había bebido*
5. Durante su luna de miel (*honeymoon*), Isabel y Raimundo viajaron
   en primera clase. *habían viajado*
6. Durante nuestro viaje a México, visitamos las pirámides de los mayas. *habíamos visitado*

## 12 ¡Demasiado tarde!

En muchas circunstancias es importante que actuemos a tiempo. Describa
lo que les ocurrió a las siguientes personas.

MODELO: El Sr. Jiménez llega al aeropuerto. El avión salió.
*Cuando el Sr. Jiménez llegó al aeropuerto, el avión ya había salido.*

1. Yo llamo a Marisol. Ella salió con Paco. *ya había salido*
2. Tú quieres visitar a Antonio. Se mudó. *ya había se mudado*
3. La Sra. Domínguez entra en la cocina. El gato se comió el pescado. *ya había se comido*
4. Llegamos al cine. Se vendieron todos los billetes. *ya habían vendido*
5. La policía llega al banco. Los ladrones se escaparon. *llegaron ya habían se escapado*
6. La liebre (*hare*) alcanza la meta (*goal*). La tortuga ganó la carrera. *ya había ganado*

## 13 Confesiones

Describa lo que confesaron las siguientes personas usando el pretérito
de **confesar**. Observe que el verbo en el pluscuamperfecto puede ser
afirmativo o negativo.

MODELO: Los estudiantes / ¿estudiar?
*Los estudiantes confesaron que no habían estudiado.*

1. el niño / ¿comerse la torta? *había se comido*
2. nosotros / ¿hacer la tarea? *habíamos hecho hecho*
3. el dependiente / ¿ser cortés con los clientes? *no había sido*
4. tú / ¿decir la verdad? *habías dicho*
5. yo / ¿romper la microcomputadora? *había roto*
6. el conductor imprudente / ¿respetar la velocidad máxima permitida? *no había respetado*

# D. El futuro perfecto

## Future perfect: Forms

| INFINITIVE | hablar | | |
|---|---|---|---|
| yo | **habré hablado** | nosotros | **habremos hablado** |
| tú | **habrás hablado** | vosotros | habréis hablado |
| él, ella, Ud. | **habrá hablado** | ellos, ellas, Uds. | **habrán hablado** |

The future perfect is formed as follows:

future of **haber** + past participle

## Uses

In Spanish as in English the future perfect is used to express what *will have happened* by a certain point in time.

| El avión **aterrizará** pronto. | *The plane **will land** soon.* |
|---|---|
| El avión **habrá aterrizado** dentro de una hora. | *The plane **will have landed** within one hour.* |
| Los médicos **descubrirán** una cura para el cáncer. | *The doctors **will discover** a cure for cancer.* |
| **Habrán descubierto** esta cura para el año 2000. | *They **will have discovered** this cure by the year 2000.* |

→ The future perfect is sometimes used to express a guess or a supposition about what may have happened in the past.

| Andrés llegó con retraso. | *Andrés **arrived** late.* |
|---|---|
| **Habrá perdido** el autobús. | *He **must have** (He **may have**, He **probably**) **missed** the bus.* |

al final de un día, muchas personas se habrán comunicado.

**GTE** Líder mundial en telecomunicaciones.

## 14 ¿Y usted?

Diga si Ud. habrá hecho o no las siguientes cosas para el tiempo indicado.

MODELO: esta tarde a las seis (cenar)
*Esta tarde a las seis (no) habré cenado.*

1. esta noche a las diez (terminar la tarea) *habré terminado*
2. mañana a las siete (levantarse) *habré me levantado*
3. para el fin de mayo (encontrar un trabajo de verano) *habré encontrado*
4. dentro de dos años (graduarse) *habré me graduado*
5. dentro de cinco años (casarse) *no habré me casado*
6. a la edad de treinta años (escribir una novela) *no habré escrito*
7. a la edad de cuarenta años (recibir el premio Nobel de literatura) *no habré recibido*
8. a la edad de cincuenta años (hacerse millonario) *habré me hecho*

## 15 El año 2000

Diga si los siguientes eventos se habrán realizado para el año 2000.

MODELO: los médicos (¿descubrir una cura para el cáncer?)
*Sí (No), los médicos (no) habrán descubierto una cura para el cáncer.*

1. los científicos (¿crear un cerebro [brain] artificial?) *habrán creado*
2. el profesor / la profesora (¿jubilarse [to retire]?) *habrá se jobilado*
3. yo (¿cumplir los cuarenta años?) *habré cumplido*
4. tú (¿casarte?) *habrás te casado*
5. nosotros (¿aprender a hablar perfectamente el español?) *habremos aprendido*
6. los norteamericanos (¿elegir a una mujer a la presidencia?) *habrán elegido*

## 16 Minidiálogos: ¿Por qué?

Prepare diálogos explicando lo que habrá causado los siguientes problemas. Siga el modelo.

MODELO: Tomás / no llegar a tiempo (perder el autobús)
*—¿Por qué no llegó a tiempo Tomás?*
*—Habrá perdido el autobús.*

1. Elena / no venir a la fiesta (olvidarse) *Habrá se olvidado*
2. el autobús / llevar 2 horas de retraso (tener una avería [breakdown]) *habrá tenido*
3. este chico / ponerse rojo (decir una mentira) *habrá dicho*
4. los turistas / cancelar su reservación (decidir viajar a otro país) *habrán viajado*
5. tus amigos / quedarse en casa (no terminar la tarea) *habrán terminado*

## Introducción

Vicente Riva Palacio (1832–1896), abogado y político mexicano, llevó una vida activa en el ambiente turbulento del siglo XIX. Como general en el ejército[1] de Benito Juárez,[2] luchó por liberar a México de la dominación francesa.[3] En 1886 fue nombrado Ministro[4] ante la Corte de España y pasó los últimos diez años de su vida en Madrid.

Su obra más conocida es *Los cuentos del general*. En el cuento "El abanico", Riva Palacio presentó la imagen satírica de la alta sociedad madrileña.[5] El Marqués quiere casarse, pero ¿cómo encontrar la esposa ideal?

México

---

*Palabras claves*

casarse = contraer *(to contract)* matrimonio:
   una hija casadera *(marriageable daughter)*   un gran partido *(great "catch")*
la belleza *(beauty)* = la hermosura:   guapo   hermoso
la enfermedad *(illness)*:   enfermo   moribundo *(dying)*
la elección *(choice)*:   las dotes *(qualities)*   del corazón, del cerebro *(mind)*
   las acciones familiares *(small acts)* ≠ los grandes hechos *(great deeds)*
acciones:   cuidar de *(to care for, care about)*
         medir [i,i] por *(to measure by)*

---

[1] **ejército** army   [2] **Benito Juárez** (1806–1872) presidente de México y defensor de los derechos de los indios   [3] **la dominación francesa** (1862–1867) El ejército francés llegó a Veracruz en 1862; entonces Napoleón III envió a México al Emperador Maximiliano que gobernó de 1864 hasta 1867.   [4] **Ministro** Embajador   [5] **madrileña** de Madrid

# El abanico

## Vicente Riva Palacio

### I

*determinado*

*lightning*

*alarm bell*

El Marqués estaba *resuelto* a casarse, y había comunicado aquella noticia a sus amigos. La noticia corrió con la velocidad del *relámpago* por toda la alta sociedad como *toque de alarma* a todas las madres que tenían hijas casaderas, y a todas las chicas que estaban en condiciones y con deseos de contraer matrimonio, que no eran 5 pocas.

*leading role*

Porque, eso sí, el Marqués era un gran partido, como se decía entre la gente de mundo. Tenía treinta y nueve años, un gran título, mucho dinero, era muy guapo y estaba cansado de correr el mundo, haciendo siempre el *primer papel* entre los hombres de 10 su edad dentro y fuera del país.

*threads*

*como seda / cabello, pelo*

*= y leía mucho*

*to share*

Pero se había cansado de aquella vida de disipación. Algunos *hilos* de plata comenzaban a aparecer en su negra barba y entre su *sedosa cabellera*; y como era hombre de buena inteligencia *y no de escasa lectura*, determinó sentar sus reales[1] definitivamente, 15 buscando una mujer como él la soñaba para darle su nombre y *compartir* con ella las penas o las alegrías del hogar en los muchos años que estaba determinado a vivir todavía sobre la tierra.

*= no encontraba*

Con la noticia de aquella resolución no le faltaron seducciones ni de maternal cariño ni de románticas o alegres bellezas; pero él 20 *no daba* todavía *con* su ideal, y pasaban los días, y las semanas y los meses, sin haber hecho la elección.

—Pero, hombre—le decían sus amigos—, ¿hasta cuándo no vas a decidirte?

—Es que no encuentro todavía la mujer que busco. 25

*abound*

—Será porque tienes pocas ganas de casarte que muchachas *sobran*. ¿No es muy guapa la Condesita de Mina de Oro?

---

[1] **Sentar sus reales** significa **establecerse**, es decir, quedarse con la fortuna en un lugar. Un **real** era una moneda de plata.

—Se ocupa demasiado de sus *joyas* y de sus trajes; cuidará más de un collar de perlas que de su marido, y será capaz de olvidar a su hijo por un *traje* de la casa de Worth.[2] 30

—¿Y la Baronesa del Iris?

—Muy guapa y muy buena; es una figura escultórica, pero *lo sabe demasiado*; el matrimonio sería para ella el *peligro* de perder su belleza, y *llegaría a aborrecer* a su marido si llegaba a suponer que su nuevo estado *marchitaba* su hermosura. 35

—¿Y la Duquesa de Luz Clara?

—*Soberbia* belleza; pero sólo piensa en divertirse; me dejaría moribundo en la casa por no perder una función del Real,[3] y *no vacilaría* en abandonar a su hijo enfermo toda una noche por asistir al baile de una *embajada*. 40

—¿Y la Marquesa de Cumbre-Nevada, no es guapísima y un modelo de virtud?

—Ciertamente; pero es más religiosa de lo que un marido necesita: ningún *cuidado*, ninguna pena, ninguna enfermedad de la familia le impediría pasarse toda la mañana en la iglesia, y no vacilaría 45 entre un sermón de cuaresma[4] y la alcobita de su hijo.

### C. LA FILOSOFÍA DEL MARQUÉS

—Vamos; tú quieres una mujer imposible.

—No, nada de imposible. Ya veréis cómo la encuentro, aunque no sea una completa belleza; porque la hermosura para el matrimonio no es más que el aperitivo[5] para el almuerzo: quien tiene hambre 50 no necesita aperitivos, y el que quiere casarse no exige el atractivo de la completa hermosura.

Tenía el Marqués como un axioma, fruto de sus lecturas y de su *mundanal* experiencia, *que a los hombres y a las mujeres no debe medírseles para formar juicio acerca de ellos* por las grandes 55 acciones, sino por las acciones insignificantes y familiares; porque los grandes hechos, como tienen siempre muchos *testigos* presentes o de referencia, son resultado más del *cálculo* que de las propias inspiraciones, y no traducen con fidelidad las dotes del corazón

[2] **La casa de Worth** fue la casa de modas más elegante de Europa en la segunda mitad del siglo XIX. Fue fundada en París en 1860 por Charles Frédéric Worth. [3] **El Real** es el Teatro Real de Ópera de Madrid. [4] **La cuaresma** (*Lent*) es el período de cuarenta días de penitencia que precede la Pascua de Resurrección. Tradicionalmente en España, una persona piadosa asiste a misa todos los días durante la cuaresma. [5] **El aperitivo** consiste usualmente en una copita de jerez (*sherry*) u otra bebida que se sirve antes del almuerzo para abrir el apetito.

*al mismo tiempo* o del cerebro; *al paso que* las acciones insignificantes hijas son 60 del espontáneo movimiento de la inteligencia y de los sentimientos, y forman ese botón que, como dice el refrán antiguo, basta para servir de muestra.[6]

## Nota cultural

### El abanico

El abanico plegable del Lejano Oriente[1] fue introducido en Europa en el siglo XVI, pero no alcanzó[2] su máxima popularidad hasta los siglos XVII y XVIII. Francia fue el centro principal de la manufactura de abanicos, los cuales se distinguían por su elegancia y por ser decorados con pinturas finísimas.

Sin embargo, fue en España donde el uso del abanico se generalizó. La mujer española sabía manipular el abanico a la perfección. Esto era símbolo de buenos modales y formaba parte del arte de la conversación. De hecho, la mujer española tenía un abanico para cada ocasión . . . para la casa, para la calle, para el teatro, para la iglesia o para un baile de gala.

[1] **Lejano Oriente** Far East  [2] **no alcanzó** did not reach

[6] El refrán dice: **Para muestra, basta un botón.** *(One bud or blossom is example enough—of what the rest of the flowers on a plant will look like)* Significa que un ejemplo de algo es suficiente.

# ¿Comprendió Ud.? (I)

### A. EL MARQUÉS

1. ¿Qué había resuelto el Marqués?
2. ¿Cómo fue recibida la noticia?
3. ¿Qué cualidades tenía el Marqués para ser un gran partido?
4. ¿Por qué quería casarse el Marqués?

### B. LAS CANDIDATAS PARA EL MATRIMONIO

5. ¿Cuánto tiempo pasó el Marqués sin hacer la elección?
6. ¿Por qué piensa que la Condesita de Mina de Oro no es la mujer ideal?
7. ¿Qué opina el Marqués de la Baronesa de Iris?
8. ¿Por qué no elige por esposa a la Duquesa de Luz Clara?
9. Según el Marqués, ¿qué defecto tendría la Marquesa de Cumbre-Nevada?

### C. LA FILOSOFÍA DEL MARQUÉS

10. Según el Marqués, ¿qué es la hermosura en el matrimonio?
11. ¿Cómo se le debe medir a la gente?
12. ¿Qué causas determinan las grandes acciones?
13. Para el Marqués, ¿qué muestran las acciones insignificantes?

Jardín de la Casa de Pilatos, Sevilla, España

---

## Palabras claves

el abanico *(fan)*: desplegar [ie] *(to open)*  plegar [ie] *(to fold)*
  la tela *(fan leaf)*  las varillas *(sticks)*
las personas: el aya *(governess)*  el criado *(servant)*
el accidente: tropezar [ie] *(to trip)*  vacilar *(to stumble)*  chocar *(to crash)*
  crujir *(to crack)*  rasgarse en pedazos *(to be torn to pieces)*
acciones: estorbar el paso *(to block the way)*
    apurarse *(to worry)*
    mortificarse *(to be embarrassed)*
    tener la culpa *(to be at fault)*

## II

**D. LA CONDESA DE VALLE DE ORO**

*elegantes*

*cream*

Una noche se daba un gran baile en la Embajada de Inglaterra. Los salones estaban llenos de hermosas damas y *apuestos* caballeros, todos flor y *nata* de las clases más aristocráticas de la sociedad. El Marqués estaba en el comedor, adonde había llevado a la joven Condesita de Valle de Oro, una muchacha de veinte años, inteligente, 5 simpática y distinguida, pero que no llamaba, ni con mucho, la atención por su belleza, ni era una de esas hermosuras cuyo nombre viene a la memoria cada vez que *se emprende* conversación acerca de mujeres encantadoras.

*one engages in*

*= su mamá había muerto*

*= los que*

La joven Condesa *era huérfana de madre*, y vivía sola con su 10 padre, noble caballero, estimado por todos *cuantos* le conocían.

La Condesita, después de tomar una taza de té, conversaba con algunas amigas antes de volver a los salones.

—Pero, ¿cómo no estuviste anoche en el Real? Cantaron admirablemente el *Tannhäuser*[7]—le decía una de ellas. 15

*I was all dressed*

—Pues mira: *me quedé vestida*, porque tenía deseos, muchos deseos, de oír el *Tannhäuser*; es una ópera que me encanta.

—¿Y qué pasó?

*my coat on / servant*

*I did not dare*

*joining*

—Pues que ya tenía *el abrigo puesto*, cuando la *doncella* me avisó que Leonor estaba muy grave. Entré a verla, y ya *no me* 20 *atreví* a separarme de su lado.

—Y esa Leonor—dijo el Marqués *terciando* en la conversación—, ¿es alguna señora de la familia de Ud.?

—Casi, Marqués; es el aya que tuvo mi mamá; y como nunca se ha separado de nosotros y me ha querido tanto, yo la veo como 25 de mi familia.

**E. EL ABANICO**

—¡Qué abanico tan precioso traes!—dijo a la Condesita una de las jóvenes que hablaba con ella.

*= como algo especial*

*una cosa bonita*

—No me digas, que estoy encantada con él y lo cuido *como a las niñas de mis ojos;* es un regalo que me hizo mi padre el día 30 de mi santo, y son *un primor* la pintura y las varillas y todo; él me lo compró en París.

---

[7] **Tannhäuser** es una ópera de Richard Wagner (1813–1883), presentada por primera vez en Alemania en 1845.

*alrededor*

—A ver, a ver—dijeron todas, y se agruparon *en derredor* de la Condesita, que, con una especie de infantil satisfacción, desplegó a sus ojos el abanico, que realmente era una maravilla del arte. 35

*tray*

*being able to regain his balance*

En este momento, uno de los criados que penosamente cruzaba entre las señoras llevando en las manos una enorme *bandeja* con helados, tropezó, vaciló y, sin *poderse valer,* vino a chocar contra el abanico, abierto en aquellos momentos, haciéndolo pedazos. Crujieron las varillas, rasgóse en pedazos la tela y poco faltó para 40 que los fragmentos hirieran la mano de la Condesita.

—¡Qué bruto!—dijo una señora mayor.

—¡Qué animal tan grande!—exclamó un caballero.

—¡Parece que no tiene ojos!—dijo una chiquilla.

*shame / perspiring*

*stammer / apology*

Y el pobre criado, rojo de *vergüenza* y *sudando* de pena, podía 45 apenas *balbucir* una *disculpa* inteligible.

—No se apure Ud., no se mortifique—dijo la Condesita con la mayor tranquilidad—; no tiene Ud. la culpa; nosotras, que estamos aquí estorbando el paso.

F. LA PETICIÓN DE MANO

Y reuniendo con la mano izquierda los restos del abanico, tomó 50 con la derecha el brazo del Marqués, diciéndole con la mayor naturalidad:

*waltz / reserved*

—Están tocando un *vals,* y yo lo tengo *comprometido* con Ud.; ¿me lleva Ud. al salón de baile?

—Sí, Condesa; pero no bailaré con Ud. este vals. 55

—¿Por qué?

—Porque en este momento voy a buscar a su padre para decirle que mañana iré a pedirle a Ud. por esposa, y dentro de ocho días, tiempo suficiente para que Uds. se informen,[8] iré a saber la resolución. 60

—Pero, Marqués—dijo la Condesita trémula—, ¿es esto puñalada de pícaro?[9]

—No, señora; será cuando más, una estocada de caballero.[10]

[8] Tradicionalmente, después de la petición de mano, los padres de la novia se informan sobre la seriedad y la honorabilidad del futuro esposo de la hija. [9] **Una puñalada de pícaro** *(a rogue's quick stab of the dagger)* quiere decir una cosa que se hace con precipitación y sin mucha reflexión. [10] **Una estocada de caballero** *(a gentleman's well-placed thrust of the sword in a fencing match)* quiere decir que el Marqués es un caballero que ha pensado todo muy bien antes de hablar. Lo dice en serio.

*  *  *

framed case / was displayed
recién casados

Tres meses después se celebraban aquellas bodas; y en una rica *moldura* bajo cristal, *se ostentaba* en uno de los 65 salones del palacio de los *nuevos desposados* el abanico roto.

## ¿Comprendió Ud.? (II)

D. LA CONDESA DE VALLE DE ORO

14. ¿Cómo estaban los salones de baile?
15. ¿Cómo era la Condesita de Valle de Oro?
16. ¿Por qué no había asistido la Condesita a la ópera la noche anterior?
17. ¿Quién era Leonor?

E. EL ABANICO

18. ¿Qué dijo la Condesita de su precioso abanico?
19. ¿Cómo se hizo pedazos el abanico?
20. ¿Qué comentarios hicieron los invitados al presenciar el accidente?

F. LA PETICIÓN DE MANO

21. ¿Cómo reaccionó la Condesita al ver su abanico roto?
22. En lugar de bailar, ¿qué decidió hacer el Marqués?
23. ¿Cuándo sabrá el Marqués la respuesta de su petición?
24. ¿Qué se encuentra en uno de los salones del palacio de los nuevos esposos?

## Puntos de vista

Imagínese Ud. las siguientes conversaciones.

A. La Condesa de Valle de Oro acaba de regresar a su casa. Muy contenta con la galantería seria del Marqués, se dirige al cuarto de Leonor, el aya de su mamá, para contarle lo que ha pasado en el baile.

> *¡Leonor! Tengo que contarte algo extraordinario. El precioso abanico que me dio papá . . .*

B. Después del gran baile de la Embajada, el Marqués se encuentra con un buen amigo suyo y le cuenta los eventos de esa noche y la resolución que ha tomado.

> *Mi querido Luis Alfonso, ¡tú no vas a creerlo! Esta noche acabo de conocer a la mujer ideal, a la joven que tomaré por esposa para compartir con ella las penas y las alegrías de mi futuro . . .*

# Temas

1. ¿Recuerda Ud. el cuento "La Cenicienta" (Cinderella)? Compare Ud. a la Cenicienta y al Príncipe con los personajes del cuento "El abanico".
2. Si Ud. fuera la Condesita de Valle de Oro, ¿sería Ud. feliz como esposa del Marqués? ¿Por qué? o ¿por qué no? Explique.
3. Según Ud., ¿qué cualidades debe poseer el esposo o la esposa ideal que a Ud. le gustaría? ¿Qué tipo de persona sería?

---

## *Mejore su español*

**la familia**
- el hermano mayor / la hermana mayor
- el hermano menor / la hermana menor
- el gemelo / la gemela *(identical twin)*
- el mellizo / la melliza *(twin)*
- el hermanastro / la hermanastra *(step-brother / step-sister)*
- el padrastro / la madrastra *(step-father / step-mother)*
- el viudo / la viuda *(widower / widow)*
- el huérfano / la huérfana *(orphan)*

**los familiares**
- el primo hermano / la prima hermana *(first cousin)*
- el sobrino / la sobrina *(nephew / niece)*
- el abuelo / la abuela *(grandfather / grandmother)*
- el nieto / la nieta *(grandchild)*

**los familiares políticos** *(in-laws)*
- el suegro o el padre político / la suegra o la madre política *(father-in-law / mother-in-law)*
- el yerno o el hijo político / la nuera o la hija política *(son-in-law / daughter-in-law)*
- el cuñado / la cuñada *(brother-in-law / sister-in-law)*

**los padrinos** *(godparents)*
- el padrino / la madrina *(godfather / godmother)*

---

# Unidad 11

## En el hotel

## En el hotel

Un viaje al extranjero es una aventura maravillosa. Visitamos lugares desconocidos,[1] saboreamos[2] comidas exóticas, observamos nuevas costumbres y, sobre todo, nos ponemos en contacto con la gente y la cultura de otros países. ¡Ah, no olvidemos los hoteles! Éstos siempre añaden[3] algo nuevo a nuestro espíritu de aventura.

[1] unknown  [2] taste  [3] add

A

¡Todo está listo para la llegada del feliz turista!

—¡Si hace más de un mes que hicimos las reservaciones!

—Pues lo sentimos mucho. Todo es culpa de un malentendido.[1] Pero no se preocupen, les daremos otra habitación. Por supuesto que no es tan espaciosa como la que ustedes reservaron ni tampoco tiene vista al mar,[2] pero sin duda,[3] les resultará cómoda y agradable.

[1] misunderstanding  [2] ocean view  [3] without a doubt

En nuestras habitaciones Ud. encontrará la tranquilidad que necesita.

—¡Oh, perdone usted! Regresaré más tarde a limpiar la habitación.

Los hoteles ofrecen todas las conveniencias de la vida moderna.

—Mi amor, ¿no hueles[1] humo?[2]
—No es nada, cariño.[3] La afeitadora se ha quemado. ¡Tonto que soy! Me olvidé de que aquí la corriente eléctrica es de 220 voltios.[4]

[1] smell   [2] smoke   [3] darling   [4] volts

Los hoteles proporcionan[1] la paz y la tranquilidad que a veces no se encuentran en el hogar.[2]

[1] provide   [2] home

—¿No oyes un ruido, Marcelo? ¡Dios mío! . . . ¿Será un ratón?[1]
—No es nada, mujer. Deben ser los turistas de la habitación de al lado comiéndose unas galletas.[2]

[1] mouse   [2] crackers

**E**

¡No hay lugar como un hotel para recuperar el sueño¹ perdido!

¹ sleep

—Buenos días, Sr. Jiménez. Lo llamo para despertarlo. Son las seis y media.

—¿Diga?¹ . . . ¿Cómo dice? . . . ¿Quién es Jiménez? Usted se ha equivocado, yo soy el señor Sánchez. ~~tener sueño -sleepy~~

¹ Hello?

**F**

Los hoteles dan el mejor servicio del mundo a precios muy razonables.

—10% de impuesto¹ por servicio de hotel, 8% de impuesto local . . . y . . . ¿qué es este 6% que veo aquí? . . . ¡Nunca he visto tantos impuestos juntos en mi vida! ¡Nadie me advirtió² de esto en la agencia de viajes!

¹ tax  ² warned

## Preguntas

**Cuadro A**
1. ¿De qué se quejan los turistas?
2. ¿Cómo se compara la habitación que les da el recepcionista con la que reservaron?

**Cuadro B**
3. ¿Por qué no encuentra el huésped *(guest)* la tranquilidad prometida?

**Cuadro C**
4. ¿Por qué se preocupa la señora?
5. ¿Por qué se quemó la afeitadora?

**Cuadro D**
6. ¿De qué tiene miedo la señora?
7. ¿Qué le dice su esposo para calmarla?

**Cuadro E**
8. ¿A quién quiere despertar el recepcionista del hotel? ¿Cuál fue la equivocación *(mistake)*?

**Cuadro F**
9. ¿Qué sorpresa tiene el señor al pagar la cuenta?

## Vocabulario temático: En el hotel

### ¿Adónde pasar la noche?

Podemos | **alojarnos** (*find lodging*) en | **un hotel de lujo** (*luxury*).
**quedarnos** (*stay*) en | **un hotel barato** pero **cómodo** (*comfortable*)
| **una posada, un hostal** (*inn*)
| **una pensión** (*boarding house*)
| **un albergue juvenil** (*youth hostel*)

### En la recepción (*front desk*)

¿En qué puedo servirle?
  Me gustaría **registrarme**.

¿Tiene Ud. **una reservación**?

Me gustaría
He reservado | **una habitación** para el 10 de junio.
Quisiera reservar | **un cuarto**

¿Qué **tipo de habitación** desea?

Quiero **un cuarto** | para **una persona, dos personas**. | con **baño privado**, con **ducha**
| **sencillo** (*single*), **doble** | con **aire acondicionado**
| con **una cama, dos camas** | con **vista** (*view*) **al mar**
| con **teléfono, televisor** | con **ventana a la calle**

**¿Cuánto tiempo**
**¿Hasta cuándo** | se va a quedar?

Me quedaré | **dos noches.** | **hasta el martes**
| **una semana** | **hasta el 12 de julio**
| **del 2 al 25 de junio**

¿En qué forma pagará su **cuenta** (*bill*)?
¿Cómo le gustaría pagar?

Voy a pagar | **en efectivo** (*cash*). | con **cheques de viaje, cheques** (de) **viajero(s)**
| con **cheque** | con **tarjeta de crédito**

Lo siento, pero no aceptamos **tarjetas de crédito.**
Le voy a dar **la habitación** 27. Aquí tiene **la llave** (*key*).

*Casillas — pidgeon hole*

## Como pedir información y solicitar servicios

**al (a la) recepcionista**

¿Cuánto | **cobran** (*charge*) Uds. por | **la habitación**?
| **cuesta** | **la pensión completa** (*room and board*)
| | **la media pensión** (*room and breakfast*)

¿A qué hora | tengo que **desocupar** (*to vacate*) la habitación?
¿Cuándo |

**al botones** (*bell boy*)

¿Podría | **mostrarme** [ue] la habitación?
| **subir** (*to bring up*) | mi equipaje
| **bajar** (*to bring down*) | mis maletas
| **cargar** (*to carry*) |

*doncella*

**a la camarera** (*chambermaid*)

¿Me puede traer | **una manta, una cobija** (*blanket*)?
| **una sábana** (*sheet*)
| **una almohada** (*pillow*)
| **una toalla**
| **una percha, un colgador** (*hanger*)

**al operador / a la operadora del hotel**

¿**Me podría despertar** a las seis y media?
Por favor, **despiérteme** a las seis y media.

**al cajero / a la cajera** (*cashier*)

¿Me podría **preparar** la cuenta?
Por favor, **prepáreme** la cuenta.

| HOSTAL BARAJAS | | | | | | | | | | | | | | |
|---|---|---|---|---|---|---|---|---|---|---|---|---|---|---|

HOSTAL BARAJAS
UNA ESTRELLA
AUGUSTO FIGUEROA, 17
Teléfonos 221 82 44 y 221 82 43
MADRID-4

Núm. 8478
Habitación n.º 24

Sr. D. *Alcan Elena*

A — SERVICIOS ORDINARIOS

| RES. SE | Libre 70 | Día 22 | Día 23 | Día | Día | Día | Día | TOTALES | |
|---|---|---|---|---|---|---|---|---|---|
| | | Pesetas Cts. | Pesetas Cts. | Pesetas Cts. | Pesetas Cts. | Pesetas Cts. | Pesetas Cts. | Pesetas | Cts. |
| Habitación | | 100 | 100 | | | | | | |
| Pensión alimenticia | | | | | | | | | |
| Desayuno | | | | | | | | | |
| Almuerzo | | | | | | | | | |
| Comida | | | | | | | | | |
| Total del día, pesetas | | | | | | | | | |
| Suma anterior | | | | | | | | | |
| Total serv. ordinarios | | | | | | | | | |

## 1 ¡Por favor!

Complete las siguientes oraciones con las palabras o expresiones apropiadas.

1. Viajo solo. Necesito un cuarto *sencillo*
2. Mis maletas son muy pesadas. ¿Podría Ud. llamar al . . . *botones* para subirlas a mi cuarto?
3. Hace frío. ¿Puede Ud. traerme *una manta* . . . de lana?
4. Sí, deseamos tomar las comidas en el hotel. ¿Cuánto cuesta . . .? *la media pensión* *pensión completa*
5. Me gustaría quedarme una semana. ¿Cuánto . . . Uds. por día por una habitación sencilla? *cobran / cargan*
6. Lo siento mucho, pero no tengo efectivo. ¿Puedo pagar la cuenta con . . .? *cheque* *mastercharge*
7. Vamos a salir del hotel mañana. ¿A qué hora tenemos que . . . el cuarto? *des ocupas*
8. ¿Le faltan toallas? *a la camarera* . . . se las traerá en seguida.
9. Tendrá su cuenta dentro de poco. La *habitación cajera* . . . la está preparando.
10. Tengo mucha ropa. ¿Me pudiera traer más . . .? *perchas* *mis maletas*

## 2 De viaje

Imagínese que Ud. hace un viaje por Colombia. ¿Cómo contestaría las siguientes preguntas?

MODELO: ¿Qué tipo de habitación desea Ud.?
*Deseo una habitación para una persona. (con aire acondicionado)*

1. ¿En qué clase de hotel desea quedarse? *en un hotel barato pero cómodo*
2. ¿Hasta cuándo se va a quedar? *voy que durar una semana*
3. ¿Cómo le gustaría pagar la cuenta? *voy a pagar con cheques de viaje*
4. ¿A qué hora piensa desocupar la habitación? *Nosotros A por la tarde*
5. ¿Qué hago con su equipaje? *podría subir mis maletas*
6. ¿Le falta algo en su habitación? *si necesito una toalla*
7. ¿Hay algo que podamos hacer por Ud.? *no*
8. ¿Necesita algo más? *no, gracias*

## 3 Conversación: En el Hotel Castillo

El Sr. Poveda quiere pasar tres días con su esposa en la ciudad de Villanueva. Va a llegar a la ciudad el 12 de julio. Llama por teléfono al Hotel Castillo para reservar una habitación. Lea y represente el siguiente diálogo con un(a) compañero(a) de clase.

\* \* \*

*Recepcionista:*   Buenos días, Hotel Castillo para servirle.
*Sr. Poveda:*   Buenos días, señor. Quisiera reservar una habitación para el 12 de julio.
*Recepcionista:*   Muy bien. ¿Qué tipo de habitación desea?
*Sr. Poveda:*   Una para dos personas con baño. Los cuartos tienen teléfono y televisor, ¿no?
*Recepcionista:*   Sólo tienen teléfono.
*Sr. Poveda:*   ¿Y cuánto cobran?
*Recepcionista:*   4.000 pesetas por noche.
*Sr. Poveda:*   Bien, me gustaría hacer la reservación.
*Recepcionista:*   ¿Cuánto tiempo van a quedarse en Villanueva, señor?
*Sr. Poveda:*   Tres días.
*Recepcionista:*   ¿Cuál es su nombre, por favor?
*Sr. Poveda:*   Juan Poveda Márquez.
*Recepcionista:*   Muy bien. Tiene hecha la reservación para el 12 de julio.
*Sr. Poveda:*   ¿Es necesario enviar un depósito?
*Recepcionista:*   No, no es necesario con tal que *(provided that)* lleguen antes de las 4 de la tarde.
*Sr. Poveda:*   Gracias, señor.
*Recepcionista:*   De nada. Siempre para servirle.

## 4 Minidiálogos: Hoteles de Villanueva

Las siguientes personas van a pasar unos días en Villanueva y quieren reservar habitaciones. Escoja un hotel para cada persona y prepare un diálogo similar al que tuvo lugar en el Hotel Castillo (en la Actividad 3).

### HOTELES DE VILLANUEVA

| Establecimiento | Categoría | Servicios | Precio por noche |
|---|---|---|---|
| Hotel Miramar | **** | 🏨 🛁 👤 ☎ | 5.000 a 6.000 pesetas |
| Hotel Castillo | *** | 🏨 🛁 ☎ | 3.000 a 4.500 pesetas |
| Hotel de las Palmas | ** | 🏨 ☎ | 2.000 a 3.500 pesetas |
| Pensión Ribera | ** | 🛁 ☎ | 2.500 pesetas |
| Posada El Encanto | * | 🏨 | 1.200 pesetas |

1. Joe Turney y Roger Sampson / estudiantes norteamericanos de viaje por España / del 2 al 12 de julio *Posada el encanto*
2. La Srta. Acosta / vendedora viajante / el lunes 3 de octubre *Pensión Ribera* *Hotel palmas*
3. El Sr. Sarmiento / casado y con dos hijos / empleado de un banco / del viernes 4 de febrero al domingo 6 de febrero *Hotel de las palmas* *Hotel miramar*
4. Ramón Escamilla / periodista / del lunes 6 de mayo al lunes 13 de mayo *Hotel miramar* *Pensión Ribera*
5. Alicia y Eduardo Durán y sus tres sobrinos / jubilados (retired) / el mes de agosto *Hotel castillo*

Le damos
Posada
Vallarta
todo el año
...¡Y en paquete!

TELEX: 86004 HRCS E

Carrera 51B No. 79-246
Teléfonos: 455079-459988

## Conversación dirigida

Un estudiante norteamericano llega al Hotel Crillón en Lima, Perú. Prepare el diálogo según las siguientes indicaciones. Luego, represéntelo con un(a) compañero(a) de clase.

| la recepcionista | | el estudiante |
|---|---|---|
| says hello and asks if she can be of assistance *en que puedo servirle!* | → | says he would like a room for tonight |
| asks if he has a reservation | → | answers negatively *no* |
| asks what type of room he wants | → | asks for a single room with a nice view |
| says that they have a room with a shower on the third floor. *— tercer piso* | → | asks the price |
| replies 600 intis *—in quechua—"sol"* | → | asks whether he can pay with a credit card |
| says the hotel does not take credit cards, but accepts traveler's checks | → | says he will take the room |
| says it is room 319, and gives the student the key | → | says thank you |

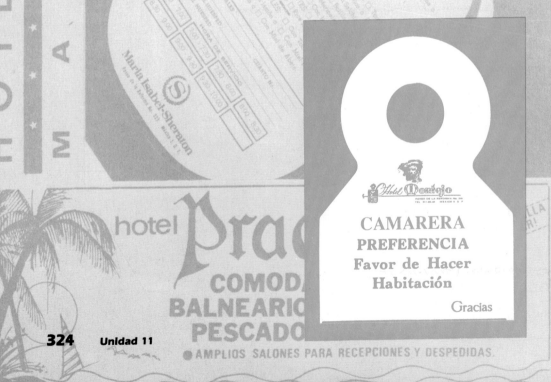

**CAMARERA PREFERENCIA** Favor de Hacer Habitación

Gracias

## Conversaciones libres

Prepare los diálogos según las siguientes indicaciones. Luego, represéntelos con un(a) compañero(a) de clase.

1. Este verano Jim y Nancy Reilly, una pareja *(couple)* de turistas de Boston, viajan por España en automóvil con sus tres hijos (dos niños y una niña). Es de noche y se han detenido en una pintoresca posada en el campo. No han hecho una reservación y sólo hay disponible una habitación pequeña.
   *Los personajes: Jim y Nancy Reilly, el dueño de la posada*

2. Miguel Ochoa, secretario del presidente de una compañía internacional, está reservando una habitación para su jefe, quien pasará tres noches en Acapulco. Llama a un hotel de lujo y pide información sobre la disponibilidad *(availability)* de habitaciones, servicios, precios, etc.
   *Los personajes: Miguel Ochoa, el recepcionista del hotel*

3. Luisa es una estudiante mexicana que visita España con un presupuesto *(budget)* muy limitado. Le gustaría pasar una semana en Madrid y está buscando alojamiento *(lodging)* barato. Llama por teléfono a una pensión para informarse sobre los precios de las habitaciones.
   *Los personajes: Luisa, el dueño de la pensión*

4. Roberto Morales ha reservado una habitación en un hotel de lujo en la ciudad de Caracas, Venezuela. No está satisfecho con el cuarto y llama al gerente del hotel para quejarse.
   *Los personajes: Roberto Morales, el gerente del hotel*

5. La familia García está pasando dos semanas en un hotel de Cartagena, un centro turístico de Colombia. Al final de su estadía *(stay)*, el Sr. García le pide la cuenta al cajero del hotel y le dice que es mucho más caro de lo que esperaba. El cajero le explica por qué.
   *Los personajes: el Sr. García, el cajero*

# Estructuras gramaticales

## A. Al + infinitivo

**Al llegar** al hotel, el Sr. Ortega le mostró
su reservación a la recepcionista.
**Al salir** del hotel, pagaremos la cuenta.
**Al ver** la cuenta, el cliente se desmayó.

*Upon arriving* at the hotel, Mr. Ortega showed
his reservation to the receptionist.
*On leaving* the hotel, we will pay the bill.
*On seeing* the bill, the customer fainted.

To show that two actions occur simultaneously, Spanish uses the construction **al** + *infinitive*.

→ In such a construction, **al** is the contraction of **a** + **el**. It means *at the (moment of)* and corresponds to the English expressions *on (doing something)*, *upon (doing something)*, *while*, and *when*.

---

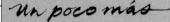

The construction **al** + *negative infinitive* usually expresses a cause-and-effect relationship. In such cases, **al** corresponds to *since, because*.

**Al no ver** a mis amigos, me fui.   *Since I did not see my friends, I left.*

---

## *1* ¿Sí o no?

Lea lo que hicieron las siguientes personas y diga si, en ese momento,
hicieron o no lo indicado entre paréntesis.

MODELO: El conductor irresponsable vio la luz roja. (¿pararse?)
*Al ver la luz roja, el conductor irresponsable no se paró.*

1. Oí el chiste. (¿reírse?) Al oír / me reí
2. El chico imprudente cruzó la calle. (¿tener cuidado con el tráfico?) Al cruzar / no tuve
3. Los ladrones vieron al policía. (¿huir?) Al ver / huieron
4. Viste el terrible accidente. (¿sentirse bien?) Al ver / no me sentí
5. El joven descortés entró en la sala. (¿saludar a los invitados [guests]?) Al entrar / no saludaron
6. Los turistas reservaron una habitación. (¿tener que pagar un depósito?) Al reservar / tuvieron que pagar....
7. Ganamos el partido de fútbol. (¿celebrar la victoria?) Al ganar / celebramos
8. El camarero recibió una buena propina. (¿darle las gracias a la cliente?) Al recibir / le dó

## 2 ¿Qué pasó?

Describa lo que pasó, usando la construcción **al** + *infinitivo* . . . y su imaginación.

MODELO: Ernesto llegó al aeropuerto.

*Al llegar al aeropuerto, Ernesto facturó sus maletas (compró un pasaje para Madrid. . .).*

1. Salimos del hotel. Al salir / fuimos a un restaurante
2. Pasaste por la aduana. Al pasar / recogiste sus maletas
3. Los viajeros se embarcaron en el avión. Al embarcar / se abrocharon el cinturón de seguridad
4. El turista descubrió una equivocación (*mistake*) en la cuenta. Al descubrir / llamó la camarera
5. La cliente del restaurante encontró una hormiga (*ant*) en la sopa. Al encontrar / pidió por una sopa nueva
6. Amalia vio a su novio con otra chica. Al ver / fue su novio

**Su tranquilidad al viajar**

---

# B. El uso del infinitivo después de ciertas preposiciones

| | |
|---|---|
| Ahorro mi dinero **para hacer un viaje** este verano. | *I am saving my money **to go on a trip** this summer.* |
| Te daré mi dirección **antes de irme**. | *I will give you my address **before leaving**.* |
| No uses mi coche **sin pedirme permiso**. | *Don't use my car **without asking my permission**.* |

In Spanish, the INFINITIVE is frequently used after prepositions such as:

| | | | |
|---|---|---|---|
| **antes de** | *before* | **para** | *to, in order to* |
| **después de** | *after* | **por** | *because of* |
| **sin** | *without* | | |
| **en vez de** | *instead of* | | |

→ Note the difference between **para** + *infinitive* and **por** + *infinitive*.

| | |
|---|---|
| El botones vino **para ayudar** a los clientes del hotel. | *The bellboy came (**in order) to help** the guests of the hotel.* |
| El recibió una propina **por ayudar** a los clientes. | *He received a tip **for helping** (**because he helped**) the guests.* |

## 3 ¿Qué tipo de persona es?

Diga lo que hicieron las siguientes personas. Para hacer esto, transforme las oraciones usando las preposiciones indicadas. Después, describa la personalidad de cada persona usando el adjetivo entre paréntesis en una oración afirmativa o negativa.

MODELO: Los clientes salieron del restaurante y no le dieron una propina al camarero. (sin) / (¿generosos?)
*Los clientes salieron del restaurante sin darle una propina al camarero. No son generosos.*

1. Hicimos la tarea y ~~no~~ fuimos al cine. (en vez de) / (¿serios?)
2. Te fuiste y no te despediste de tus amigos. (sin) / (¿cortés?)
3. Uds. salieron del café y no pagaron la cuenta. (sin) / (¿honestos?)
4. Alicia y Elena limpiaron la sala y no miraron la televisión. (en vez de) / (¿serviciales?)
5. El automovilista salió de la gasolinera y no puso las señales. (sin) / (¿prudente?)
6. Puse mi dinero en el banco y no lo gasté. (en vez de) / (¿ahorrador?)

## 4 Antes y después

Explique en qué orden las siguientes personas hicieron o harán ciertas cosas. Para cada persona, construya dos oraciones según el modelo.

MODELO: Cenaremos. (mirar el menú / pagar la cuenta)
*Antes de cenar, miraremos el menú.*
*Después de cenar, pagaremos la cuenta.*

1. Llegaremos al hotel. (hacer una reservación / registrarse en la recepción)
2. Almorcé. (lavarse las manos / cepillarse los dientes)
3. Amalia y Cristina se graduarán. (tomar los exámenes / buscar trabajo)
4. El chico se acostó. (ponerse el piyama / apagar la luz)
5. Saldrás de casa. (desayunarse / tomar el autobús)
6. El profesor escribirá un libro. (hacer investigaciones [*research*] / dar conferencias [*lectures*])
7. Isabel y Arturo se casaron. (salir juntos a menudo / comprarse un apartamento)
8. Cristóbal Colón descubrió América. (navegar por tres meses / regresar a España)

# C. El uso del subjuntivo después de ciertas conjunciones

Note the use of the subjunctive in the following sentences.

Llamo a la recepcionista
   **para que** me **reserve** una habitación.

Voy a quedarme en la habitación 42
   **con tal que tenga** vista al mar.

No salgas del cuarto
   **sin que** el botones te **entregue** la llave.

Iremos a la Playa Redonda
   **a menos que haga** mal tiempo.

Veré al profesor de inglés
   **antes de que salga** de vacaciones.

*I am phoning the receptionist*
   *so that she will reserve a room for me.*

*I am going to stay in room 42*
   *provided that it has a view of the ocean.*

*Don't leave the room*
   *without the bellboy giving you the key.*

*We will go to Redondo Beach*
   *unless the weather is bad.*

*I will see the English professor*
   *before he leaves on vacation.*

The SUBJUNCTIVE is used after conjunctions that express:

| | | |
|---|---|---|
| A PURPOSE OR INTENT | **para que** | *so that* |
| A RESTRICTION | **a menos que** | *unless* |
| | **sin que** | *without* |
| | **con tal (de) que** | *provided that* |
| | **a condición de que** | *on the condition that* |
| ANTICIPATION | **antes (de) que** | *before* |

→ The INFINITIVE is used after the prepositions **para**, **sin**, **antes de** when there is no change of subject. Compare:

**SUBJUNCTIVE**
Llamo **para que** la recepcionista
   nos **reserve** una habitación.
Te veré **antes de que salgas**.

**INFINITIVE**
Llamo **para reservar** una habitación.

Te veré **antes de salir**.

Cuidado con las copias.

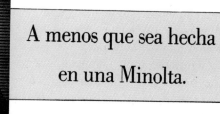

A menos que sea hecha en una Minolta.

## 5 Siempre hay un motivo

Explique por qué las siguientes personas hacen lo indicado.

MODELO: Eduardo les escribe a sus padres. (ellos / enviarle dinero)
*Eduardo les escribe a sus padres para que le envíen dinero.*

1. El Sr. Barrios le da la llave al botones. (él / subir el equipaje a la habitación) *para que le suba*
2. Llamamos a la camarera. (ella / limpiar la habitación) *nos limpie*
3. Llamas al operador. (él / despertarte a las siete) *te despiertes*
4. La Sra. Costa envía a sus hijos a Inglaterra. (ellos / aprender inglés) *los aprendan*
5. El juez (*judge*) le hace preguntas a los testigos (*witnesses*). (ellos / describir el accidente) *te describan*
6. Me invitas a tu fiesta. (yo / conocer a tu hermana) *me conozca*
7. Mi mamá me presta el coche. (yo / ir de compras) *me vaya*
8. Le damos una propina al camarero. (él / continuar a ~~servirnos~~ bien) *nos continúe sirviéndonos*

# A la hora de comprar o cambiar su coche, lo primero es:

# AUTOMOTORA SANTA BARBARA

## 6 ¡Date prisa!

Dígale a un compañero que haga ciertas cosas pronto. Use **antes de que** y el subjuntivo según el modelo.

MODELO: comprar los billetes (el bus va a salir)
*¡Compra los billetes antes de que salga el bus!*

1. cambiar tu dinero (el banco va a cerrar) *vaya a cerre*
2. comprar una microcomputadora (los precios van a subir) *vayan a suban*
3. limpiar tu apartamento (tus amigos van a venir) *vayan vengan*
4. llamar a tu novia (ella va a salir de vacaciones) *salga*
5. sacar fotos (el sol va a desaparecer) *desaparezca desaparezca*
6. sacar la basura (*trash*) (los basureros [*trash collectors*] van a pasar) *pasen*

## 7 Una excursión en coche

Matilde invitó a sus amigos a dar un paseo en coche. Haga el papel de Matilde.

MODELO: Vamos a dar un paseo en coche. Hace buen tiempo.
(con tal que)
*Vamos a dar un paseo en coche con tal que haga buen tiempo.*

1. Vamos a salir. Hay ~haya~ demasiado tráfico. (antes de que)
2. Vamos a comprar gasolina en aquella gasolinera. Los precios son ~sean~ razonables. (con tal que)
3. Voy a encender la radio. Uds. ~prefieran~ prefieren conversar. (a menos que)
4. Voy a parar el coche. Uds. ~puedan~ pueden sacar fotos de este pueblito. (para que)
5. Vamos a almorzar en aquel mesón. No les ~gusten~ gustan a Uds. las especialidades que ofrecen. (a menos que)
6. No vamos a irnos. Uds. ~tomen~ toman un buen café. (sin que)
7. Vamos a visitar ese castillo medieval. No ~esté~ está abierto al público. (a menos que)
8. Vamos a regresar. ~anochezca~ Anochece. (antes de que)

## 8 Efecto doble

A menudo, hacemos ciertas cosas para nosotros mismos y también las hacemos para otras personas. Exprese esto según el modelo.

MODELO: La Sra. Espinel comprará una microcomputadora para aprender a programar. (sus hijos)
*La Sra. Espinel comprará una microcomputadora para que sus hijos aprendan a programar.*

1. Llamaré a la estación para ~sepas~ saber a qué hora sale el tren para Segovia. (tú)
2. Eduardo irá a ese restaurante para ~prueben~ probar la comida mexicana. (sus amigos)
3. El guía pasará por el Banco de Viscaya para ~cambiemos~ cambiar cheques de viajeros. (nosotros)
4. No saldremos de México sin ~vean~ ver las pirámides aztecas. (Uds.)
5. El gerente del hotel preparará la cuenta antes de irse ~se vayan~. (los clientes)
6. El conductor no saldrá sin ~se abrochen~ abrocharse el cinturón de seguridad. (los pasajeros)
7. Arreglaré mi cuarto antes de ~vayamos~ ir al cine. (nosotros)
8. No te irás sin sacar fotos del grupo. (yo) ~saque~

# D. El uso del subjuntivo o del indicativo después de cuando

Compare the use of the indicative and the subjunctive after **cuando** in the sentences below.

| | |
|---|---|
| **Cuando** mis padres **viajan**, siempre **sacan** fotos. | **When** my parents **travel**, they always **take** pictures. |
| **Cuando viajen** por Costa Rica este invierno, **sacarán** muchas fotos. | **When they travel** through Costa Rica this winter, **they will take** lots of pictures. |
| La camarera cambió las sábanas **cuando limpió** la habitación. | The maid changed the sheets **when she cleaned** the room. |
| La camarera va a cambiar las sábanas **cuando limpie** la habitación. | The maid is going to change the sheets **when she cleans** the room. |

Both the indicative and the subjunctive may be used in time clauses introduced by **cuando.** The choice of mood depends on when the events that are being described occur.

- The INDICATIVE is used to refer to *past* or *present* actions or events. In such cases, the main verb is usually in the *present indicative* or the *preterite*.
- The SUBJUNCTIVE is used to refer to *future* events that have not yet occurred and that are therefore considered as uncertain. In such cases the main verb is usually in the *future tense* or expresses future time with the construction **ir a** + *infinitive*.

The general pattern is:

| CUANDO CLAUSE | | MAIN CLAUSE |
|---|---|---|
| indicative | → | present indicative or preterite |
| subjunctive | → | future indicative or **ir a** + *infinitive* |

RENFE
Cuando tenga que viajar: Piense en el tren.

➡ The same choice between the indicative and the subjunctive applies after the following conjunctions of time.

| | |
|---|---|
| **después (de) que** *after* | **luego que** *as soon as* |
| **hasta que** *until* | **en cuanto** *as soon as* |
| **mientras que** *while, for as long as* | **tan pronto como** *as soon as* |

Fui a Francia **tan pronto como tuve** mi visado. — *I went to France **as soon as I got** my visa.*

Iré a México **tan pronto como tenga** mi pasaporte. — *I will go to Mexico **as soon as I have** my passport.*

➡ When the main verb is in the *imperative*, the choice between the subjunctive and the indicative after **cuando** and the other conjunctions of time or restriction depends upon whether the clause refers to *present* or *future* events.

No me llames **cuando estoy** en la oficina. — *Don't call me **when (= whenever) I am** in the office.*

No me llames **cuando esté de viaje** la semana próxima. — *Don't call me **when I am traveling** next week.*

Ten cuidado **cuando conduces** de noche. — *Be careful **whenever you drive at night (in general)**.*

Ten aún más cuidado **cuando conduzcas** esta noche. — *Be even more careful **when you drive tonight (later on)**.*

---

## Un poco más

Both the indicative and the subjunctive are used in clauses introduced by **aunque**.

Asistiré a la clase **aunque estoy** enfermo. — *I will go to class **even though I am** sick.*
Asistiré a la clase **aunque esté** enfermo. — *I will go to class **even if I am** sick.*

- The INDICATIVE is used to refer to a definite, factual event or situation in the present. In this case, **aunque** corresponds to *even though* or *although*.
- The SUBJUNCTIVE is used to refer to a possible, uncertain or hypothetical event or situation. In this case, **aunque** corresponds to *even if*.

## 9 Planes de viaje

Los estudiantes de la columna A están discutiendo sus planes de viaje para el verano próximo. Describa sus planes y use los elementos de las columnas B, C y D en oraciones lógicas. ¡Respete la geografía!

| A | B | C | D |
|---|---|---|---|
| yo | ir a | Madrid | asistir a un espectáculo flamenco |
| tú | estar en | Sevilla | asistir a una corrida de toros |
| Uds. | viajar por | Acapulco | ver la Piedra del Sol |
| nosotros | visitar | la Ciudad de | ver Machu Picchu |
| Carlos | | México | bañarse en el Océano Pacífico |
| Lidia y Ana | | el Perú | comprar una botella de jerez |
| mis primos | | la Argentina | visitar el Prado |
| | | | sacar fotos de las ruinas incas |
| | | | dar un paseo por el parque Chapultepec |
| | | | montar a caballo por las pampas |

MODELO: *Cuando mis primos estén en Sevilla, asistirán a un espectáculo flamenco.*

## 10 Minidiálogos: ¡Por favor!

Eduardo le cuenta a su hermana Alicia lo que va a hacer por la tarde. Alicia le pide que haga ciertas cosas. Represente los diálogos.

MODELO: salir / cerrar las ventanas
    *Eduardo: Voy a salir.*
    *Alicia:   Cuando salgas, cierra las ventanas, ¡por favor!*

1. ir al supermercado / comprar agua mineral
2. pasar por la biblioteca / devolver esos libros
3. ver a Catalina / invitarla a nuestra fiesta
4. hablar con Ernesto / pedirle que me llame
5. ir al banco / depositar este cheque
6. regresar / comprar el periódico

## 11 Claudia y Silvia

Claudia (de 19 años) es estudiante en la Universidad de Salamanca. Al regresar a su casa para las vacaciones de Navidad, habla de su vida estudiantil con su hermanita Silvia (de 12 años). Silvia tiene otras ideas.

MODELO: tener tiempo libre / reunirme con mis amigas (mi novio)
    *Claudia: Cuando tengo tiempo libre, me reúno con mis amigas.*
    *Silvia:   Y yo, cuando tenga tiempo libre, me reuniré con mi novio.*

1. salir los sábados por la noche / ir al cine (al café)
2. tener dinero / comprar discos (ropa)

3. estar con amigos / hablar de política (deportes)
4. quedarme en mi cuarto / hacer la tarea (ejercicios de gimnasia)
5. estar en el café / pedir agua mineral (cerveza)
6. estudiar / escuchar música clásica (música rock)

## 12  ¡La buena oportunidad!

Cuando las oportunidades se presentan, debemos aprovecharlas *(take advantage of them)*. Exprese lo que harán las siguientes personas cuando se presenten las oportunidades indicadas.

MODELO: nosotros / viajar por avión / en cuanto / el precio del pasaje / bajar
  *Viajaremos por avión en cuanto el precio del pasaje baje.*

1. los turistas / ir a México / en cuanto / el cambio *(rate of exchange)* del dólar / subir
2. Olga / comprar un nuevo vestido / cuando / los almacenes / ofrecer liquidaciones
3. yo / sacar fotos / tan pronto como / hay más luz
4. tú / pedir un aumento de sueldo / cuando / el jefe / regresar de vacaciones
5. nosotros / quedarse en la playa / mientras que / hace sol
6. Romeo / trepar al balcón / tan pronto como / Julieta / abrir la ventana
7. los ratones *(mice)* / bailar / después de que / el gato / irse
8. tú / pedirle dinero a tu papá / luego que / él / regresar del banco

## 13  Expresión personal

Diga lo que Ud. hará en las siguientes situaciones.

MODELO: estar en España
  *Cuando esté en España, visitaré el museo del Prado (asistiré a una corrida de toros. . .).*

1. estar de vacaciones
2. graduarme
3. tener mi propio negocio *(business)*
4. ser millonario(a)
5. tener mi propio avión
6. tener 30 años
7. tener 50 años
8. tener 100 años

La Dirección ruega a los visitantes del Museo, se sirvan excusar los inconvenientes y las molestias, obligadas por las obras de instalación de aire acondicionado.

GUIA
OFICIAL DEL
MUSEO DEL
PRADO

MINISTERIO DE CULTURA

# *Lecturas literarias*

## Introducción

Horacio Quiroga (1878–1938) nació en el Uruguay pero pasó la mayor parte de su vida en las selvas[1] subtropicales de la parte norte de la Argentina.

Su aprecio por la naturaleza y su singular capacidad de observación son evidentes en sus obras literarias. En ''La abeja haragana'', el más perfectamente construido de sus *Cuentos de la selva para niños* (1918), Quiroga muestra lo que puede suceder cuando un miembro de la comunidad no comparte las responsabilidades del trabajo.

La culebra en la selva

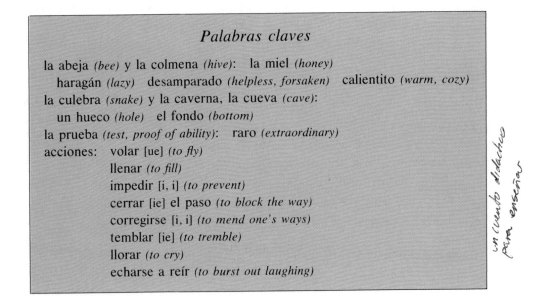

### Palabras claves

la abeja *(bee)* y la colmena *(hive)*:    la miel *(honey)*
   haragán *(lazy)*    desamparado *(helpless, forsaken)*    calientito *(warm, cozy)*
la culebra *(snake)* y la caverna, la cueva *(cave)*:
   un hueco *(hole)*    el fondo *(bottom)*
la prueba *(test, proof of ability)*:    raro *(extraordinary)*
acciones:   volar [ue] *(to fly)*
          llenar *(to fill)*
          impedir [i, i] *(to prevent)*
          cerrar [ie] el paso *(to block the way)*
          corregirse [i, i] *(to mend one's ways)*
          temblar [ie] *(to tremble)*
          llorar *(to cry)*
          echarse a reír *(to burst out laughing)*

[1] **selvas** forests, jungles

# La abeja haragana

## Horacio Quiroga

### I

A. LA ABEJA HARAGANA

*she would fly from tree to tree*

Había una vez en una colmena una abeja que no quería trabajar. Es decir, *recorría los árboles uno por uno* para tomar el néctar de las flores; pero en vez de conservarlo para convertirlo en miel, se lo tomaba todo.

*tan pronto como*

*would warm / would lean out*

*= empezaba*

Era pues, una abeja haragana. Todas las mañanas, *apenas* el 5 sol *calentaba* el aire, la abejita *se asomaba* a la puerta de la colmena, veía que hacía buen tiempo y se peinaba con las patas. Entonces *echaba* a volar muy contenta del lindo día mientras las otras abejas se mataban trabajando para llenar la colmena de miel.

*conduct*

*are usually*

Como las abejas son muy serias, comenzaron a disgustarse con 10 el *proceder* de la hermana haragana. En la puerta de las colmenas hay siempre unas cuantas abejas que están de guardia para cuidar la colmena. Estas abejas *suelen ser* muy viejas y con gran experiencia de la vida. Un día, pues, detuvieron a la abeja haragana cuando iba a entrar, diciéndole:

15

—Compañera: es necesario que trabajes, porque todas las abejas debemos trabajar.

La abejita contestó:

—Yo ando todo el día volando, y me canso mucho.

*warning*

—No es cuestión de que te canses mucho—respondieron—sino 20 de que trabajes un poco. Es la primera *advertencia* que te hacemos.

B. LA EXPULSIÓN

Y diciendo así la dejaron pasar.

Pero la abeja haragana no se corregía. De modo que a la tarde siguiente, las abejas que estaban de guardia le dijeron:

—Hay que trabajar, hermana.

25

Y ella respondió en seguida:

—¡Uno de estos días lo voy a hacer!

—No es cuestión de que lo hagas uno de estos días—le respondieron, hoy es el 19 de abril. Pues bien: trata de que mañana,

*por lo menos*

20, hayas traído una gota *siquiera* de miel. Y ahora pasa. 30

*se separaron*

Y diciendo esto *se apartaron* para dejarla entrar.

Pero el 20 de abril pasó en vano como todos los demás. Con la diferencia de que al caer el sol el tiempo *se descompuso* y comenzó a *soplar* el viento frío.

La abejita haragana voló *apresurada* hacia su colmena, pensando 35 en lo calientito que estaría allá dentro. Pero cuando quiso entrar, las abejas que estaban de guardia se lo impidieron.

—No se entra—le dijeron fríamente.

—¡Yo quiero entrar!—clamó la abejita—. Ésta es mi colmena.

—Ésta es la colmena de unas pobres abejas trabajadoras—le 40 contestaron las otras—. No hay entrada para las haraganas.

—¡Mañana *sin falta* voy a trabajar!—insistió la abejita.

—No hay mañana para las que no trabajan—respondieron las abejas, que saben mucha filosofía.

Y esto diciendo la empujaron afuera.                    45

—¡Ay, mi Dios!—exclamó la desamparada—. ¡Va a llover, y me voy a morir de frío!

Y *tentó* entrar en la colmena.

Pero de nuevo le cerraron el paso y le dijeron:

—No, no morirás. Aprenderás en una sola noche lo que es el 50 *descanso* ganado con el trabajo. Vete.

Y la echaron.

### C. LA CAVERNA DE LA CULEBRA

Entonces, temblando de frío, la abeja *se arrastró* hasta que de pronto *rodó* por un *agujero*. Cayó rodando, mejor dicho, al fondo de una caverna.                                                       55

Creyó que no iba a terminar nunca de bajar. Al fin llegó al fondo y se halló bruscamente ante una víbora, una culebra verde que la miraba *enroscada* y *presta a lanzarse sobre* ella.

En verdad, aquella caverna era el hueco de un árbol que la culebra había elegido por *guarida*. Las culebras comen abejas, 60 que les gustan mucho. Por esto la abejita, al encontrarse ante su enemiga, murmuró cerrando los ojos:

—¡Adiós, mi vida! Ésta es la última hora que yo veo la luz.

Pero con gran sorpresa suya, la culebra no solamente no la devoró, sino que le dijo:                                         65

—¿Qué tal abejita? *No has de ser* muy trabajadora para estar aquí a estas horas.

—Es cierto. No trabajo, y yo tengo la culpa.—murmuró ella.

—Siendo así—agregó la culebra—te voy a comer, abeja.

*Víbora — serpiente venenosa*

turned bad

to blow

rápidamente

without fail

she tried

rest

dragged herself along

rolled / small hole

coiled / ready / to strike

refugio

you must not be

La abeja, temblando, exclamó entonces:　70

—¡No es justo, eso, no es justo! No es justo que usted me coma porque es más fuerte que yo. Los hombres saben lo que es justicia.

—¡Ah, ah!—exclamó la culebra. ¿Tú conoces bien a los hombres? ¿Tú crees que los hombres, que les quitan la miel a ustedes, son más justos, grandísima tonta?　75

—No es por eso que nos quitan la miel—respondió la abeja.

—¿Y por qué, entonces?

—Porque son más inteligentes.

Así dijo la abejita. Pero la culebra se echó a reír exclamando:

*get ready*

—¡Bueno! Con justicia o sin ella, te voy a comer: *apróntate.*　80

*she drew back*

Y *se echó atrás*, para lanzarse sobre la abeja. Pero ésta exclamó:

—Usted hace eso porque es menos inteligente que yo.

*snotty brat*

—¿Yo, menos inteligente que tú, *mocosa*?—se rió la culebra.

—Así es—afirmó la abeja.

—Pues bien—dijo la culebra—, vamos a verlo. Vamos a hacer 85 dos pruebas. El que haga la prueba más rara, ése gana. Si gano yo, te como.

—¿Y si gano yo?—preguntó la abejita.

—Si ganas tú —repuso la enemiga—, tienes el derecho de pasar la noche aquí, hasta que sea de día. *¿Te conviene?*　90

*= ¿Estás de acuerdo?*

—Aceptado—contestó la abeja.

# ¿Comprendió Ud.? (I)

1. ¿Qué hacía la abeja con el néctar de las flores?
2. ¿Cómo pasaba el día la abeja?
3. ¿Cómo son las abejas que guardan la colmena?
4. ¿Qué le piden las compañeras a la abeja haragana?

5. ¿Cómo respondió la abeja a sus compañeras?
6. ¿Qué sucedió el 20 de abril?
7. ¿De qué tenía miedo la abeja haragana?

8. En realidad, ¿qué era la caverna?
9. ¿Con quién se encontró la pobre abeja?
10. ¿Por qué cerró los ojos la abeja?

11. Según la culebra, ¿por qué no son justos los hombres?
12. ¿Cómo convence la abeja a la culebra de que no se la coma?
13. ¿Cuáles serían los posibles resultados de la prueba?

## Palabras claves

la promesa *(promise)* = el juramento *(oath)*:   respetar *(to respect)*
  el enemigo *(enemy)*   la derrota *(defeat)*
el trompo / el trompito *(spinning top)*:   una cápsula de semillas *(seeds)*
  hacer bailar *(to spin)*   zumbar *(to buzz)*
la planta / la plantita sensitiva:   la hoja *(leaf)*
  tocar *(to touch)*   ocultar *(to hide)*
  desaparecer *(to disappear)* ≠ aparecer
la filosofía:   la felicidad *(happiness)*   el deber *(duty, responsibility)*
  el esfuerzo *(effort)*   la fatiga *(fatigue)*
acciones:   salvar su vida *(to save one's life)*
        darse cuenta de *(to realize)*
        aprovecharse de *(to take advantage of)*

## II

E. LA PRUEBA DE LA CULEBRA

= *podría hacer* / = *this is what*

La culebra se echó a reír de nuevo, porque se le había ocurrido una cosa que jamás *podría* una abeja. Y *he aquí lo que* hizo:

Salió un instante afuera y volvió trayendo una cápsula de semillas de eucalipto. Los muchachos hacen bailar como trompos esas cápsulas, y les llaman trompitos de eucalipto.    5

*Mira*

—Esto es lo que voy a hacer—dijo la culebra.—¡*Fíjate* bien, atención!

*rolling up* / *string*
*uncoiled*

Y *arrollando* la cola alrededor del trompito como un *piolín*, la *desenvolvió* a toda velocidad, con tanta rapidez que el trompito quedó bailando y zumbando como un loco.    10

= *ni podrá hacer*

La culebra se reía, y con mucha razón, porque jamás una abeja ha hecho *ni podrá* bailar un trompito.

—Esa prueba es muy linda—dijo la abeja—y yo nunca podré hacer eso.

—Entonces, te como—exclamó la culebra.    15

—¡Un momento! Yo no puedo hacer eso; pero hago una cosa que nadie hace.

—¿Qué es eso?

—Desaparecer.

**340**    **Unidad 11**

—¿Cómo?—exclamó la culebra *dando un salto* de sorpresa—. 20
¿Desaparecer sin salir de aquí?

jumping up

—Sin salir de aquí.

—¡Pues bien, hazlo! Y si no lo haces, te como en seguida—dijo
la culebra.

## F. LA PRUEBA DE LA ABEJA

El caso es que mientras el trompito bailaba, la abeja había tenido 25
tiempo de examinar la caverna, y había visto una plantita que
crecía allí. Era un *arbustillo* con grandes hojas.

little shrub

La abeja *se arrimó* a la plantita, teniendo cuidado de no tocarla,
y dijo así:

se acercó

—Ahora *me toca a mí*, señora Culebra. Me va a hacer el favor 30
de *darse vuelta*, y contar hasta tres. Cuando diga "tres", búsqueme
por todas partes, ¡ya no estaré más!

it's my turn
to turn around

Y así pasó, en efecto. La culebra dijo rápidamente: "uno . . .,
dos . . ., tres", y se volvió y abrió la boca *cuan grande era*, de
sorpresa: allí no había nadie. Miró arriba, abajo, a todos lados, 35
recorrió los rincones, la plantita, *tanteó* todo con su lengua. Inútil:
la abeja había desaparecido.

as wide as possible

checked out

La culebra comprendió entonces que si su prueba del trompito
era muy buena, la prueba de la abeja era simplemente extraordinaria.

—¡Bueno!—exclamó por fin—. *Me doy por vencida*. ¿Dónde 40
estás?

I give up.

Una voz que *apenas* se oía—la voz de la abejita—salió del medio
de la cueva.

hardly

—¿No me vas a hacer nada?—dijo la voz. —¿Puedo *contar con*
tu juramento?

to count on

45

—Sí—respondió la culebra. —Te lo juro. ¿Dónde estás?

—Aquí—respondió la abejita, apareciendo súbitamente de entre
una hoja cerrada de la plantita.

¿Qué había pasado? Una cosa sencilla: La plantita en cuestión
era muy sensitiva y tiene la particularidad de que sus hojas se 50
cierran al menor contacto. De aquí que al contacto de la abeja,
las hojas *se cerraran*, ocultando completamente al insecto.

would close

La inteligencia de la culebra *no había alcanzado nunca* a darse
cuenta de ese fenómeno; pero la abeja lo había observado, y se
aprovechaba de *él* para salvar su vida.

had never reached the point

= ese fenómeno

55

**Lecturas literarias**   **341**

## Nota cultural

## El eucalipto y la planta sensitiva

El árbol de eucalipto y la planta sensitiva son comunes en la Argentina. El árbol de eucalipto fue traído de Australia por tener madera muy resistente. Hoy en día se ven estos árboles en los terrenos que rodean las casas de las pampas. Los niños juegan a menudo con las cápsulas que contienen semillas y que se encuentran caídas debajo de los árboles.

La planta sensitiva es nativa de la selva latinoamericana. Se caracteriza por cerrar sus hojas al menor contacto y por abrirlas gradualmente.

*abajo:* Cápsulas del eucalipto; *a la derecha:* las hojas de la planta sensitiva, abiertas y cerradas

G. UNA NOCHE LARGA

*reminding*

La culebra no dijo nada, pero quedó muy irritada con su derrota, tanto que la abeja pasó toda la noche *recordando* a su enemiga la promesa que había hecho de respetarla.

*She remembered*

Nunca, jamás, creyó la abejita que una noche podría ser tan fría, tan larga, tan horrible. *Recordaba* su vida anterior, durmiendo 60 noche tras noche en la colmena bien calientita, y lloraba entonces en silencio.

*had improved*

Cuando llegó el día, y salió el sol, porque el tiempo *se había compuesto,* la abejita voló y lloró otra vez en silencio ante la puerta de la colmena hecha por el esfuerzo de la familia. Las 65 abejas de guardia la dejaron pasar sin decirle nada, porque comprendieron que la que volvía no era la *paseandera* haragana, sino una abeja que había hecho en sólo una noche un duro *aprendizaje* de la vida.

*one who goes strolling*
*apprenticeship*

*fin*

*were surrounding*

Así fue, en efecto. En adelante, ninguna como ella recogió tanto 70 polen ni fabricó tanta miel. Y cuando el otoño llegó, y llegó también el *término* de sus días, tuvo aún tiempo de dar una última lección antes de morir a las jóvenes abejas que la *rodeaban*:

—No es nuestra inteligencia, sino nuestro trabajo quien nos hace fuertes. Yo usé una sola vez de mi inteligencia, y fue para 75 salvar mi vida. No habría necesitado de ese esfuerzo, si hubiera trabajado como todas. Me he cansado tanto volando de aquí para allá, como trabajando. Lo que me faltaba era la noción del deber,

*I acquired*

que *adquirí* aquella noche.

—Trabajen, compañeras, pensando que el fin de nuestros es- 80 fuerzos—la felicidad de todos—es muy superior a la fatiga de cada uno. A esto los hombres llaman ideal, y tienen razón. No hay otra filosofía en la vida de un hombre y de una abeja.

## ¿Comprendió Ud.? (II)

### E. LA PRUEBA DE LA CULEBRA

14. ¿Qué hizo la culebra con la cápsula de semillas de eucalipto?
15. ¿Qué alternativa le propuso la abeja a la culebra?

### F. LA PRUEBA DE LA ABEJA

16. ¿Cómo desapareció la abeja?
17. ¿Por qué se dio por vencida la culebra?

### G. UNA NOCHE LARGA

18. ¿Qué recordaba la abeja de su vida anterior?
19. Esta vez, ¿por qué dejaron entrar a la abeja en la colmena?

### H. LA ÚLTIMA LECCIÓN

20. ¿Cómo cambió la abeja haragana?
21. Según la abeja, ¿qué aprendió aquella noche?
22. ¿Qué les aconseja ahora la abeja a las jóvenes abejas?

## Puntos de vista

Imagine que Ud. es la abeja haragana y que al final del cuento Ud. está dándoles consejos a las abejas jóvenes. Cuénteles brevemente lo que le pasó a Ud. la noche del 20 de abril.

# Temas

1. Al hablar con la culebra, la abeja dijo: "Los hombres saben lo que es justicia". ¿Es verdad? Explique el significado de esta frase.

2. Al final del cuento, la abeja dice: "La felicidad de todos es muy superior a la fatiga de cada uno". ¿Está Ud. de acuerdo? Explique su opinión.

## Mejore su español

A. In this story, Quiroga makes heavy use of dialog. Review some of the many verbs that can be used to introduce direct speech.

—*to speak:* decir, exclamar, afirmar, murmurar, insistir
—*to ask:* preguntar, clamar *(to implore)*
—*to answer:* contestar, responder, reponer *(to reply)*
—*to add:* agregar, añadir

B. Note the verbs of movement encountered in this story:

**arrastrarse:** *to drag (oneself) along*
La abejita haragana **se arrastraba** porque estaba muy cansada.

**rodar** [ue]: *to roll*
La abeja **rodaba** por el agujero del árbol.

**lanzarse:** *to strike, hurl oneself*
La culebra quería **lanzarse** sobre la abeja.

**aprontarse:** *to get ready*
La culebra **se aprontó** para comerse a la abeja.

**dar un salto:** *to jump*
El insecto **dio un salto** de la hoja de la planta.

**arrimarse:** *to get close to*
Con mucho cuidado la abeja **se arrimó** lentamente a la planta.

**darse (la) vuelta:** *to turn around*
La culebra **se dio la vuelta** para contar.

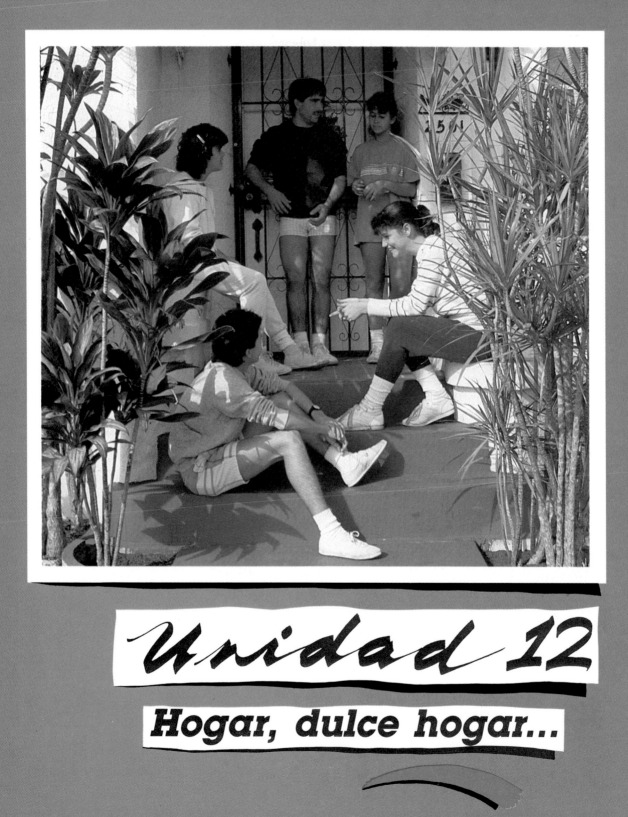

# Unidad 12

## Hogar, dulce hogar...

# Escenas de la vida

## ¡Que viva la independencia!

Todo el mundo está de acuerdo en que Roberto Arias es un chico con suerte: hace apenas° una semana de su graduación del Instituto Politécnico y ya ha encontrado un trabajo en una tienda de artículos deportivos. — hardly

—Este es el primer paso° hacia mi independencia— piensa Roberto, —el segundo será encontrar un piso° en donde pueda vivir solo. Mis padres son muy buenos y no es difícil vivir con ellos . . . pero vivo en su casa y su casa no es la mía. Por eso, no me siento completamente libre. — step / apartment (in Spain)

Roberto se decide a buscar un apartamento. Compra un periódico y lo abre a la página de anuncios clasificados.° De la lista de apartamentos vacantes el muchacho selecciona tres y se prepara para visitarlos. — classified advertisements

| Plaza Mayor |
| --- |
| Piso de un sólo dormitorio |
| Todas las comodidades° / Alquiler moderado |

comforts

El apartamento está situado en el tercer piso° de un atractivo edificio cerca de la Plaza Mayor. La cocina está equipada con una refrigeradora. El dormitorio, muy bien decorado, tiene vista a la Plaza. Los armarios° son espaciosos. Es exactamente la clase de apartamento que Roberto tiene en mente.° El único problema es el "alquiler moderado": tres veces el sueldo° que Roberto recibe en la tienda. Esto no incluye la electricidad ni el gas. — floor / closets / mind / salary

—Tengo que pensarlo—le dice Roberto al encargado° del edificio y se marcha a visitar el segundo apartamento. — superintendent

**Ciudadela Vista Alegre**

Encantadora° habitación en elegante edificio
20.000 pesetas

charming

El "elegante edificio" es un caserón° casi en ruinas. Para llegar al sexto piso, donde está la habitación, hay que subir por una oscura y estrecha° escalera. La "encantadora" habitación es un oscuro desván,° con un techo° bajísimo. La minúscula° habitación sirve de sala, comedor y dormitorio. La cocinilla está equipada con una vieja estufa° de gas. "El cuarto de baño" es simplemente una ducha° instalada dentro de un hueco° en la pared. El calor que hace en la habitación es insoportable.°

large ramshackle house

narrow
attic / ceiling
tiny

stove
shower
hole
unbearable

—¡Por suerte estamos en abril!—dice Roberto—no quiero ni pensar en la temperatura de esta habitación en el mes de agosto—. Y se marcha a visitar el tercer apartamento.

| Villas Chamartín |
| :---: |
| Piso de dos habitaciones en moderno edificio |
| 25.000 pesetas |

El barrio de Chamartín está en las afueras° de la ciudad. Roberto tiene que tomar el metro, hacer dos cambios y por fin tomar un autobús. No le es fácil encontrar la calle donde está el edificio y con todos estos contratiempos° llega al apartamento con un retraso de dos horas. El encargado ya se ha marchado.

—De todas maneras esto está muy lejos—se dice Roberto. —El alquiler es muy razonable, pero por lo menos son tres horas de camino° entre este lugar y mi trabajo. ¡No me conviene!°

°suburbs

°inconveniences

°on the road
°It doesn't suit me!

Durante el viaje de regreso Roberto tiene tiempo de estudiar la situación. El muchacho piensa que en su casa no tiene completa independencia, pero en cambio la vida en familia ofrece otras ventajas.° Su habitación es grande, cómoda y bien ventilada. Lo más importante es que no tiene que pagar alquiler. El edificio es muy céntrico° y está cerca de las tiendas, el cine y los cafés, ¡si hasta puede ir caminando a su trabajo!

advantages

centrally located

—Lo mejor es esperar un año o algo así antes de mudarme.° En realidad, mis padres no son muy exigentes.°

moving / demanding

Esa noche a la hora de la cena, la madre de Roberto nota° que el chico está pensativo.° Ella cree saber lo que preocupa a su hijo. Le dice:

se da cuenta / pensive

—Roberto, ya tienes veinte años y un buen trabajo. Un joven de tu edad necesita su independencia. Tú bien sabes que nosotros te queremos mucho, pero quizás por tu propio bien,° deberías buscar un piso.

your own good

—¡Oh, mamá, yo me siento muy bien aquí! Y con vosotros me siento tan independiente . . . Además, la independencia es simplemente un estado mental.

## Preguntas

1. ¿Por qué piensa todo el mundo que Roberto tiene suerte?
2. Según Roberto, ¿qué le falta para sentirse completamente libre?
3. ¿Cuáles son las ventajas del primer apartamento? ¿Por qué no lo alquila Roberto?
4. ¿Qué promete el segundo anuncio? ¿Cuál es la realidad?
5. ¿Cómo va Roberto al tercer apartamento? ¿Por qué no lo visita?
6. Según Roberto, ¿qué ventajas le ofrece la vida en familia?
7. Al ver a su hijo pensativo, ¿qué piensa su mamá? ¿Qué le aconseja a él?
8. ¿Cómo le contesta Roberto a su mamá? ¿Por qué?
9. Según Ud., ¿es posible vivir en casa de los padres y sentirse independiente al mismo tiempo? ¿Por qué o por qué no?

## Vocabulario temático:  Cuartos y partes de la casa

**en el sótano**

un garaje
un cuarto de jugar *(playroom)*
una lavandería *(laundry room)*
una bodega *(cellar)* para vinos

**en la planta baja**

una sala ⎤
un cuarto de estar ⎦ *(living room)*
un comedor
una cocina
un despacho *(office)* e estudio
una biblioteca

y también:
un vestíbulo *(entry hall)*
un patio
una terraza

**en el primer piso**

un cuarto ⎤
una habitación ⎦ *(room)*
un cuarto de dormir ⎤
un dormitorio ⎥ *(bedroom)*
una alcoba ⎦
un cuarto de baño ⎤
un baño ⎦ *(bathroom)*

y también:
un pasillo *(corridor)*
una escalera *(staircase)* escalón –step
un balcón que da a la calle  escalones

**bajo el techo** *(roof)*

un desván *(attic)*
attico

# Vocabulario temático: Muebles y otras cosas

## en la sala

hay **muebles**

| | |
|---|---|
| **un** | **diván** | con **almohadones** (cushions) |
| | **sofá** |

**un sillón**
**una butaca** | (armchair)

**un estante** — *nogar – home*
**una chimenea** (fireplace)
**una alfombra**

## en la alcoba

hay **un juego de cuarto** (bedroom suite)    *cielo razo – ceiling*

**una cama** con **sábanas** (sheets)
**mantas, cobijas** (blankets)
**almohadas** (pillows)

**un escritorio** (desk)
**un armario** (closet)
**una cómoda** (dresser) con **cajones** (drawers)
**un tocador** (bureau with mirror)

**una lámpara**
**(unos) cuadros** (pictures)
**(unas) cortinas** (curtains)

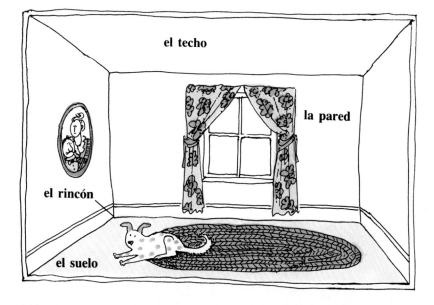

el techo

la pared

el rincón

el suelo

## en el cuarto de baño

hay **un lavabo** *(sink)* con | **un grifo** *(faucet)*     | para **el agua fría y caliente**
                                | **una llave de agua** *(faucet)* |

     **un lavamanos** *(wash basin)*

     **una ducha** *(shower)*

     **una bañera** *(bathtub)*

     **un retrete** *(toilet)* haşeo

     **un espejo**       botiquin — bathroom cabinet

     **una báscula** *(scale)* para **pesarse** *(to weigh oneself)*

     **un enchufe** *(electrical outlet)* para **aparatos eléctricos**

## en la cocina

     armario

hay **gabinetes** *(cabinets)* para colocar **los platos** y **las latas** *(cans)*

     **un fregadero** *(sink)* para **fregar los platos**

     **una cocina / una estufa** *(range)* | **eléctrica**
                                  | **de gas**

     varios **electrodomésticos** *(appliances):*

         **un lavaplatos**

         **una refrigeradora**

         **una congeladora** *(freezer)* congelar — to freeze

         **un horno** *(oven)*

         **un horno de microondas** *(microwave)*

         **una tostadora**

         **un abrelatas** *(can opener)*

         **una lata de basura** *(garbage can)*

         **un triturador de desperdicios** *(garbage disposal)*

## Vocabulario temático: Algunas actividades

**Por favor, podría Ud. ...**

| | |
|---|---|
| **abrir**<br>**cerrar** [ie] | el grifo |

| | |
|---|---|
| **llenar** *(to fill)*<br>**vaciar** *(to empty)* | **el lavabo**<br>**el fregadero**<br>**el lavaplatos**<br>**los gabinetes** |

| | |
|---|---|
| **encender** [ie] *(to turn on)*<br>**apagar** *(to turn off)* | **la luz** *(light)*<br>**la calefacción** *(heat)*<br>**la televisión**<br>**el aire acondicionado** |

| | |
|---|---|
| **subir** *(to turn up, raise)*<br>**bajar** *(to turn down, lower)* | **el volumen** de la televisión<br>**la calefacción**<br>**el aire acondicionado** |

| | |
|---|---|
| **enchufar** *(to plug in)*<br>**desenchufar** *(to unplug)* | **el televisor**<br>**la lámpara**<br>**la secadora** *(hair dryer)* |

## *1* Minidiálogos: Cada cosa en su lugar

Prepare los diálogos según el modelo escogiendo el lugar donde se deben poner las siguientes cosas. Luego, represente los diálogos con un(a) compañero(a) de clase.

MODELO: los platos sucios
      —¿Dónde pongo los platos sucios?
      —Ponlos en el lavaplatos (en el fregadero).

1. los platos limpios *gabinetes*
    *en el cajón de los platos*
2. las cáscaras *(peels)* de naranja
3. las latas
4. el helado *en congeladora*

5. el traje de papá *en el armario*
6. las blusas *cuelga con las cosas*
7. los libros *escritorio lo lento*
8. las sábanas *en la cama*

## 2 ¡Por favor!

Pídale a un(a) compañero(a) que haga lo necesario. Use el verbo apropiado y el sustantivo entre paréntesis, según el modelo.

MODELO: ¡Qué frío! (la calefacción)
    *Por favor, ¿podrías subir (encender) la calefacción?*

1. ¡Caramba! ¡Qué calor! (el aire acondicionado)
2. No puedo oír lo que dice la locutora. (el volumen de la televisión)
3. Necesito limpiar la alfombra. (la aspiradora)
4. Tengo que buscar una botella de vino. (la luz de la bodega)
5. Debemos ahorrar energía. (la luz en el desván)
6. Voy a secarme el pelo. (la secadora)
7. Voy a lavar los platos. (el fregadero)
8. Hay mucho humo *(smoke)* en la cocina. (las ventanas)
9. Los vecinos están durmiendo. (el volumen de la radio)
10. Me voy a dormir. (la lámpara)

# *Para conversar:* La vivienda *(housing)*

¿**Dónde** vive Ud?
¿En qué **parte**?

Vivo en | **el centro** *(downtown)*.
**un barrio** *(district)*
**un suburbio**
**las afueras** *(suburbs)*
**el campo**

¿En qué **tipo de vivienda**?

Vivo en | **un edificio de apartamentos**.

| **un apartamento** | de tres | **habitaciones** |
| **un piso** | | **cuartos** |

**una casa particular**
**una finca**
**una granja** | *(farm)*
**una hacienda**

¿En qué **piso**?

Vivo en | **el sótano** *(basement)*.
**la planta baja** *(ground floor; first floor: U.S.)*
**el primer piso** *(second floor: U.S.)*

¿Es **cómodo** su apartamento?

Sí, es | **cómodo** *(comfortable)*.    No, es | **incómodo**.
**moderno**    **antiguo**
**espacioso** *(roomy)*    **chico**
**claro** *(bright)*    **oscuro** *(dark)*

Está **bien ventilado**.
Es **soleado** *(sunny)*.

Tiene | **muchas comodidades** *(elements of comfort)*.
**(un) ascensor** *(elevator)*
**(el) aire acondicionado**
**(la) calefacción** *(heating)* **solar**

¿Vive Ud. en su **propio** *(own)* apartamento/piso?

Sí, soy | **dueño(a)** *(owner)* del apartamento/piso.
No, soy | **inquilino(a)** *(tenant)*.
Cada mes, tengo que pagarle **el alquiler** *(rent)* | **al dueño** *(landlord)*.
**a la dueña** *(landlady)*

¿Vive **solo(a)**?

No, tengo **compañeros(as) de cuarto** *(roommates)*.

¿Por qué va Ud. a la agencia de **bienes raíces** *(real estate)*?

Quisiera | **mudarme** *(to move)*.
**alquilar un apartamento** | **amueblado** *(furnished)*
**desamueblado** *(unfurnished)*

**El español práctico**    **355**

## 3 Preguntas personales

1. ¿En qué parte de la ciudad vive Ud.? ¿en qué tipo de vivienda? Si vive en un edificio de apartamentos, ¿en qué piso?
2. ¿Vive Ud. en su propia casa? Si no, ¿quién es el dueño (la dueña)?
3. ¿Cuántos cuartos tiene su casa? ¿Es cómoda? ¿Qué comodidades tiene? ¿Qué comodidades le hacen falta (are missing)?
4. Describa la sala. ¿Qué muebles hay? ¿Hay una chimenea? ¿La usan para calentar (to heat) la casa? ¿Cuándo?
5. Describa su cuarto de dormir y los muebles que hay. Describa también el cuarto de baño.
6. ¿Es moderna y cómoda la cocina? ¿Qué electrodomésticos hay? Describa la función de cada uno.
7. En su opinión, ¿cuáles son las ventajas de vivir en una casa particular o en un edificio de apartamentos? ¿de vivir en el centro o en las afueras? ¿de vivir en la ciudad o en el campo?
8. Imagínese por un momento que Ud. es millonario(a). Describa la residencia donde vive: el tipo de casa, los cuartos, las comodidades, los muebles, etc.

## 4 ¿Dónde viven?

Describa las viviendas de las siguientes personas, basándose en los siguientes datos.

MODELO: Carmen Morales / 19 años / soltera / estudiante

*Vive en el centro en un apartamento de una sola habitación, en un edificio que no tiene ascensor. El apartamento es barato, bastante claro y cómodo. Carmen no es dueña de su apartamento.*

1. Dolores Andreu / 45 años / casada / con 5 hijos / presidenta de una compañía internacional de publicidad
2. Catalina Heredia / 26 años / soltera / secretaria en una agencia de bienes raíces
3. Roberto Díaz / 35 años / casado / con 2 niños / obrero de fábrica
4. Osvaldo Cruz / 65 años / viudo (widower) / jubilado (retired)
5. Clara y Marcos Herrera / recién casados / dueños de una discoteca
6. Pilar Castillo / 22 años / soltera / enfermera
7. Sergio Ibáñez / 40 años / casado / con 2 hijos / artista famoso

## 5 Los anuncios

Ud. trabaja en una agencia de bienes raíces que ofrece los siguientes apartamentos para alquilar. Alguien le llama pidiendo detalles sobre los apartamentos descritos en los anuncios. Para cada anuncio, describa el apartamento: en qué barrio está situado / el número de cuartos / las dimensiones / las comodidades y otras características / el alquiler.

### PLAZA MAYOR

un edificio restaurado /
precioso
40 metros cuadrados
una habitación con baño
amueblado
60.000 ptas.

### PUERTA DEL HIERRO

amueblado
120 metros cuadrados
cuatro habitaciones
garaje / piscina / tenis
140.000 ptas.

### MENÉNDEZ

130 metros cuadrados
dos dormitorios
antiguo / restaurado
opción garaje
90.000 ptas.

### VELÁZQUEZ

desamueblado / señorial
250 metros cuadrados
cuatro dormitorios
amplísimo salón / garaje
150.000 ptas.

### RETIRO

6° piso / superlujo
200 metros cuadrados
salón / cuatro alcobas /
tres baños / aire
acondicionado
ascensor / garaje
vista al parque
300.000 ptas.

## Conversación dirigida

La Sra. Mendoza busca apartamento. Va a la agencia de bienes raíces "Locami". Prepare el diálogo según las siguientes indicaciones. Luego, represéntelo con un(a) compañero(a) de clase.

| el empleado | | la Sra. Mendoza |
|---|---|---|
| says hello | → ← | returns greeting and says that she is looking for an apartment |
| asks in which district *En que parte* | → ← | says near the Puerta del Sol |
| *tenemos un apartamento bonito alli* says that they have a nice apartment there | → | asks how many rooms it has |
| says that there is a kitchen, a large living room, a bathroom and two bedrooms | → ← | asks if the kitchen is modern and what appliances there are |
| says that there is a refrigerator, an electric range, and a dishwasher *y tiene electrica,* | → ← | asks how much the rent is |
| replies 80,000 pesetas per month | → | says she would like to see the apartment |

## Conversaciones libres

Prepare los diálogos que correspondan a las siguientes situaciones.

1. Marisol Delgado acaba de matricularse en la UNAM (Universidad Nacional Autónoma de México). Después, pasa por una agencia para buscar un apartamento barato.
   *Los personajes: Marisol, el(la) agente*
2. La familia Flores, una familia acomodada *(well-to-do)* de Madrid quiere pasar el mes de julio en Marbella, un balneario *(seaside resort)* de la Costa del Sol. La Sra. de Flores llama a una agencia para alquilar una villa moderna y bien equipada. Desafortunadamente, durante el verano las villas son pocas y carísimas.
   *Los personajes: la Sra. de Flores, el(la) empleado(a) de la agencia de bienes raíces*

3. Los Flores acaban de llegar a Marbella. Descubren que la villa que alquilaron está lejos del mar. Es antigua y no tiene nada de los muebles y electrodomésticos descritos por el empleado de la oficina de bienes raíces. El Sr. Flores, furioso, va a quejarse a la agencia.

*Los personajes: el Sr. Flores, el empleado*

4. Enrique ayuda a su prima Margarita a mudarse a su nuevo apartamento. Le pregunta a ella dónde debe poner los varios muebles, electrodomésticos y otras cosas.

*Los personajes: Enrique, Margarita*

5. Alfredo y Gloria son recién casados. Un día, van a una mueblería (*furniture store*) para comprar muebles para el apartamento que acaban de alquilar. Alfredo quiere llenar el apartamento de muchas cosas, pero Gloria prefiere tener pocos muebles de alta calidad.

*Los personajes: Alfredo, Gloria*

## Otras conversaciones libres

1. Desafortunadamente, Ud. y su familia han sido víctimas de un robo. Durante el fin de semana, unos ladrones se han llevado de su casa todos los objetos de valor, incluso los muebles y algunos electrodomésticos. Ud. habla con un(a) policía que le pide todos los detalles. Dígale lo que se robaron y de qué habitación.

2. Ud. es un(a) arquitecto(a) famoso(a) por su originalidad y creatividad. Un(a) cliente le pide que le construya una casa y Ud. va a explicarle cómo será. Claro que Ud. no va a construir una casa convencional.

3. Ud. va a alquilar su casa amueblada este verano. Ud. habla con un futuro inquilino que quiere saber cómo es su casa. Descríbasela con mucho detalle. Hable de las ventajas y desventajas de vivir en ella.

4. Imagínese que acaba de entrevistar a un actor famoso y que la entrevista tuvo lugar en el domicilio del actor. Un(a) compañero(a) de clase le hace muchas preguntas sobre cómo era la casa. Use su imaginación y descríbala con mucho detalle.

# Estructuras gramaticales

## A. Las formas del imperfecto del subjuntivo

### Imperfect subjunctive: Forms

| INFINITIVE | tomar | beber | vivir | ser / ir | |
|---|---|---|---|---|---|
| **ELLOS-FORM OF THE PRETERITE** | **tomaron** | **bebieron** | **vivieron** | **fueron** | **ENDINGS** |
| que yo | **tomara** | **bebiera** | **viviera** | **fuera** | **-ra** |
| que tú | **tomaras** | **bebieras** | **vivieras** | **fueras** | **-ras** |
| que él, ella, Ud. | **tomara** | **bebiera** | **viviera** | **fuera** | **-ra** |
| que nosotros | **tomáramos** | **bebiéramos** | **viviéramos** | **fuéramos** | **´-ramos** |
| que vosotros | tomarais | bebierais | vivierais | fuerais | -rais |
| que ellos, ellas, Uds. | **tomaran** | **bebieran** | **vivieran** | **fueran** | **-ran** |

The imperfect subjunctive is formed as follows:

> **ELLOS**-form of the preterite minus **-ron** + imperfect subjunctive endings

This formation pattern applies to all verbs, regular and irregular.

➡ Note how this pattern applies to stem-changing verbs in **-ir**.

| INFINITIVE | PRETERITE (ellos-form) | IMPERFECT SUBJUNCTIVE (yo-form) |
|---|---|---|
| sentir [ie, i] | **sintieron** | que (yo) **sintiera** |
| pedir [i, i] | **pidieron** | que (yo) **pidiera** |
| dormir [ue, u] | **durmieron** | que (yo) **durmiera** |

→ Note how this pattern also applies to verbs with irregular preterite stems.

| INFINITIVE | PRETERITE (ellos-form) | IMPERFECT SUBJUNCTIVE (yo-form) |
|---|---|---|
| traer | **trajeron** | que (yo) **trajera** |
| decir | **dijeron** | que (yo) **dijera** |
| producir | **produjeron** | que (yo) **produjera** |
| querer | **quisieron** | que (yo) **quisiera** |
| hacer | **hicieron** | que (yo) **hiciera** |
| venir | **vinieron** | que (yo) **viniera** |
| estar | **estuvieron** | que (yo) **estuviera** |
| andar | **anduvieron** | que (yo) **anduviera** |
| poder | **pudieron** | que (yo) **pudiera** |
| poner | **pusieron** | que (yo) **pusiera** |
| saber | **supieron** | que (yo) **supiera** |
| tener | **tuvieron** | que (yo) **tuviera** |
| hay (haber) | **hubo** | que **hubiera** |

*¡Qué felices nos sentiríamos si supiéramos que el mundo entero está en paz!*

*Felicidades,*

*Mirta de Perales & Staff*

## Un poco más

Spanish has a second form of the imperfect subjunctive that uses **-se** (rather than **-ra**) endings.

| | | | |
|---|---|---|---|
| que (yo) **tomase** | **-se** | que (nosotros) **tomásemos** | **-semos** |
| que (tú) **tomases** | **-ses** | que (vosotros) tomaseis | -seis |
| que (él) **tomase** | **-se** | que (ellos) **tomasen** | **-sen** |

In Latin America, the **-ra** form is more common. In Spain, the **-ra** form is traditionally found in literary style, while the **-se** form is used frequently in contemporary conversational style.

# 1 El imperfecto del subjuntivo ¡por favor!

Para cada uno de los siguientes verbos, dé (A) la forma de **ellos** del
pretérito, y (B) la forma indicada entre paréntesis del imperfecto del
subjuntivo, usando la expresión **Era importante que**.

MODELO: escribir una carta (tú)
*Ellos escribieron una carta.*
*Era importante que tú escribieras una carta.*

1. pagar el alquiler (Uds.) *pagaran* / *pagaran* *pagaran*
2. abrir las ventanas (tú) *abrieron / abrieras*
3. sacudir las alfombras (ella) *sacudieron / sacudiera*
4. tender la cama (la camarera) *tendieron / tendiera*
5. dar un paseo (nosotros) *dieron / diéramos*
6. ver al dueño (los inquilinos) *vieron / vieran*
7. oír un ruido (yo) *oyeron / oyera*
8. leer los anuncios (la Sra. Díaz) *leyeron / leyera*
9. servir la comida (el camarero) *sirvieron / sirviera*
10. dormir un rato (Uds.) *durmieron /*
11. hacer la tarea (los estudiantes) *hicieran*
12. ir de compras (yo) *fueron / fuera*
13. ser cortés (Ud.) *fueron / fuera*
14. tener cuidado (los niños) *tuvieron /*
15. venir a las dos (mi amiga) *vinieron / viniera*
16. decir la verdad (tú) *dijeron / dijeras*
17. poder reparar el coche (el mecánico) *pudieron / pudiera*
18. traer el periódico (Paco) *trajeron / trajera*
19. conducir el coche (nosotros) *condujeron / condujéramos*
20. querer ayudar a su mamá (Carolina) *quisieron / quisiera*
21. poner música clásica (Ud.) *pusieron / pusiera*
22. estar en la oficina a las dos (los empleados) *estuvieron* *eso*

## 2 Esperanzas

Describa lo que esperaban las siguientes personas usando la construcción
**esperar que** + *el imperfecto del subjuntivo*. Observe que el verbo **esperar**
debe estar en el imperfecto y que el segundo verbo puede ser afirmativo
o negativo.

MODELO:  los inquilinos / / el dueño / subir el alquiler
    *Los inquilinos esperaban que el dueño no subiera el alquiler.*

1. el agente de bienes raíces / / el cliente / alquilar el apartamento *esperaba / alquilara*
2. el camarero / / nosotros / darle una propina *esperaba / le diéramos*
3. la Sra. Quevedo / / la casa / ser más cómoda *fuera*
4. los turistas / / el hotel / estar muy lejos de la playa *estuviera*
5. Guillermo / / Silvia / darle un beso *le diera*
6. Alberto / / su novia / ponerse furiosa *no se pusiera*
7. yo / / tú / venir a mi fiesta de cumpleaños *vinieras*
8. los invitados / / el anfitrión / servirles buena comida *les sirviera*
9. el conferenciante (*lecturer*) / / el público / dormirse durante *se durmieran*
   la conferencia
10. el cantante / / los espectadores / tirarle tomates podridos (*rotten*) *no le tiraran*
11. la jefa / / sus asistentes / saber programar *supieran*
12. los empleados / / el gerente / tener más paciencia *tuvieran*

Con Ebel,
prestigiosa
Compañía de
Cosméticos y
Perfumería,
Ud. puede ser
su propia jefa,
y ganar todo el
dinero que
desee.
Llámenos hoy
mismo al telf.
2747719 y em-
prenda un ne-
gocio propio
al estilo de
Ebel. ⎯

JEFA

¡Qué Noticia!
¡Ud. puede ser su
**PROPIA JEFA!**

# B. *El uso general del imperfecto del subjuntivo*

Each of the sentences below consists of a main clause followed by a dependent clause where the subjunctive is required. Note that in the sentences on the left, the verb of the *main clause* is in the *present* indicative. In the sentences on the right, the verb of the main clause is in a *past* tense: preterite, imperfect, or pluperfect. Note carefully the tense of the subjunctive verb in the *dependent* clause.

| MAIN CLAUSE IN THE PRESENT | MAIN CLAUSE IN A PAST TENSE |
|---|---|
| El dueño insiste<br>en **que bajemos** la calefacción. | El dueño insistió<br>en **que bajáramos** la calefacción. |
| Es importante<br>**que** la gente **ahorre** energía. | Era importante<br>**que** la gente **ahorrara** energía. |
| Me alegro<br>de **que te mudes** a un apartamento<br>moderno. | Me alegré<br>de **que te mudaras** a un apartamento<br>moderno. |
| Dudamos<br>**que** el alquiler **sea** más barato. | Dudábamos<br>**que** el alquiler **fuera** más barato. |
| El Sr. Ruiz busca un apartamento<br>**que esté** en el centro. | El Sr. Ruiz había buscado un apartamento<br>**que estuviera** en el centro. |
| Llamo al agente de bienes raíces<br>**para que** él nos **muestre** el apartamento. | Había llamado al agente de bienes raíces<br>**para que** él nos **mostrara** el apartamento. |

In sentences requiring the subjunctive, the imperfect subjunctive must be used when the verb of the main clause is in a past tense. This occurs:
- after a verb or expression of *volition* (see page 78)
- after impersonal expressions conveying an implied command, opinion, or judgment (see page 82)
- after a verb or expression of *emotion* (see page 229)
- after a verb or expression of *doubt* (see page 232)
- after a relative pronoun when *uncertainty* is implied (see page 234)
- after a conjunction indicating a *purpose* or *intent* (e.g., **para que**), a *restriction* (e.g., **con tal que**), or *anticipation* (e.g., **antes de que**) (see page 329)

→ The imperfect subjunctive is also used when the verb of the main clause is in the *conditional*.

**Me gustaría que** Uds. **visitaran** mi casa.  *I would like you to visit my house.*
**¿Le molestaría que** yo **encendiera** el radio?  *Would you mind if I turned on the radio?*

In summary:

| MAIN CLAUSE | DEPENDENT CLAUSE |
|---|---|
| present tense | present subjunctive |
| past tense (preterite, imperfect, pluperfect) or conditional | imperfect subjunctive |

*Un poco más*

1. When the verb of the main clause is in the *present perfect,* the verb of the dependent clause is in the *present subjunctive.*

   Les **he pedido que apaguen** la televisión.

2. The imperfect subjunctive of **querer** is used to make polite requests.

   **Quiero** mudarme.  *I want to move.*
   **Quisiera** mudarme.  *I would like to move.*

## 3 ¿Más o menos?

Exprese lo que sugirieron las siguientes personas. Use el pretérito de **sugerir** y **más** o **menos** según la lógica.

MODELO: la doctora Vargas / al paciente / ¿comer más o menos?
   *La doctora Vargas le sugirió al paciente que comiera menos.*

1. el profesor / a los estudiantes / ¿estudiar más o menos?
2. la Sra. Paz / a sus vecinos / ¿hacer más o menos ruido?
3. el turista asustado *(scared)* / al taxista / ¿conducir más o menos rápido?
4. la gerente / a los empleados perezosos / ¿trabajar más o menos?
5. el doctor Carranza / al paciente nervioso / ¿dormir más o menos?
6. la entrenadora *(coach)* / a las jugadoras del equipo de baloncesto / ¿entrenarse más o menos?
7. mis padres / a mí / ¿mirar la televisión más o menos?
8. nuestra profesora / a nosotros / ¿platicar más o menos durante la clase?

## 4 ¿Alegres o tristes?

Describa cómo reaccionaron las siguientes personas a las acciones de las otras personas. Use el pretérito de los verbos **alegrarse de que** o **sentir que**.

MODELO: Carmen: Su novio no le escribió para su cumpleaños.
*Carmen sintió que su novio no le escribiera para su cumpleaños.*

1. yo: Mi hermano rompió mis gafas de sol. *sintió que l rompiera*
2. los inquilinos: La dueña subió el alquiler. *se alegraron de que l subiera*
3. los empleados: El jefe les dio un aumento de sueldo (*raise*). *se alegraron de que l*
4. el profesor: Tú faltaste a clase (*missed class*). *sintió que te faltaras*
5. el camarero: Nosotros nos quejamos del servicio. *sintió que nos quejáramos*
6. Carolina: Ernesto le trajo un ramo (*bouquet*) de flores. *Se alegró que le trajera*
7. mis padres: Yo saqué la mejor nota en la clase de español. *Se alegraron que*
8. Angélica: Su novio salió con otra chica. *sintió que saliera*

## 5 Nada cambia

Chela estudia en Barcelona. Un día visita a su tía Beatriz y le habla de su vida estudiantil. La tía le dice que la vida era igual en sus tiempos. Represente el diálogo según el modelo.

MODELO: los profesores / insistir en que / nosotros / hacer la tarea
*Chela:*  *Los profesores insisten en que hagamos la tarea.*
*Tía Beatriz:* *En mis tiempos, los profesores también insistían en que hiciéramos la tarea.*

1. mi mamá / querer que / yo / hacerme profesora *quería que me hiciera*
2. mi papá / esperar que / yo / buscar trabajo antes de graduarme *esperé que buscara*
3. mis compañeras de cuarto / insistir en que / yo / arreglar el cuarto y tender la cama todos los días *insistieron arreglara / tendiera / hiciera*
4. mi novio / enojarse de que / yo / ir al cine con otros chicos *se enojara / fuera*
5. mis amigos / pedirme / yo / ayudarlos con la tarea *me pidió los ayudara*
6. los vecinos / exigir que / nosotras / bajar el volumen del tocadiscos *exigían / bajáramos*

## 6 ¡Todo cambia!

Describa lo que buscan ahora las siguientes personas y lo que buscaban antes.

MODELO: la Sra. Oliva / buscar un apartamento / estar en el centro
(en las afueras de la ciudad)
*Ahora la Sra. Oliva busca un apartamento que esté en el centro.*
*Antes, buscaba un apartamento que estuviera en las afueras*
*de la ciudad.*

1. La Sra. Mariscal / necesitar un asistente / saber programar (escribir a máquina)
2. Elena / querer salir con chicos / ser románticos (intelectuales)
3. Inés / esperar casarse con un chico / tener buen sentido del humor (mucho dinero)
4. Alberto / querer encontrar un trabajo / ofrecer muchas oportunidades (un buen sueldo)

## 7 Entre amigos

Un(a) compañero(a) va a pedirle ciertas cosas. Contéstele afirmativa o
negativamente usando expresiones con el condicional como: **Sí, me
encantaría, Sí, me gustaría mucho,** o **No, me molestaría que** . . .

MODELO: correr contigo
—*¿Puedo correr contigo?*
—*Sí, me gustaría (No, no me gustaría) que corrieras conmigo.*

1. salir contigo el sábado próximo
2. invitarte al restaurante
3. organizar una fiesta en tu casa
4. poner un disco de música rock

5. leer tu diario
6. escribirte durante las vacaciones
7. llamarte por teléfono después de la una de la mañana
8. usar tu nuevo coche deportivo

## 8 ¿Para qué?

Jorge le cuenta a su esposa Alicia algo que pasó. Alicia quiere saber
más. Represente el diálogo según el modelo.

MODELO: La dueña de la casa vino. (nosotros: pagarle el alquiler)
*Jorge:* *La dueña de la casa vino.*
*Alicia:* *¿Ah, sí? y ¿para qué vino?*
*Jorge:* *Vino para que le pagáramos el alquiler.*

1. La bibliotecaria escribió. (tú: devolver los libros pronto)
2. Los Morales llamaron. (nosotros: salir con ellos mañana)
3. Mi prima llamó. (yo: darle el número de teléfono de la agencia de viajes)
4. Tus padres nos mandaron una carta. (nosotros: visitarlos el sábado próximo)
5. Tu hermanito llamó. (tú: prestarle el coche)

# C. Las oraciones con si

The sentences below describe actions that depend on certain conditions introduced by **si**. Note that in the first sentence of each set, people discuss what they *will do* if a certain condition *is* met. The condition expresses something that is *possible*. In the second sentence of each set, people discuss what they *would do* if a certain condition *were* met. The condition expresses something that is *improbable* or *contrary to fact*. Compare the use of the verb forms in each set of sentences.

**Si pasamos** por el centro esta noche,
   te **visitaremos**.
**Si pasáramos** por Madrid,
   **visitaríamos** a nuestros amigos.
**Si tengo** suficiente dinero algún día,
   me **compraré** un coche deportivo.
**Si tuviera** muchísimo dinero algún día,
   me **compraría** un castillo en España.

*If we are passing through town tonight (**and we may**), we will visit you.*
*If we were passing through Madrid (**but we aren't**), we would visit our friends.*
*If I have enough money one day (**which is a possibility**), I will buy a sports car.*
*If I had lots of money some day (**but I never will**), I would buy a castle in Spain.*

The above sentences contain two clauses:
  • a **si**-clause *(if-clause)* that states the condition
  • a main clause *(result clause)* that expresses the possible outcome.

In such sentences, the following verb sequence is used:

|  | SI-CLAUSE (condition) | MAIN CLAUSE (result) |
|---|---|---|
| when the condition expresses something *possible* | present indicative | → future |
| when the condition expresses something *contrary to reality* | imperfect subjunctive | → conditional |

→ The imperfect subjunctive is used after **como si** *(as if)*, since this conjunction always refers to something contrary to reality.

Ud. gasta su dinero
   **como si fuera** millonario.

*You spend your money*
   *as if you were a millionaire.*

## 9  Posibilidades

Se han predicho los siguientes eventos. Diga cómo reaccionarán las personas indicadas entre paréntesis.

MODELO: El dueño de la casa va a aumentar el alquiler. (los inquilinos / buscar otro apartamento)
*Si el dueño de la casa aumenta el alquiler, los inquilinos buscarán otro apartamento.*

1. El precio del petróleo va a bajar. (nosotros / pagar menos por la calefacción)
2. La Sra. Ortíz va a recibir un aumento de sueldo. (su familia / mudarse a un apartamento más cómodo)
3. El tren va a llegar con dos horas de retraso. (tú / quedarse en la sala de espera)
4. Los bancos van a estar cerrados el sábado. (los turistas / cambiar su dinero el viernes)
5. Sus compañeros de cuarto van a dormir. (Uds. / apagar el radio)
6. Va a hacer buen tiempo este fin de semana. (yo / ir a la playa)

## 10  Lo imposible

Diga lo que harían las siguientes personas si tuvieran ciertas cosas que no tienen.

MODELO: Elena / más dinero (viajar por el mundo)
*Si Elena tuviera más dinero, viajaría por el mundo.*

1. nosotros / una casa grande (organizar muchas fiestas)
2. Uds. / tiempo (ir al gimnasio todos los días)
3. Alberto / novia (salir con ella todos los fines de semana)
4. el profesor / más paciencia (ser más tolerante con los estudiantes)
5. yo / amigos en México (visitarlos en el verano)
6. tú / una villa cerca del mar (pasar unas vacaciones fabulosas)

**Consuma gasolina como si quedara poca.**

Compañía Nacional de Ahorro de Energía.
Centro de Estudios de la Energía.
Ministerio de Industria.

**Aunque usted pueda pagarla, España no puede.**

## 11 Otros sueños (dreams)

Soñar no cuesta nada. Describa el sueño de las personas de la columna
A, usando el imperfecto del subjuntivo de **ser** y los elementos de las
columnas B y C. Observe que las expresiones de la columna C pueden
ser afirmativas o negativas.

| A | B | C |
|---|---|---|
| yo | invisible | morir |
| tú | multimillonario(a) | saberlo todo |
| Ud. | inmortal | proteger a los inocentes |
| Carlos | superinteligente | volar como pájaro |
| mis amigos | clarividente (clairvoyant) | preocuparse del futuro |
| la Sra. Gómez | rey (reina) de España | vivir en un castillo |
| esas estudiantes | Superman | luchar (fight) contra los malos |
| | Robin Hood | pasar a través de las paredes |
| | | necesitar dinero |
| | | entrar sin tocar el timbre (ring the bell) |
| | | saber todo del presente, pasado y futuro |
| | | comprender la teoría de la relatividad |

MODELO: *Si la Sra. Gómez fuera multimillonaria, no necesitaría dinero.*

## 12 El sueño y la realidad

Las siguientes personas hacen ciertas cosas pero preferirían hacer otras.
Describa lo que harían si no hicieran lo que hacen.

MODELO: Estudio esta noche. (reunirme con mis amigos)
    *Si no estudiara esta noche, me reuniría con mis amigos.*

1. Rafael trabaja el sábado. (salir con su novia)
2. Tienes dolor de cabeza. (ver una película)
3. Ayudamos en casa. (dar un paseo por el parque)
4. Los estudiantes tienen examen mañana. (acostarse)
5. Estoy enfermo. (ir de compras)
6. Uds. se sienten enfermos. (comer helado)
7. El Sr. Pérez está a dieta. (beber gaseosa)
8. Estamos pelados (broke). (ir al concierto)

¿Qué sería
de esta publicación
si no existiera
el papel?

CC Cartón de Colombia, S.A.
protegemos por naturaleza

## 13 Pretensiones

Describa cómo actúan las siguientes personas usando **como si**.

MODELO: El Sr. Ricardo no es millonario. (actuar)

*El Sr. Ricardo no es millonario pero actúa como si fuera millonario.*

1. No sabes mucho. (hablar)
2. No somos hispanos. (hablar español)
3. Ud. no tiene razón. (insistir)
4. Uds. no están de vacaciones. (descansar)
5. Olga no es Miss Universo. (vestirse)
6. El Sr. Domínguez no es el jefe. (tratar a los otros empleados)

## 14 Minidiálogos: ¿Por qué no?

Un(a) amigo(a) le pregunta a Ud. por qué no hace las siguientes cosas. Contéstele, diciendo que las haría si pudiera.

MODELO: ¿comer la torta? / estoy a dieta

—*¿Por qué no comes la torta?*

—*La comería si no estuviera a dieta.*

1. ¿comprar la moto? / estoy pelado(a) *(broke)*
2. ¿ir al cine el sábado? / tengo que estudiar
3. ¿salir esta noche? / me siento enfermo(a)
4. ¿hacer la tarea? / tengo que arreglar mi cuarto
5. ¿ganarse la vida? / soy estudiante
6. ¿comer jamón? / soy vegetariano(a)

## 15 En otras circunstancias

Lea lo que ahora hacen las siguientes personas y luego diga lo que harían si estuvieran en las circunstancias indicadas entre paréntesis.

MODELO: Vivimos en España. / Hablamos español. (Francia / francés)

*Si viviéramos en Francia, hablaríamos francés.*

1. El Sr. González toma el tren. / Llega a Madrid a las siete. (el avión / a las dos)
2. Comes en un restaurante mexicano. / Pides tacos. (italiano / pizza)
3. Mi prima es dependiente. / Trabaja en una tienda. (secretaria / oficina)
4. Uds. viajan por México. / Ven las ruinas aztecas. (España / ruinas romanas)
5. Adela quiere ser médica. / Estudia biología. (intérprete / inglés y francés)
6. Asistimos a un partido de fútbol. / Aplaudimos a los jugadores. (una corrida de toros / el torero)

# Lecturas literarias

## Introducción

Para Ramón de Mesonero Romanos (1803–1882), Madrid era el centro de su vida artística y profesional. Cuando escribió sus humorísticas *Escenas matritenses*[1] en 1832, su objetivo era corregir las visiones estereotipadas del extranjero—"los jóvenes de Madrid enamorando con la guitarra", "las señoritas bailando el bolero"—y "presentar al público español escenas de costumbres propias de nuestra nación".

En la "escena" que sigue, Mauricio es el amante corto de vista a quien no le gusta usar anteojos porque le molestan. Desafortunadamente, esto le causa toda una serie de dificultades.

Fiesta en Campos Elíseos, Madrid, España

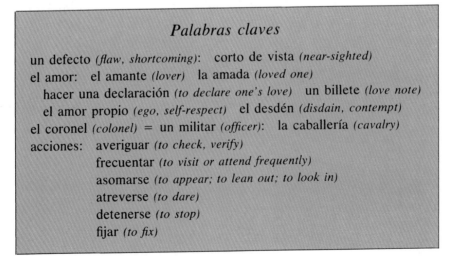

*Palabras claves*

un defecto *(flaw, shortcoming)*:  corto de vista *(near-sighted)*
el amor:  el amante *(lover)*   la amada *(loved one)*
   hacer una declaración *(to declare one's love)*   un billete *(love note)*
   el amor propio *(ego, self-respect)*   el desdén *(disdain, contempt)*
el coronel *(colonel)* = un militar *(officer)*:   la caballería *(cavalry)*
acciones:   averiguar *(to check, verify)*
            frecuentar *(to visit or attend frequently)*
            asomarse *(to appear; to lean out; to look in)*
            atreverse *(to dare)*
            detenerse *(to stop)*
            fijar *(to fix)*

[1] **matritenses** de Madrid

# El amante corto de vista

## Ramón de Mesonero Romanos

### I

A. EL PRIMER ENCUENTRO

El joven Mauricio, por desgracia, tenía un defecto capital, y era . . . el ser corto de vista, muy corto de vista, lo cual le impedía en todos sus planes.

Mauricio, a la edad de veintitrés años, no podía dejar de bailar, pero le molestaban tanto los anteojos moviéndose en el baile que no deseaba ponérselos. El amor vino por fin *a atravesar* su corazón y una noche que bailaba con la bella Matilde de Laínez en casa de la Marquesa de . . . no pudo menos de hacer una declaración. La joven, en quien sin duda los atractivos de Mauricio hicieron su efecto, no le *reprendió*.

Ya nuestros amantes habían hablado largamente y Mauricio averiguó la hora y el minuto en que Matilde se asomaría al balcón; la iglesia a donde iba a oír misa, los paseos y las tertulias[1] que frecuentaba, las óperas favoritas de la mamá; en una palabra, todos los detalles en que piensan los jóvenes en tales casos. Pero el *inexperto* Mauricio se olvidó de reconocer bien a la mamá y a una hermana mayor de Matilde que estaban en el baile; no observó a su padre, coronel de caballería; y por último, no se atrevió a *prevenir* a su amada que era corto de vista. El *suceso* le dio después a conocer su error.

B. BAJO EL BALCÓN

Al día siguiente, a la hora indicada, corrió Mauricio a la calle donde vivía Matilde, buscando cuidadosamente las señas de la casa. Matilde le había dicho que era número 12, y que estaba en una esquina. Pero la otra esquina, que era número 72, le pareció 12 al desafortunado amante y allí se quedó para esperarla.

Matilde, que le vio venir, salió pronto al balcón, sonriendo con todas sus gracias. Pero en vano, porque Mauricio, de pie en la otra esquina, con los ojos fijos en el balcón de la casa de enfrente, apenas observó la belleza que se había asomado al balcón número 12.

*to pierce*

*rechazó*

*sin experiencia*

*aconsejar / resultado*

5

10

15

20

25

30

[1] **la tertulia:** una reunión informal de personas de ambos sexos para conversar y divertirse.

## El cortejo[1]

Cortejar[2] es pretender en matrimonio a una señorita. En la España del siglo XIX y en particular en la clase media existían ciertas costumbres muy tradicionales que se observaban durante el cortejo.

Así, un joven y una joven eran presentados el uno al otro en un evento social, por ejemplo, en un baile o una fiesta. Si ellos se gustaban y querían verse otra vez, tenían que buscar una ocasión para un nuevo encuentro. Cuando se veían, a la salida de la misa,[3] durante el intermedio de una obra de teatro, o en el paseo de la tarde, intercambiaban cartitas amorosas. La joven le informaba al pretendiente[4] de la hora en que saldría al balcón para verse o hablarse calladamente o cuándo iría al paseo, con quién estaría acompañada, dónde se sentaría y las demás señas necesarias.

Una vez que la joven pareja decidía casarse, el joven hacía una cita con los padres de la novia y les pedía la mano de su hija en matrimonio. A partir de ese momento, se les permitía a los novios verse más a menudo. Pero, por supuesto, la novia siempre estaba acompañada de una hermana mayor, una tía, una dueña,[5] un hermano u otra persona mayor hasta el día de la boda.

[1] **cortejo** courtship   [2] **cortejar** to court   [3] **misa** (Catholic) Mass   [4] **pretendiente** suitor   [5] **dueña** chaperone

Una pareja en la Procesión de la Paloma, Madrid, España

Este desdén inesperado hirió el amor propio de Matilde. Ella tosió dos veces, sacó su pañuelo blanco, pero todo era inútil porque el amante la miraba y rápidamente volvía la espalda para ocuparse en el otro objeto. Una hora y más duró esta escena, hasta que el buen muchacho, desesperado, y creyéndose abandonado 35 de su novia, sintió fuertes tentaciones de hablar con la otra vecina que todavía estaba en el balcón.

*raises*

*echa*

Dicho y hecho. Cruza la calle, se detiene bajo el balcón y *alza* la cabeza para hablarle. Pero en el mismo momento ella le *tira* a la cara el pañuelo que tenía en la mano, y sin dirigirle una palabra, 40 entró en la casa y cerró el balcón. Mauricio recogió el pañuelo y reconoció en él las mismas iniciales que había visto en el que llevaba Matilde la noche del baile . . . Miró después la casa, y

*despair*

vio el número 12.[2] ¿Cómo pintar su *desesperación*?

C. EN EL TEATRO

Tres días con tres noches paseó Mauricio en vano enfrente de 45 la casa, el balcón siempre cerrado . . . La tercera noche se presentaba en el teatro una de las óperas favoritas de la mamá y en uno de

*box seats*

los *palcos* el joven creía verla, acompañada de la causa de su tormento. Se asoma a la puerta del palco. No hay duda . . . son ellas . . . Trata de llamarles la atención pero en vano. Por último, 50 se acaba la ópera y en la parte más obscura de la escalera se acerca a la joven y le dice:

—Señorita, perdone usted mi equivocación . . . si sale usted al balcón le diré . . . entretanto tome usted el pañuelo.

—Caballero, ¿qué dice usted?—le contestó una voz extraña. 55

—Señora . . .

—¡Calle! El pañuelo es de mi hermanita.

—¿Qué es eso, hija?

—Nada, mamá. Este caballero me da un pañuelo de Matilde.

—¿Y cómo tiene este caballero un pañuelo de Matilde? 60

—Señora . . . yo . . . dispense usted . . . el otro día . . . la otra noche, quiero decir . . . en el baile de la Marquesa de . . .

[2] Nota (de Mesonero Romanos): "No hay necesidad de advertir que este cuento se escribió antes de la nueva numeración de Madrid, que por su orden y claridad favorece a los amantes cortos de vista".

—Es verdad, mamá. El señor bailó con mi hermana, y no es extraño que olvidara el pañuelo.

—Es verdad, señorita. Ella lo olvidó . . . 65

—De veras es extraño. En fin, caballero, le damos a usted las gracias.

*flash of lightning / sorprendido*
*knotted*

Un *rayo* caído a sus pies no hubiera *turbado* más al pobre Mauricio, y lo peor era que había *atado* en el pañuelo un billete en que hablaba de su amor, de la equivocación de la casa, en fin, 70 todo el drama, y él no sabía quién iba a leer el papel.

*Trembling*

*Trémulo*, él las siguió a lo lejos a las damas, hasta que entraron en su casa. En vano esperaba escuchar algunas palabras. Pero al fin, a las doce de la noche, cansado de esperar, se retiró a su casa. 75

# ¿Comprendió Ud.? (I)

A. EL PRIMER ENCUENTRO

1. ¿Qué defecto capital tenía el joven Mauricio?
2. ¿Por qué no se ponía los anteojos?
3. ¿A quién conoció la noche del baile?
4. ¿Qué señas averiguó Mauricio de Matilde?
5. ¿De qué se olvidó Mauricio?
6. ¿Qué no le dijo Mauricio a Matilde?

B. BAJO EL BALCÓN

7. ¿Cuál fue la gran confusión de Mauricio?
8. ¿Qué hizo Matilde para llamar la atención de Mauricio?
9. ¿Cómo se dio cuenta Mauricio de su error?

C. EN EL TEATRO

10. Por error, ¿qué le dice Mauricio a la hermana mayor de Matilde?
11. ¿Qué le decía Mauricio a la joven en el billete que puso en el pañuelo?

El Paseo del Prado, Madrid, España

## II

**D. EL BILLETE DE LA MAMÁ**

*to reprimand*

*cutting answer / intention*

Entretanto, ¿qué sucedía en el interior de la casa de Matilde? La mamá, que tomó el pañuelo para *reprender* a la niña, había descubierto el billete. Pasados los primeros momentos de su enojo, por consejo de la hermana mayor, decidió callar y escribir una *respuesta muy terminante* con el *objeto* de que el joven no tuviera 5 ganas de volver. Así lo hicieron, y firmaron el billete con el nombre de Matilde. Hecho esto, se fueron a dormir, seguras de que a la mañana siguiente pasaría por la calle el desafortunado joven.

No habían dado las ocho cuando ya estaba en el portal. Oyó abrirse el balcón . . . y . . . una mano blanca arrojó un papelito. 10 Corrió a recogerlo, y encontró que el balcón se había cerrado ya, y la esperanza de su corazón también.

**E. EL PASEO**

En vano fuera intentar describir el efecto que todo esto hizo en Mauricio. Basta decir que renunció para siempre al amor. Pero, en fin, era joven y al cabo de quince días pensó de otra manera, 15 y salió al Paseo del Prado con un amigo suyo. Era una de aquellas hermosas noches de julio que invitan a gozar del ambiente agradable bajo los árboles. Mauricio, con su franqueza natural, contó a su amigo su última aventura, con todos los incidentes. Pero al acabar esta historia sintió un rápido movimiento en las sillas inmediatas, 20 donde, entre otras personas observó sentados a un militar y a una joven. Sacó sus anteojos . . . (¡tonto! ¿por qué no los sacaste al principio?), y vio que la joven que estaba sentada a su espalda oyendo su conversación era nada menos que la hermosa Matilde.

—¡Ingrata! . . . —fue lo único que él pudo decir, mientras el 25
papá llamaba a un muchacho para encender el cigarro.

—Yo no he escrito ese billete—contestó ella. (Mauricio obtuvo
esta respuesta al cabo de un cuarto de hora.)

—¿Pues quién?

—No sé . . . A las doce estaré en el balcón. 30

**F. EL DISGUSTO DEL PAPÁ**

*esperó*

Lleno de esperanza, el pobre Mauricio *aguardó* la hora. Corrió
bajo el balcón. Miró brillar sus hermosos ojos y vio su mano
blanca . . . Pero aquella noche el papá había decidido tomar el
fresco y allí estaba sentado, aunque su hija le pedía que se acostara.

—Querida—dijo Mauricio—¿es usted? 35

—Matilde—le dice el padre en voz baja—¿te llama a ti?

—No, papá; yo no sé . . .

—Pues te llama a ti o a tu hermana.

—Para que vea usted—continúa el joven—si yo tuve motivo
para enojarme. Ahí va el billete . . . 40

—A ver, muchacha. Trae una luz, que voy a leerlo . . .

Dicho y hecho. Entra en la sala mirando a su hija con ojos

*threatening*

*amenazadores*. Abre el billete y lee . . . *"Caballero, si la noche
del baile de la Marquesa le hice concebir esperanzas
locas . . ."* [3] 45

—Cielos, ¡pero qué veo! Ésta es letra de mi mujer . . .

—¡Ay, papá mío!

—¡Infame! ¡A los cuarenta años haciendo concebir esperanzas
locas!

—Pero, papá . . . 50

—¡Déjame que la despierte!

**G. TODO SE EXPLICA**

En efecto, así lo hizo, y en más de una hora se oyeron voces
y gritos por toda la vecindad. Al fin el joven, lleno de susto,
decidió averiguar lo que pasaba. Llamó a la puerta para que el
padre se asomara al balcón. 55

—Caballero, haga usted el favor de esperar un momento.

---

[3] **le hice concebir esperanzas locas:** if I led you to build up wild *(false)* hopes [of requited love]

El padre coge dos pistolas y baja rápidamente. Abre la puerta y dice:

—Escoja usted.[4]

—Cálmese usted—contesta el joven.—Yo soy un caballero. Mi 60 nombre es Mauricio N., y mi casa es bien conocida. Déjeme explicar la confusión que me ha hecho *turbar* la tranquilidad de su familia.

*perturb*

*confirmed* Explicó todos los hechos, y cuando los *apoyaron* la mamá y las hijas, se calmó la agitación del celoso coronel. 65

Al día siguiente, la Marquesa presentó a Mauricio en casa de Matilde, y el padre, informado de todo, no se opuso a ello.

Desde aquí la historia de estos amores siguió más tranquila. Dentro de poco tiempo se casaron Mauricio y su novia, a pesar de que ésta, mirada de cerca, a buena luz y con anteojos, le pareció 70 a aquél no tan bella. Sin embargo, sus cualidades morales eran muy apreciables, y Mauricio, para olvidar sus defectos, no tenía más que hacer una sencilla operación, que era . . . quitarse los anteojos.

## ¿Comprendió Ud.? (II)

D. EL BILLETE DE LA MAMÁ

12. ¿Qué decidió hacer la mamá de Matilde?

13. ¿Cómo se sintió Mauricio al recibir el billete de contestación?

E. EL PASEO

14. ¿Por cuánto tiempo Mauricio renunció al amor?

15. ¿Qué le contó Mauricio a su amigo?

16. ¿Con quién estaba sentada la hermosa Matilde?

17. ¿Por qué volverá a pasearse Mauricio cerca del balcón de Matilde?

F. EL DISGUSTO DEL PAPÁ

18. Esta vez, ¿a quién le devuelve Mauricio el billete?

19. ¿Cómo reaccionó el coronel de caballería?

G. TODO SE EXPLICA

20. ¿Por qué decidió Mauricio averiguar lo que pasaba?

21. ¿Cómo quería solucionar el padre la situación?

22. ¿Qué sucedió dentro de poco tiempo?

23. ¿Cómo era Matilde verdaderamente?

24. ¿Qué hacía Mauricio para olvidarse de los defectos de Matilde?

---

[4] El coronel cree que debe defender el honor de su mujer. Por eso él desafía a Mauricio a un duelo y le pide que escoja una pistola.

## Puntos de vista

Imagínese que la joven Matilde guarda un diario. Describa lo que ella escribió sobre cada evento. Use el pasado.

    A. Después del baile

    B. La mañana siguiente

    C. La noche del teatro

    D. Dos semanas más tarde: en el café con su papá

    E. El disgusto de su padre

    F. La pedida de su mano

    G. El defecto de su esposo Mauricio

## Temas

1. Según Ud., ¿cuáles eran las ventajas o las desventajas del tradicional cortejo español? ¿Le gustaría a Ud. vivir en la España del siglo XIX?

2. ¿Es Ud. corto(a) de vista? o ¿conoce Ud. a una persona que sea corta de vista, que use anteojos o lentes de contacto? ¿Han tenido Ud. o esa persona alguna vez unas experiencias como las que tuvo Mauricio?

---

### Mejore su español

In Spanish stories, when the action is especially exciting, the narrator may switch briefly from the past tense to the present tense in order to heighten the effect of the narration. For example, note how the tenses shift in the balcony scene:

> . . . Una hora y más *duró* esta escena, hasta que el buen muchacho . . . *sintió* fuertes tentaciones de hablar con la otra vecina que todavía *estaba* en el balcón.
>
> Dicho y hecho. <u>*Cruza*</u> la calle, <u>*se detiene*</u> bajo el balcón y <u>*alza*</u> la cabeza para hablarle. Pero en el mismo momento ella le <u>*tira*</u> a la cara el pañuelo que *tenía* en la mano, y sin dirigirle una palabra, *entró* en la casa y *cerró* el balcón.

As you re-read the story, you will find other examples of this type of shift in tenses.

---

# Unidad 13

## Aquí se arregla...

# Escenas de la vida

## ¡Qué lío!

El viernes a las seis de la tarde el tránsito° por la Vía Blanca es algo increíble. Los autos se detienen,° avanzan° unos pocos metros y se detienen de nuevo. En medio de esta tremenda congestión de vehículos, un diminuto coche amarillo maniobra° para pasar a los otros autos. Se mueve a la derecha, luego se mueve a la izquierda . . . De repente, tres agudos° silbidos° . . . Finalmente, al tercero, el pequeño auto amarillo se detiene. Un policía enorme se acerca al auto. Parece muy enojado. Dentro del auto se encuentra un hombrecito muy nervioso.

traffic

se paran / move forward

maneuvers

high-pitched / whistles

—¿Cuál es la prisa, amigo? ¡Se ha llevado° la luz roja!

—¿Cómo? ¿Yo? ¿La luz roja? ¿Qué luz roja? ¡Oh, no me di cuenta! Lo siento muchísimo.

—Más lo va a sentir. Esta infracción va a costarle una multa° de mil pesos.

El policía camina alrededor del carro para inspeccionarlo y nota que uno de los faros° está roto.

—¡Oh, mire qué bien! El faro de la izquierda está roto.

—¡No me diga! ¿Está roto? . . . No lo sabía. Lo mandaré a arreglar° inmediatamente.

—Ahora son otros mil pesos. Es más, voy a revisar bien el auto para ver si hay otras sorpresas. ¡Encienda las luces direccionales!

El conductor trata de encender las luces pero sin éxito.°

—¡Como me lo imaginaba! ¡Rotas también! ¡Otros mil pesos! Amigo mío, usted es un verdadero peligro sobre cuatro ruedas.° Enséñeme su licencia de conducir, por favor.

El pobre conductor, cada vez más° nervioso, busca en la cartera, mira en el portafolio° . . . Por fin encuentra la licencia en uno de sus bolsillos y se la entrega al furioso policía.

—¡Esto es el colmo!° ¡Su licencia está vencida!°

—¿Vencida? . . . ¡Esto es una pesadilla!° Lo siento de nuevo, señor. Mañana sin falta° la renuevo.

El policía sigue revisando la licencia de conducir. De repente, se le ilumina° la cara.

—¿Cómo . . . ? ¿Usted es Eusebio García?

—Sí, señor, ése es mi nombre, para servirle.

—¿Es usted maestro?

—Sí, ésa es mi profesión.

| | |
|---|---|
| You ran through | |
| fine | |
| headlights | |
| I will have it fixed | |
| unsuccessfully | |
| wheels | |
| more and more | |
| briefcase | |
| This is too much! / expired | |
| nightmare | |
| without fail | |
| brightens up | |

—Usted enseña francés en el Colegio O'Higgins,*
¿verdad? Perdóneme usted, maestro, no lo había reconocido.
Mi hija está en una de sus clases. Ella siempre habla de
usted . . . Pero, volviendo a nuestro asunto,° profesor,          matter
usted debe saber lo importante que es el respeto a las
leyes.° Por esta vez, pase.° No voy a multarlo.° Puede irse,     laws / you may go / to give you a ticket
pero, ¡por favor!, la próxima vez conduzca con más cuidado
y . . . sobre todo, arregle el auto.

    Después de despedirse respetuosamente del conductor,
el policía se aleja.°                                              moves away

    «¡Qué coincidencia! ¡El Profesor García! Mi hija le
tiene tanto respeto. Tan servicial, tan bueno, tan generoso,
tan comprensivo. ¡Pobre Profesor García! ¿Cómo podría
ponerle una multa? ¡Con lo poco que ganan los maestros!
Y, con todos los exámenes que seguramente tiene que
corregir° esta noche, no me sorprende que no le haya            to correct
prestado atención° al tránsito. ¡Oh, estos maestros! ¡Son      he wasn't paying attention
tan distraídos!° Pero, sin lugar a dudas, ¡son personas tan     absent-minded
dedicadas!»

### Comentario cultural
* **Bernardo O'Higgins** (1778–1842) Se le conoce como el Libertador de
Chile por haber logrado la independencia de España de su patria.
O'Higgins era de descendencia irlandesa y fue educado en Europa.
Después de llevar a Chile a la independencia, llegó a ser su primer
presidente.

«¡Qué coincidencia! Es cierto que me llamo Eusebio García. Es cierto que soy maestro, pero enseño en el Colegio San Isidro, y no en el O'Higgins, y soy profesor de latín, no de francés. ¡De buena me escapé!° Me alegro de tener un colega con el mismo nombre. Y estoy más contento aún de ver que todavía existen personas que nos respetan. ¡Pobres maestros, nadie nos comprende! Después de todo, estos policías actúan imponentes,° pero en el fondo° son las mejores personas del mundo».

° I had a narrow escape!

° impressive / deep down

## Preguntas

1. ¿Cómo es el tránsito por la Vía Blanca a las seis de la tarde?
2. ¿Cómo conduce el conductor del coche amarillo?
3. ¿Qué infracción ha cometido el conductor? ¿De cuánto es la multa?
4. ¿Qué otras infracciones observa el policía al caminar alrededor del coche?
5. ¿Qué quiere el policía que el conductor le enseñe?
6. ¿Por qué dice el policía: "Esto es el colmo"?
7. ¿Qué descubre el policía al examinar la licencia? ¿Por qué se disculpa?
8. ¿Qué piensa la hija del policía del Profesor García?
9. ¿Por qué no le da el policía una multa al profesor?
10. ¿Qué opinión tiene el policía de los maestros?
11. ¿Qué opinión tiene el maestro de los policías?
12. ¿Cuáles son las dos grandes coincidencias del cuento?

## Vocabulario temático:  Trabajos de casa

¿Cuáles son los trabajos que Ud. puede hacer en casa?

Puedo | **pintar** *(to paint)* la cocina.
**decorar** la sala

**construir** un estante para libros
**cambiar** *(to change)* | **la bombilla** *(lightbulb)*
**los fusibles** *(fuses)*
**la pila** *(battery)*

**reparar** *(to fix)* | **el televisor**
**arreglar**

**revisar** *(to check)* | **el enchufe** *(plug)*
**desarmar** *(to take apart)* | **la lámpara**
**armar** *(to put together)* | **el grifo** *(faucet)*

Si Ud. no es una persona **hábil** *(handy)*, tiene que llamar a

**un plomero** *(plumber)*.
**un carpintero** *(carpenter)*
**un electricista**
**un pintor**
**un reparador** *(repair person)* de aparatos eléctricos

## 1 ¿Qué hicieron?

Diga lo que hicieron las siguientes personas usando los verbos apropiados.

MODELO: Isabel / su cuarto con carteles (posters) de sus cantantes favoritos
*Isabel decoró su cuarto con carteles de sus cantantes favoritos.*

1. Esteban / su cuarto de gris
2. el carpintero / gabinetes nuevos para la cocina
3. el ingeniero / la máquina
4. los campistas (campers) / la tienda de campaña (tent) antes de guardarla (put away) en el coche
5. el mecánico / el nivel de aceite
6. la decoradora / los muebles viejos por unos nuevos
7. Pedro / los frenos de su bicicleta

## 2 Por favor

Pídales a las siguientes personas que hagan dos o tres cosas.

MODELO: el electricista
*Por favor, ¿puede Ud. revisar los fusibles, cambiar el enchufe del baño y arreglar el televisor?*

1. el plomero
2. el carpintero
3. el pintor
4. el reparador de electrodomésticos

## 3 Preguntas personales

1. ¿Qué cosas puede hacer Ud. en casa?
2. Y los otros miembros de su familia, ¿qué pueden hacer? Cuando hay un problema técnico en su casa, ¿quién se encarga de (takes charge of) arreglarlo?
3. ¿Qué le gustaría hacer para mejorar la apariencia de su cuarto? ¿de su sala? ¿de su cocina? ¿del resto de su casa?

## Vocabulario temático: El equipo audiovisual y de sonido

un televisor | a color
| de blanco y negro

un radio
un radio portátil
un "walkman"
una pila

un equipo de sonido *(sound system)*
un equipo | estereofónico
| de alta fidelidad
  un amplificador
  un micrófono
  un altoparlante *(speaker)*
una grabadora *(tape recorder)*
un equipo de vídeo *(video recorder)*

el equipo fotográfico
una cámara
  el lente *(lens)*
  el teleobjetivo *(telephoto lens)*
  un rollo de película *(film)*
  el flash

una antena
la pantalla
el botón
un enchufe

unos audífonos
los auriculares

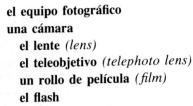

---

### 4 Preguntas técnicas

Ud. trabaja en una tienda que vende varias clases de equipos. Los clientes le hacen preguntas. Diga de qué aparatos le hablan.

1. ¿Está incluida la antena en el precio?
2. ¿Cómo se cambia el teleobjetivo?
3. ¿Funciona con pilas también?
4. ¿Son buenos los altoparlantes?
5. ¿Viene con auriculares?
6. ¿Qué dimensiones tiene la pantalla?
7. ¿En dónde se debe poner el rollo de película?
8. ¿Dónde se enchufa el micrófono?

## Para conversar

Quisiera que me reparara **el equipo estereofónico.**

¿Puede Ud. | **arreglar el tocadiscos?**
**cambiar el amplificador**
**limpiar la grabadora**

¿Qué tiene **el aparato?**
¿Qué es lo que **no funciona?**
¿Cuál es **el problema?**

El micrófono **está roto** *(broken: in pieces).*
El amplificador | **está descompuesto** *(broken: not working).*
**no funciona**

Por favor, ¿puede Ud. **revelar** *(develop)* este rollo de película?
¿Cuándo **estarán listas** las fotos?

En ocho días.
Dentro de dos semanas.
En cuarenta y ocho horas.

## 5 Preguntas personales

1. ¿Le gusta la fotografía? ¿Tiene Ud. una cámara fotográfica? ¿De qué marca *(brand)?* ¿Funciona bien? ¿Saca Ud. muchas fotos? ¿Las revela Ud. mismo? Si no, ¿quién las revela?
2. ¿Pasa Ud. mucho tiempo viendo la televisión? ¿Qué tipo de televisor tiene?
3. ¿Pasa Ud. mucho tiempo escuchando música? ¿Qué clase de equipo de sonido tiene? ¿Qué otro equipo quisiera comprar?
4. ¿Tiene Ud. un ''walkman''? ¿De qué marca es? ¿Cuándo lo usa? ¿Qué cassettes escucha?

## Vocabulario temático:

### En el taller de reparaciones *(repair shop)*

Hay muchas clases de vehículos en el taller de reparaciones:

**un auto deportivo**
**un descapotable** *(convertible)*
**una limosina** *(limousine)*

**una camioneta** *(station wagon, van)*
**un camión** *(truck)*
**una grúa** *(tow truck)*

Quisiera que me reparara el coche / el carro.

¿Puede Ud. | **arreglar el coche**?
**poner gasolina sin plomo** *(leadfree)*
**llenar el tanque** *(gas tank)*
**inflar las llantas** *(tires)*
**cambiar el aceite** *(oil)*
**revisar los frenos** *(brakes)*
**limpiar el parabrisas** *(windshield)*
**cambiar los limpiaparabrisas** *(windshield wipers)*
**añadir** *(to add)* agua en **la batería** *(battery)*

Tuve **una avería** *(breakdown)*.
El motor hace **unos ruidos extraños** *(strange noises)*.
Tuve | **un pinchazo** *(flat tire)*.
**una llanta pinchada**
Hay **un escape** *(leak)* en la llanta.
El auto **pierde** *(is leaking)* | **gasolina.**
**aceite**
**agua**

Ud. tiene que | **aparcar** | el coche.
**estacionar**
**arrancar** *(to start)* | **el motor**
**apagar** *(to turn off)*
**encender** [ie] | las luces direccionales
**apagar**
**abrir** | **el baúl** *(trunk)*
**cerrar** [ie]
**levantar** *(to raise)* **el capó** *(hood)*

## El coche

la llanta
la goma *(inner tube)*
la rueda *(wheel)*
los frenos
el volante *(steering wheel)*
el parabrisas
el limpiaparabrisas
la bocina *(horn)*

el parachoques *(bumper)*
el faro *(headlight)*
las luces direccionales *(turn signals)*
el tanque
la batería
el carburador *(carburetor)*
las bujías *(spark plugs)*
el radiador

## 6 Problemas con el auto

Diga lo que hay que hacer en las siguientes circunstancias.

MODELO: El carburador está sucio.
   *Hay que limpiarlo.*

1. El coche no anda.
2. El parabrisas está sucio.
3. Las llantas están pinchadas.
4. El tanque está vacío.
5. Los frenos no funcionan.

6. Uno de los faros está roto.
7. El baúl está abierto.
8. Es mediodía y los faros están encendidos.
9. El radiador está seco.

## 7 Preguntas personales

1. ¿Tienen coche sus padres? ¿De qué tipo? ¿De qué marca *(make)*? ¿De qué color? ¿Anda bien? ¿Gasta mucha o poca gasolina? ¿Qué tipo de gasolina usa? ¿Es grande el baúl? ¿Cuántas maletas pueden caber *(fit in)* en él?
2. ¿Qué clase de coche quisiera Ud. conducir? ¿Por qué?
3. ¿Qué tipo de vehículo quisiera Ud. tener para ir a la playa este verano? ¿para mudarse a otra ciudad? ¿para ir a una boda *(wedding)* muy elegante? ¿para impresionar a sus amigos?
4. Imagínese que Ud. hará un viaje a través de *(across)* los Estados Unidos. Lleva su coche a una estación de servicio para que el mecánico lo revise. ¿Qué le pide que haga?

## Conversaciones dirigidas

Prepare los diálogos según las siguientes indicaciones. Luego, represéntelos con un(a) compañero(a) de clase.

1. Adela está en la tienda "Fotomundo". Habla con el dependiente.

| el dependiente | | Adela |
|---|---|---|
| greets customer and asks if he can be of help | → ← | returns the greeting and explains that she bought a camera recently and that there is a problem |
| asks what the matter is | → ← | says that the flash does not work |
| asks Adela if she has checked the batteries | → ← | says that she did and that the batteries work |
| asks if she can leave the camera | → ← | replies affirmatively and asks when the camera will be ready |
| replies within a week | | |

2. El Sr. Palacios lleva su coche a la estación de servicio.

| el mecánico | | el Sr. Palacios |
|---|---|---|
| greets customer | → ← | returns greeting and asks him to fill the tank |
| asks if he should check the oil | → ← | says yes |
| (He checks the oil.) says that there is a leak and that the motor is making a funny noise | → ← | asks if it is serious |
| says that he does not know | → ← | asks mechanic if he can fix the car |
| says not today and asks Mr. Palacios if he can bring the car in on Saturday morning | → ← | answers yes and asks the mechanic to check the battery and clean the carburetor |
| asks if Mr. Palacios also wants him to change the spark plugs | → | replies yes, that it is a good idea |

## ▢ Conversaciones libres

Prepare los diálogos según las siguientes indicaciones. Luego, represéntelos con un(a) compañero(a) de clase.

1. La Sra. Pineda acaba de comprar una vieja finca. La casa fue construida a mediados del siglo pasado. La señora piensa *(intends)* restaurarla como residencia de verano para su familia. Llama a un contratista *(contractor)* para que haga los trabajos necesarios.
   *Los personajes: la Sra. Pineda, el contratista*
2. El coche del Sr. Valenzuela acaba de tener una avería. Él llama a un taller de reparaciones. El mecánico le hace preguntas sobre el coche. Por fin, le dice que va a mandar la grúa.
   *Los personajes: el Sr. Valenzuela, el mecánico*
3. La Sra. Corona tiene un sobrino a quien le interesa mucho la música. Para su cumpleaños la señora quiere regalarle un equipo estereofónico. Va a una tienda de equipos de sonido y le pide consejos al dependiente.
   *Los personajes: la Sra. Corona, el dependiente*

**AHORRE 2.500**

**Equipo compacto estereofónico**
Precio normal 24.995
AHORA SOLO **22.495**

**AHORRE 4.300**

**Equipo estereofónico con cassette estéreo**
Precio normal 42.995
AHORA SOLO **38.695**

# Estructuras gramaticales

## A. La voz pasiva

In an *active* construction, the subject performs the action. In a *passive* construction, the subject is the recipient of an action that is performed by an outside agent. Compare the two constructions.

| | | |
|---|---|---|
| ACTIVE: | El mecánico **arregla** el coche. | *The mechanic **fixes** the car.* |
| PASSIVE: | El coche **es arreglado por** el mecánico. | *The car **is fixed by** the mechanic.* |
| ACTIVE: | El fotógrafo **reveló** las fotos. | *The photographer **developed** the pictures.* |
| PASSIVE: | Las fotos **fueron reveladas por** el fotógrafo. | *The pictures **were developed by** the photographer.* |

The passive construction in Spanish is formed according to the pattern:

subject + **ser** + past participle (+ **por** + agent)

→ In such constructions, the verb **ser** may be in any tense (present, imperfect, preterite, future, conditional, etc.) or in any mood (indicative, subjunctive).

Las fotos **son reveladas**
Las fotos **eran reveladas**
Las fotos **fueron reveladas**
Los fotos **serán reveladas**
Las fotos **han sido reveladas**     } por ese fotógrafo.
Las fotos **habían sido reveladas**
Quiero que las fotos **sean reveladas**
Me gustaría que las fotos **fueran reveladas**
Creía que las fotos **serían reveladas**

Nikon L35 AF2
La fotografía *Más Fácil*

Nadie cuida tanto su imagen como Nikon.

Nikon

➡ In the passive construction, the past participle agrees with the subject.

> El coche fue **arreglado** por el mecánico.
> Las ventanas fueron **arregladas** por el carpintero.

➡ In Spanish, the passive construction occurs less frequently than in English. It is used to focus on the subject (that is, the person or thing acted upon) rather than on the agent.

> La casa **fue destruida** por un incendio.    *The house **was destroyed** by a fire. (The focus is on the house, rather than on the fire.)*
>
> El niño **fue picado** por una abeja.    *The child **was stung** by a bee. (The focus is on the child, rather than on the bee.)*

➡ In a passive construction, the agent is not always expressed.

> Este castillo **fue construido** en el siglo XV.    *This castle **was built** in the 15th century.*

➡ To describe situations in which there is no clear agent, the construction **se** + *verb* is preferred. (See Section C, page 398).

## *1* A cada uno su trabajo

Las cosas de la columna A son hechas por alguien de la columna C. Diga por quién. ¡Sea lógico(a)!

| A | B | C |
|---|---|---|
| el contrato | copiar | la camarera |
| los estantes | firmar *(to sign)* | el camarero |
| los grifos | revisar | la abogada |
| la cama | diseñar | el arquitecto |
| la cena | arreglar | el plomero |
| el cuarto | hacer | la ingeniera |
| los planos de la máquina | servir | la secretaria |
| los planos de la casa | cambiar | el carpintero |
| | construir | el cocinero |
| | preparar | el presidente de la compañía |

MODELOS: *El contrato es preparado por la abogada.*
              *El contrato es firmado por el presidente de la compañía.*

## 2 ¡Qué catástrofe!

Describa las siguientes catástrofes usando la voz pasiva.

MODELO: El gato rompió los vasos.
*Los vasos fueron rotos por el gato.*

1. Mi hermanito rompió la ventana de la sala.
2. Un incendio (*fire*) destruyó esas casas.
3. Un huracán tumbó (*felled*) los árboles.
4. Un fuerte aguacero (*shower*) inundó (*flooded*) los prados (*meadows*).
5. Una abeja picó al niño.
6. La crisis económica arruinó las industrias locales.
7. Un toro bravo hirió (*wounded*) al torero.
8. Un perro me atacó.
9. Un coche te atropelló (*knocked down*).
10. El terremoto sacudió al pueblo.

# B. Las construcciones ser y estar + *el participio pasado*

The sentences on the left describe actions (expressed in the passive voice). The sentences on the right describe the conditions resulting from these actions. Compare the use of the verbs in these sentences.

| ACTION HAPPENING | RESULT OF AN ACTION: THE ACTION HAS STOPPED |
|---|---|
| El restaurante **es abierto** por el gerente. *The restaurant is opened by the manager.* | El restaurante **está abierto**. *The restaurant is open (= not closed).* |
| Los frenos **son arreglados** por el mecánico. *The brakes are (being) fixed by the mechanic.* | Los frenos **están arreglados**. *The brakes are fixed (= are in working condition).* |
| La comida **es servida** por el camarero. *The food is served by the waiter.* | La comida **está servida**. *The food is served (= it is on the table).* |

The construction **ser** + *past participle* is used to express an action in the passive voice.
The construction **estar** + *past participle* is used to express a condition resulting from an action. In this type of construction, the agent is never mentioned.

El televisor **está roto**.  *The TV set is broken. (No one knows how it happened or who broke it.)*

**Estamos sentados** en el sofá.  *We are seated on the sofa (but no one actually sat us there).*

## 3 Minidiálogos: ¡Ya todo está hecho!

Al regresar de vacaciones Marisela le pregunta a su hermano Rafael si hizo las siguientes cosas. Rafael le contesta que no porque ya estaban hechas. Represente el diálogo según el modelo.

MODELO: abrir las ventanas

> *Marisela:* ¿*Abriste las ventanas?*
> *Rafael:* ¡*No! Ya estaban abiertas.*

1. cerrar la puerta
2. apagar las luces
3. encender el radio
4. arreglar la aspiradora
5. reparar los electrodomésticos
6. planchar las cortinas
7. preparar la comida
8. hacer la cama

## 4 ¿Ser o estar?

Complete las siguientes oraciones seleccionando uno de los verbos indicados.

1. Mi tocadiscos . . . roto y no sé quién lo rompió. ¡Qué desastre! (es / está)
2. ¿Puede decirme cuándo . . . construidos estos monumentos? (fueron / estuvieron)
3. La sala . . . decorada con carteles (*posters*) y fotos de artistas famosos. (era / estaba)
4. No pude cambiar dinero porque todos los bancos . . . cerrados. (eran / estaban)
5. ¡No se preocupe! Su habitación . . . arreglada por la camarera antes de la cena. (será / estará)
6. No lo comprendo. Mi coche . . . reparado ayer, y ¡sin embargo, no funciona! (fue / estuvo)
7. Cuando los turistas regresaron al hotel, una comida muy sabrosa . . . preparada para ellos por el cocinero. (había sido / había estado)
8. La tienda de campaña . . . desarmada. Podemos ponerla en el coche. (es / está)

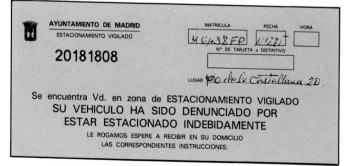

AYUNTAMIENTO DE MADRID
ESTACIONAMIENTO VIGILADO

**20181808**

MATRICULA · FECHA · HORA

Nº DE TARJETA o DISTINTIVO

LUGAR

Se encuentra Vd. en zona de ESTACIONAMIENTO VIGILADO
**SU VEHICULO HA SIDO DENUNCIADO POR
ESTAR ESTACIONADO INDEBIDAMENTE**
LE ROGAMOS ESPERE A RECIBIR EN SU DOMICILIO
LAS CORRESPONDIENTES INSTRUCCIONES.

# C. La construcción se + verbo

In the English sentences on the right, the following actions are expressed using the passive voice *(to be + past participle)*. Note how these actions are expressed in Spanish in the sentences on the left.

| | |
|---|---|
| Aquí **se arreglan** coches. | *Cars **are fixed** here. (We fix cars here.)* |
| **Se venden** llantas de buena calidad en aquel garaje. | *Tires of good quality **are sold** in that garage.* |
| ¿Cómo **se abrió** la ventana? | *How **was** the window **opened**?* |
| Nuestra casa **se construyó** en 1930. | *Our house **was built** in 1930.* |
| Las puertas **se pintaron** de rojo. | *The doors **were painted** red.* |

Passive constructions where the agent is not expressed are often rendered in Spanish by the patterns:

| | | |
|---|---|---|
| **se** + verb + subject | or | subject + **se** + verb |

➡ Note that the verb always agrees with the subject, which may come before or after the verb.

➡ In such constructions, the subject almost always represents objects or things. Sometimes, however, the subject may represent people.

| | |
|---|---|
| **Se necesitan mecánicos** con experiencia. | *Experienced **mechanics are needed**. (We need experienced mechanics.)* |
| **Se busca una decoradora.** | *A **decorator is (being) sought**. (We are looking for a decorator.)* |

➡ Such constructions are often used to describe events resulting from unknown agents or natural phenomena.

| | |
|---|---|
| **Se rompió** el cenicero. | *The ashtray **was (got) broken**. (But nobody knows who did it.)* |
| **Se mancharon** las cortinas. | *The curtains **were (got) stained**.* |
| **Se quemaron** los árboles en el incendio forestal. | *The trees **were burned** in the forest fire.* |

En AVIS las reservas se respetan.

➡ The *se* construction may also be used to express that an action occurred unintentionally. The pattern is:

**se** + indirect object pronoun + verb + subject

Compare the following pairs of sentences.

| ACTIVE CONSTRUCTION (AGENT RESPONSIBLE FOR ACTION) | "SE" CONSTRUCTION (AGENT'S ACTION UNINTENTIONAL) |
| --- | --- |
| El camarero **rompió** los vasos. *The waiter **broke** the glasses.* | **Se le rompieron** los vasos. *He **broke** the glasses (**unintentionally**).* |
| **Olvidé** la llave. *I **forgot** the key.* | **Se me olvidó** la llave. *I (**accidentally**) **forgot** the key.* |

➡ Note that in **se** constructions of this sort, the verb agrees with the subject (the thing or things) and may be singular or plural.

➡ These constructions are commonly used with verbs describing unfortunate actions for which the agent would rather not claim responsibility: for example, **caer**, **olvidar**, **perder**, **quedar**, **romper**.

**Se me perdieron** los billetes.   *I **lost** the tickets.*
**Se les perdió** la dirección.   *They **lost** the address.*

---

## Un poco más

The impersonal **se** construction may be used to indicate that unspecified people (*they, people in general*) did something to specific persons. The pattern is:

**se** + singular verb + **a** + specific person(s)

**Se felicitó** al buen arquitecto.

*They congratulated the good architect.*
*The good architect **was congratulated**.*

**Se despidió** a los obreros perezosos.

*They dismissed the lazy workers.*
*The lazy workers **were dismissed**.*

➡ Note that in these constructions the verb is always in the singular since the *subject* is the indefinite pronoun **se**.

➡ The same idea may also be expressed by a third-person plural verb, without **se**.

**Felicitaron** al buen arquitecto.
**Despidieron** a los obreros perezosos.

## 5 Minidiálogos: ¿Puedes decirme . . . ?

Viajando por la Argentina, Linda le hace ciertas preguntas a su amigo Carlos.

MODELO: ¿dónde? / vender sellos conmemorativos (en la oficina de correos)
   *Linda:* *¿Puedes decirme dónde se venden sellos conmemorativos?*
   *Carlos: Sí, se venden en la oficina de correos.*

1. ¿dónde? / cambiar cheques viajeros (en el Banco Patricios)
2. ¿a qué hora? / abrir los bancos (a las nueve)
3. ¿cuándo? / cerrar la tienda "los Gobelinos" (a las siete)
4. ¿dónde? / servir comida argentina típica (en el restaurante "La Carreta")
5. ¿dónde? / revelar fotos (en esa tienda cerca de la Plaza San Martín)
6. ¿por qué? / decorar las calles (mañana celebramos el día de la fiesta nacional)

## 6 Minidiálogos: Informaciones

Durante su visita a Puerto Rico, Isabel se informa de las siguientes cosas.
Su primo Alberto le contesta. Represente los diálogos según el modelo.

MODELO: ¿cuándo? / construir / esta fortaleza (en el siglo XVI)
   *Isabel: ¿Cuándo fue construida esta fortaleza?*
   *Alberto: Se construyó en el siglo XVI.*

1. ¿en qué época? / fundar / ese convento (durante la época colonial)
2. ¿cómo? / destruir / el puerto (con los cañones de los piratas)
3. ¿de qué color? / pintar / la casa del gobernador (de blanco)
4. ¿de dónde? / traer / esos muebles antiguos (de España)
5. ¿dónde? / hacer / estas estatuas bonitas (en un taller de artesanía)
6. ¿por cuánto? / vender / esa casa (por un millón de dólares)

## 7 ¿Antes del año 2000?

Diga si, en su opinión, se realizarán las siguientes cosas antes del año 2000.

MODELO: eliminar completamente la contaminación del aire.
   *Sí, (No, no) se eliminará completamente la contaminación del aire.*

1. descubrir una cura para el cáncer
2. construir más centros nucleares (*power plants*)
3. cambiar la Constitución de los Estados Unidos
4. aprender lenguas extranjeras con computadoras
5. descubrir nuevas fuentes (*sources*) de energía
6. usar robots domésticos en casa

## 8 Reacciones

Suponga que los siguientes sucesos tuvieron lugar. Descríbalos sustituyendo la construcción activa por la construcción **se** + *verbo*. Después exprese su reacción personal, usando las expresiones indicadas entre paréntesis en oraciones afirmativas o negativas.

MODELO: Prohibieron las películas de violencia en la televisión. (¿bueno?)
*Se prohibieron las películas de violencia en la televisión.*
*Es bueno. (No es bueno.)*

1. Anunciaron una semana adicional de vacaciones para la Navidad. (¿justo?)
2. Cerraron las escuelas a causa de una tormenta de nieve. (¿una desgracia?)
3. Observaron un platillo volador (*UFO*) cerca de la Casa Blanca. (¿posible?)
4. Pintaron de rojo la Estatua de la Libertad. (¿un escándalo?)
5. Robaron las reservas de oro de Fort Knox. (¿un desastre?)
6. Descubrieron petróleo en mi jardín. (¿estupendo?)
7. Construyeron un centro nuclear (*power plant*) cerca de nuestra ciudad. (¿sumamente peligroso?)
8. Cancelaron los exámenes finales de español. (¿terrible?)

## 9 ¡No es culpa suya!

Las siguientes personas no tienen ciertas cosas. Explique lo que les ocurrió.

MODELO: No tengo las llaves del coche. (perder)
*Se me perdieron las llaves del coche.*

1. El turista no tiene su pasaporte. (perder)
2. No tienes tu billetera. (olvidar)
3. El carpintero no tiene sus herramientas (*tools*). (quedar en casa)
4. No tengo mi taza de café. (romper)
5. Ud. no tiene la botella de leche. (caer)
6. Los estudiantes no tienen sus apuntes (*notes*). (olvidar en el autobús)

# Lecturas literarias

## Introducción

Sabine Ulibarrí, profesor de literatura española en la Universidad de Nuevo México, nació en 1919 en Tierra Amarilla, un pequeño pueblo hispánico en el norte del estado.

En su colección de cuentos cortos *Primeros encuentros* (1982), Ulibarrí evoca la vida de las familias españolas cuyos antepasados[1] habían colonizado el suroeste de los Estados Unidos. Los sucesos del cuento ''El forastero gentil'' tienen lugar a principios[2] del siglo XX, cuando los hijos de los rancheros empezaban a aprender el idioma inglés al mismo tiempo que mantenían en sus casas las tradiciones hispanas. La llegada de un extranjero al rancho es motivo de mucha precaución.

Hugo W. A. Nahl, *El Vaquero*, 1851, California, Oakland Museum

---

*Palabras claves*

el forastero *(stranger)*:  el extranjero
   la montura *(gear: saddle, bridle, etc.)*  el pistolón *(six-shooter)*
el ladrón *(rustler, thief)*  el matón *(killer, outlaw)*
   robar *(to rob)*  herir [ie, i] *(to wound)*  matar *(to shoot; to kill)*
   peligroso *(dangerous)*  desesperado *(desperate)*
   perseguido por la ley *(pursued by the law; running from the law)*
el rancho:  el vaquero *(cowboy)*  el peón *(ranch hand)*
la casa:  el portal *(porch)*  el zaguán *(entrance hall)*
el agua:  el hielo *(ice)*  la tina *(tub)*  un sorbo *(sip, gulp)*

---

[1] **antepasados** ancestors  [2] **a principios** at the beginning

# El forastero gentil

## Sabine Ulibarrí

### I

A. LA LLEGADA DEL FORASTERO

*pine woods*

*load*

*focal point*

Salió del sol. Salió del *pinar*. Era un hombre grande. Llevaba una *carga* grande. Alguien lo vio. Pronto lo supieron todos. Ese hombre fue el *foco* de todas las miradas. Todos especulando: ¿quién será?, ¿a qué vendrá?

*As he approached / dusty*

*his figure became clearer*

*tilted / jacket*

*denim / bleached / wear*

*spurs / decoradas*

*Conforme se iba acercando* por el camino caluroso y *polvoriento* 5 *se iba revelando.* Vieron que era un tipo vaquero. Sombrero alto y blanco, *terciado* hacia un lado, por el sol, por el calor. *Cotón* y pantalón de *lona* azul, *blanquisca* por el tiempo y el *abuso.* Botas de tacón alto.[1] *Espuelas chapadas* de plata. En su lado derecho, llevaba un pistolón de miedo.[2] Era un americano. 10

Ya de lejos don Prudencio había analizado la situación. Les dijo a sus hijos que este americano tenía que ser un ladrón o matón, o ambos. Un hombre desesperado y peligroso. Hay que darle todo lo que pida. Si no se lo damos, él se lo va a robar, acaso va a herir o a matar a alguien. ''Además'', les dijo, ''tendremos un 15 enemigo para toda la vida.''

B. LA BIENVENIDA

Al fin llegó el extranjero hasta el portal de la casa. Allí estaban don Prudencio y sus hijos esperándole. Alrededor, los peones mirando y esperando. Las mujeres detrás de las cortinas. Todos llenos de curiosidad.

20

Dejó caer su carga. Era su montura. Dijo que se llamaba Dan Kraven, que se le había roto una pierna a su caballo y había tenido que matarlo. Tenía sed y hambre. Don Prudencio no hablaba inglés pero sus hijos sí.

*ray*

*challenged / threatened / showed distrust*

Tenía unos ojos azules como el hielo. Tenía una mirada como 25 un *rayo* azul helado que penetraba y quemaba los ojos de los demás. Una mirada que *retaba*, *amenazaba* y *desconfiaba* a la misma vez.

---

[1] En los años de 1900, los vaqueros norteamericanos de Texas acostumbraban a usar botas de tacones más altos que los que usaban los vaqueros hispanos.

[2] **un pistolón de miedo:** *six-shooter.* Es una pistola grande que aterroriza a los que la ven.

| | |
|---|---|
| fatigue | Venía molido.[3] En todo se le notaba. El *cansancio*, el hambre |
| in screams | y la sed hablan *a gritos*. |

Mi tío Victoriano llevó al extranjero al zaguán. Allí en el fresco había una tina llena de agua con un bloque de hielo. Le dio un

drinking gourd · *jumate de calabaza* lleno de agua helada. Esa agua debió ser agua

holy · *bendita*, el agua de la salvación para ese señor en ese momento. Primero tomó pequeños sorbos. Los detuvo un momento en la boca. Luego se los tragó. Lento y solemne como si aquello fuera algún rito misterioso, casi como si estuviera tomando una extraña comunión. Después tomó largos y *hondos* sorbos. De inmediato

deep

restored to health · pareció *restituido*. Parecía milagro. Todos tenían la extraña sensación de que habían presenciado un acto un tanto religioso.

bunkhouse · No se le llevó al *fuerte* donde vivían los peones. Se le dio una habitación de la casa. Le llevaron agua para que se bañara y ropa limpia.

Quién sabe por qué no se le invitó a comer con la familia. Se le llevaba de comer a su cuarto tres veces al día. Quizás sería porque mi abuelo decidió que el comer juntos resultaría demasiado

awkward · *bochornoso* para la familia y para él. La verdad es que Dan Kraven

arrangement · estuvo perfectamente satisfecho con el *arreglo*.

C. LA IDENTIDAD DEL EXTRANJERO

Claro que esta visita dio mucho que hablar a todos. En un lugar donde nunca pasa nada extraordinario esto fue un verdadero *acon-*

evento · *tecimiento*. ¿Quién sería? ¿De dónde vendría? ¿Qué anda haciendo aquí? No había gringos[4] por allí. Todos los ranchos del Río de

Otters · Las *Nutrias* pertenecían a la familia. Los gringos más cercanos

Low Walls · estaban muy lejos, más allá de *Las Tapiecitas*, por allá por La

Smelly / *tal vez* · Laguna *Hedionda*. *A lo mejor* viene perseguido por la ley o por enemigos.

No hubo contestación a las interrogaciones. Dan Kraven no decía nada. No es que no hablaba español. Parecía que no hablaba inglés. Hablaba solamente lo indispensable, y cuando posible, en monosílabos.

---

[3] **Molido:** *worn out, exhausted.* Del verbo **moler** [ue]: *to grind, to mill.* En inglés también para indicar mucho cansancio como resultado de un trabajo duro o una jornada muy larga se dice que alguien *"has been through the mill"*.

[4] La palabra **gringo** (derivada de **griego:** *Greek*) se daba en América del Sur a los ingleses y otros europeos cuya lengua, tal como el griego, parecía incomprensible. (Compare la expresión inglesa *"It's Greek to me"*.)

## Los hispanos en el suroeste

La presencia hispánica en el suroeste de los Estados Unidos data desde la fundación de Santa Fé en 1610. Este período colonial español terminó cuando México se independizó de España en 1821 y cuando las tierras de las misiones católicas fueron expropiadas por los rancheros de la región. Después de la guerra méxico-americana de 1846, el suroeste se convirtió en territorio de los Estados Unidos.

Con la salida de las tropas mexicanas, muchos rancheros, y en particular los que vivían en California, quedaron a la merced de merodeadores[1] y ladrones. Esto explica por qué hasta principios[2] del siglo XX, las pequeñas comunidades hispanas del suroeste tenían tanto miedo de los forasteros.

[1] **merodeadores** marauders    [2] **hasta principios** until the beginning

La arquitectura española en Nuevo México

---

D. SU COMPORTAMIENTO

looking over

stables

brim

without slowing down

talker

stuck

Era silencioso y solitario. O no salía de su cuarto, o se paseaba solo por los campos. A veces se le veía *revisando* los corrales y las *caballerizas*. Cuando no podía evitarlo, y se encontraba con alguien, siempre saludaba con seria y serena cortesía. Se tocaba el *ala* del sombrero y decía "Howdy" a los hombres y "Ma'am" 65 a las mujeres *sin detener el paso*. Sólo con mi abuela se detenía, se quitaba el sombrero, hacía una pequeña reverencia y le decía, "Miss Filomena, Ma'am." Se puede ver que de *hablador* no le iba a acusar nadie.

A mi tío Victoriano le decía "Víctor", a mi tío Juan, "Johnny". 70 A mi padre, que se llamaba Sabiniano, le llamó "Sabine". De esto último se dedujo que Dan venía de Texas donde hay un río que se llama Sabine. El nombre se le *pegó* a mi padre, y cuando yo nací me lo dio a mí.

Mi padre tendría entonces unos ocho años. Era el más joven 75
de sus hermanos. El fue el que *más se le acercó* a Dan Kraven.

*got closest*

Quién sabe por qué. Tal vez porque en su inocencia los niños son
más *atrevidos*. Quizás porque todos quieren a los niños, hasta los

*daring*

matones. O, aquí está el misterio, acaso Dan Kraven se acordara
de un hermanito, o un hijo. Nadie sabe. La verdad es que el 80
misterioso forastero tomaba al niño de la mano y se iban los dos
solos en largos paseos por el bosque o por los campos. Paseos
silenciosos o de muy pocas palabras. El niño no hablaba porque
no sabía qué decir, estando perfectamente satisfecho al lado del
alto y misterioso ''cowboy''. El no decía nada porque no quería. 85
La conversación no hacía falta.

## ¿Comprendió Ud.? (I)

A. LA LLEGADA DEL FORASTERO

1. ¿Cómo era el forastero?
2. Según don Prudencio, ¿qué tenía que ser el americano?

B. LA BIENVENIDA

3. ¿Por qué dijo Dan Kraven que estaba a pie por esas tierras?
4. ¿En qué condiciones se encontraba Dan?
5. ¿Cómo le ayudó la familia?

C. LA IDENTIDAD DEL EXTRANJERO

6. ¿Qué clase de preguntas se hacían todos?
7. ¿Cómo contestaba Dan Kraven?

D. SU COMPORTAMIENTO

8. ¿Qué hacía Dan Kraven durante su estadía *(stay)*?
9. ¿Qué nombres les dio a los diferentes miembros de la familia?
10. ¿Con quién se hace amigos el forastero?

---

### *Palabras claves*

los sentimientos y la vida *(life)*:
   el cansancio *(weariness)*   una carga pesada *(heavy weight)*
   el cariño *(affection)*   las lágrimas *(tears)*
la familia:   fronterizo *(living on the frontier)*   de habla española *(Spanish-speaking)*
el caballero *(gentleman; man on horseback)*:   raro *(strange)*   fenomenal *(fascinating)*
   callado *(reserved, quiet)*   quieto *(calm)*   gentil *(genteel)*
acciones:   agitar la mano *(to wave)*
   dar un saludo *(to salute; to greet)*
   dar golpes *(to knock loudly)*
   guardar *(to keep)*

Dan Kraven se estuvo en la casa de don Prudencio como una semana. Descansó bien. *Se repuso* bien. Pero . . . había en él un extraño cansancio del que no descansaría nunca, del que no *se repondría jamás*. Era como una desilusión intensa y profunda. Era como si la vida fuera una carga larga y pesada. Era como si 5 no le importaba si vivía o no. Creo que allí se encontraban el peligro y el terror que *emanaban* de este hombre. El que ha perdido las ilusiones y las esperanzas, que no tiene ganas de vivir y no le tiene miedo a la muerte es el hombre más peligroso. ¿Qué tiene que perder? ¿Qué tiene que ganar? 10

Hubo momentos en que casi habló. Hubo momentos en que casi se sonrió. Pero éstas fueron *chispas fugaces* que se apagaban en cuanto nacían. Pronto volvía el americano a su postura insulada y solitaria. Es posible que si se hubiera quedado más, los de la casa lo hubieran visto reír algún día. 15

Un día fue a buscar a don Prudencio. *Por medio* de mi tío Victoriano le *agradeció* todas sus cortesías y le pidió un caballo. Mi abuelo hizo reunir la caballada en el corral. Le dijo a Dan que escogiera. Dan escogió un precioso caballo *prieto* con las patas blancas. Mi tío Victoriano quiso protestar. Era el suyo. Se llamaba 20 Moro.[5] Mi abuelo lo silenció con una mirada.

Dan Kraven montó en su caballo prieto. Toda la familia y los peones salieron a decirle adiós. Había nacido un extraño cariño para este hombre de la profunda tristeza y de la tremenda pistola. Dijeron algunos que había lágrimas en los ojos de Dan aunque 25 nadie estuvo seguro. Todos le agitaban la mano y le decían "Vaya con Dios", "Adiós", "Vuelva." Él *alzó la mano* y les dio un saludo casi militar. Y sin decir palabra se fue.

Se fue por donde vino. Por el mismo polvoriento camino. Entró en el pinar. Entró en el sol y desapareció para siempre. Nadie le 30 volvería a ver. Todos preguntaban en todas partes. Nadie tuvo nunca noticias de un hombre con el nombre de Dan Kraven.

---

[5] **Moro:** *Moor*. Los moros o árabes del Norte de África que invadieron España en el siglo VIII eran de piel oscura. La palabra "moro" describe a un caballo negro con las patas blancas.

Pasó el tiempo como siempre pasa. No sé cuánto y no me importa. Todos guardaban sus memorias del hombre que un día salió del sol y otro día volvió al sol de donde vino. Era ya todo 35 como si fuera un cuento, una fantasía o un invento. Se hablaba en la casa de él con frecuencia y con cariño, y se preguntaba si algún día volvería.

*foreman*

Una mañana, bien temprano, antes de que la familia se levantara, vino Juan Maés, *el caporal*, a dar golpes a la puerta. "¡Don Pru- 40 dencio, don Prudencio, venga al corral ahora mismo!"

*adultos*

Todos, *mayores*, niños, peones van corriendo al corral. Allí estaba el caballo palomino[6] más hermoso que nadie había visto, con una buena silla nueva, con un freno chapado de plata y una pechera con conchas de plata.                                                                45

*tooled (in the leather)*
*note*

Mi abuelo se acercó. De la teja de la silla colgaba una correa con estas palabras *grabadas*, "Para don Prudencio, con eterno agradecimiento." En el mantón de Manila[7] había una *etiqueta* que decía, "Para doña Filomena, con todo respeto." En las espuelas decía, "Para Sabine cuando sea hombre y para que no me olvide." 50 En ninguna parte aparecía el nombre de Dan Kraven. No hacía falta. A él no lo vio nadie. Ni lo volvieron a ver.

*time and again*

Otra vez pasó el tiempo. Nací yo, y nacieron mis primos. Todos oímos *una y otra vez* la historia de Dan Kraven. Todos vimos que el caballo favorito de mi tío Victor era un hermoso palomino que 55 se llamaba Moro. Todos vimos que en la sala de mi abuela Filomena, donde no entraba nadie, había un *colorido* mantón de Manila sobre el sofá. Mi padre en días de trabajo llevaba botas viejas con espuelas chapadas de plata. En días de feria y de fiesta llevaba las mismas espuelas con botas nuevas.                                              60

*colorful*

*enriched*

Una visita accidental de un hombre raro y fenomenal *enriqueció* y afectó la vida sentimental de una familia fronteriza y colonial. Vivió ese hombre en los recuerdos de todos los que lo conocieron hasta que todos murieron.

[6] **palomino:** un caballo de color de oro que tiene la crin *(mane)* y la cola rubia.
[7] **el mantón de Manila:** *Chinese silk shawl.* Las Filipinas fueron posesiones españolas de 1565 hasta 1898. Durante esa época, Manila, la capital, fue un centro comercial importantísimo. A cambio de la plata del Nuevo Mundo, la seda de la China se exportaba de Manila a Acapulco, México, y de allí a España.

Aquí estoy yo, que no lo conocí, con el nombre que él me dio 65
con todo orgullo. Aquí estoy yo, que no lo conocí, escribiendo
su historia, la historia de un hombre que acaso no tuvo nombre,
y que por cierto no tiene cuerpo, para que el mundo, o por lo
menos mi gente, conozca su gentileza quieta, callada y silenciosa.
Escribo tus memorias, que son las de mi familia y también las 70
mías, Dan Kraven, para que todo el mundo sepa. Quiero que
todos sepan que allá en un tiempo hispánico, en un rincón hispánico
en un Nuevo México de habla española hubo un gringo gentil,
agradecido y generoso. Mi silencioso y misterioso *caballero andante*,
no digas nada. Yo lo digo por ti.

knight errant

75

## ¿Comprendió Ud.? (II)

E. UN EXTRAÑO CANSANCIO

11. Según el autor, ¿cómo era el cansancio de Dan Kraven?
12. ¿Qué postura tenía el extranjero?

F. LA DESPEDIDA

13. ¿Qué le pidió Dan a don Prudencio?
14. ¿Cómo fue la despedida?
15. Después de su ida, ¿cómo recordaba la gente a Dan?

G. EL AGRADECIMIENTO

16. ¿Por qué levanta el caporal a la familia?
17. ¿Cuáles son las expresiones de agradecimiento?
18. ¿Qué piensa la familia de estos finos regalos?

H. UN RECUERDO DE AMISTAD

19. ¿Cómo afecta la visita de Dan a esta familia?
20. ¿Qué quiere el autor que todos sepan?

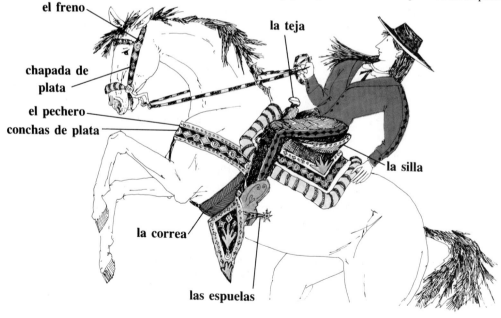

el freno

la teja

chapada de plata

el pechero

conchas de plata

la silla

la correa

las espuelas

## Puntos de vista

Dan Kraven se ha despedido de la familia. Se va montado en el precioso caballo prieto de patas blancas. Escriba una composición sobre los pensamientos que cruzan la mente de Dan.

*La familia de don Prudencio me ha tratado muy bien . . .*

## Temas

1. Dan Kraven y el niño Sabiniano pasaban muchas horas juntos sin hablar más de unas pocas palabras. ¿Piensa Ud. que es posible sentirse bien con otra persona y no hablar? ¿Piensa Ud. que la conversación es un elemento esencial de la amistad y de la comprensión entre amigos?

2. Dan Kraven y el niño Sabiniano daban largos paseos por el bosque o los campos. ¿Ha dado Ud. alguna vez largos paseos? ¿Ha tenido Ud. experiencias similares de estar a solas con la naturaleza? ¿Adónde fue Ud.? ¿Prefiere Ud. ir solo(a) o acompañado(a)? ¿Qué pensamientos le cruzaban la mente mientras daba el paseo? o ¿de qué temas hablaba con su acompañante?

---

### *Mejore su español*

Note the following word families:

**el caballo** *(horse)*
  **la caballeriza** *(stable)*
  **la caballada** *(herd, group of horses)*
  **el caballero** *(rider)*

**gracias** *(thank you)*
  **agradecer** *(to thank; to be grateful for)*
  **el agradecimiento** *(thanks, gratitude)*
  **agradecido** *(grateful; expressing one's gratitude)*

**cansado** *(tired)*
  **el cansancio** *(weariness, fatigue)*
  **descansar** *(to rest)*

---

# Unidad 14

## Ganándose la vida

## El crimen no paga

*Escena 1:* **¡Una oportunidad!**

Ricardo Robles, el gerente de la sucursal° del Banco Industrial y Comercial, no cabe en sí de alegría.° Hace dos días recibió una llamada del asistente principal de Gustavo Miranda, el famoso director de la popular serie de televisión ''El crimen no paga''. El asistente le explicó que para filmar la escena del robo° de un banco en el próximo episodio de la serie, se necesita un escenario° apropiado y el Banco Industrial y Comercial reúne todos los requisitos.

—¿Tendría usted algún inconveniente, señor Robles? Sólo tomaría unas horas.

—¡Por supuesto que no!—respondió Robles de inmediato. —Sería un honor para nuestro banco y para mí.

branch

is beside himself with joy

burglary

setting

Robles es un astuto° hombre de negocios,° consciente° de la importancia de la televisión en la vida moderna. Sin duda la publicidad aumentará° considerablemente el volumen de los negocios del banco y seguramente, para premiar° la iniciativa del gerente, lo ascenderán° a vicepresidente del banco con un aumento de sueldo° importante.

shrewd / business / aware

will increase
to reward
they will promote him
salary

—¡Pero qué suerte he tenido! ¡Qué gran oportunidad!— piensa Robles.

### Escena 2: Un director famoso

A las nueve de la mañana del día señalado para la filmación, una limosina se para frente al banco y de ella se baja un joven muy elegante con unas atractivas gafas de sol. Robles, muy emocionado, lo recibe a la entrada del banco y piensa: "Éste debe ser el famoso Gustavo Miranda". Pasan a la oficina del gerente y se sientan en butacas cómodas. Miranda comienza la conversación.

—El secreto del éxito de la serie es muy sencillo: realismo y naturalidad. Ahí está la explicación del porqué preferimos filmar la escena del robo en un banco y no en nuestros estudios. Por la misma razón, estimado señor Robles, sería conveniente que usted y sus empleados tomaran parte activa en la acción.

—Pero . . . yo no soy actor y nunca . . .

—Nada . . . nada . . . Todo el mundo puede actuar. El secreto, ya le he dicho, está en la naturalidad. Sólo tienen que hacer lo que hacen todos los días. En la escena que vamos a filmar, los únicos actores profesionales serán los bandidos. ¡Oh, algo más! Por favor, señor Robles, ponga el dinero del banco en la caja de seguridad.° Nosotros usaremos dinero falso.

*safe*

## Escena 3: **La filmación**

El personal de la televisión instala las cámaras y el equipo de sonido° y reparte los paquetes de dinero falso a los cajeros.° Muy pronto todo está preparado y comienza la filmación. Un auto negro se para frente al banco y de él se bajan los cuatro actores que hacen de bandidos. Están equipados con armas automáticas.° Entran al banco.

*sound equipment*
*bank tellers*

*automatic weapons*

—¡Manos arriba! ¡Nadie se mueva!

Van de cajero en cajero llevándose los paquetes de dinero falso. El jefe de la pandilla° grita:

*gang*

—¡Rápido, las llaves de la caja! ¡Todos al suelo, bajen la cabeza! ¡Que nadie se levante hasta que nos hayamos ido!

Robles y sus empleados siguen al pie de la letra° las instrucciones del gran director.

*precisely*

—¡Cámaras, corten!—grita Miranda.—¡Perfecto! ¡Maravilloso! ¡Bravo, señor Robles! Sus empleados actúan como profesionales y usted es el mejor de todos. Muchas gracias, estoy seguro de que este episodio causará sensación cuando lo presentemos en la televisión dentro de unas semanas.

En menos de una hora se ha filmado la escena. En menos tiempo aún los trabajadores recogen el equipo. Miranda le da de nuevo las gracias al gerente del banco y éste aprovecha° para pedirle el autógrafo al director. Al fin se marchan los visitantes.

takes the opportunity

*Escena 4:* **Una desagradable sorpresa**

Todo ha vuelto a la normalidad. Robles está en su oficina. Muy satisfecho con los eventos de la mañana, empieza a soñar . . . Ah, ¡si hubiera conocido mucho antes a Miranda, con toda seguridad ahora sería un actor famoso! No es que le haya ido tan mal en el campo de los negocios, ¡qué va! ¡Muy pronto será todo un señor vicepresidente! Robles mira el reloj.

—¡Dios mío, ya son las 12:00! ¡El tiempo pasa volando! Ya es hora de cerrar el banco para salir a almorzar.— Camina al fondo° de la oficina y se encuentra con una desagradable sorpresa: ¡la puerta de la caja de seguridad está abierta!

back

—¡Dios mío! . . . ¿Será posible? . . . ¡No, no puede ser! . . . ¡Ah, qué alivio!° El dinero está en los sacos.— Robles los revisa y descubre que sí están llenos, pero con el dinero falso usado en la filmación. El dinero del banco ha desaparecido.

What a relief!

—¡Qué desastre! ¡Dios mío! ¡Qué catástrofe! Hemos sido víctimas de un robo. ¡Qué bien me ha engañado° ese impostor de Miranda! ¡Adiós ascenso!° ¡Adiós vicepresidencia! ¡Y yo de tonto hasta le pedí el autógrafo!— El desdichado° gerente temblando° de emoción busca un pañuelo para secarse el sudor.°

—¡Oh! . . . ¿dónde está mi billetera? ¡Ay, caramba! ¡Me la robaron también!

*deceived*

*promotion*

*wretched / trembling*

*sweat*

## Preguntas

*Escena 1:* **¡Una oportunidad!**

1. ¿Por qué está contentísimo Ricardo Robles?
2. ¿Qué le pidió el asistente de Gustavo Miranda?
3. ¿Qué resultados tendría la publicidad para el banco? ¿y para el señor Robles?

*Escena 2:* **Un director famoso**

4. ¿Cómo llega el director al banco?
5. Según él, ¿por qué es mejor filmar en el banco?
6. ¿Qué debe hacer el señor Robles con el dinero del banco?

*Escena 3:* **La filmación**

7. ¿Con qué escena comienza la filmación?
8. ¿Qué deben hacer los empleados del banco?
9. ¿Qué le pide Robles a Miranda después de la filmación?

*Escena 4:* **Una desagradable sorpresa**

10. ¿En qué piensa Robles cuando está en su oficina?
11. ¿Qué desagradable sorpresa tiene al ver los sacos?
12. ¿De qué se dio cuenta el gerente al buscar su pañuelo?

# El español práctico

## Vocabulario temático:  Las profesiones y carreras

Hay muchas carreras que podemos elegir. La selección depende de nuestras aptitudes, de nuestras preferencias y naturalmente de nuestra personalidad. Aquí presentamos algunas de las opciones que tienen los jóvenes de hoy.

Si Ud. **se lleva bien** *(get along)* con la gente, puede ser . . .
- un(a) **dependiente.**
- un(a) **representante de ventas** *(sales representative)*
- un(a) **vendedor(a)** *(sales person)*
- un(a) **recepcionista**
- un(a) **periodista** *(journalist)*
- un(a) **abogado(a)** *(lawyer)*

Si Ud. tiene talentos artísticos, puede ser . . .
- un(a) **arquitecto(a).**
- un(a) **decorador(a)** *(interior designer)*
- un(a) **diseñador(a)** *(designer)*
- un(a) **dibujante** *(draftsman)*
- un(a) **publicista** *(advertising person)*

Si Ud. es **diestro(a) con los números** *(good with numbers)*, puede ser . . .
- un(a) **cajero(a)** *(cashier).*
- un(a) **contador(a)** *(accountant)*
- un(a) **programador(a)** *(programmer)*
- un(a) **especialista en informática** *(computer specialist)*

Si a Ud. le gusta tomar decisiones, puede ser . . .
- un(a) **ejecutivo(a).**
- un(a) **gerente** *(manager)*
- un(a) **jefe(a)** *(boss)*

Si Ud. tiene buen **sentido para los negocios** *(business sense)*, puede ser . . .
- un(a) **comerciante** *(shopkeeper).*
- un(a) **hombre (mujer) de negocios** *(businessman/businesswoman)*
- un(a) **agente de la bolsa de valores** *(stockbroker)*

## Lugares de trabajo

Hay muchos lugares en los que puede trabajar:

**una compañía**
    **una compañía de seguros** *(insurance)*
**una firma**
**una empresa** *(enterprise)*
    **una empresa** | **privada**
                    | **pública**
**una sociedad** *(company, corporation)*
**un negocio** *(business)*

**una oficina**
**un laboratorio**
**una fábrica** *(factory)*
**un taller** *(workshop)*

**una agencia**
    **una agencia** | **de publicidad**
                 | **de bienes raíces**
**un banco**
**un despacho** *(lawyer's office)*
**la bolsa de valores** *(stock exchange)*

## *1* Preguntas personales

1. ¿Qué quiere ser Ud. en el futuro? ¿Por qué? ¿Qué debe hacer para lograrlo *(to accomplish it)*?
2. Según Ud., de las profesiones enumeradas en la lista del *Vocabulario temático*, ¿cuáles son las tres más interesantes? ¿Cuáles son las tres menos interesantes? ¿Por qué?
3. ¿Dónde trabaja su papá? ¿y su mamá?
4. ¿Para qué clase de empresa, compañía o negocio preferiría trabajar Ud.? ¿Por qué?
5. ¿Hay fábricas y talleres en la ciudad donde Ud. vive? ¿Qué tipo de productos fabrican?
6. Según Ud., ¿cuáles son las empresas norteamericanas más grandes? ¿Qué tipo de productos o servicios ofrecen?

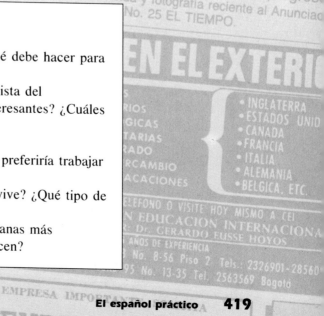

## 2 ¿A quién necesitan?

¿A quién necesitan las siguientes personas?

MODELO: La Sra. Montero acaba de comprarse un apartamento viejo que
quiere renovar.
*Necesita un(a) decorador(a).*

1. Una compañía norteamericana quiere establecer una
sucursal *(branch)* en España, pero no conoce bien las leyes *(laws)*
españolas.
2. La Sra. Pardo quiere comprar acciones *(stocks)* de IBM.
3. La Compañía Compucol acaba de instalar una computadora en
sus oficinas.
4. La Sociedad Herrera e Hijos quiere aumentar el volumen de
sus ventas.
5. La Compañía Agromar necesita preparar el balance *(balance sheet)*
de sus actividades del año pasado.
6. La Sociedad Sepúlveda va a abrir una tienda en la Calle Serrano.
7. La Compañía González e Iriarte quiere construir un edificio de diez
pisos en la capital.

## Máquinas que hay en una oficina

un dictáfono
una fotocopiadora (copying machine)
una calculadora
una máquina de escribir eléctrica
una computadora ⎤
un ordenador ⎦ (computer)
un procesador de textos (word processor)


## Una microcomputadora / Un microordenador (personal computer)

la maquinaria (hardware)

la pantalla

el botón

la impresora

la pastilla (microchip)

el teclado

la tecla (key)

el lector de discos

el micro-procesador

el software
el disco
el programa

## *Vocabulario temático:*   Buscando trabajo

¿Cómo va a buscar trabajo?

| Voy a | **leer** | los anuncios. |
| | | las ofertas de empleo |

**ir a la agencia de empleos**

| **solicitar** *(apply for)* | **un empleo** *(job)* |
| | **un trabajo** *(work)* |
| | **un puesto** *(position)* |

| **preparar** | **mi curriculum vitae** *(résumé)* |
| **enviar** | |

| **conseguir** *(to obtain)* | **una entrevista** *(interview)* |
| **tener** | |

¿Qué tipo de carrera le interesa a Ud.?

| **Me gustaría trabajar en** | **(el) comercio.** |
| **Quisiera especializarme en** | **(el) negocio** *(business)* **internacional** |
| | **(las) ventas** *(sales)* |
| | **(la) publicidad** *(advertising)* |
| | **(las) finanzas** *(finance)* |
| | **(el) estudio de mercado** *(marketing)* |
| | **(las) relaciones públicas** |
| | **la bolsa** *(stock market)* |
| | **(la) informática** *(computer science)* |
| | **(la) administración de empresa** *(management)* |
| | **(la) contabilidad** *(accounting)* |

¿Qué **experiencia** tiene Ud.?

El verano pasado, trabajé de cajero(a) en un banco.

¿Qué sabe hacer Ud.?

¿Cuáles son sus **habilidades** *(skills)* profesionales?

| Sé | **hablar inglés y francés.** |
| | **escribir a máquina** |
| | **taquigrafiar** *(to take shorthand)* |
| | **archivar** *(to file)* |
| | **programar** |
| | **usar** | **máquinas de oficina** |
| | **trabajar con** | |

¿Qué otras **aptitudes personales** tiene Ud.?

Soy **responsable**.

Tengo | **mucha experiencia**.
 | **iniciativa**
 | **conocimientos** (*knowledge*) **técnicos**

**Me llevo bien** (*get along*) **con la gente.**

¿Qué | **diplomas** | tiene Ud.?
 | **títulos**

Tengo **el título de** | **ingeniero**.
 | **contador**

**Soy graduado(a)** | **de la Academia** Comercial.
**Me gradué** | **del Instituto** de Contabilidad
 | **del Colegio** Eugenio Espejo
 | **de la Universidad** de Oviedo

¿Qué **documentos** ha traído Ud.?

He traído | **mi solicitud de empleo** (*job application*).
 | **mi curriculum vitae**
 | **mis cartas de recomendación**

¿Cuánto tiempo quiere Ud. trabajar?

Quiero trabajar | **(la) jornada completa** (*full time*).
 | **(la) media jornada** (*half time*)

Prefiero **trabajar por mi propia cuenta** (*to be self-employed*).

Para Ud., ¿cuál sería el trabajo ideal?

Un trabajo que ofrezca | **un buen sueldo** (*salary*).
 | **buenas condiciones de trabajo**
 | **muchas responsabilidades**
 | **muchas ventajas** (*benefits*)
 | **oportunidades de** | **ascenso**
 | **adelanto** | (*promotion*)

Bien, vamos a | **llamarlo(la)** dentro de dos semanas.
 | **emplearlo(la)** (*to hire you*) **en seguida**
 | **ofrecerle el puesto**

## 3 Diálogo

Complete el diálogo con las preguntas que correspondan a las respuestas.

A: ¿ . . . ?
B: Me gustaría trabajar en informática.
A: ¿ . . . ?
B: Sé programar los ordenadores.
A: ¿ . . . ?
B: Soy graduado del Instituto de Informática.
A: ¿ . . . ?
B: No, prefiero trabajar la jornada completa.
A: ¿ . . . ?
B: Espero ganar por lo menos 100.000 pesetas al mes.

## 4 Un anuncio

1. ¿Es el anuncio una oferta o una solicitud de empleo?
2. ¿Cómo se llama la compañía que puso el anuncio en el periódico? ¿Qué tipo de productos vende?
3. ¿Qué tipo de empleados busca la compañía? ¿Cuáles son los requisitos para el puesto? ¿En qué consiste el trabajo?
4. ¿Qué sueldo se menciona en el anuncio? ¿En qué consiste? ¿De qué depende?
5. ¿Le gustaría solicitar el empleo? ¿Por qué o por qué no?

ALFAMAX
EMPRESA DE INFORMÁTICA

BUSCA
VENDEDORES

PARA CUBRIR TODAS LAS PROVINCIAS ESPAÑOLAS

- Altamente cualificados.
- Buena presencia, experimentado.
- Coche propio.
- Dispuesto a viajar.

OFRECE:
- Posibilidad superar 200.000 pesetas mes.
- Clientes y zona.
- Sueldo fijo y comisión más gastos de viaje.

Enviar "curriculum vitae" y foto a: Paseo de la Habana, 19, bajo trasera. Madrid 28016. (Trato confidencial.)

## 5 Preguntas personales

1. ¿Tiene Ud. trabajo ahora? ¿Dónde trabaja? ¿Trabaja la jornada completa? ¿En qué consiste su trabajo? ¿Cuáles son las ventajas *(advantages)* y las desventajas *(drawbacks)* del trabajo?
2. ¿Ha trabajado antes Ud.? ¿En qué tipo de empresa? ¿Cuándo? ¿Dónde? ¿Ganaba un buen sueldo? ¿Tenía responsabilidades? ¿Cómo encontró el trabajo?
3. ¿Va a solicitar un trabajo el verano próximo? ¿Cómo? ¿Qué tipo de trabajo buscará?
4. ¿Ha preparado su curriculum vitae? ¿Qué datos incluyó Ud. en su curriculum? ¿Lo ha enviado a alguna compañía?
5. ¿Qué quiere hacer después de graduarse? ¿Qué tipo de carrera le interesa a Ud.? ¿Cuáles son sus habilidades y aptitudes profesionales? ¿Ha aprendido a programar? ¿Ha aprendido a usar un ordenador? ¿una microcomputadora? ¿un procesador de textos? ¿Dónde y cómo?
6. ¿De qué escuela quiere ser titulado(a)? ¿Qué título quiere obtener? ¿Tiene cartas de recomendación? ¿Quién se las escribió?
7. ¿Prefiere Ud. trabajar para una empresa o por su propia cuenta? ¿Cuáles son las ventajas y desventajas de cada uno?
8. ¿Qué habilidades y aptitudes profesionales y personales requiere el trabajo que Ud. busca? ¿Tiene Ud. la preparación necesaria?
9. Según Ud., ¿cuáles son las características de un buen trabajo?

## Conversación dirigida

La Sra. de Linares es jefa de personal en la sociedad Metalexport, compañía especializada en la exportación de metales. Todos los años, esta compañía emplea a universitarios recién graduados en su departamento de ventas internacionales. Hoy la Sra. de Linares le hace una entrevista a Jorge Benavides, un joven muy entusiasta. Prepare el diálogo según las siguientes indicaciones. Luego, represéntelo con un(a) compañero(a) de clase.

| La Sra. de Linares | | Jorge |
|---|---|---|
| says that she has received his job application . . . asks him if he has a degree | → ← | says that he has a degree from the Instituto Comercial |
| asks him what he majored in (especializarse en) | → ← | answers that he majored in accounting and marketing . . . says that he also has studied computer science and that he can program in Basic and Cobol |
| asks him why he thinks that he is qualified (cualificado) for a job in international sales | → ← | answers that he can speak English and French . . . says that he also has initiative and gets along well with people |
| asks him if he has any business experience | → ← | replies that he does not have any experience as a salesperson . . . says that last summer he worked in London (Londres) at the Robinson Bank . . . says that he also worked half time at an advertising agency |
| thanks him . . . asks him to send his résumé and two letters of recommendation . . . tells him that they will write to him within three weeks | | |

## Conversaciones libres

Las siguientes personas están en la agencia de empleos. Prepare diálogos entre las personas indicadas y el(la) agente. Represéntelos con un(a) compañero(a) de clase.

1. Inés Montoya, 21 años, acaba de graduarse de la Universidad Técnica con el título de Ingeniera en Informática. Sabe programar bien y está familiarizada con toda clase de ordenadores. Busca un trabajo en una compañía internacional porque le gusta viajar.

2. Felipe Rivera, 20 años, estudió filosofía en la universidad. No tiene ninguna habilidad profesional en particular. Tiene buena presencia y se lleva a las mil maravillas con todo el mundo. Busca un trabajo en relaciones públicas.

3. Marisol Cataldo, 45 años, es ama de casa. Antes de casarse, era empleada de un banco. Sabe escribir a máquina y es excelente taquimecanógrafa. No sabe mucho de las máquinas de oficina modernas pero quisiera aprender. Busca cualquier empleo que le ofrezca un sueldo adecuado y en el que pueda trabajar la media jornada.

4. Miguel Elizondo, 35 años, es contador titulado y ha trabajado diez años en una compañía de seguros donde ocupa el puesto de gerente de la sección de contabilidad. Quisiera cambiar de carrera. Se interesa en bienes raíces.

5. Eva Esquivel, 16 años, es alumna del Colegio Santa Catalina. Estudia inglés y francés. Busca un trabajo de verano.

# Estructuras gramaticales

## A. El pluscuamperfecto del subjuntivo

### Pluperfect subjunctive: Forms

| INFINITIVE | *tomar* | | |
|---|---|---|---|
| que yo | **hubiera tomado** | que nosotros | **hubiéramos tomado** |
| que tú | **hubieras tomado** | que vosotros | hubierais tomado |
| que él, ella, Ud. | **hubiera tomado** | que ellos, ellas, Uds. | **hubieran tomado** |

The pluperfect subjunctive is formed according to the pattern:

> imperfect subjunctive of **haber** + past participle

➤ The pluperfect subjunctive may also be formed with the **-se** endings for **haber**: *que yo **hubiese tomado**, que tú **hubieses tomado**,* etc.

### Uses

Compare the use of the *present perfect subjunctive* and the *pluperfect subjunctive* in the following pairs of sentences.

La jefa **duda que** el secretario **haya archivado** las cartas.
La jefa **dudaba que** el secretario **hubiera archivado** las cartas.

*The boss **doubts that** the secretary **has filed** the letters.*
*The boss **doubted that** the secretary **had filed** the letters.*

**Me alegro** de **que** tú **hayas salido** bien en la entrevista.
**Me alegré** de **que** tú **hubieras salido** bien en la entrevista.

*I am happy that you **have done** well in the interview.*
*I was happy that you **had done** well in the interview.*

Para el puesto, **es bueno que** Uds. **hayan estudiado** francés.
Para el puesto, **sería mejor que** Uds. **hubieran estudiado** español.

*For the job, it is good that you **have studied** French.*
*For the job, it would be better that you **had studied** Spanish.*

Both the present perfect subjunctive and the pluperfect subjunctive are used to describe actions that have occurred before the action represented by the verb of the main clause. The pluperfect subjunctive is used when the verb of the main clause is in a past tense or the conditional.

| MAIN CLAUSE | | DEPENDENT CLAUSE |
|---|---|---|
| present<br>future<br>imperative | → | present perfect subjunctive |
| imperfect<br>preterite<br>pluperfect<br>conditional | → | pluperfect subjunctive |

## 1 Lo que esperaban

Describa lo que esperaban las siguientes personas usando la construcción **esperar que** + *el pluscuamperfecto del subjuntivo.*

MODELO: la Sra. Soto // el agente de viajes / reservarle una habitación cómoda
*La Sra. Soto esperaba que el agente de viajes le hubiera reservado una habitación cómoda.*

1. el Sr. Domínguez // la abogada / preparar el contrato antes de la reunión
2. la Sra. Muñoz // su asistente / fotocopiar los documentos
3. Raúl // la jefa de personal / leer su curriculum vitae antes de la entrevista
4. Uds. // sus profesores / escribirles buenas cartas de recomendación
5. el Sr. Pardo // la bolsa de valores / subir durante su ausencia *(absence)*
6. nuestros profesores // nosotros / estudiar antes de tomar el examen
7. yo // tú / decirme la verdad

## 2 Lo que pensaban

Diga lo que pensaban las siguientes personas de las acciones indicadas entre paréntesis, según el modelo.

MODELO: Angélica: alegrarse de (su novio / escribirle la semana pasada)
*Angélica se alegró de que su novio le hubiera escrito la semana pasada.*

1. el médico: temer (yo / torcerme el tobillo)
2. yo: alegrarse de (tú / venir a mi casa)
3. la policía: dudar (mis vecinos / ver marcianos en su jardín)
4. el profesor: alegrarse de (nosotros / regalarle algo para su cumpleaños)
5. la Sra. Jiménez: enojarse de (su marido / olvidarse de la fecha de su aniversario de bodas)
6. la jefa: tener miedo de (su asistente / romper la nueva microcomputadora)
7. mi papá: estar sorprendido (yo / sacar la mejor nota de la clase)
8. los vecinos: enfadarse de (nosotros / hacer ruido toda la noche)

# B. El condicional perfecto

In the following sentences, the verbs in heavy type are in the *past* (or *perfect*) *conditional*. Note the forms of these verbs.

| | |
|---|---|
| En tu lugar, **habría aceptado** la oferta de empleo. | *In your place, **I would have accepted** the job offer.* |
| Y ustedes, ¿qué **habrían hecho**? | *And you, what **would you have done**?* |

## Past conditional: Forms

| INFINITIVE | *tomar* | | |
|---|---|---|---|
| yo | **habría tomado** | nosotros | **habríamos tomado** |
| tú | **habrías tomado** | vosotros | habríais tomado |
| él, ella, Ud. | **habría tomado** | ellos, ellas, Uds. | **habrían tomado** |

The past (or perfect) conditional is formed as follows:

> conditional of **haber** + past participle

## 3 El gordo

Ernesto se sacó el gordo (*grand prize*) en la lotería. Lea lo que hizo y diga si Ud. habría hecho lo mismo.

MODELO: Dejó su trabajo.
*Yo también habría dejado mi trabajo.*
*(Yo no habría dejado mi trabajo.)*

1. Compró un yate (*yacht*).
2. Hizo un viaje alrededor del mundo.
3. Se casó con una cantante famosa.
4. Contribuyó dinero a unas instituciones de caridad (*charity*).
5. Les regaló una casa nueva a sus padres.
6. Invirtió (*He invested*) el resto de su dinero en la bolsa de valores.
7. Lo perdió todo.
8. Se arruinó.
9. Compró otro billete de lotería.
10. Se sacó el gordo otra vez.

## 4 Cada uno a su gusto

Lea lo que hicieron las siguientes personas. Diga lo que habrían hecho en su lugar las otras personas indicadas entre paréntesis.

MODELO: Olga pintó la cocina de azul. (Teresa / de amarillo)
*Teresa la habría pintado de amarillo.*

1. Tú decoraste la habitación con carteles (*posters*).
(yo / con fotografías)
2. Uds. pusieron las butacas en el comedor. (nosotros / en la sala)
3. Ernesto le regaló un libro a Marisa para su cumpleaños.
(Ud. / flores)
4. Tú resolviste el problema con una calculadora. (nosotros / con una computadora)
5. Hicimos la tarea el sábado por la noche. (Uds. / durante la semana)
6. La abogada escribió las cartas a mano (*by hand*). (su secretaria / a máquina)
7. Uds. vieron la película de Carlos Saura en la televisión.
(yo / en el cine)
8. La compañía Hernández abrió una agencia en Lima. (la compañía Meléndez / en Buenos Aires)

# C. Las cláusulas condicionales en el pasado

The sentences below express certain speculations about the past. They describe what *would have happened* if certain conditions *had been met*. Note the use of tenses in these sentences.

**Si hubiera pasado** por el banco, **habría comprado** cheques viajeros.

*If I had passed by the bank, I would have bought travelers' checks.*

**Si Uds. hubieran sabido, no habrían invertido** en acciones de compañías de petróleo.

*If you had known, you would not have invested in oil company stocks.*

Contrary-to-fact sentences in the past are formed according to the pattern:

| SI-CLAUSE | MAIN OR RESULT CLAUSE |
|---|---|
| pluperfect subjunctive | past conditional |

➡ For emphasis, the **si**-clause may come after the main clause.

**Habríamos sabido** programar, si **hubiéramos estudiado** informática.

*We would have known how to program, if we had studied computer science.*

---

## *Un poco más*

1. Note the use of the pluperfect subjunctive after **como si**.

   Tú gastas tu dinero **como si** te **hubieras sacado** el gordo.

   *You are spending your money as if you had won the grand prize in the lottery.*

2. In many parts of the Hispanic world, the *pluperfect subjunctive* (in the **hubiera** form) is often used instead of the *past conditional* to express a past possibility.

   Si lo hubiera sabido, { **habría aprendido** a programar. / **hubiera aprendido** a programar.

---

## 5 ¡Qué lástima!

Lea lo que no hicieron las siguientes personas. Diga lo que habría ocurrido si lo hubieran hecho.

MODELO: No estudiaste. (¿sacar una "F" en el examen?)
*Si hubieras estudiado, no habrías sacado una "F" en el examen.*

1. No estudié informática. (¿encontrar trabajo en la industria electrónica?)

2. No enviaste tu curriculum vitae. (¿tener una entrevista en una empresa internacional?)
3. Uds. no trabajaron horas extras. (¿recibir un aumento de sueldo?)
4. No reservamos una mesa. (¿esperar más de una hora en el restaurante?)
5. No me puse el abrigo. (¿tener pulmonía?)
6. El Sr. Treviño no tuvo cuidado. (¿tener un accidente?)
7. Los estudiantes no escucharon al profesor. (¿comprender?)
8. El camarero no nos atendió bien. (¿recibir una buena propina?)
9. Yolanda no se dio prisa. (¿perder el tren?)

## 6 Minidiálogos: ¡Un montón de excusas!

Julieta le pregunta a Marcos por qué no hizo ciertas cosas. Marcos le explica dando varias excusas. Represente el diálogo según el modelo.

MODELO: salir conmigo la semana pasada / tener que estudiar
*Julieta: ¿Por qué no saliste conmigo la semana pasada?*
*Marcos: Habría salido contigo si no hubiera tenido que estudiar.*

1. llegar a tiempo a la cita / perder el autobús
2. escribirme durante las vacaciones / olvidar tu dirección
3. invitarme a bailar el sábado pasado / torcerme el tobillo
4. ayudarme con la tarea anoche / tener un terrible dolor de cabeza
5. visitarme ayer / ir a una entrevista profesional

## 7 Eduardo y su tío

Eduardo le habla de sus ideas a su tío. El tío le dice lo que habría hecho en las mismas circunstancias.

MODELO: ir a la universidad / estudiar informática (historia)
*Eduardo: Si fuera a la universidad, estudiaría informática.*
*El tío: Y yo, si hubiera ido a la universidad, habría estudiado historia.*

1. aprender otro idioma / estudiar chino (francés)
2. viajar / visitar el Japón (los Estados Unidos)
3. tener dinero / comprar un apartamento en el centro (una finca en el campo)
4. tener tiempo / aprender a esquiar (a nadar)
5. querer ganarme bien la vida / trabajar en una compañía de electrónica (un banco)

## 8 ¿Qué tiempo?

Complete las siguientes oraciones con el tiempo apropiado de los verbos indicados entre paréntesis.

1. (quedarse / buscar) Si Gabriel . . . en casa el verano pasado, . . . trabajo.
2. (salir / ir) Si Gisela . . . anoche, . . . al cine con amigos.
3. (vivir / viajar) Si nosotros . . . en el siglo XXI, . . . en naves espaciales (spaceships).
4. (ir / comprar) Si yo . . . a México el fin de semana próximo, . . . cheques viajeros.
5. (trabajar / ganarse) Si nosotros . . . el año pasado en vez de ser estudiantes, . . . la vida.
6. (poder / venir) Si mis amigos . . ., ellos . . . a mi casa el fin de semana pasado.

## 9 ¡Un poco de lógica!

Suponga que las personas en la columna A han hecho las cosas en la columna B. Diga si hubieran hecho o sentido (o no) las cosas en la columna C. ¡Sea lógico(a)!

| A | B | C |
|---|---|---|
| yo | correr menos | perderse |
| tú | dormir | quemarse |
| Uds. | hacer la tarea | perder el avión |
| María | tomar aspirina | equivocarse en el examen |
| el Sr. Pineda | hacer cola | ganar el partido |
| nosotros | entrenarse | comprar los billetes |
| los turistas | comprar un mapa de Madrid | sentirse cansado |
| mis amigas | levantarse más temprano | tener dolor de cabeza |
| | ponerse loción bronceadora (suntan) | tener dolor de estómago |
| | comer menos | |

MODELO: *Si los turistas hubieran comprado un mapa de Madrid, no se habrían perdido.*

en Madrid

# D. *Los pronombres relativos* que *y* quien

Relative pronouns *(who, whom, which, that)* are used to connect a noun or pronoun with the clause describing that noun or pronoun. Relative pronouns may represent people, things, and ideas. They may function as subjects, direct or indirect objects, or objects of a preposition. Note the use of the relative pronouns **que** and **quien/quienes** in the following sentences.

### TO REFER TO PEOPLE

| | | |
|---|---|---|
| **SUBJECT** | Busco a la secretaria **que** estaba en la oficina. | *I am looking for the secretary **who** (**that**) was in the office.* |
| **DIRECT OBJECT** | ¿Cómo se llama la gerente **que** vimos ayer? | *What is the name of the manager **whom** (**that**) we saw yesterday?* |
| **INDIRECT OBJECT** | No conozco a la persona **a quien** le envié mi curriculum vitae. | *I don't know the person **to whom** I sent my résumé.* |
| **OBJECT OF A PREPOSITION** | ¿Dónde están los abogados **con quienes** trabajas? | *Where are the lawyers **with whom** you work?* |

### TO REFER TO THINGS

| | | |
|---|---|---|
| **SUBJECT** | Busco la microcomputadora **que** estaba en la oficina. | *I am looking for the microcomputer **that** was in the office.* |
| **DIRECT OBJECT** | ¿Cómo se llama la empresa **que** vimos ayer? | *What is the name of the company **that** we saw yesterday?* |
| **OBJECT OF A PREPOSITION** | ¿Dónde está la fotocopiadora **con que** copiaste los documentos? | *Where is the photocopier **with which** you copied the documents?* |

La tarjeta que no debe faltar

La Cruz Azul de Puerto Rico

**Estructuras gramaticales** **435**

The use of the relative pronouns **que** and **quien** may be summarized as follows:

| ANTECEDENT | PERSONS | THINGS AND IDEAS |
|---|---|---|
| SUBJECT | que | que |
| DIRECT OBJECT | que | que |
| INDIRECT OBJECT | a quien(es) | — |
| OBJECT OF A PREPOSITION | a<br>de<br>en<br>con } quien(es) | a<br>de<br>en<br>con } que |

**Un poco más**

1. **A quien** (*whom*) may replace **que** as the direct object in more formal style.

   La persona │ **a quien** / **que** │ vimos esta mañana es el presidente de la compañía.

2. The pronouns **el que** or **el cual** may replace **quien** and **que** for clarity and emphasis. This is often the case after prepositions *other* than **a**, **de**, **en**, and **con**. Note that the forms of **el que** and **el cual** agree with the nouns they represent.

   ¿Cómo se llama la compañía **para la que** (**para la cual**) trabajas?     *What is the name of the company **for which** you are working?*

## 10 ¿Que o quien?

Complete las siguientes oraciones usando **que** o **quien (quienes)**.

1. Roberto va a responder a la oferta de empleo . . . leyó esta mañana.
2. No conozco a las empleadas de . . . me hablaste.
3. Emilio recibió una carta de la persona con . . . tuvo una entrevista la semana pasada.
4. Hay muchos asuntos *(topics)* técnicos . . . nos interesan.
5. ¿Quién es el jefe de . . . se quejan los empleados?
6. ¿Quién es la ejecutiva a . . . le enviaste tu curriculum vitae?
7. Los vendedores . . . encontramos ayer trabajan para una compañía internacional.
8. Quisiera hablar con el ingeniero . . . arregló la computadora.
9. Nuestra compañía busca una secretaria . . . sepa trabajar con procesador de textos.
10. Acabo de llamar a la persona . . . puso la oferta de empleo en el periódico.
11. Me llevo bien con los colegas *(colleagues)* con . . . trabajo.
12. La secretaria . . . buscamos debe hablar español e inglés.

## 11 Quisiera ver . . .

Describa a las personas y objetos indicados en cursiva que Ud. quisiera ver. Siga los modelos.

MODELO: Hay muchas ofertas de empleo en *el periódico.*
*Quisiera ver el periódico en que hay muchas ofertas de empleo.*

MODELO: Voy a trabajar con *los dependientes.*
*Quisiera ver a los dependientes con quienes voy a trabajar.*

1. Tuve una entrevista con *la directora.*
2. Me hablaste de *la nueva computadora.*
3. Hablé con *los abogados* ayer.
4. *El contador* trabaja en esta oficina.
5. La secretaria recibió *las cartas.*
6. Ud. me recomendó *el restaurante.*
7. Los obreros trabajan en *la fábrica.*
8. Sus amigos hablaron con *los periodistas.*
9. Le envié mi curriculum vitae a *la jefa de personal.*
10. Copiaste los documentos en *la fotocopiadora.*

# E. *El pronombre relativo* cuyo

Note the use of the relative pronoun **cuyo** *(whose)* in the following sentences.

| | |
|---|---|
| ¿Conoces al estudiante **cuya** hermana es ingeniera? | *Do you know the student* ***whose*** *sister is an engineer?* |
| El candidato, **cuyas** cartas de recomendación Ud. leyó, ha llegado. | *The candidate,* ***whose*** *letters of recommendation you read, has arrived.* |
| La Sra. Montero, en **cuyo** despacho trabajé el verano pasado, es mexicana. | *Mrs. Montero, in* ***whose*** *office I worked last summer, is Mexican.* |

The relative pronoun **cuyo** corresponds to *whose*. It functions as an adjective and agrees with the noun it introduces, and not with the possessor.

## 12 Preguntas

Ud. desea obtener información sobre las siguientes personas y cosas. Haga las preguntas apropiadas según el modelo.

MODELO: ¿Cómo se llama el estudiante? / Su mamá trabaja para una compañía electrónica.
*¿Cómo se llama el estudiante cuya mamá trabaja para una compañía electrónica?*

1. ¿Quién es el estudiante? / Sus primos viven en México.
2. ¿Cómo se llama la periodista? / Sus artículos son tan interesantes.
3. ¿Cómo se llama la abogada? / Su despacho está en el centro.
4. ¿Quién es el fotógrafo? / Sus fotos recibieron un premio *(prize)*.
5. ¿Cuál es el país? / Su capital es Buenos Aires.
6. ¿Cuál es la empresa? / Sus productos son exportados por todo el mundo.
7. ¿Cuál es la firma internacional? / Sus acciones *(stocks)* se venden en la Bolsa de Madrid.
8. ¿Dónde está el restaurante? / Sus especialidades son tan sabrosas.

BOLSAS ESPAÑOLAS

**MADRID**

Suben 39, bajan 36, repiten 58.
Índice general: **131,34 (+0,73)**

| Nom. | Valor | Ant. | Ayer | Días |
|---|---|---|---|---|
| **RENTA FIJA** | | | | |
| DEUDA PUBLICA | | | | |
| 10.000 | Amortizable 10,25% 77 | 100 | 100 | 154 |
| 1.000 | Amortizable 12,50% 82 | 107 | | 191 |
| 10.000 | Amortizable 15,50% 83 | 102 3/4 | | 176 |
| 10.000 | Amortizable 15,75% 83 | 106 2/4 | | 185 |
| 10.000 | Amortizable 16% 83 | 110 | 110 | 100 |
| 10.000 | Amortizable 16,50% 83 | 114 | 114 2/4 | 143 |
| 10.000 | Amortizable 13,75% 83 | 108 | 108 | 178 |
| 10.000 | Amortizable 16% 84 | 117 | 117 | 171 |
| 10.000 | Amortizable 15,50% 84 | 107 2/4 | 107 2/4 | 165 |
| 10.000 | Amortizable 15,75% 84 | 116 | 116 2/4 | 176 |
| 10.000 | Amortizable 13,50% 84 | 108 2/4 | 108 3/4 | 142 |
| ORGANISMOS OFICIALES | | | | |
| 5.000 | B. Créd. Construc. 81 | 101 | | 1 |
| 5.000 | B. Hipotecario 12% | 100 2/4 | 100 2/4 | 66 |
| 5.000 | Inst. Créd. Oficial 82 | 102 2/4 | 102 2/4 | 148 |
| 5.000 | Inst. Créd. Oficial 83 | 101 2/4 | 101 2/4 | 161 |
| 5.000 | Inst. Créd. Oficial dic. 83 | 100 | D 101 | 149 |
| 10.000 | Inst. Créd. Oficial mayo 84 | 104 2/4 | | 94 |
| BONOS BANCARIOS | | | | |
| 5.000 | Banesto dic. 83 | 105 | | 16 |
| 10.000 | Bankunión 36 | 100 | | 11 |
| 10.000 | Bankunión 41 | D 104 | | 13 |
| 10.000 | Bankunión 48 | 100 | | 39 |
| 10.000 | Bandesco 23 S | D 150 | 150 | 10 |
| 1.000 | Bankinter 19 | 100 1/4 | 100 1/4 | 227 |
| 1.000 | Bankinter 20 | 101 2/4 | 101 2/4 | 229 |
| 1.000 | Bankinter 21 | 101 | 101 | 233 |

# Lecturas literarias

## Introducción

Ana María Matute, autora que nació en Barcelona, España en 1926, es una de las mejores novelistas de la España actual. Realizó[1] sólo los estudios primarios porque su educación fue interrumpida por la guerra civil española.[2] Desde joven se dedicó a escribir y terminó su primera novela a la edad de 17 años. En 1952 su tercera novela *Fiesta al noroeste* ganó el Premio Café Gijón.[3]

En su colección de cuentos *Historias de la Artámila* (1961) la escritora evoca los recuerdos de las vacaciones que pasaba en las montañas de Castilla. En "El árbol de oro" Matute describe sus experiencias en una escuelita de aldea donde ella estudió unos pocos meses.

El Pueblo Español, Barcelona, España

---

### *Palabras claves*

la aldea *(village)* = el pueblo:  la maestra *(teacher)*  las tareas *(tasks)*
la torre *(tower)* / la torrecita:  la llave *(key)*  encargarse de *(to be in charge of)*
el cajón *(chest, drawer)*  la rendija *(crack)*
el árbol de oro:  el tronco  la rama *(branch)*  la hoja *(leaf)*
resplandecer *(to shine)* = brillar  volverse de oro *(to turn into gold)*
acciones:  atraer la atención *(to attract attention)*
bizquear *(to squint)*
agacharse *(to squat, crouch down)*

---

[1] **Realizó** Hizo   [2] **La guerra civil española** (1936–1939) devastó el país.   [3] **El Premio Café Gijón** es uno de los cuantos premios *(prizes)* que se adjudican *(are awarded)* en España a las mejores obras literarias del año.

# El árbol de oro

## Ana María Matute

### I

A. LA ESCUELA DE LA ALDEA

Asistí durante un otoño a la escuela de la señorita Leocadia, en la aldea, porque mi salud no andaba bien y el abuelo *retrasó* mi *vuelta* a la ciudad. Fue una casita *alargada* y blanca, con el *tejado pajizo* y *requemado* por el sol y las nieves, a las afueras del pueblo. La señorita Leocadia era muy alta y tenía el carácter 5 más bien *áspero.*

Las clases en la escuela tenían su atractivo. Recuerdo especialmente a un muchacho de unos diez años, hijo de un *aparcero* muy pobre, llamado Ivo. Era un muchacho delgado, de ojos azules, que bizqueaba ligeramente al hablar. Todos los muchachos y mu- 10 chachas de la escuela admiraban y *envidiaban* un poco a Ivo, por *el don* que poseía de atraer la atención *sobre sí,* en todo momento. No es que fuera ni inteligente ni gracioso, y, sin embargo, había algo en él, en su voz quizás, en las cosas que contaba, que *conseguía cautivar* a quien le escuchase. También la señorita Leocadia se 15 dejaba prender de aquella *red* de plata que Ivo tendía a cuantos atendían sus *enrevesadas* conversaciones, y—yo creo que muchas veces contra su voluntad—la señorita Leocadia le confiaba a Ivo tareas deseadas por todos, o distinciones que *merecían* alumnos más estudiosos y *aplicados.* 20

B. LA LLAVE

Quizá lo que más se envidiaba de Ivo era la posesión de la *codiciada* llave de la torrecita. Ésta era, en efecto, una pequeña torre situada en un ángulo de la escuela, en cuyo interior se guardaban los libros de lectura. Allí entraba Ivo a buscarlos, y allí volvía a dejarlos, al terminar la clase. La señorita Leocadia se lo 25 *encomendó* a él, nadie sabía en realidad por qué.

Ivo estaba muy orgulloso de esta distinción, y por nada del mundo la hubiera cedido. Un día, Mateo Heredia, el más aplicado y estudioso de la escuela, pidió encargarse de la tarea—a todos nos fascinaba el misterioso interior de la torrecita, donde no entramos 30

*delayed*

*return / long*

*thatched roof / dried out*

*gruff*

*tenant farmer*

*were envious*

*knack / to himself*

*managed to captivate*

*web*

*complicadas*

*merited*

*diligentes*

*much-desired*

*entrusted*

nunca—, y la señorita Leocadia pareció *acceder*. Pero Ivo se levantó, y acercándose a la maestra empezó a hablarle en su voz baja, bizqueando los ojos y moviendo mucho las manos, *como tenía por costumbre*. La maestra dudó un poco, y al fin dijo:

—Quede todo como estaba. Que siga encargándose Ivo de la 35 torrecita.

**C. EL ÁRBOL DE ORO**

A la salida de la escuela le pregunté:

—¿Qué le has dicho a la maestra?

Ivo me miró *de través* y vi *relampaguear* sus ojos azules.

—Le hablé del árbol de oro. 40

Sentí una gran curiosidad.

—¿Qué árbol?

Ivo sonrió con misterio.

—Si no se lo cuentas a nadie . . .

—Te lo juro, que a nadie se lo diré. 45

Entonces Ivo me explicó:

—Veo un árbol de oro. Un árbol completamente de oro: ramas, tronco, hojas . . . ¿sabes? Las hojas no se caen nunca. En verano, en invierno, siempre. Resplandece mucho; tanto, que tengo que cerrar los ojos para que no me duelan. 50

—¡Qué *embustero* eres!—dije, aunque con algo de *zozobra*. Ivo me miró con *desprecio*.

—No te lo creas—contestó—. Me es completamente igual que te lo creas o no . . . ¡Nadie entrará nunca en la torrecita, y a nadie dejaré ver mi árbol de oro! ¡Es mío! La señorita Leocadia 55 lo sabe, y no se atreve a darle la llave a Mateo Heredia, ni a nadie . . . ¡Mientras yo viva, nadie podrá entrar allí y ver mi árbol!

Lo dijo de tal forma que no pude evitar preguntarle:

—¿Y cómo lo ves . . .?

—Ah, no es fácil—dijo, con aire misterioso—. *Cualquiera* no 60 podría verlo. Yo sé la rendija exacta.

—¿Rendija . . .?

—Sí, una rendija de la pared. Una que hay corriendo el cajón de la derecha: me agacho y me paso horas y horas . . . ¡Cómo brilla el árbol! ¡Cómo brilla! Fíjate que si algún pájaro se le pone 65 encima también se vuelve de oro. Eso me digo yo: si me subiera a una rama, ¿me volvería acaso de oro también?

*Glosses (left margin):*

to give in

as was his habit

sideways / *brillar*

liar / sinking feeling
scorn

Just anyone

## ¿Comprendió Ud.? (I)

A. LA ESCUELA DE LA ALDEA

1. ¿Por qué asistía la narradora a la escuela de la Srta. Leocadia?
2. ¿Cómo era la escuela?
3. ¿Quién era Ivo?
4. ¿Por qué admiraban y envidiaban un poco a Ivo los otros muchachos?

B. LA LLAVE

5. ¿Qué había en la torrecita?
6. ¿Qué le confiaba la maestra a Ivo?
7. ¿De qué estaba orgulloso Ivo?

8. ¿Qué le pidió Mateo Heredia a la señorita Leocadia?
9. Finalmente, ¿qué resolvió hacer la maestra?

C. EL ÁRBOL DE ORO

10. Según Ivo, ¿cómo es su árbol de oro?
11. ¿Por qué debe cerrar los ojos Ivo?
12. ¿Qué le contestó Ivo a su compañera?
13. ¿Dónde está la rendija exacta?
14. Según Ivo, ¿qué sucede si algún pájaro se pone encima del árbol?

### Nota cultural

### Castilla

Castilla, la región que se extiende por la parte norte y central de España, estuvo dividida tradicionalmente en Castilla la Vieja, cuya capital era Burgos, y Castilla la Nueva, cuya capital era Toledo. Como resultado del matrimonio de los Reyes Católicos,[1] Isabel de Castilla y Fernando de Aragón, los reinos de Castilla y Aragón se unieron.

En el siglo XVI, Felipe II trasladó la capital de la monarquía a Madrid. El dialecto de Castilla, el castellano, se convirtió en la base de la lengua española actual.

La región de Castilla es una gran meseta casi sin árboles y con pequeñas aldeas en las montañas. Los inviernos son muy fríos y los veranos son muy calurosos. Por ser árida la tierra, no hay mucha agricultura y se usa para la cría de ovejas y de ganado.

[1] los Reyes Católicos Isabel la Católica (1451–1504) y Fernando V (1452–1516) se casaron en 1469.

## II

D. LA GRAN CURIOSIDAD

*as of*

*it made me uneasy*

No supe qué decirle, pero, *desde* aquel momento, mi deseo de ver el árbol creció de tal forma que *me desasosegaba.* Todos los días, al acabar la clase de lectura, Ivo se acercaba al cajón de la maestra, sacaba la llave y se dirigía a la torrecita. Cuando volvía, le preguntaba: 5

—¿Lo has visto?

*new detail*

—Sí—me contestaba. Y, a veces, explicaba alguna *novedad:*

—Le han salido unas flores raras. Mira: así de grandes, como mi mano lo menos, y con los pétalos alargados. Me parece que esa flor es parecida al ''arzadú''. 10

*amazement*

—¡La flor del frío!—decía yo, con *asombro*—. ¡Pero el ''arzadú'' es encarnado!

*would agree*

—Muy bien—*asentía* él, con gesto de paciencia—. Pero en mi árbol es oro puro.

—Además, el ''arzadú'' crece al borde de los caminos . . . y 15 no es un árbol.

No se podía discutir con él. Siempre tenía razón, o por lo menos lo parecía.

E. LA TORRECITA

*I was ashamed*

*recibió*

*observé*

Ocurrió entonces algo que secretamente yo deseaba; *me avergonzaba* sentirlo, pero así era: Ivo enfermó, y la señorita Leocadia 20 encargó a otro la llave de la torrecita. Primeramente, la *disfrutó* Mateo Heredia. Yo *espié* su regreso, el primer día, y le dije:

—¿Has visto un árbol de oro?

*are you squawking about*

—¿Qué *andas graznando?*—me contestó de malos modos, porque no era simpático, y menos conmigo. Unos días después, me dijo: 25

little while

recess

piggy bank / *obtuve*

I moved it aside

stopped blinding me / *vio*

—Si me das algo a cambio, te dejo un *ratito* la llave y vas durante el *recreo*. Nadie te verá . . .

Vacié mi *hucha*, y, por fin, *conseguí* la codiciada llave. Mis manos temblaban de emoción cuando entré en el cuartito de la torre. Allí estaba el cajón. Lo *aparté* y vi brillar la rendija en la 30 oscuridad. Me agaché y miré.

Cuando la luz *dejó de cegarme,* mi ojo derecho sólo *descubrió* una cosa: la seca tierra de la llanura alargándose hacia el cielo. Nada más. Lo mismo que se veía desde las ventanas altas. La tierra desnuda y yerma, y nada más que la tierra. Tuve una gran 35 decepción y la seguridad de que me habían estafado. No sabía cómo ni de qué manera, pero me habían estafado.

Olvidé la llave y el árbol de oro. Antes de que llegaran las nieves regresé a la ciudad.

### F. EL CEMENTERIO

globe

*tranquila*

*sucia*

blinding

*encontrar* / iron / rusty

Dos veranos más tarde volví a las montañas. Un día, pasando 40 por el cementerio—era ya tarde y se anunciaba la noche en el cielo: el sol, como una *bola* roja, caía a lo lejos, hacia la carrera terrible y *sosegada* de la llanura—, vi algo extraño. De la tierra *grasienta* y pedregosa, entre las cruces caídas, nacía un árbol grande y hermoso, con las hojas anchas de oro: encendido y 45 brillante todo él, *cegador.* Algo me vino a la memoria, como un sueño, y pensé: "Es un árbol de oro". Busqué al pie del árbol, y no tardé en *dar con* una crucecilla de *hierro* negro, *mohosa* por la lluvia. Mientras la enderezaba, leí: IVO MÁRQUEZ, DE DIEZ AÑOS DE EDAD. 50

Y no daba tristeza alguna, sino, tal vez, una extraña y muy grande alegría.

## ¿Comprendió Ud.? (II)

### D. LA GRAN CURIOSIDAD

15. ¿Qué deseaba ver la narradora?
16. ¿Qué solía hacer Ivo al acabar la clase de lectura?
17. ¿Cuál era la gran novedad?

### E. LA TORRECITA

18. ¿Cuál era el deseo secreto de la narradora?

19. ¿Qué le preguntó a Mateo Heredia?
20. ¿Cómo pudo obtener la narradora la codiciada llave de la torrecita?
21. ¿Por qué pensó la narradora que había sido estafada?

### F. EL CEMENTERIO

22. Cuando volvió a las montañas, ¿qué vio la narradora al pasar por el cementerio?
23. ¿Qué encontró al pie del árbol?
24. ¿Por qué sintió una extraña alegría?

## Puntos de vista

Ana María, la narradora, vuelve a casa después de su inesperada visita al cementerio y le cuenta a su madre la historia de Ivo. Imagínese la continuación de su narración, usando los tiempos pasados.

> *Mamá, ¿recuerdas que hace dos años pasé aquí unos meses con abuelito? Bueno, uno de los niños de la escuela era Ivo Márquez . . .*

## Temas

1. Ivo le dijo a la narradora: "¡Mientras yo viva, nadie podrá entrar allí [en la torrecita] y ver mi árbol!" ¿Por qué dijo eso? ¿Vive Ivo cuando la narradora ve finalmente el árbol de oro?
2. Cuando Ud. asistía a la escuela primaria, ¿tuvo un(a) maestro(a) que otorgaba *(granted)* privilegios a ciertos alumnos? ¿Qué privilegios? ¿Fue Ud. uno de los privilegiados o uno de los que no recibieron privilegio alguno? ¿Cómo se sintió Ud.?

### Mejore su español

In Spanish, descriptive adjectives generally follow the noun:

la rendija **exacta** (I, line 61)
unas flores **raras** (II, line 8)

However, the narrator can stress the poetical or emotional value of an adjective by placing it before the noun:

sus **enrevesadas** conversaciones (I, line 17)
la **codiciada** llave (I, line 22)
el **misterioso** interior (I, line 30)
la **seca** tierra (II, line 33)

Note that the indefinite adjective **alguno** when placed after the noun in a negative sentence has an extremely emphatic negative connotation.

Y no daba tristeza **alguna** . . . (II, line 51) *(not the slightest sadness)*

# Apéndices

# Los números

## A. Números cardinales

| | | | | | | |
|---|---|---|---|---|---|---|
| 0 | cero | 20 | veinte | 200 | doscientos |
| 1 | uno | 21 | veintiuno (veinte y uno) | 201 | doscientos uno |
| 2 | dos | 22 | veintidós (veinte y dos) | 210 | doscientos diez |
| 3 | tres | 23 | veintitrés (veinte y tres) | | |
| 4 | cuatro | 24 | veinticuatro (veinte y cuatro) | 300 | trescientos |
| 5 | cinco | 25 | veinticinco (veinte y cinco) | 400 | cuatrocientos |
| 6 | seis | 26 | veintiséis (veinte y seis) | 500 | quinientos |
| 7 | siete | 27 | veintisiete (veinte y siete) | 600 | seiscientos |
| 8 | ocho | 28 | veintiocho (veinte y ocho) | 700 | setecientos |
| 9 | nueve | 29 | veintinueve (veinte y nueve) | 800 | ochocientos |
| | | | | 900 | novecientos |

| | | | |
|---|---|---|---|
| 10 | diez | 30 | treinta |
| 11 | once | 40 | cuarenta |
| 12 | doce | 50 | cincuenta |
| 13 | trece | 60 | sesenta |
| 14 | catorce | 70 | setenta |
| 15 | quince | 80 | ochenta |
| 16 | dieciséis (diez y seis) | 90 | noventa |
| 17 | diecisiete (diez y siete) | | |
| 18 | dieciocho (diez y ocho) | | |
| 19 | diecinueve (diez y nueve) | | |

30 treinta, 40 cuarenta, 50 cincuenta, 60 sesenta, 70 setenta, 80 ochenta, 90 noventa  **y**  { uno, dos, tres, cuatro, cinco, seis, siete, ocho, nueve }

| | |
|---|---|
| 100 | cien |
| 101 | ciento uno |
| 102 | ciento dos |
| 110 | ciento diez |

| | |
|---|---|
| 1.000 | mil |
| 1.001 | mil uno |
| 1.100 | mil cien |
| 1.200 | mil doscientos |
| 2.000 | dos mil |
| 10.000 | diez mil |
| 100.000 | cien mil |
| 200.000 | doscientos mil |
| 1.000.000 | un millón |
| 2.000.000 | dos millones |
| 100.000.000 | cien millones |

---

## *notas*

1. **Uno** (by itself or at the end of a longer number) becomes:
   **un** before a masculine noun    **un** libro    treinta y **un** libros
   **una** before a feminine noun    **una** silla    treinta y **una** sillas

2. **Cien** becomes **ciento** when immediately followed by another number, except **mil** and **millones**.
   $100    **cien** dólares       $125    **ciento** veinticinco dólares
   $100.000    **cien** mil dólares       $120.000    **ciento** veinte mil dólares

3. **Cientos** becomes **cientas** before a feminine noun.
   **doscientos** dólares       **doscientas** pesetas

## B. Números ordinales

| | | | |
|---|---|---|---|
| 1st | **primero** | 6th | **sexto** |
| 2nd | **segundo** | 7th | **séptimo** |
| 3rd | **tercero** | 8th | **octavo** |
| 4th | **cuarto** | 9th | **noveno** |
| 5th | **quinto** | 10th | **décimo** |

*Notas*

1. Ordinal numbers agree with the nouns they introduce.
   **los primeros días** del verano   **la primera semana** de octubre

2. **Primero** and **tercero** become **primer** and **tercer** before a masculine singular noun.
   el **primer** día       el **tercer** mes

3. Ordinal numbers are used only from 1 to 10. Above 10, cardinal numbers are used.
   el **quinto** piso   the 5th floor       el piso **veinte**   the 20th floor

# *Verbos regulares*

| INFINITIVO | hablar<br>*(to speak, talk)* | comer<br>*(to eat)* | vivir<br>*(to live)* | lavarse<br>*(to wash oneself)* |
|---|---|---|---|---|
| PARTICIPIO PRESENTE | hablando | comiendo | viviendo | lavándose |
| PARTICIPIO PASADO | hablado | comido | vivido | lavado |
| **INDICATIVO** | | | | |
| PRESENTE | hablo<br>hablas<br>habla<br><br>hablamos<br>habláis<br>hablan | como<br>comes<br>come<br><br>comemos<br>coméis<br>comen | vivo<br>vives<br>vive<br><br>vivimos<br>vivís<br>viven | me lavo<br>te lavas<br>se lava<br><br>nos lavamos<br>os laváis<br>se lavan |
| PRETÉRITO | hablé<br>hablaste<br>habló<br><br>hablamos<br>hablasteis<br>hablaron | comí<br>comiste<br>comió<br><br>comimos<br>comisteis<br>comieron | viví<br>viviste<br>vivió<br><br>vivimos<br>vivisteis<br>vivieron | me lavé<br>te lavaste<br>se lavó<br><br>nos lavamos<br>os lavasteis<br>se lavaron |
| IMPERFECTO | hablaba<br>hablabas<br>hablaba<br><br>hablábamos<br>hablabais<br>hablaban | comía<br>comías<br>comía<br><br>comíamos<br>comíais<br>comían | vivía<br>vivías<br>vivía<br><br>vivíamos<br>vivíais<br>vivían | me lavaba<br>te lavabas<br>se lavaba<br><br>nos lavábamos<br>os lavabais<br>se lavaban |
| FUTURO | hablaré<br>hablarás<br>hablará<br><br>hablaremos<br>hablaréis<br>hablarán | comeré<br>comerás<br>comerá<br><br>comeremos<br>comeréis<br>comerán | viviré<br>vivirás<br>vivirá<br><br>viviremos<br>viviréis<br>vivirán | me lavaré<br>te lavarás<br>se lavará<br><br>nos lavaremos<br>os lavaréis<br>se lavarán |

| INFINITIVO | hablar<br>*(to speak, talk)* | comer<br>*(to eat)* | vivir<br>*(to live)* | lavarse<br>*(to wash oneself)* |
|---|---|---|---|---|
| CONDICIONAL | hablaría<br>hablarías<br>hablaría | comería<br>comerías<br>comería | viviría<br>vivirías<br>viviría | me lavaría<br>te lavarías<br>se lavaría |
|  | hablaríamos<br>hablaríais<br>hablarían | comeríamos<br>comeríais<br>comerían | viviríamos<br>viviríais<br>vivirían | nos lavaríamos<br>os lavaríais<br>se lavarían |
| PRESENTE<br>PERFECTO | he hablado<br>has hablado<br>ha hablado | he comido<br>has comido<br>ha comido | he vivido<br>has vivido<br>ha vivido | me he lavado<br>te has lavado<br>se ha lavado |
|  | hemos hablado<br>habéis hablado<br>han hablado | hemos comido<br>habéis comido<br>han comido | hemos vivido<br>habéis vivido<br>han vivido | nos hemos lavado<br>os habéis lavado<br>se han lavado |
| PLUSCUAM-<br>PERFECTO | había hablado<br>habías hablado<br>había hablado | había comido<br>habías comido<br>había comido | había vivido<br>habías vivido<br>había vivido | me había lavado<br>te habías lavado<br>se había lavado |
|  | habíamos hablado<br>habíais hablado<br>habían hablado | habíamos comido<br>habíais comido<br>habían comido | habíamos vivido<br>habíais vivido<br>habían vivido | nos habíamos lavado<br>os habíais lavado<br>se había lavado |
| FUTURO<br>PERFECTO | habré hablado<br>habrás hablado<br>habrá hablado | habré comido<br>habrás comido<br>habrá comido | habré vivido<br>habrás vivido<br>habrá vivido | me habré lavado<br>te habrás lavado<br>se habrá lavado |
|  | habremos hablado<br>habréis hablado<br>habrán hablado | habremos comido<br>habréis comido<br>habrán comido | habremos vivido<br>habréis vivido<br>habrán vivido | nos habremos lavado<br>os habréis lavado<br>se habrán lavado |
| CONDICIONAL<br>PERFECTO | habría hablado<br>habrías hablado<br>habría hablado | habría comido<br>habrías comido<br>habría comido | habría vivido<br>habrías vivido<br>habría vivido | me habría lavado<br>te habrías lavado<br>se habría lavado |
|  | habríamos hablado<br>habríais hablado<br>habrían hablado | habríamos comido<br>habríais comido<br>habrían comido | habríamos vivido<br>habríais vivido<br>habrían vivido | nos habríamos lavado<br>os habríais lavado<br>se habrían lavado |

| INFINITIVO | hablar<br>*(to speak, talk)* | comer<br>*(to eat)* | vivir<br>*(to live)* | lavarse<br>*(to wash oneself)* |
|---|---|---|---|---|
| **IMPERATIVO**<br>**afirmativo** | — | — | — | — |
| | habla | come | vive | lávate |
| | hable | coma | viva | lávese |
| | hablemos | comamos | vivamos | lavémonos |
| | hablad | comed | vivid | lavaos |
| | hablen | coman | vivan | lávense |
| **negativo** | — | — | — | — |
| | no hables | no comas | no vivas | no te laves |
| | no hable | no coma | no viva | no se lave |
| | no hablemos | no comamos | no vivamos | no nos lavemos |
| | no habléis | no comáis | no viváis | no os lavéis |
| | no hablen | no coman | no vivan | no se laven |
| **SUBJUNTIVO** | | | | |
| **PRESENTE** | hable | coma | viva | me lave |
| | hables | comas | vivas | te laves |
| | hable | coma | viva | se lave |
| | hablemos | comamos | vivamos | nos lavemos |
| | habléis | comáis | viváis | os lavéis |
| | hablen | coman | vivan | se laven |
| **IMPERFECTO**<br>**(-ra)** | hablara | comiera | viviera | me lavara |
| | hablaras | comieras | vivieras | te lavaras |
| | hablara | comiera | viviera | se lavara |
| | habláramos | comiéramos | viviéramos | nos laváramos |
| | hablarais | comierais | vivierais | os lavarais |
| | hablaran | comieran | vivieran | se lavaran |
| **(-se)** | hablase | comiese | viviese | me lavase |
| | hablases | comieses | vivieses | te lavases |
| | hablase | comiese | viviese | se lavase |
| | hablásemos | comiésemos | viviésemos | nos lavásemos |
| | hablaseis | comieseis | vivieseis | os lavaseis |
| | hablasen | comiesen | viviesen | se lavasen |

| INFINITIVO | hablar<br>(to speak, talk) | comer<br>(to eat) | vivir<br>(to live) | lavarse<br>(to wash oneself) |
|---|---|---|---|---|
| **PRESENTE PERFECTO** | haya hablado<br>hayas hablado<br>haya hablado | haya comido<br>hayas comido<br>haya comido | haya vivido<br>hayas vivido<br>haya vivido | me haya lavado<br>te hayas lavado<br>se haya lavado |
| | hayamos hablado<br>hayáis hablado<br>hayan hablado | hayamos comido<br>hayáis comido<br>hayan comido | hayamos vivido<br>hayáis vivido<br>hayan vivido | nos hayamos lavado<br>os hayáis lavado<br>se hayan lavado |
| **PLUSCUAM-PERFECTO**<br>**(-ra)** | hubiera hablado<br>hubieras hablado<br>hubiera hablado | hubiera comido<br>hubieras comido<br>hubiera comido | hubiera vivido<br>hubieras vivido<br>hubiera vivido | me hubiera lavado<br>te hubieras lavado<br>se hubiera lavado |
| | hubiéramos hablado<br>hubierais hablado<br>hubieran hablado | hubiéramos comido<br>hubierais comido<br>hubieran comido | hubiéramos vivido<br>hubierais vivido<br>hubieran vivido | nos hubiéramos lavado<br>os hubierais lavado<br>se hubieran lavado |
| **(-se)** | hubiese hablado<br>hubieses hablado<br>hubiese hablado | hubiese comido<br>hubieses comido<br>hubiese comido | hubiese vivido<br>hubieses vivido<br>hubiese vivido | me hubiese lavado<br>te hubieses lavado<br>se hubiese lavado |
| | hubiésemos hablado<br>hubieseis hablado<br>hubiesen hablado | hubiésemos comido<br>hubieseis comido<br>hubiesen comido | hubiésemos vivido<br>hubieseis vivido<br>hubiesen vivido | nos hubiésemos lavado<br>os hubieseis lavado<br>se hubiesen lavado |

# Verbos con cambios en el radical

## A. Verbos en -ar

| INFINITIVO | pensar (e→ie) *(to think)* | | contar (o→ue) *(to tell)* | | jugar (u→ue) *(to play)* | |
|---|---|---|---|---|---|---|
| **PRESENTE DEL INDICATIVO** | pienso | pensamos | cuento | contamos | juego | jugamos |
| | piensas | pensáis | cuentas | contáis | juegas | jugáis |
| | piensa | piensan | cuenta | cuentan | juega | juegan |
| **PRESENTE DEL SUBJUNTIVO** | piense | pensemos | cuente | contemos | juegue | juguemos |
| | pienses | penséis | cuentes | contéis | juegues | juguéis |
| | piense | piensen | cuente | cuenten | juegue | jueguen |
| **IMPERATIVO** afirmativo | — | pensemos | — | contemos | — | juguemos |
| | piensa | pensad | cuenta | contad | juega | jugad |
| | piense | piensen | cuente | cuenten | juegue | jueguen |
| negativo | — | no pensemos | — | no contemos | — | no juguemos |
| | no **pienses** | no penséis | no **cuentes** | no contéis | no **juegues** | no juguéis |
| | no **piense** | no **piensen** | no **cuente** | no **cuenten** | no **juegue** | no **jueguen** |

Semejantes a **pensar**:

agregar *(to add)*, apretar *(to be too tight)*, calentar *(to heat)*, cerrar *(to close)*, comenzar *(to begin, start)*, despertar *(to wake up)*, desplegar *(to open, unfold)*, empezar *(to begin, start)*, encerrar *(to lock up)*, fregar *(to wash)*, merendar *(to have a picnic)*, negar *(to deny)*, nevar *(to snow)*, plegar *(to fold)*, quebrar *(to break)*, recomendar *(to recommend)*, regar *(to water)*, sentarse *(to sit down)*, temblar *(to tremble)*, tropezar *(to trip)*

Semejantes a **contar**:

acordarse (de) *(to remember)*, acostar *(to put to bed)*, almorzar *(to have lunch)*, colgar *(to hang up)*, costar *(to cost; to require [effort])*, demostrar *(to demonstrate)*, encontrar *(to find; to meet)*, mostrar *(to show)*, probar *(to try; to taste)*, recontar *(to recount, tell, tell again)*, recordar *(to remember)*, rodar *(to roll)*, rogar *(to beg)*, sobrevolar *(to fly over)*, sonar *(to ring, sound)*, soñar (con) *(to dream [of])*, tostarse *(to tan, get tanned)*, volar *(to fly)*

## B. Verbos en *-er*

| INFINITIVO | perder (e→ie)<br>*(to lose)* | | volver (o→ue)<br>*(to return)* | |
|---|---|---|---|---|
| PRESENTE<br>DEL INDICATIVO | pierdo<br>pierdes<br>pierde | perdemos<br>perdéis<br>pierden | vuelvo<br>vuelves<br>vuelve | volvemos<br>volvéis<br>vuelven |
| PRESENTE<br>DEL SUBJUNTIVO | pierda<br>pierdas<br>pierda | perdamos<br>perdáis<br>pierdan | vuelva<br>vuelvas<br>vuelva | volvamos<br>volváis<br>vuelvan |
| IMPERATIVO<br>afirmativo | —<br>pierde<br>pierda | perdamos<br>perded<br>pierdan | —<br>vuelve<br>vuelva | volvamos<br>volved<br>vuelvan |
| negativo | —<br>no **pierdas**<br>no **pierda** | no perdamos<br>no perdáis<br>no **pierdan** | —<br>no **vuelvas**<br>no **vuelva** | no volvamos<br>no volváis<br>no **vuelvan** |

Semejantes a **perder:**
defender *(to defend)*, descender *(to descend, go down)*, encender *(to light; to turn on)*, entender *(to understand)*, extenderse *(to extend, run the length of)*, tender *(to spread out, lay-out)*

Semejantes a **volver** (part. pasado: **vuelto**):
devolver (part. pasado: **devuelto**) *(to return, give back)*, doler *(to hurt)*, llover *(to rain)*, morder *(to bite)*, mover *(to move)*, resolver (part. pasado: **resuelto**) *(to solve)*, soler *(to be used to, accustomed to)*, torcerse *(to sprain, twist)*

## C. Verbos en -ir

| INFINITIVO | pedir (e→i, i) *(to ask)* | | sentir (e→ie, i) *(to feel)* | | dormir (o→ue, u) *(to sleep)* | |
|---|---|---|---|---|---|---|
| **PRESENTE DEL INDICATIVO** | pido | pedimos | siento | sentimos | duermo | dormimos |
| | pides | pedís | sientes | sentís | duermes | dormís |
| | pide | piden | siente | sienten | duerme | duermen |
| **PRESENTE DEL SUBJUNTIVO** | pida | pidamos | sienta | sintamos | duerma | durmamos |
| | pidas | pidáis | sientas | sintáis | duermas | durmáis |
| | pida | pidan | sienta | sientan | duerma | duerman |
| **IMPERATIVO** afirmativo | — | pidamos | — | sintamos | — | durmamos |
| | pide | pedid | siente | sentid | duerme | dormid |
| | pida | pidan | sienta | sientan | duerma | duerman |
| negativo | — | no pidamos | — | no sintamos | — | no durmamos |
| | no pidas | no pidáis | no sientas | no sintáis | no duermas | no durmáis |
| | no pida | no pidan | no sienta | no sientan | no duerma | no duerman |
| **PARTICIPIO PRESENTE** | pidiendo | | sintiendo | | durmiendo | |
| **PRETÉRITO** | pedí | pedimos | sentí | sentimos | dormí | dormimos |
| | pediste | pedisteis | sentiste | sentisteis | dormiste | dormisteis |
| | pidió | pidieron | sintió | sintieron | durmió | durmieron |
| **IMPERFECTO DEL SUBJUNTIVO** (-ra) | pidiera | pidiéramos | sintiera | sintiéramos | durmiera | durmiéramos |
| | pidieras | pidierais | sintieras | sintierais | durmieras | durmierais |
| | pidiera | pidieran | sintiera | sintieran | durmiera | durmieran |
| (-se) | pidiese | pidiésemos | sintiese | sintiésemos | durmiese | durmiésemos |
| | pidieses | pidieseis | sintieses | sintieseis | durmieses | durmieseis |
| | pidiese | pidiesen | sintiese | sintiesen | durmiese | durmiesen |

Semejantes a **pedir:**
conseguir *(to get, obtain)*, corregirse *(to mend one's ways)*, despedirse (de) *(to take leave [of], say goodbye [to])*, elegir *(to choose, to select; to elect)*, impedir *(to prevent)*, medir (por) *(to measure [by])*, perseguir *(to pursue, hunt down)*, repetir *(to repeat)*, seguir *(to follow)*, servir *(to serve)*, vestirse *(to get dressed)*

Semejantes a **sentir:**
advertir *(to warn; to advise)*, divertirse *(to have fun)*, herir *(to wound)*, invertir *(to invest)*, mentir *(to lie)*, preferir *(to prefer)*, requerir *(to require)*, sugerir *(to suggest)*

Semejante a **dormir:**
morir (part. pasado: **muerto**) *(to die)*

# *Verbos con formas irregulares*

## A. Verbos con cambios ortográficos y cambios de acento

1. **buscar** *(to look for)*    [**-car** verb: **c → qu** before **e**]

   PRETÉRITO  **busqué**, buscaste, buscó, buscamos, buscasteis, buscaron
   PRES. DEL SUBJ.  **busque, busques, busque, busquemos, busquéis, busquen**
   IMPERATIVO  busca [no **busques**], **busque, busquemos**, buscad [no **busquéis**], **busquen**

   Semejantes a **buscar**:
   acercarse *(to come near, approach)*, aparcar *(to park)*, arrancar *(to start [motor])*,
   colocar *(to place)*, complicar *(to complicate)*, criticar *(to criticize; to critique)*, chocar *(to crash)*,
   desembarcar *(to deplane)*, embarcarse *(to board, go aboard)*, equivocarse *(to make a mistake)*,
   explicar *(to explain)*, justificar *(to justify, give a reason for)*, marcar *(to score [a point])*,
   mortificarse *(to be embarrassed)*, pescar *(to fish)*, platicar *(to chat)*, practicar *(to practice)*,
   sacar *(to take out)*, salpicar *(to splash; to sprinkle)*, secar *(to dry)*, significar *(to mean, signify)*,
   suplicar *(to beg)*, tocar *(to touch; to play [an instrument])*

2. **pagar** *(to pay, pay for)*    [**-gar** verb: **g → gu** before **e**]

   PRETÉRITO  **pagué**, pagaste, pagó, pagamos, pagasteis, pagaron
   PRES. DEL SUBJ.  **pague, pagues, pague, paguemos, paguéis, paguen**
   IMPERATIVO  paga [no **pagues**], **pague, paguemos**, pagad [no **paguéis**], **paguen**

   Semejantes a **pagar**:
   agregar [ie] *(to add)*, ahogarse *(to drown)*, apagar *(to turn off)*, arriesgar *(to risk)*, asegurar *(to fasten securely; to assure)*, cargar *(to carry)*, colgar [ue] *(to hang up [clothes])*, conjugarse *(to fit together)*, descargar *(to empty)*, despegar *(to take off)*, desplegar [ie] *(to open, unfold)*, encargarse (de) *(to be in charge [of])*, entregar *(to hand; to deliver)*, fregar *(to wash)*, jugar [ue] *(to play)*, llegar *(to arrive)*, negar [ie] *(to deny; to refuse)*, pegar *(to hit)*, plegar [ie] *(to fold)*, rasgar *(to tear)*, regar [ie] *(to water [plants])*, rogar [ue] *(to beg)*, tragar *(to swallow)*

*Nota*: This appendix lists ONLY tenses that contain irregular forms. All tenses not listed here are regular.

3. **organizar** *(to organize)*     [-zar verb: z → c before e]

PRETÉRITO   organicé, organizaste, organizó, organizamos, organizasteis, organizaron
PRES. DEL SUBJ.   **organice, organices, organice, organicemos, organicéis, organicen**
IMPERATIVO   organiza [no **organices**], **organice, organicemos,** organizad [no **organicéis**], **organicen**

Semejantes a **organizar:**
alcanzar *(to catch up with; to reach)*, almorzar [ue] *(to have lunch)*, alzar *(to raise)*, amenazar *(to threaten)*, analizar *(to analyse)*, aterrizar *(to land)*, avanzar *(to advance, move toward)*, calzar *(to wear [shoes])*, comenzar [ie] *(to begin, start)*, cruzar *(to cross)*, deslizarse *(to slip, slide)*, empezar [ie] *(to begin, start)*, enderezar *(to place upright, re-erect)*, especializarse (en) *(to specialize [in]; to major [in])*, garantizar *(to guarantee)*, generalizarse *(to become more widely used)*, gozar (de) *(to enjoy)*, independizarse *(to become independent)*, lanzar *(to throw)*, realizar *(to carry out, bring about; to attain, realize)*, rechazar *(to reject, refuse)*, reemplazar *(to replace)*, rizar *(to curl)*, tranquilizar *(to calm down, tranquilize)*, tropezar [ie] *(to trip)*, utilizar *(to use, make use of)*

4. **escoger** *(to choose)*     [-ger verb: g → j before o, a]

PRESENTE   escojo, escoges, escoge, escogemos, escogéis, escogen
PRES. DEL SUBJ.   **escoja, escojas, escoja, escojamos, escojáis, escojan**
IMPERATIVO   escoge [no **escojas**], **escoja, escojamos,** escoged [no **escojáis**], **escojan**

Semejantes a **escoger:**
coger *(to pick, seize, catch)*, proteger *(to protect)*, recoger *(to pick up; to put away; to clear)*

5. **dirigir** *(to direct)*     [-gir verb: g → j before o, a]

PRESENTE   **dirijo,** diriges, dirige, dirigimos, dirigís, dirigen
PRES. DEL SUBJ.   **dirija, dirijas, dirija, dirijamos, dirijáis, dirijan**
IMPERATIVO   dirige [no **dirijas**], **dirija, dirijamos,** dirigid [no **dirijáis**], **dirijan**

Semejantes a **dirigir:**
afligirse *(to be distressed)*, corregir [i, i] *(to correct)*, elegir [i, i] *(to choose, select; to elect)*, exigir *(to demand; to require)*, fingir *(to pretend)*

6. **distinguir** *(to distinguish)*     [-guir verb: gu → g before o, a]

PRESENTE   **distingo,** distingues, distingue, distinguimos, distinguís, distinguen
PRES. DEL SUBJ.   **distinga, distingas, distinga, distingamos, distingáis, distingan**
IMPERATIVO   distingue [no **distingas**], **distinga, distingamos,** distinguid [no **distingáis**], **distingan**

Semejantes a **distinguir:**
conseguir [i, i] *(to get, obtain)*, perseguir [i, i] *(to pursue, hunt down)*, seguir [i, i] *(to follow)*

7. **enviar** *(to send)*     [-iar verb: i → í in singular and third-person plural forms of present tenses]

PRESENTE   **envío, envías, envía,** enviamos, enviáis, **envían**
PRES. DEL SUBJ.   **envíe, envíes, envíe,** enviemos, enviéis, **envíen**
IMPERATIVO   **envía** [no **envíes**], **envíe,** enviemos, enviad [no enviéis] **envíen**

Semejantes a **enviar:**
confiar *(to trust)*, desafiar *(to challenge)*, esquiar *(to ski)*, resfriarse *(to catch cold)*, taquigrafiar *(to take shorthand)*, vaciar *(to empty)*, variar *(to vary)*

**8. actuar** *(to act)*   [-uar verb: **u** → **ú** in singular and third person plural forms of present tenses]

PRESENTE   **actúo, actúas, actúa,** actuamos, actuáis, **actúan**
PRES. DEL SUBJ.   **actúe, actúes, actúe,** actuemos, actuéis, **actúen**
IMPERATIVO   **actúa** [no **actúes**], **actúe,** actuemos, actuad [no actuéis], **actúen**

Semejantes a **actuar:**
continuar *(to continue)*, graduarse *(to graduate)*, puntuar *(to punctuate)*

## B. Verbos irregulares

### 9. abrir *(to open)*

PART. PASADO   **abierto**

Semejantes a **abrir:**
cubrir *(to cover)*, descubrir *(to discover)*

### 10. andar *(to walk, go)*

PRETÉRITO   **anduve, anduviste, anduvo, anduvimos, anduvisteis, anduvieron**
IMP. DEL SUBJ.   **(-ra) anduviera, anduvieras, anduviera, anduviéramos, anduvierais, anduvieran**
**(-se) anduviese, anduvieses, anduviese, anduviésemos, anduvieseis, anduviesen**

### 11. caer *(to fall)*

PRESENTE   **caigo,** caes, cae, caemos, caéis, caen
PRETÉRITO   caí, **caíste, cayó,** caímos, **caísteis, cayeron**
PRES. DEL SUBJ.   **caiga, caigas, caiga, caigamos, caigáis, caigan**
IMP. DEL SUBJ.   **(-ra) cayera, cayeras, cayera, cayéramos, cayerais, cayeran**
**(-se) cayese, cayeses, cayese, cayésemos, cayeseis, cayesen**
PART. PRES.   **cayendo**
PART. PASADO   **caído**
IMPERATIVO   cae [no **caigas**], **caiga, caigamos,** caed [no **caigáis**], **caigan**

### 12. conocer *(to know, be acquainted with)*

PRESENTE   **conozco,** conoces, conoce, conocemos, conocéis, conocen
PRES. DEL SUBJ.   **conozca, conozcas, conozca, conozcamos, conozcáis, conozcan**
IMPERATIVO   conoce [no **conozcas**], **conozca, conozcamos,** conoced [no **conozcáis**], **conozcan**

Semejantes a **conocer:**
acontecer *(to happen)*, agradecer *(to thank; to be grateful for)*, amanecer *(to get light)*, anochecer *(to get dark)*, aparecer *(to appear)*, complacer *(to please)*, crecer *(to grow, increase)*, desaparecer *(to disappear)*, enorgullecerse *(to take pride)*, entristecerse *(to feel sad)*, merecer *(to deserve, merit)*, nacer *(to be born)*, obedecer *(to obey)*, ofrecer *(to offer)*, padecer *(to suffer)*, parecer *(to seem, appear)*, permanecer *(to remain, stay)*, pertenecer *(to belong to)*, reconocer *(to recognize, know)*, resplandecer *(to shine)*

13. **construir** *(to construct, build)*

    PRESENTE **construyo, construyes, construye,** construimos, construís, **construyen**
    PRETÉRITO construí, construiste, **construyó,** construimos, construisteis, **construyeron**
    PRES. DEL SUBJ. **construya, construyas, construya, construyamos, construyáis, construyan**
    IMP. DEL SUBJ. **(-ra) construyera, construyeras, construyera, construyéramos, construyerais, construyeran**
                 **(-se) construyese, construyeses, construyese, construyésemos, construyeseis, construyesen**
    PART. PRES. **construyendo**
    IMPERATIVO **construye** [no **construyas**], **construya, construyamos,** construid [no **construyáis**], **construyan**

Semejantes a **construir**:
    destruir *(to destroy)*, distribuir *(to distribute)*, huir *(to flee)*

14. **dar** *(to give)*

    PRESENTE **doy,** das, da, damos, dais, dan
    PRETÉRITO **di, diste, dio, dimos, disteis, dieron**
    PRES. DEL SUBJ. **dé,** des, **dé,** demos, deis, den
    IMP. DEL SUBJ. **(-ra) diera, dieras, diera, diéramos, dierais, dieran**
                 **(-se) diese, dieses, diese, diésemos, dieseis, diesen**
    IMPERATIVO da [no des], **dé,** demos, dad [no deis], den

15. **decir** *(to say, tell)*

    PRESENTE **digo, dices, dice,** decimos, decís, **dicen**
    PRETÉRITO **dije, dijiste, dijo, dijimos, dijisteis, dijeron**
    FUTURO **diré, dirás, dirá, diremos, diréis, dirán**
    CONDICIONAL **diría, dirías, diría, diríamos, diríais, dirían**
    PRES. DEL SUBJ. **diga, digas, diga, digamos, digáis, digan**
    IMP. DEL SUBJ. **(-ra) dijera, dijeras, dijera, dijéramos, dijerais, dijeran**
                 **(-se) dijese, dijeses, dijésemos, dijeseis, dijesen**
    PART. PRES. **diciendo**
    PART. PASADO **dicho**
    IMPERATIVO **di** [no **digas**], **diga, digamos,** decid [no **digáis**], **digan**

Semejante a **decir**:
    predecir *(to predict)*

16. **escribir** *(to write)*

    PART. PASADO **escrito**

Semejante a **escribir**:
    describir *(to describe)*

## 17. estar *(to be)*

PRESENTE **estoy, estás, está,** estamos, estáis, **están**
PRETÉRITO **estuve, estuviste, estuvo, estuvimos, estuvisteis, estuvieron**
PRES. DEL SUBJ. **esté, estés, esté,** estemos, estéis, **estén**
IMP. DEL SUBJ. **(-ra) estuviera, estuvieras, estuviera, estuviéramos, estuvierais, estuvieran**
            **(-se) estuviese, estuvieses, estuviese, estuviésemos, estuvieseis, estuviesen**
IMPERATIVO **está** [no **estés**], **esté,** estemos, estad [no estéis], **estén**

## 18. haber *(to have)* [verbo auxiliar]

PRESENTE **he, has, ha, hemos, habéis, han**
PRETÉRITO **hube, hubiste, hubo, hubimos, hubisteis, hubieron**
FUTURO **habré, habrás, habrá, habremos, habréis, habrán**
CONDICIONAL **habría, habrías, habría, habríamos, habríais, habrían**
PRES. DEL SUBJ. **haya, hayas, haya, hayamos, hayáis, hayan**
IMP. DEL SUBJ. **(-ra) hubiera, hubieras, hubiera, hubiéramos, hubierais, hubieran**
            **(-se) hubiese, hubieses, hubiese, hubiésemos, hubiéseis, hubiesen**

## 19. hacer *(to make, do)*

PRESENTE **hago,** haces, hace, hacemos, hacéis, hacen
PRETÉRITO **hice, hiciste, hizo, hicimos, hicisteis, hicieron**
FUTURO **haré, harás, hará, haremos, haréis, harán**
CONDICIONAL **haría, harías, haría, haríamos, haríais, harían**
PRES. DEL SUBJ. **haga, hagas, haga, hagamos, hagáis, hagan**
IMP. DEL SUBJ. **(-ra) hiciera, hicieras, hiciera, hiciéramos, hicierais, hicieran**
            **(-se) hiciese, hicieses, hiciese, hiciésemos, hicieseis, hiciesen**
PART. PASADO **hecho**
IMPERATIVO **haz** [no **hagas**], **haga, hagamos,** haced [no **hagáis**], **hagan**

Semejante a **hacer:**
satisfacer *(to satisfy)*

## 20. imprimir *(to print)*

PART. PASADO **impreso**

## 21. ir *(to go)*

PRESENTE **voy, vas, va, vamos, vais, van**
IMPERFECTO **iba, ibas, iba, íbamos, ibais, iban**
PRETÉRITO **fui, fuiste, fue, fuimos, fuisteis, fueron**
PRES. DEL SUBJ. **vaya, vayas, vaya, vayamos, vayáis, vayan**
IMP. DEL SUBJ. **(-ra) fuera, fueras, fuera, fuéramos, fuerais, fueran**
            **(-se) fuese, fueses, fuese, fuésemos, fueseis, fuesen**
PART. PRES. **yendo**
PART. PASADO ido
IMPERATIVO **ve** [no **vayas**], **vaya, vamos** [no **vayamos**], id [no **vayáis**], **vayan**

22. **leer** *(to read)*

> PRETÉRITO   leí, **leíste, leyó, leímos, leísteis, leyeron**
> IMP. DEL SUBJ.   **(-ra) leyera, leyeras, leyera, leyéramos, leyerais, leyeran**
> **(-se) leyese, leyeses, leyese, leyésemos, leyeseis, leyesen**
> PART. PRES.   **leyendo**
> PART. PASADO   **leído**

> Semejante a **leer**:
> creer *(to believe)*

23. **morir** [ue, u] *(to die)*

> PART. PASADO   **muerto**

24. **oír** *(to hear)*

> PRESENTE   **oigo, oyes, oye,** oímos, oís, **oyen**
> PRETÉRITO   oí, oíste, **oyó,** oímos, oísteis, **oyeron**
> FUTURO   oiré, oirás, oirá, oiremos, oiréis, oirán
> CONDICIONAL   oiría, oirías, oiría, oiríamos, oiríais, oirían
> PRES. DEL SUBJ.   **oiga, oigas, oiga, oigamos, oigáis, oigan**
> IMP. DEL SUBJ.   **(-ra) oyera, oyeras, oyera, oyéramos, oyerais, oyeran**
> **(-se) oyese, oyeses, oyese, oyésemos, oyeseis, oyesen**
> PART. PRES.   **oyendo**
> PART. PASADO   **oído**
> IMPERATIVO   **oye** [no **oigas**], **oiga, oigamos,** oíd [no **oigáis**], **oigan**

25. **oler** [ue] *(to smell)*

> PRESENTE   **huelo, hueles, huele,** olemos, oléis, **huelen**
> PRES. DEL SUBJ.   **huela, huelas, huela,** olamos, oláis, **huelan**
> IMPERATIVO   **huele** [no **huelas**], **huela,** olamos, oled [no oláis], **huelan**

26. **poder** [ue] *(to be able, can)*

> PRESENTE   **puedo, puedes, puede,** podemos, podéis, **pueden**
> PRETÉRITO   **pude, pudiste, pudo, pudimos, pudisteis, pudieron**
> FUTURO   **podré, podrás, podrá, podremos, podréis, podrán**
> CONDICIONAL   **podría, podrías, podría, podríamos, podríais, podrían**
> PRES. DEL SUBJ.   **pueda, puedas, pueda,** podamos, podáis, **puedan**
> IMP. DEL SUBJ.   **(-ra) pudiera, pudieras, pudiera, pudiéramos, pudierais, pudieran**
> **(-se) pudiese, pudieses, pudiese, pudiésemos, pudieseis, pudiesen**
> PART. PRES.   **pudiendo**
> IMPERATIVO   **puede** [no **puedas**], **pueda,** podamos, poded [no podáis], **puedan**

27. **poner** *(to put, place)*

PRESENTE **pongo**, pones, pone, ponemos, ponéis, ponen
PRETÉRITO **puse, pusiste, puso, pusimos, pusisteis, pusieron**
FUTURO **pondré, pondrás, pondrá, pondremos, pondréis, pondrán**
CONDICIONAL **pondría, pondrías, pondría, pondríamos, pondríais, pondrían**
PRES. DEL SUBJ. **ponga, pongas, ponga, pongamos, pongáis, pongan**
IMP. DEL SUBJ. **(-ra) pusiera, pusieras, pusiera, pusiéramos, pusierais, pusieran**
     **(-se) pusiese, pusieses, pusiese, pusiésemos, pusieseis, pusiesen**
PART. PASADO **puesto**
IMPERATIVO **pon** [no **pongas**], **ponga, pongamos**, poned [no **pongáis**], **pongan**

Semejantes a **poner:**
componer *(to fix, repair)*, exponerse (a) *(to expose oneself, reveal oneself [to])*, oponerse *(to be against, to oppose)*, proponer *(to propose)*, reponer *(to reply, answer)*, suponer *(to suppose)*

28. **producir** *(to produce)*

PRESENTE **produzco**, produces, produce, producimos, producís, producen
PRETÉRITO **produje, produjiste, produjo, produjisteis, produjeron**
PRES. DEL SUBJ. **produzca, produzcas, produzca, produzcamos, produzcáis, produzcan**
IMP. DEL SUBJ. **(-ra) produjera, produjeras, produjera, produjéramos, produjerais, produjeran**
     **(-se) produjese, produjeses, produjese, produjésemos, produjeseis, produjesen**
IMPERATIVO produce [no **produzcas**], **produzca, produzcamos**, producid [no **produzcáis**],
    **produzcan**

Semejantes a **producir:** conducir *(to drive)*, traducir *(to translate)*

29. **querer** [ie] *(to want)*

PRESENTE **quiero, quieres, quiere**, queremos, queréis, **quieren**
PRETÉRITO **quise, quisiste, quiso, quisimos, quisisteis, quisieron**
FUTURO **querré, querrás, querrá, querremos, querréis, querrán**
CONDICIONAL **querría, querrías, querría, querríamos, querríais, querrían**
PRES. DEL SUBJ. **quiera, quieras, quiera**, queramos, queráis, **quieran**
IMP. DEL SUBJ. **(-ra) quisiera, quisieras, quisiera, quisiéramos, quisierais, quisieran**
     **(-se) quisiese, quisieses, quisiese, quisiésemos, quisieseis, quisiesen**
IMPERATIVO **quiere** [no **quieras**], **quiera**, queramos, quered [no queráis], **quieran**

30. **reír** *(to laugh)*

PRESENTE **río, ríes, ríe, reímos, reís, ríen**
PRETÉRITO reí, **reíste, rió, reímos, reísteis**, rieron
FUTURO reiré, reirás, reirá, reiremos, reiréis, reirán
CONDICIONAL reiría, reirías, reiría, reiríamos, reiríais, reirían
PRES. DEL SUBJ. **ría, rías, ría, riamos, riáis, rían**
IMP. DEL SUBJ. **(-ra) riera, rieras, riera, riéramos, rierais, rieran**
     **(-se) riese, rieses, riese, riésemos, rieseis, riesen**
PART. PRES. **riendo**
PART. PASADO **reído**
IMPERATIVO **ríe** [no **rías**], **ría, riamos**, reíd [no **riáis**], **rían**

Semejante a **reír:** sonreír *(to smile)*

31. **romper** *(to break)*

    PART. PASADO  **roto**

32. **saber** *(to know)*

    PRESENTE  **sé**, sabes, sabe, sabemos, sabéis, saben
    PRETÉRITO  **supe, supiste, supo, supimos, supisteis, supieron**
    FUTURO  **sabré, sabrás, sabrá, sabremos, sabréis, sabrán**
    CONDICIONAL  **sabría, sabrías, sabría, sabríamos, sabríais, sabrían**
    PRES. DEL SUBJ.  **sepa, sepas, sepa, sepamos, sepáis, sepan**
    IMP. DEL SUBJ.  **(-ra) supiera, supieras, supiera, supiéramos, supierais, supieran**
             **(-se) supiese, supieses, supiese, supiésemos, supieseis, supiesen**
    IMPERATIVO  sabe [no **sepas**], **sepa, sepamos,** sabed [no **sepáis**], **sepan**

33. **salir** *(to go out, leave)*

    PRESENTE  **salgo,** sales, sale, salimos, salís, salen
    FUTURO  **saldré, saldrás, saldrá, saldremos, saldréis, saldrán**
    CONDICIONAL  **saldría, saldrías, saldría, saldríamos, saldríais, saldrían**
    PRES. DEL SUBJ.  **salga, salgas, salga, salgamos, salgáis, salgan**
    IMPERATIVO  **sal** [no **salgas**], **salga, salgamos,** salid [no **salgáis**], **salgan**

34. **ser** *(to be)*

    PRESENTE  **soy, eres, es, somos, sois, son**
    IMPERFECTO  **era, eras, era, éramos, erais, eran**
    PRETÉRITO  **fui, fuiste, fue, fuimos, fuisteis, fueron**
    PRES. DEL SUBJ.  **sea, seas, sea, seamos, seáis, sean**
    IMP. DEL SUBJ.  **(-ra) fuera, fueras, fuera, fuéramos, fuerais, fueran**
             **(-se) fuese, fueses, fuese, fuésemos, fueseis, fuesen**
    IMPERATIVO  **sé** [no **seas**], **sea, seamos,** sed [no **seáis**], **sean**

35. **tener** *(to have)*

    PRESENTE  **tengo, tienes, tiene, tenemos, tenéis, tienen**
    PRETÉRITO  **tuve, tuviste, tuvo, tuvimos, tuvisteis, tuvieron**
    FUTURO  **tendré, tendrás, tendrá, tendremos, tendréis, tendrán**
    CONDICIONAL  **tendría, tendrías, tendría, tendríamos, tendríais, tendrían**
    PRES. DEL SUBJ.  **tenga, tengas, tenga, tengamos, tengáis, tengan**
    IMP. DEL SUBJ.  **(-ra) tuviera, tuvieras, tuviera, tuviéramos, tuvierais, tuvieran**
             **(-se) tuviese, tuvieses, tuviese, tuviésemos, tuvieseis, tuviesen**
    IMPERATIVO  **ten** [no **tengas**], **tenga, tengamos,** tened [no **tengáis**], **tengan**

Semejantes a **tener**:
    abstenerse (de) *(to refrain [from])*, contener *(to contain)*, detener *(to stop)*, mantener *(to maintain)*, obtener *(to obtain)*

**36. traer** *(to bring)*

PRESENTE   **traigo**, traes, trae, traemos, traéis, traen
PRETÉRITO   **traje, trajiste, trajo, trajimos, trajisteis, trajeron**
PRES. DEL SUBJ.   **traiga, traigas, traiga, traigamos, traigáis, traigan**
IMP. DEL SUBJ.   **(-ra) trajera, trajeras, trajera, trajéramos, trajerais, trajeran**
        **(-se) trajese, trajeses, trajese, trajésemos, trajeseis, trajesen**
PART. PRES.   **trayendo**
PART. PASADO   **traído**
IMPERATIVO   trae [no **traigas**], **traiga, traigamos,** traed [no **tragáis**], **traigan**

Semejantes a **traer**:
atraer *(to attract)*, contraer *(to contract)*

**37. valer** *(to be worth)*

PRESENTE   **valgo**, vales, vale, valemos, valéis, valen
FUTURO   **valdré, valdrás, valdrá, valdremos, valdréis, valdrán**
CONDICIONAL   **valdría, valdrías, valdría, valdríamos, valdríais, valdrían**
PRES. DEL SUBJ.   **valga, valgas, valga, valgamos, valgáis, valgan**
IMPERATIVO   **val** or vale [no **valgas**], **valga, valgamos,** valed [no **valgáis**], **valgan**

**38. venir** *(to come)*

PRESENTE   **vengo, vienes, viene,** venimos, venís, **vienen**
PRETÉRITO   **vine, viniste, vino, vinimos, vinisteis, vinieron**
FUTURO   **vendré, vendrás, vendrá, vendremos, vendréis, vendrán**
CONDICIONAL   **vendría, vendrías, vendría, vendríamos, vendríais, vendrían**
PRES. DEL SUBJ.   **venga, vengas, venga, vengamos, vengáis, vengan**
IMP. DEL SUBJ.   **(-ra) viniera, vinieras, viniera, viniéramos, vinierais, vinieran**
        **(-se) viniese, vinieses, viniese, viniésemos, vinieseis, viniesen**
PART. PRES.   **viniendo**
IMPERATIVO   **ven** [no **vengas**], **venga, vengamos,** venid [no **vengáis**], **vengan**

Semejantes a **venir**:
convenir *(to agree; to be suitable, good for)*, intervenir *(to intervene)*

**39. ver** *(to see)*

PRESENTE   **veo**, ves, ve, vemos, veis, ven
IMPERFECTO   **veía, veías, veía, veíamos, veíais, veían**
PRETÉRITO   **vi**, viste, **vio**, vimos, visteis, vieron
PRES. DEL SUBJ.   **vea, veas, vea, veamos, veáis, vean**
PART. PASADO   **visto**
IMPERATIVO   ve [no **veas**], **vea, veamos,** ved [no **veáis**], **vean**

**40. volver** [ue] *(to return)*

PART. PASADO   **vuelto**

Semejantes a **volver**:
devolver *(to return [something])*, resolver *(to resolve, solve)*

# Vocabulario:
# Español - inglés

# Vocabulario: Español - inglés

## A

**abajo** downstairs (**4-EP**); down, downstairs (**4-EG**)

**el abanico** fan (**10-LL**)

**la abeja** bee (**11-LL**)

**abierto** open (**7-EG**) (*see* abrir[9])

**el(la) abogado(a)** lawyer (**14-EP**)

**abordar** (un avión) to board (*a plane*) (**10-EP**)

**el abrelatas** can opener (**12-EP**)

**el abrigo** coat, overcoat (**9-EP**)

**abrir**[9] to open (**Ref**)

　**abrir** (el grifo) to turn on (*the faucet*) (**12-EP**)

**abrochar** to fasten

　**abrocharse** (el cinturón de seguridad) to fasten (*one's seatbelt*) (**10-EP**)

**abstenerse**[35](**de**) to refrain (from)

**absurdo** absurd, ridiculous (**3-EG**)

**aburrido** boring; bored (**1-EG**)

**aburrirse** to get bored, be bored (**2-EG**)

**acá** here (**4-EG**)

**acabar** to finish

　**acabar de** + *inf.* to have just (*done something*) (**2-EG**)

**la academia** academy (**14-EP**)

**acampar** to camp (**6-EP**)

**el acantilado** cliff, steep slope (**6-EP**)

**el accidente** accident (**6-EP**)

**la acción** act, action; stock

　**unas acciones familiares** small acts (**10-LL**)

　**una buena acción** good deed (**6-LL**)

**el aceite** oil (**13-EP**)

**la aceituna** olive (**7-EP**)

**aceptar** to accept (**3-EP**)

**la acera** sidewalk, pavement (**4-EP**)

**acerca** (**de**) about

**acercarse**[1] to come near, approach (**2-EP**)

**aconsejar** to advise (**3-EG**)

**acontecer**[12] to happen (**6-EP**)

**el acontecimiento** event (**6-EP**)

**acordarse** [ue] (**de**) to remember (**2-EG**)

**acostar** [ue] to put to bed

　**acostarse** [ue] to go to bed (**2-EP**)

**la actitud** attitude; stance

**la actividad** activity (**12-EP**)

**el actor** actor

**la actriz** actress

**actual** current, present-day

**actuar**[8] to act (**Ref**)

**acuerdo: ¡de acuerdo!** okay! I am in agreement with you! (**5-EP**)

**adecuado** adequate, sufficient

**adelantado** ahead of schedule (**10-EP**)

**el adelanto** promotion (**14-EP**)

　**de adelanto** early, ahead of schedule (**10-EP**)

**adentro** in, inside (**4-EG**)

**adivinar** to guess (**Ref**)

**la administración de empresa** management (**14-EP**)

**admirar** to admire (**5-EP**)

**¿adónde?** (to) where? (**5-EP**)

**adquirir** [ie] to acquire, buy (**4-LL**)

**la aduana** customs (**10-EP**)

**advertir** [ie, i] to warn, advise (**2-EG**)

**aeróbico** aerobic (**5-EP**)

**la afeitadora eléctrica** electric shaver (**2-EP**)

**afeitar** to shave

　**afeitarse** to shave (*oneself*) (**2-EP**)

　**la crema de afeitar** shaving cream (**2-EP**)

　**la hoja de afeitar** razor blade (**2-EP**)

　**la maquinilla de afeitar** electric shaver (**2-EP**)

**aficionado** enthusiastic about, an enthusiast of

**el(la) aficionado(a)** fan, follower

**afligirse**[5] to be distressed (**6-LL**)

**afuera** out, outside (**4-EG**)

**las afueras** suburbs, outskirts (**6-EP**)

**agachar** to bend; to lay back

　**agacharse** to squat, crouch down (**14-LL**)

**la agencia** agency; office (**14-EP**)

　**la agencia de bienes raíces** real estate agency (**14-EP**)

---

The Spanish-English Vocabulary lists the words and expressions in SITUACIONES. Active vocabulary—that is, the words and expressions that students are expected to know—are followed by a reference. This reference, (**2-EP**), for example, indicates that the item is active in Unit **2**, in the Español Práctico section. The other letter codes are: (**Ref**) = Para su Referencia; (**EG**) = Estructuras Gramaticales; and (**LL**) = Lecturas Literarias. Only the first occurrence of each item is listed. The stem change of a verb is indicated in brackets beside the verb, for example: **acordarse** [ue]. For these verbs, see the verb charts in *Apéndice 3*. Verbs that have any spelling changes, accent changes, or irregular forms are followed by a superscript number, for example: **alcanzar**[3]. The superscript number, in this case, **3**, refers to the **number 3** model verb in *Apéndice 4*. The number 3 model verb is **organizar**, which has the same spelling changes as **alcanzar**. Thus, the superscript numbers are designed to provide easy access to the patterns of any verb that has any irregularity.

**la agencia de empleos** employment agency

**la agencia de publicidad** advertising agency (14-EP)

**la agencia de viajes** travel agency (10-EP)

**el(la) agente** agent
**agente de la bolsa** (de valores) stockbroker (14-EP)

**la agitación** excitement; agitation
**agitar** to wave, shake (4-LL)
**agotado** exhausted
**agradable** pleasant, agreeable (3-EG)
**agradar** to please (7-EG), to be pleasing to
**agradecer**[12] to thank; to be grateful for
**agradecido** grateful, appreciative
**el agradecimiento** thanks
**agrario** related to land, agrarian
**agregar** [ie][2] to add
**agrícolo** agricultural, related to farming
**agrio** bitter

**el agua** (f.) water (2-EP)
**agua de colonia** cologne (2-EP)
**el aguacate** avocado (7-EP)
**el aguacero** rain shower (4-LL)
**ahí** there (4-EG)
**ahogarse**[2] to drown (6-EP)
**ahorrador** thrifty
**ahorrar** to save
**el aire** air
**el aire acondicionado** air conditioning (11-EP)
**el albergue juvenil** youth hostel (11-EP)
**el alcalde** mayor
**alcanzar**[3] to catch up with; to reach (a goal)
**la alcoba** bedroom (3-EP)
**la aldea** village (14-LL)
**alegrar** to make happy
**alegrarse (de) que** to rejoice, be glad, happy (2-EG)
**alegre** happy
**alegremente** happily
**la alegría** happiness (8-EG)
**alejarse (de)** to go away, move away (from) (2-EP)
**alemán** (f. **alemana**) German (1-EP)
**Alemania** (f.) Germany (1-EP)

**la alfombra** rug, carpet (12-EP)
**algo** something, anything
**el algodón** cotton (9-EP)
**alguien** someone, somebody (5-EG)
**alguno (algún)** some, any
**alguna vez** ever (5-EG)
**algunas veces** sometimes (5-EG)
**de alguna manera** (in) some way
**de algún modo** somehow
**en/a alguna parte** somewhere
**alineado** aligned, lined up
**alistarse** to get ready (2-EG)
**el almacén** department store (9-EP)
**la almeja** clam (7-EP)
**la almohada** pillow (11-EP)
**el almohadón** sofa cushion (12-EP)
**almorzar** [ue][3] to have lunch (2-EG)
**el almuerzo** lunch
**alojarse** to lodge, stay (11-EP)
**el alpinismo** mountain climbing (6-EP)
**el(la) alpinista** mountain climber
**alquilar** to rent, lease (Ref)
**el alquiler** rent (12-EP)
**alrededor (de)** around, in the vicinity of (4-EG)
**alto** tall (1-EP)
**el altoparlante** loudspeaker (13-EP)
**la altura** altitude (10-EP)
**el(la) alumno(a)** student
**alzar**[3] to raise, lift (9-LL)
**allá** over there (4-EG)
**allí** there, over there (4-EG)
**el(la) amado(a)** loved one, beloved (12-LL)
**amanecer**[12] to dawn, to get light (6-EP)
**el(la) amante** lover (12-LL)
**amar** to love (2-LL)
**amarse** to love each other
**amarillo** yellow (9-EP)
**el ambiente** atmosphere, surroundings (12-LL)
**ambos** both
**amenazado** menaced, threatened
**amenazar**[3] (con) + inf. to threaten to
**el(la) amigo(a)** friend
**la amistad** friendship
**el amor** love (2-LL)
**el amor propio** ego, self-respect (12-LL)

**el amplificador** amplifier (13-EP)
**amplio** spacious
**amueblado** furnished (12-EP)
**el análisis de sangre** blood test (8-EP)
**analizar**[3] to analyze
**anaranjado** orange (9-EP)
**ancho** broad, wide (9-EP)
**andante: el caballero andante** knight errant
**andar**[10] to walk, go (Ref)
**el andén** train platform (10-EP)
**anduvo** he went (see andar[10])
**el(la) anfitrión (anfitriona)** host (hostess) (5-EP)
**el ángulo** angle, corner
**el anillo** ring (9-EP)
**el animal** animal
**el animal doméstico** pet (3-EP)
**el ánimo** spirit, courage, drive
**infundir ánimo** to encourage
**anoche** last night (6-EP)
**anochecer**[12] to get dark (6-EP)
**ansiosamente** anxiously, nervously
**ansioso** anxious, nervous, worried
**anteayer** the day before yesterday (6-EP)
**la antena** antenna (13-EP)
**los anteojos** eyeglasses (1-EP)
**anteojos de sol** sunglasses (9-EP)
**el antepasado** ancestor, forebear
**anterior** previous
**antes** before (6-EG)
**antes de** + inf. before (11-EG)
**antes (de) que** + subj. before (11-EG)
**el antibiótico** antibiotic (8-EP)
**antiguamente** formerly, long ago
**antiguo** old; old-fashioned (12-EP)
**la antropología** anthropology
**anual** yearly, annual
**anunciar** to announce
**el anuncio** announcement, advertisement (14-EP); sign
**añadir** to add (13-EP)
**apagar**[2] to turn off, switch off (Ref)
**el apagón** power failure
**el aparato** apparatus, piece of equipment (13-EP)
**el aparcamiento** parking lot (4-EP)
**aparcar**[1] to park (13-EP)

**aparecer**[12]  to appear (**3-LL**)
**aparentar**  to seem; to pretend
**la aparencia**  appearance (**1-EP**)
**el apartamento**  apartment (**3-EP**)
**el apellido**  last name (**1-EP**)
**el aperitivo**  appetizer (**7-EP**)
**aplaudir**  to applaud (**5-EP**)
**aplicar**  to apply
**apoyar**  to support, hold up; to
confirm
**aprender**  to learn (**Ref**)
  **aprender a** + *inf.*  to learn how
  to (**2-EG**)
**apretado**  tight (*fitting*) (**9-EP**)
**apretar** [ie]  to pinch, be too tight
  (*shoes*) (**9-EP**)
**apropiado**  appropriate, suitable
**aprovecharse de**  to take
  advantage of (**11-LL**)
**la aptitud**  skill, capability (**14-EP**)
**los apuntes**  hand-written notes
**apurarse**  to worry (**10-LL**)
**aquel**  that one (*over there*) (**9-EG**)
**aquél**  that one (*over there*) (**9-EG**)
**aquí**  here (**4-EP**)
  **por aquí derecho**  straight ahead
  (**4-EP**)
**el árbol**  tree (**4-LL**)
**el arco**  bow (*hunting*) (**3-LL**)
**el arco iris**  rainbow (**3-LL**)
**archivar**  to file (**14-EP**)
**los aretes**  earrings (*studs*) (**9-EP**)
**la Argentina**  Argentina (**1-EP**)
**argentino**  Argentine (**1-EP**)
**árido**  dry, arid
**el arma** (*f.*)  weapon, arm
  **el arma de fuego**  gun, firearm
  (**2-LL**)
**armar**  to put together (**13-EP**)
**el armario**  closet (**3-EP**)
**el(la) arquitecto(a)**  architect (**14-EP**)
**arrancar**[1]  to start (*motor*) (**13-EP**)
**arreglar**  to fix (**Ref**); to straighten
  up (*a room*) (**3-EP**)
  **arreglarse**  to fix oneself up
  (**2-EP**); to get ready (*to go
  out*)
**el arreglo**  agreement, arrangement
  **el arreglo personal**  personal
  care (**2-EP**)
**arriba**  up, upstairs (**4-EP**)
**arriesgar**[2]  to risk (**8-LL**)
**arrimarse**  to come closer to
**arrojar**  to throw, fling (**12-LL**)

**el arroz**  rice (**4-LL**)
**arrugado**  wrinkled
**arruinarse**  to be ruined; to go
  bankrupt
**el arte**  art (**5-EP**)
  **las bellas artes**  fine arts
**el(la) artista**  artist
**asado**  roasted (**7-EP**)
**el asado**  roast (**7-EP**)
**el ascender**  ascension to a throne
**el ascenso**  promotion (**14-EP**)
**el ascensor**  elevator (**4-EP**)
**asegurar**[2]  to fasten securely; to
  assure
**así**  so, in this way, like this
  **así como**  as well as; in the
  same way
  **así que. . .**  so (*it is that*). . .
**el asiento**  seat (**5-EP**)
**la asignatura**  subject, course
**asistir (a)**  to attend, be present
  (*at*) (**Ref**)
**asomarse**  to appear; to lean out;
  to look in (**12-LL**)
**el asombro**  amazement
**la aspiradora**  vacuum cleaner (**3-EP**)
  **pasar la aspiradora**  to vacuum
  (**3-EP**)
**la aspirina**  aspirin (**8-EP**)
**el asunto**  topic
  **¡no es asunto tuyo!**  it's none of
  your business!
**asustado**  scared, frightened
**asustar**  to frighten, scare (**4-LL**)
**atacar**  to attack
**atentamente**  attentively, carefully
**el aterrizaje**  landing (*plane*) (**10-EP**)
**aterrizar**[3]  to land (*plane*) (**10-EP**)
**atlético**  athletic (**1-EP**)
**el atletismo**  track and field (**5-EP**)
**atraer**[36]  to attract (*attention*)
  (**14-LL**)
**atrapar**  to trap, to catch
**atrás**  back, in back (**4-EG**)
**atreverse**  to dare (**12-LL**)
**atropellar**  to knock down
**el atún**  tuna (**7-EP**)
**los audífonos**  headset, earphones
  (**13-EP**)
**audiovisual**  audiovisual (**13-EP**)
**el aumento**  raise, increase
**aún**  still, nevertheless
**aunque**  even though, although;
  even if

**los auriculares**  earphones (**13-EP**)
**auscultar**  to listen with a
  stethoscope (**8-EP**)
**la ausencia**  absence
**el auto**  car
  **el auto deportivo**  sports car
  (**13-EP**)
**el autobús**  bus (**4-EP**)
**el(la) auxiliar**  helper, assistant
  **auxiliar de vuelo**  flight
  attendant (**10-EP**)
**el auxilio**  help
**avanzado**  advanced, late (*hour*)
**avanzar**[3]  to advance, move
  toward
**la avenida**  avenue (**4-EP**)
**la avería**  breakdown (*car*) (**13-EP**)
**averiguar**[8]  to check, verify
  (**12-LL**)
**el aya** (*f.*)  governess (**10-LL**)
**ayer**  yesterday (**6-EG**)
**la ayuda**  help, aid, assistance (**3-EP**)
**el(la) ayudante**  assistant
  **ayudar**  to help
  **ayudar a** + *inf.*  to help
**la azafata**  stewardess (**10-EP**)
**el azúcar**  sugar
  **azul**  blue (**1-EP**)
  **azul marino**  navy blue (**9-EP**)
  **azul oscuro**  dark blue (**9-EP**)

## B

**el bacalao**  cod (**7-EP**)
**bailar**  to dance (**Ref**)
  **hacer bailar**  to spin (**11-LL**)
**el baile**  dance (**5-EP**)
**bajar**  to lower (**12-EP**); to go
  down (**4-EP**); to bring down
  (*baggage*) (**11-EP**)
  **bajar(se) de**  to get off (*a bus*)
  (**4-EP**)
**bajo**  short (*height*); low (**1-EP**)
**bajo**  under (**12-EP**)
**el balcón**  balcony (**12-EP**)
**el baloncesto**  basketball (**5-EP**)
**la ballena**  whale (**1-LL**)
**el banco**  bank (**14-EP**)
  **bañarse**  to take a bath (**2-EP**); to
  go in the water, go swimming
  (**6-EP**)
**la bañera**  bathtub (**12-EP**)

el(la) **bañista**  bather (**1-LL**)

el **baño**  bath (**2-EP**); bathroom
 (**4-EP**)
 el **baño de sol**  sunbath (**6-EP**)
 **barato**  cheap, inexpensive
 (**9-EP**)

la **barba**  beard (**2-EP**)

la **barbacoa**  barbecue (**6-EP**)

la **barbilla**  chin (**1-EP**)

el **barco**  boat (**6-EP**)
 **barrer**  to sweep (**3-EP**)

el **barrio**  district, neighborhood
 (**12-EP**)

el **barro**  earthenware, clay (**7-LL**)
 **basado (en)**  based (on)

la **báscula**  *(weighing)* scale (**12-EP**)

el **básquetbol**  basketball (**5-EP**)
 **¡basta!**  enough! stop!

la **basura**  trash (**3-EP**)
 **la lata de basura**  trash can
 (**12-EP**)

la **batería**  battery *(car)* (**13-EP**)

el **baúl**  trunk (**7-LL**); trunk *(a car)*
 (**13-EP**)
 **beber**  to drink (**Ref**)
 **bello**  beautiful
 **las bellas artes**  fine arts

la **belleza**  beauty (**10-LL**)
 **el salón de belleza**  beauty
 salon, hairdresser's
 **besar**  to kiss (**2-LL**)

el **besito**  little kiss

el **beso**  kiss

la **biblioteca**  library (**4-EP**)

la **bicicleta**  bicycle (**6-EP**)
 **bien**  well (**1-EG**); in good health
 **más bien**  rather

los **bienes**  property (**5-LL**)
 **los bienes raíces**  real estate
 (**12-EP**)

el **bigote**  moustache (**1-EP**)
 **bilingüe**  bilingual

el **billete**  ticket (**5-EP**); love note
 (**12-LL**)

la **billetera**  wallet (**9-EP**)

la **bioquímica**  biochemistry

el **bistec**  steak
 **el bistec a la parrilla**  grilled
 steak (**7-EP**)
 **bizquear**  to squint (**14-LL**)
 **blanco**  white (**9-EP**)

los **bluejeans**  blue jeans, denim pants
 (**9-EP**)

la **blusa**  blouse (**9-EP**)

la **boca**  mouth

el **bocadillo**  sandwich (**7-EP**)

la **bocina**  car horn (**13-EP**)

la **boda**  wedding (**4-LL**)

la **bodega para vinos**  wine cellar
 (**12-EP**)

la **boina**  beret (**9-EP**)

el **boleto**  ticket (**5-EP**)

las **bolitas**  polka dots (**9-EP**)
 **Bolivia** *(f.)*  Bolivia (**1-EP**)
 **boliviano**  Bolivian (**1-EP**)

la **bolsa**  bag (**4-LL**); purse; stock
 market
 **la bolsa de valores**  stock
 exchange (**14-EP**)

el **bolsillo**  pocket (**9-EP**)

el **bolso**  large handbag (**9-EP**)

el(la) **bombero(a)**  fire fighter (**4-EP**)
 **la estación de bomberos**  fire
 station (**4-EP**)

la **bombilla**  light bulb (**13-EP**)
 **bonito**  pretty, nice (**9-EP**)

el **bosque**  woods, forest (**6-EP**)
 **bostezar**  to yawn

las **botas**  boots (**9-EP**)

el **bote**  boat
 **el bote de vela**  sailboat (**6-EP**)

la **botella**  bottle (**7-EP**)

el **botín**  booty (**4-LL**)

el **botón**  button (**9-EP**); switch
 *(machine)* (**13-EP**)

el **botones**  bellhop (**11-EP**)

el **Brasil**  Brazil (**1-EP**)
 **brasileño**  Brazilian (**1-EP**)
 **brillar**  to shine, sparkle, light up
 (**14-LL**)
 **bronceado**  suntanned
 **broncearse**  to get a tan (**6-EP**)

la **bronquitis**  bronchitis (**8-EP**)
 **bucear**  to go snorkeling, scuba
 diving (**6-EP**)
 **bueno (buen)**  good (**1-EG**)
 **¡buen provecho!**  enjoy your
 meal! (**7-EP**)
 **de buen humor**  in a good mood

la **bufanda**  scarf (**9-EP**)

la **bujía**  spark plug (**13-EP**)

el **buque**  steamship (**1-LL**)
 **busca: en busca de**  in search of
 **buscar**[1]  to look (for) (**9-EP**); to
 pick *(someone)* up (**5-EP**)

el **busto**  bust, statue

la **butaca**  armchair (**12-EP**)

el **buzón**  mailbox (**6-LL**)

# C

la **caballada**  small herd of horses

la **caballería**  cavalry (**12-LL**)

el **caballero**  gentleman, man (**1-LL**);
 man on horseback (**13-LL**)

el **caballo**  horse (**6-EP**)
 **a caballo**  on horseback (**6-EP**)

el **cabello**  hair (**1-EP**)

la **cabeza**  head (**8-EP**)
 **cabo: al cabo de**  at the end of

el **cacao**  cocoa

el **cacique**  chief, ruler (**3-LL**)
 **cada**  every

la **cadena**  neck chain (**9-EP**); chain
 **caer**[11]  to fall (**Ref**)
 **caerse**[11]  to fall, fall down (**6-EP**)
 **caerse al mar**  to fall
 overboard (**6-EP**)
 **café**  brown (**1-EP**)

el **café**  café (**5-EP**); coffee

la **cafetería**  cafeteria (**7-EP**)
 **caído**  fallen (**14-LL**); *(see* caer[11])
 **caiga**  *(see* caer[11])

la **caja**  box (**7-EP**); cashier (**7-EP**)
 **una caja fuerte**  safe

el(la) **cajero(a)**  cashier (**11-EP**)

el **cajón**  chest, drawer (**12-EP**)

la **calabaza**  gourd (**3-LL**)

el **calcetín**  sock (**3-EP**)

la **calculadora**  calculator (**14-EP**)

el **caldo**  soup

la **calefacción**  heat (**12-EP**)
 **calentamiento: ejercicios de
 calentamiento**  warm-up
 exercises (**5-EP**)
 **calentar** [ie]  to heat
 **calentarse** [ie]  to be heated

la **calidad**  quality (**9-EP**)
 **de mala calidad**  of poor
 quality, badly-made
 **caliente**  hot (**12-EP**)
 **calientito**  warm, cozy (**11-LL**)
 **caluroso**  warm, hot
 **calvo**  bald (**1-EP**)
 **calzar**[3]  to wear a *(shoe)* size
 (**9-EP**)
 **calladamente**  quietly; secretly
 **callado**  reserved, quiet (**13-LL**)
 **callarse**  to be quiet, shut up
 (**2-EG**)

la **calle**  street (**4-EP**)

la **cama**  bed (**11-EP**)

**hacer la cama** to make the bed (3-EP)

**tender la cama** to make the bed (3-EP)

**la cámara** camera (13-EP)

**la camarera** waitress (7-EP); chambermaid (11-EP)

**el camarero** waiter (7-EP)

**el camarón** shrimp (7-EP)

**cambiar** to change (Ref)

**cambiar de** (tren) to change (*trains*) (10-EP)

**el cambio** change (*money*); variation (7-EP)

**a cambio (de)** in exchange (for)

**el cambio de tren** change of train, transfer (10-EP)

**el camerino** dressing room

**caminar** to walk (Ref)

**el camino** road, path

**el camión** truck (13-EP)

**la camioneta** station wagon, van (13-EP)

**la camisa** shirt (9-EP)

**la camiseta** tee shirt (9-EP)

**el(la) campeón** (*f.* **campeona**) champion

**el campeonato** championship (5-EP)

**el(la) campesino(a)** peasant farmer (4-LL)

**el campo** field (4-LL); country, countryside (12-EP)

**el campo deportivo** playing field (5-EP)

**el Canadá** Canada (1-EP)

**canadiense** Canadian (1-EP)

**cancelar** to cancel (10-EP)

**la canción** song

**la cancha de tenis** tennis court (5-EP)

**cansado** tired (3-EP)

**el cansancio** weariness (13-LL)

**cansarse** to become tired (6-EP)

**el(la) cantante** singer (5-EP)

**cantar** to sing (Ref)

**capaz** competent, efficient; capable

**el(la) capitán** (*f.* **capitana**) captain (1-EG)

**el capó** hood of a car (13-EP)

**el caporal** foreman; leader, chief

**caprichoso** whimsical, capricious, fickle

**la cápsula de semillas** capsule, pod of seeds (11-LL)

**la cara** face (1-EP)

**el caramelo** caramel candy

**el carburador** carburetor (13-EP)

**la carcajada** burst of laughter

**reírse a carcajadas** to laugh heartily

**la carga** weight, load (13-LL)

**cargar²** to carry (11-EP)

**la caridad** charity (6-LL)

**la caries** cavity (8-EP)

**el cariño** affection, love (13-LL)

**caritativo** charitable

**la carne** meat (7-EP)

**el carnet** identity card (1-EP)

**el carnet de conducir** driver's license (1-EP)

**la carnicería** butcher shop (7-EP)

**el(la) carnicero(a)** butcher (4-LL)

**caro** expensive (9-EP)

**el(la) carpintero(a)** carpenter (13-EP)

**la carrera** profession (14-EP); race; route

**a toda carrera** at full speed

**la carreta** cart (4-LL)

**la carretera** road (4-LL); highway (6-EP)

**la carta** letter (6-LL); menu (7-EP)

**el cartel** poster

**la cartera** wallet (9-EP); pocketbook; briefcase

**el(la) cartero(a)** mail carrier (6-LL)

**la casa** house (4-EP)

**la casa particular** private house (12-EP)

**casadera** marriageable

**el casamiento** wedding (9-LL)

**casarse (con)** to get married, marry (2-EG)

**casi** almost

**castaño** chestnut (*color*) (1-EP)

**castellano** Castilian, Spanish

**el castillo** castle

**la casualidad** coincidence

**la catedral** cathedral (4-EP)

**el caucho** rubber (9-EP)

**causar** to cause, make

**la caverna** cave (11-LL)

**la cazuela** pot, casserole

**la cebolla** onion (7-EP)

**ceder** to give up, part with

**los celos** jealousy (2-LL)

**sentir celos** to feel jealous (2-LL)

**tener celos** to be jealous (2-LL)

**celoso** jealous (12-LL)

**el cementerio** cemetery (14-LL)

**el cemento** cement (4-EP)

**la cena** dinner, supper

**cenar** to have dinner (Ref)

**el cenicero** ashtray (3-EP)

**el centeno** rye

**el centro** downtown (6-EP); center (5-EP)

**el centro comercial** mall (9-EP)

**el centro nuclear** power plant

**cepillarse (los dientes, el pelo)** to brush (*one's teeth, hair*) (2-EP)

**el cepillo** brush (2-EP)

**el cepillo de dientes** toothbrush (2-EP)

**la cerámica** ceramics, pottery

**cerca (de)** near, nearby; close to (4-EP)

**cercano** nearby (4-EP)

**el cerdo** pig (4-LL); pork (7-EP)

**el cereal** cereal

**el cerebro** mind (10-LL)

**cerrado** closed, locked

**cerrar [ie]** to close, shut (2-EG); to turn off (*faucet*) (12-EP)

**cerrar el paso** to block the way (11-LL)

**el cerro** hill (6-EP)

**la certeza** certainty (8-EG)

**cesar (de)** to stop, cease (2-EG)

**el césped** lawn (3-EP)

**el cesto** basket

**el cesto de papeles** wastebasket (3-EP)

**la cicatriz** scar (1-EP)

**ciento, cien** (*one*) hundred

**cien por ciento** one hundred percent

**cierto** certain, true (8-EG)

**cierto día** one day

**ciertos** certain, some

**el cine** movie theater (5-EP)

**el cinturón** belt (9-EP)

**el cinturón de seguridad** seat belt (10-EP)

**el círculo** circle; club, group, gathering

**el(la) cirujano(a)** surgeon (8-EP)

**la cita** appointment (8-EP); date

**la ciudad** city (4-EP)

**la claridad** clarity

**clarividente** clairvoyant

claro light-colored (9-EP); bright (12-EP)

¡claro! of course! delighted! (5-EP)

verde claro light green (9-EP)

la clase class

de clase turista tourist class, coach (10-EP)

de primera (segunda) clase first (second) class (10-EP)

clásico classical (5-EP)

la clave key

el(la) cliente client (1-EG)

la clínica clinic, hospital (4-EP)

el club club (5-EP)

la cobija blanket (11-EP)

cobrar to charge (11-EP)

el cobre copper (7-LL)

la cocina kitchen (3-EP); stove (12-EP)

cocinar to cook (Ref)

la cocinilla small kitchen, kitchenette

el coco coconut (7-EP)

el cóctel cocktail (7-EP)

el coche car (10-EP)

codiciado much desired, coveted (14-LL)

el código code (of laws)

coger[4] to pick; to seize; to catch (Ref)

la cola tail (8-LL); line (of people)

la cola de caballo ponytail (1-EP)

hacer cola to stand in line (5-EP)

el colegio high school (14-EP)

el colgador clothes hanger (11-EP)

colgar [ue][2] to hang up (clothes) (3-EP)

la colmena beehive (11-LL)

colocar[1] to place (3-EP); to arrange

Colombia (f.) Colombia (1-EP)

colombiano Colombian (1-EP)

la colonia cologne (2-EP)

el color color (9-EP)

el collar necklace (9-EP)

el comedor dining room (12-EP)

comentar to comment on (5-EP)

comenzar [ie][3] to begin, start (2-EG)

comenzar a + inf. to begin to (2-EG)

comer to eat (Ref)

comerse to eat

comercial commercial

el centro comercial mall (9-EP)

el(la) comerciante merchant, shopkeeper (14-EP)

el comercio business, commerce (14-EP)

el comestible food item (7-EP); something edible

la comida meal; food (7-EP)

comienzos: a comienzos de at the beginning of

la comisaría de policía police station (4-EP)

¿cómo? how? (4-EP); what?

la cómoda dresser, chest of drawers (12-EP)

las comodidades elements of comfort (12-EP)

cómodo comfortable (11-EP)

el(la) compañero(a) companion

el compañero de cuarto roommate (12-EP)

el compañero de trabajo fellow worker, co-worker

la compañía company (14-EP)

compartir to share

complacer[12] to please

completo full, complete (7-EP)

complicar[1] to complicate

componer[27] to fix, repair

el comportamiento behavior

comprar to buy (Ref)

las compras purchases

ir de compras to go shopping

la lista de compras shopping list

comprender to understand (Ref)

la comprensión understanding

el comprobante de equipaje baggage claim check (10-EP)

compuesto fixed (see componer[27]) (7-EG)

la computadora computer (14-EP)

concentrarse (en) to concentrate (on)

el concierto concert (5-EP)

el conde count

la condesa countess

la condición condition (14-EP)

a condición de que on the condition that (11-EG)

conducir[28] to drive (Ref)

conectar to connect, plug in

la conferencia lecture, conference (5-EP)

la conferencia de prensa press conference

confiar[7] to trust (someone) with

confirmar to confirm (10-EP)

conforme as

la congeladora freezer (12-EP)

conjugarse[2] to fit together

el conjunto band (5-EP)

conocer[12] to know, be acquainted with (Ref); (in preterite) to meet for the first time

el conocimiento knowledge (14-EP)

conseguir [i, i][6] to get, obtain (4-LL)

el(la) consejero(a) advisor (8-LL)

el consejo advice (3-EG)

conservador conservative (1-EG)

considerado thoughtful, considerate

la consigna de equipaje baggage checkroom (10-EP)

consistir (en) to consist (of) (Ref)

constatar to note, to verify (3-LL)

construir[13] to build (Ref)

consultar to consult

el consultorio doctor's office (8-EP)

la contabilidad accounting (14-EP)

el(la) contador(a) accountant (14-EP)

contar [ue] to tell, relate (2-EG)

contemporáneo contemporary

contener[35] to contain (Ref)

contento happy

la contestación reply, answer

contestar to answer (Ref)

continuar[8] to continue (Ref)

la contradicción contradiction

contraer:[36] contraer matrimonio to marry (10-LL)

contrario contrary, opposite

todo lo contrario just the opposite, quite the contrary

el contrato contract

convencer (a) to convince (9-EP)

convenir[38] to agree; to be suitable, good for

el convento monastery

conversar to talk (5-EP)

la convicción conviction, strong opinion

la copa cup, trophy (5-EP)

el corazón heart (10-LL)

la **corbata** necktie (**9-EP**)

el **corbatín** bowtie (**9-EP**)

el **cordero** lamb (**7-EP**)

el **cordón** shoelace (**9-EP**)

el **coronel** colonel (**12-LL**)

**corregir** [i, i]⁵ to correct

  **corregirse** [i, i]⁵ to mend one's ways (**11-LL**)

el **correo** mail; post office (**4-EP**)

  los **correos** postal service, mail service

  la **oficina de correos** post office (**4-EP**)

**correr** to run (**Ref**)

la **corrida** bullfight; race

  la **corrida de toros** bullfight

la **cortadora** clipper

  la **cortadora de césped** lawn mower (**3-EP**)

**cortar** to cut; to mow (*lawn*) (**3-EP**)

  **cortarse** to cut oneself (**8-EP**); to cut, clip (*one's hair, nails*) (**2-EP**)

la **corte** court of justice; royal court

**cortésmente** courteously, politely

la **cortina** curtain (**12-EP**)

**corto de vista** nearsighted (**12-LL**); lacking foresight

la **cosa** thing

la **cosecha** harvest (**6-LL**)

**costar** [ue] to cost (**2-EG**)

  **¡cuesta un ojo de la cara!** it costs an arm and a leg! (**9-EP**)

**Costa Rica** (*f.*) Costa Rica (**1-EP**)

**costarricense** Costa Rican (**1-EP**)

la **costumbre** custom, habit

el **cráter** crater (*volcano*)

**crecer**¹² to grow, increase (**14-LL**)

**creer**²² to believe (**Ref**); to think (**8-EG**)

la **crema** cream

  la **crema de afeitar** shaving cream (**2-EP**)

  la **crema de champiñones** cream of mushroom soup (**7-EP**)

el(la) **criado(a)** servant (**10-LL**)

**criticar**¹ to criticize, to critique (**5-EP**)

el **cruce** intersection (**4-EP**)

la **crucecilla** little cross (**14-LL**)

**crujir** to crack (**10-EP**)

la **cruz** cross (**14-LL**)

**cruzar**³ to cross (*the street*) (**4-EP**)

la **cuadra** city block (**4-EP**)

**cuadrado** square (**1-EP**)

  **metro cuadrado** square meter

el **cuadro** painting, picture (**5-EP**)

  a **cuadros** plaid, checkered (**9-EP**)

el(la) **cual** which

**¿cuál?** which? which one? (**9-EG**)

**cualquier** any

**cuando** when (**11-EG**)

  **de vez en cuando** from time to time (**6-EG**)

**¿cuándo?** when?

**¿cuánto?** how much? (**7-EP**)

**cuanto: en cuanto** as soon as (**11-EG**)

**cuarenta** forty (**9-EP**)

**cuarto** fourth

el **cuarto** bedroom (**3-EP**); hotel room (**11-EP**); room (**12-EP**)

  el **cuarto de baño** bathroom (**12-EP**)

  el **cuarto de dormir** bedroom (**12-EP**)

  el **cuarto de estar** living room (**12-EP**)

  el **cuarto de jugar** playroom (**12-EP**)

**Cuba** (*f.*) Cuba (**1-EP**)

**cubano** Cuban (**1-EP**)

**cubierto** covered (**7-EG**) (*see* cubrir⁹)

**cubrir**⁹ to cover

el **cuchillo** knife

el **cuello** neck (**1-LL**); shirt collar (**9-EP**)

la **cuenta** bill (**7-EP**); account

  la **cuenta de banco** checking account

  **trabajar por mi propia cuenta** to be self-employed (**14-EP**)

el **cuero** leather (**9-EP**)

el **cuerpo** body (**1-LL**)

  el **cuerpo diplomático** diplomatic corps

la **cueva** cave (**11-LL**)

**¡cuidado!** careful! (**6-EP**)

**cuidadosamente** carefully

**cuidadoso** careful

**cuidar** to take care of (*people, animals*) (**Ref**)

**cuidar de** to care for, care about (**10-LL**)

**cuidarse** to take care of oneself (**8-EP**)

la **culebra** snake (**11-LL**)

la **culpa** fault (**10-LL**); blame

**cultivar** to grow (*a crop*)

**cultural** cultural (**5-EP**)

el **cumpleaños** birthday (**5-EP**)

la **curita** band-aid (**8-EP**)

el **curriculum vitae** job history; résumé (**14-EP**)

**cursiva: en cursiva** in italics

**cuyo** whose

## CH

el **chaleco** vest (**9-EP**)

el **champán** champagne

el **champiñón** mushroom (**7-EP**)

el **champú** shampoo (**2-EP**)

la **chaqueta** jacket (**9-EP**)

**charlar** to chat (**5-EP**)

el(la) **charlatán** (*f.* **charlatana**) charlatan, quack

la **charquita** pool, puddle (**3-LL**)

el **cheque** bank check (**11-EP**)

  los **cheques de viaje, cheques viajeros, cheques de viajero** traveler's checks (**7-EP**)

**chico** small (**9-EP**)

**chiflar** to hiss, boo (**5-EP**); to whistle

**Chile** (*m.*) Chile (**1-EP**)

**chileno** Chilean (**1-EP**)

la **chimenea** fireplace (**12-EP**)

la **China** China (**1-EP**)

**chino** Chinese (**1-EP**)

la **chispa** spark

el **chiste** joke (**5-EP**)

**chocar**¹ to crash (**10-LL**)

el **chocolate** chocolate (**7-EP**)

el(la) **chófer** driver; chauffeur

el **chorizo** hot sausage (**7-EP**)

la **chuleta** chop, cutlet (**7-EP**)

## D

la **dama** lady (**9-EP**)

el **daño** harm

**hacer daño** to hurt, harm
(8-LL)

**dar**[14] to give **(Ref)**

  **dar cabezadas** to nod (9-LL)

  **dar coces** to kick

  **dar golpes** to knock loudly
  (13-LL)

  **dar las gracias** to thank **(Ref)**

  **dar permiso** to give permission

  **dar una mano** to give
  (*someone*) a hand, to help out
  (3-EP)

  **dar un paseo** to go for a walk
  (or ride) **(Ref)**

  **dar un saludo** to salute; to
  greet (13-LL)

  **dar una vuelta** to take a stroll
  **(Ref)**; to go on an outing
  (6-EP)

  **darle de comer** to feed (3-EP)

  **darse cuenta (de)** to realize
  (2-EG)

  **darse el gusto de** to give
  oneself the pleasure of (6-LL)

  **darse la vuelta** to turn around

  **darse por vencido** to admit
  one's defeat

  **darse prisa** to hurry (2-EP)

**el dato** fact, piece of information

  **los datos personales** personal
  information (*name, address,
  etc.*)

**dé** you give (*see* dar[14])

  **debajo (de)** below, under,
  underneath (4-EG)

  **deber** to owe, must, should
  **(Ref)**; to owe (7-EP)

**el deber** duty, responsibility (11-LL)

**débil** weak (1-EP)

**la decepción** disappointment

  **decidir** to decide (2-EG)

  **decir**[15] to say; to speak **(Ref)**; to
  tell (4-EP)

  **decir mentiras** to tell lies, to lie

**la declaración** declaration (*of love*)
12-LL)

**el(la) decorador(a)** interior designer
(14-EP)

  **decorar** to decorate (*a room*)
  (13-EP)

**el defecto** flaw, shortcoming (12-LL)

**defender** [ie] to defend (2-EG)

**dejar** to leave **(Ref)**; to let (3-EG)

**dejar de** + *inf.* to quit, stop
(*doing something*) (2-EG)

**delante (de)** before; in front of
(4-EG)

**delgado** thin, slender (1-EP)

**la delicia** delight

**los demás** the rest, the others

**demasiado** too, too much (9-EP)

**demolido** demolished

**demostrar** [ue] to demonstrate, to
show (5-LL)

**dentífrica: la pasta dentífrica**
toothpaste (2-EP)

**el(la) dentista** dentist (8-EP)

**dentro (de)** inside (4-EG)

**el departamento** department

**el(la) dependiente** clerk, attendant
(14-EP)

**deplorar** to be extremely sorry,
to deplore (8-EG)

**el deporte** sport

**depositar** to check (*baggage*)
(10-EP)

**deprimido** depressed (8-EP)

**la derecha** right

  **a la derecha (de)** on the right,
  to the right (of) (4-EP)

**derecho** straight

  **por aquí derecho** straight ahead
  (4-EP)

  **seguir derecho** to go straight
  ahead (4-EP)

**derribar** to knock down

**la derrota** defeat (11-LL)

**el desacuerdo** disagreement

  **estar en desacuerdo con** to
  disagree with

**desafiar**[7] to challenge

**desafortunado** unfortunate (12-LL)

**desamparado** helpless, forsaken
(11-LL)

**desamueblado** unfurnished (12-EP)

**desaparecer**[12] to disappear **(Ref)**

**desarmar** to take apart (13-EP)

**desarrollar** to develop

**el desarrollo** development

**el desastre** disaster

**desayunarse** to have breakfast
(2-EP)

**descansar** to rest, relax **(Ref)**

**el descapotable** convertible (13-EP)

**descargar**[2] to empty, to unload
(3-LL)

**descender** [ie] to descend, go
down (2-EG)

**descompuesto** broken (*not
working*) (13-EP)

**desconcertado** disconcerted, upset

**desconocido** unknown

**el(la) desconocido(a)** stranger

**describir**[16] to describe

**la descripción** description (1-EP)

**el descubrimiento** discovery

**descubrir**[9] to discover, find out

**desde** from, since (4-EG)

  **¿desde hace cuánto tiempo?**
  how long? for how long?
  (5-EG)

**el desdén** disdain, contempt (12-LL)

**desear** to wish **(Ref)**

**desembarcar**[1] to deplane, to
disembark (10-EP)

**desenchufar** to unplug (12-EP)

**el deseo** wish, desire

**desesperado** desperate (13-LL)

**desesperarse** to despair (3-LL); to
get impatient

**la desgracia** misfortune

  **por desgracia** unfortunately

**desgraciadamente** unfortunately

**desilusionado** disillusioned,
disappointed

**desilusionar** to disappoint (8-EG)

**el desinflado** flat tire

**deslizarse**[3] to slip, slide (6-EP)

**desmayado** unconscious

**desmayarse** to faint (6-EP)

**desnudo** bare (14-LL)

**desocupar** to vacate (*a hotel
room*) (11-EP)

**el desodorante** deodorant (2-EP)

**desordenado** disorderly, messy

**despacio** slowly

**el despacho** office (12-EP); lawyer's
office (14-EP)

**la despedida** farewell; leave-taking

**despedirse** [i, i] **(de)** to take leave
(of); say goodbye (2-EG)

**despegar**[2] to take off (*plane*) (10-EP)

**el despegue** takeoff (*flight*) (10-EP)

**despejado** clear (*weather*) (6-EP)

**el despertador** alarm clock (2-EP)

**despertar** [ie] to wake (*someone*)
up (2-EG)

  **despertarse** [ie] to wake up
  (2-EP)

**desplegar** [ie]² to open, unfold (10-LL)

**después** afterwards, after that (6-EP)

  **después de** after

  **después (de) que** after (11-EG)

  **justo después** right after (4-EP)

el **destino** destination; destiny, fate

  **con destino a** with the destination of, headed for (10-EP)

**destruir**¹³ to destroy (Ref)

el **desván** attic (12-EP)

la **desventaja** disadvantage

**detallado** detailed

el **detalle** detail

el(la) **detective** detective

**detener**³⁵ to stop, detain *(someone)* (1-LL)

  **detenerse**³⁵ to stop (12-LL)

**detestar** to dislike, detest, hate

**detrás de** behind, in back of (4-EG)

la **deuda** debt

**devolver** [ue]⁴⁰ to return, give back (2-EG)

**devuelto** returned (7-EG) *(see devolver*⁴⁰*)*

el **día** day

  **cada día** every day (6-EG)

  **de día** day time (6-EP)

  **el día anterior** the day before (6-EG)

  **el día antes de** on the eve of; the day before (6-EP)

el **diagnóstico** diagnosis

el **diálogo** dialog

**diario** daily; everyday

  **a diario** daily

el(la) **dibujante** draftsman (14-EP)

**dibujar** to draw *(a picture)* (Ref)

el **dibujo** drawing (5-EP)

el **dictáfono** dictaphone (14-EP)

**dicho** said (7-EG) *(see decir*¹⁵*)*

  **lo dicho** what is said

**didáctico** intended to teach a moral; didactic

el **diente** tooth

  **el cepillo de dientes** toothbrush (2-EP)

**diestro** skillful (14-EP)

la **dieta** diet

  **a dieta** on a diet

la **diferencia** difference

---

la **dificultad** difficulty

**diga** you say *(see* decir¹⁵*)*

  **¡no me diga!** you don't say! no kidding!

**digno** worthy

  **digno de confianza** trustworthy

**dijo** he said (5-EG) *(see* decir¹⁵*)*

el **dios** god (3-LL)

el **diploma** degree, diploma (14-EP)

la **dirección** address (1-EP)

**directo** direct, non-stop (10-EP)

**dirigir**⁵ to direct (Ref)

el **disco** record; computer disk (14-EP)

la **discoteca** discotheque

**discreto** discreet, trustworthy

la **disculpa** apology; excuse

  **¡mil disculpas!** I'm so sorry! (2-EP)

  **pedir disculpas** to apologize, offer an apology

**disculpar** to apologize

  **disculpe** excuse me (2-EP)

  **¡disculpe la molestia!** please excuse the interruption (2-EP)

el **discurso** speech

**discutir** to discuss, talk over (5-EP)

**discutir** to debate, discuss

el(la) **diseñador(a)** graphic designer (14-EP)

el **diseño** design (9-EP)

**disfrutar** to enjoy (6-EP)

el **disgusto** displeasure

**disgustar** to disgust (7-EG); to displease; to dislike

**disparar** to fire *(a weapon)*, shoot

el **disparo** gunshot (2-LL)

el **dispensario** clinic

  **¡dispense!** excuse me! (2-EP)

**disponible** available

**distinguido** distinguished

**distinguir**⁶ to distinguish

**distinto** distinct, different

**distraído** absent-minded

**distribuir**¹³ to distribute (Ref)

el **distrito** district

el **diván** sofa, couch (12-EP)

**diverso** diverse; varying, various

**divertido** entertaining, amusing; enjoyable (6-EP)

**divertirse** [ie, i] to have fun; to have a good time (2-EG)

**divino** divine

---

el **divorcio** divorce

**doblado** doubled over (1-LL); folded

**doblar** to turn *(left or right)* (4-EP)

**doble** double (11-EP)

la **docena** dozen (7-EP)

el(la) **doctor(a)** doctor

el **doctorado** doctorate degree

el **documento** document; official paper

**doler** [ue] to hurt (7-EG)

  **me duele la cabeza** I have a headache (8-EP)

el **dolor** pain, ache (8-EP)

  **el dolor de cabeza** headache (8-EP)

**doloroso** painful

el **domicilio** residence

el **domingo** Sunday (6-EG)

**dominical** relating to Sunday

**dominicano** Dominican (1-EP)

el **don** knack, talent

la **doncella** maiden (3-LL)

**donde** where

  **¿dónde?** where?

    **¿dónde queda . . . ?** where is . . . ? (4-EP)

el(la) **dormilón** (*f.* **dormilona**) heavy sleeper

**dormir** [ue, u] to sleep (2-EG)

  **dormir la siesta** to take a nap

el **dormitorio** bedroom (12-EP)

la **dote** quality (10-LL)

la **ducha** shower (2-EP)

**ducharse** to take a shower (2-EP)

la **duda** doubt

  **sin duda** no doubt, undoubtedly

**dudar** to doubt (3-EG)

**dudoso** doubtful (8-EG)

el(la) **dueño(a)** property owner; landlord *(landlady)* (12-EP)

**durante** during, for (+ *time*) (6-EG)

**durar** to last (Ref)

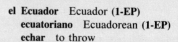

el **Ecuador** Ecuador (1-EP)

**ecuatoriano** Ecuadorean (1-EP)

**echar** to throw

**echar una mano** to give (*someone*) a hand; to help out (3-EP)

**echarse a reír** to burst out laughing (11-LL)

**la edad** age (1-EP)

**el edificio** building (4-EP)

**el edificio de apartamentos** apartment building

**educado** educated; polite

**mal educado** impolite

**el efectivo** cash

**en efectivo** in cash (11-EP)

**el efecto** effect, result

**los efectos personales** personal effects, belongings

**tener efecto en** to have an effect on

**eficaz** efficient

**el egipcio** Egyptian

**egoísta** selfish

**el(la) ejecutivo(a)** executive, administrator (14-EP)

**el ejercicio** exercise (5-EP)

**ejercicios aeróbicos** aerobic exercises (5-EP)

**ejercicios de calentamiento** warm-up exercises (5-EP)

**el ejército** army

**la elección** choice (10-LL)

**el(la) electricista** electrician (13-EP)

**el electrodoméstico** electric appliance (12-EP)

**elegir [i, i]5** to choose, select; to elect

**El Salvador** El Salvador (1-EP)

**la embajada** embassy

**embarcarse1** to board, go aboard (10-EP)

**embargo: sin embargo** however, nevertheless

**la emergencia** emergency

**la emoción** emotion; excitement

**emocionado** excited

**emocionante** exciting, thrilling, **emocionar** to touch, thrill (8-EG)

**empezar [ie]3** to begin, start (2-EG)

**el(la) empleado(a)** employee

**emplear** to hire (14-EP)

**el empleo** job, employment (14-EP)

**la agencia de empleos** employment agency

**la empresa** enterprise, company, firm (14-EP)

**empujar** to push, shove

**enamorado (de)** in love (with)

**encantado** delighted (1-EP)

**encantar** to enchant (7-EG); to please, delight (8-EG)

**estar encantado (de) que** to be delighted that (8-EG)

**¡me encantaría!** I'd be delighted! (5-EP)

**encargarse (de)2** to be in charge of (14-LL)

**encarnado** red, scarlet (14-LL)

**encender [ie]** to light, to turn on (2-EG)

**encerrar [ie]** to lock up (1-LL)

**encima (de)** on top (of) (4-EG)

**encontrar [ue]** to find; to meet (2-EG)

**encontrarse [ue]** to meet each other (5-EP)

**la encuesta** survey, opinion poll

**enchufar** to plug in (12-EP)

**el enchufe** electrical outlet (12-EP); plug (13-EP)

**enderezar3** to place upright; to re-erect (14-LL)

**el(la) enemigo(a)** enemy (11-LL)

**enfadado** annoyed, angry

**enfadarse** to get angry (2-EG)

**la enfermedad** sickness, illness (8-EP)

**las enfermedades infantiles** childhood diseases (8-EP)

**el(la) enfermero(a)** nurse (8-EP)

**enfermo** sick, ill (8-EP)

**enfrente (de)** opposite, facing, in front of (4-EP)

**engañoso** dishonest, misleading

**enojado** angry

**enojar** to anger (7-EG)

**enojarse** to get upset, angry (2-EG)

**enorgullecerse12(de que)** to take pride (in) (8-EG)

**la ensalada** salad (7-EP)

**la ensalada mixta** tossed salad (7-EP)

**ensayar** to rehearse

**el ensayo** essay

**enseñar** to show, point out; to teach (Ref)

**entender [ie]** to understand (2-EG)

**entero** entire, whole

**entonces** then, in that case (6-EP)

**¡hasta entonces!** see you then! until then! (5-EP)

**la entrada** entrance (4-EP); ticket (5-EP)

**entrar** to enter (Ref)

**entre** between, among (4-EG)

**entregar2** to deliver, hand over to (Ref)

**el entremés** appetizer (7-EP)

**el(la) entrenador(a)** coach, trainer

**entrenarse** to train (*athletics*) (5-EP)

**entretanto** meanwhile

**entretenido** entertaining, amusing (6-EP)

**la entrevista** interview (14-EP)

**entrevistar** to interview

**entristecerse** to feel sad (8-EG)

**entusiasmado** enthusiastically; enthusiastic

**enumerado** listed

**enviar7** to send (Ref)

**enyesar** to put in a cast (8-EP)

**la época** epoch, era, time

**la época colonial** colonial times

**el equilibrio** balance (6-EP)

**el equipaje** luggage (10-EP)

**el equipaje de mano** carry-on luggage (10-EP)

**el equipo** team; equipment, system

**el equipo de alta fidelidad** hi-fi system (13-EP)

**el equipo de sonido** sound system (13-EP)

**el equipo de vídeo** video recorder (13-EP)

**el equipo estereofónico** stereo (13-EP)

**la equis** the letter x

**equivocado** wrong; mistaken

**equivocarse1** to make a mistake (2-EG)

**era** was (*see* ser34)

**erróneo** mistaken, erroneous

**el(la) erudito(a)** knowledgeable person

**esbelto** slender (1-EP)

**la escala** stopover

**hacer escala** to make a stopover (10-EP)

**escalar** to climb (*a mountain*) (6-EP)

**la escalera** stair (4-EP); staircase (12-EP); ladder

**escandaloso** scandalous (3-EG)

el **escaparate** store window (9-EP)
el **escape** leak *(tire)* (13-EP)
la **escena** scene
el **escenario** setting, stage
la **escoba** broom (3-EP)
**escoger**[4] to choose, select (Ref)
**esconder** to hide (Ref)
**escribir**[16] to write
 **escribir a máquina** to type
 (14-EP)
el(la) **escritor(a)** writer
el **escritorio** desk (12-EP)
la **escritura** writing, handwriting
**escuchar** to listen (Ref); to listen
 to; to hear
la **escuela** *(elementary)* school
 (14-LL)
**ese** that (9-EG)
**ése** *(m.)* that one (9-EG)
**esencial** essential
el **esfuerzo** effort (11-LL)
el **esmalte de uñas** nail polish (2-EP)
el **esmoquin** tuxedo
**eso** *(n.)* that (9-EG)
**espacioso** roomy, spacious
 (12-EP)
los **espaguetis** spaghetti
**España** *(f.)* Spain (1-EP)
**español(a)** Spanish (1-EP)
**especial** special
la **especialidad** specialty
el(la) **especialista en informática**
 computer specialist (14-EP)
**especializarse**[3]**(en)** to specialize
 in; to major in
la **especie** kind, type
el **espectáculo** show, performance
 el **espectáculo de variedades**
 variety show (5-EP)
el(la) **espectador(a)** spectator, observer
**especular** to speculate, reflect on
el **espejo** mirror (2-EP)
la **esperanza** hope; expectation
**esperar** to wait (Ref.); to hope
 (2-EG)
la **espinaca** spinach
**espontáneo** spontaneous
la **esposa** wife (3-LL)
el **esposo** husband (3-LL)
 los **esposos** married people,
 married couple
el **esquí** ski
el(la) **esquiador(a)** skier
**esquiar**[7] to ski (Ref)
 **esquiar en el agua** to waterski

la **esquina** street corner (4-EP);
 outside corner *(of a building)*
la **estación** station
 la **estación de bomberos** fire
 station (4-EP)
el **estacionamiento** parking lot (4-EP)
**estacionar** to park (13-EP)
el **estadio** sports stadium (5-EP)
el **estado** state; government
los **Estados Unidos** United States
 (1-EP)
**estadounidense** American *(from
 the U.S.)* (1-EP)
**estafar** to trick, fool (14-LL)
**estampado** stamped, printed
 *(fabric)* (9-EP)
el **estante** bookcase (3-EP); shelf
**estar**[17] to be (Ref)
 **estar a punto de salir** to be
 about to depart
 **estar de compras** to be out
 shopping
 **estar de pie** to be standing (7-LL)
 **estar de vuelta** to be back
 **estar mal** to feel sick, be sick
 (8-EP)
 **estar resfriado** to have a cold
 (8-EP)
**este** this (9-EG)
**éste** *(m.)* this one (9-EG)
**estereotipado** stereotyped
el **estilo** style
el **estómago** stomach (8-EP)
**estorbar: estorbar el paso** to
 block the way (10-LL)
**estornudar** to sneeze (8-EP)
**estrecho** narrow (9-EP)
la **estrella** star *(celestial)*
el(la) **estrella de cine** film star
el(la) **estudiante** student
**estudiantil** relating to students
 el **carnet estudiantil** student ID
 card (1-EP)
 el **club estudiantil** student club,
 student center
**estudiar** to study (Ref)
el **estudio de mercado** marketing
 (14-EP)
la **estufa** range, stove (12-EP)
**estupendo** wonderful, fantastic,
 great
**estúpido** stupid
**estuvo** was (5-EG) *(see* estar[17])
**étnico** ethnic
el **eucalipto** eucalyptus tree

**Europa** *(f.)* Europe
**europeo** European
el **evento** event (6-EP)
**evitar** to avoid
**exactamente** exactly; right
el(la) **ex alumno(a)** former student,
 alumnus/alumna
el **examen** test, exam
la **excursión** trip
 **ir de excursión** to go on a trip
 (6-EP)
la **excusa** excuse
**exhibir** to exhibit, show
**exigir**[5] to demand, require (Ref)
**existir** to exist
el **éxito** success
 **tener éxito** to be successful
**expedido** issued
la **experiencia** experience
**experimentado** experienced
la **explicación** explanation
**explicar**[1] to explain (Ref)
la **explosión** explosion
**exponerse**[27]**(a)** to expose oneself,
 reveal oneself to (6-LL)
la **exposición** exhibit (5-EP)
**expresar** to express
**expropiado** taken over,
 expropriated
**extenderse** [ie] to extend, run the
 length of
**extranjero** foreign, from another
 country
 el **hombre extranjero** stranger
 (3-LL)
el **extranjero** a foreign place
 **en el extranjero** abroad,
 overseas (6-EP)
 **viajar al extranjero** to travel
 abroad
el(la) **extranjero(a)** stranger, foreigner
 (13-LL)
**extraño** strange; unusual; foreign
 **un hombre extraño** stranger

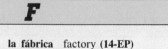

la **fábrica** factory (14-EP)
la **fábula** fable, story
**facturar** to check *(baggage)*
 (10-EP)
la **falda** skirt (9-EP)

la **falsedad** falseness; insincerity; dishonesty
la **falta** lack, need; fault
    **hacer falta** to be missing or lacking
    **sin falta** without fail **(7-EG)**
  **faltar** to be lacking **(7-EG)**
la **fama** fame
la **familia** family **(13-LL)**
el **familiar** relative
  **famoso** famous
el **fantasma** ghost
el **faro** headlight **(13-EP)**
la **fatiga** fatigue **(11-LL)**
el **favor** favor
la **fe** faith **(6-LL)**
la **fecha** date **(1-EP)**
la **felicidad** happiness **(2-LL)**
  **felicitar** to congratulate **(Ref)**
  **feliz** happy
  **fenomenal** fascinating **(13-LL)**; phenomenal
el **fenómeno** event **(6-EP)**; phenomenon
  **feo** ugly **(9-EP)**
  **feroz** fierce
la **ficción** fiction; invention, lie
el **fichero** filing cabinet
la **fidelidad** faithfulness, loyalty
  **de alta fidelidad** high fidelity *(sound system)* **(13-EP)**
la **fiebre** fever **(8-EP)**
la **fiesta** party **(5-EP)**
  **fijar** to fix, fasten **(12-LL)**
  **fijarse** to take notice
    **¡fíjate que no!** Not at all!
la **fila** row
el **filete** steak; fillet **(7-EP)**
las **Filipinas** Philippines **(1-EP)**
  **filipino** Philippine **(1-EP)**
la **filmación** filming, shooting
la **filosofía** philosophy **(11-LL)**
el **fin** end
  **el fin de semana** weekend **(6-EG)**
  **por fin** finally, at last **(6-EP)**
el **final** end
  **al final de** at the end of
  **finalmente** finally, at last **(6-EP)**
las **finanzas** finance **(14-EP)**
la **finca** farm, estate **(12-EP)**
  **fingir**[5] to pretend
  **fino** fine; delicate, refined
  **del más fino** the finest
la **firma** signature **(6-LL)**; firm, company **(14-EP)**

  **firmar** to sign **(12-LL)**
  **físico** physical **(1-EP)**
  **flaco** skinny **(1-EP)**
  **flamante** brand new
el **flan** custard **(7-EP)**
el **flash** flash **(13-EP)**
la **flecha** arrow **(3-LL)**
  **flojo** loose **(9-EP)**
la **flor** flower **(6-LL)**
la **florecita** little flower
  **de florecitas** flowered *(fabric)* **(9-EP)**
  **flotante** floating
  **folklórico** relating to folklore, folk arts
la **fonda** small restaurant, inn **(7-EP)**
el **fondo** end *(of a hall)* **(4-EP)**; bottom **(3-LL)**
  **al fondo de** at the bottom of
el(la) **forastero(a)** stranger **(13-LL)**; outsider
la **forma** form, *(physical)* shape
  **ponerse en forma** to get into (good physical) shape **(5-EP)**
  **formar** to form
la **fortuna** fortune **(9-EP)**
el **fósforo** match
la **foto** photograph **(13-EP)**
la **fotocopia** photocopy
  **el servicio de fotocopias** copy center
la **fotocopiadora** copying machine **(14-EP)**
la **fotografía** photography
  **fotográfico** photographic **(13-EP)**
el(la) **fotógrafo(a)** photographer
  **fracturarse** to break, fracture *(a limb)* **(6-EP)**
  **francés** *(f.* **francesa)** French **(1-EG)**
  **franco** frank, honest, open
la **franqueza** frankness, openness **(12-LL)**
la **frase** sentence
  **frecuentado** frequented; often visited
  **frecuentar** to visit or attend frequently **(12-LL)**
el **fregadero** kitchen sink **(3-EP)**
  **fregar** [ie][2] to wash **(3-EP)**
  **fregar los platos** to wash dishes **(3-EP)**
el **freno** brake *(saddle)*
  **los frenos** brakes *(car)* **(13-EP)**

la **frente** forehead **(8-LL)**
  **frente a** facing, in front of **(4-EG)**
la **fresa** strawberry **(7-EP)**
  **fresco** fresh, cool
el **fresco** fresh air **(12-LL)**
  **tomar el fresco** to get some fresh air **(12-LL)**
el **frijol** bean plant **(6-LL)**; bean **(7-EP)**
  **frío** cold **(12-EP)**
  **frito** fried **(7-EP)**
  **frondoso** leafy **(4-LL)**
  **fronterizo** living on the frontier **(13-LL)**
la **fruta** fruit **(7-EP)**
la **frutería** fruit market **(7-EP)**
  **fue** *(see* ir[21], ser[34])
el **fuego** fire **(3-LL)**
la **fuente** fountain **(4-EP)**; source of energy
  **fuera (de)** outside **(4-EG)**
  **fuerte** strong **(1-EP)**; strong *(pain)*
  **fumar** to smoke **(Ref)**
  **la sección de fumar (no fumar)** smoking (non-smoking) section **(10-EP)**
la **función** show, performance **(5-EP)**
  **funcionar** to be in working order; to function **(13-EP)**
la **fundación** founding
  **furioso** mad **(2-EG)**
el **furor** fury
el **fusible** fuse **(13-EP)**
el **fútbol** soccer **(5-EP)**

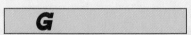

**G**

el **gabinete** cabinet **(12-EP)**
las **gafas** glasses **(1-EP)**
  **las gafas de sol** sunglasses **(9-EP)**
  **gala: de gala** dressy, fancy **(5-EP)**
la **galería** gallery *(art)* **(5-EP)**
  **gallego** Galician, from Galicia (Spain)
la **galleta** cookie **(7-EP)**
la **gallina** hen **(4-LL)**
el **gallinero** chicken coop **(8-LL)**
  **ganar** to win; to earn *(money)* **(Ref)**; to score **(5-EP)**
  **ganarse** to earn *(respect, approval, money)*

**ganarse la vida** to earn a living

**la ganga** bargain (9-EP)

**el garaje** garage (12-EP)

**garantizar³** to guarantee

**el garbanzo** chick-pea (7-EP)

**la garganta** throat (8-EP)

**el gas** gas (12-EP)

**la gaseosa** soda

**la gasolina (sin plomo)** *(lead-free)* gasoline (13-EP)

**la gasolinera** gas station, service station (4-EP)

**gastar** to spend *(money)* (Ref)

**el gasto** expense, charge

**el gato** cat

**el(la) gemelo(a)** twin

**general** general (1-EP)

  **por lo general** generally, in general (6-EG)

**generalizarse³** to become more widely used

**generalmente** generally (6-EG)

**generoso** generous

**la gente** people

**gentil** genteel (13-LL)

**el(la) gerente** manager (14-EP)

**la gimnasia** gymnastics (5-EP)

**el gimnasio** gymnasium (5-EP)

**la glorieta** traffic circle (4-EP)

**el gobierno** government

**golpear** to hit, strike (4-LL)

  **golpearse** to hit *(oneself)* (8-EP)

**la goma** rubber (9-EP); inner tube (13-EP)

**gordo** fat (1-EP)

**el gordo** grand prize *(lottery)*

  **algo gordo** something big

  **sacarse el gordo** to win the lottery

**la gorra** cap *(hat)* (9-EP)

**la gota** drop (3-LL); raindrop (4-LL)

**gozar³(de)** to enjoy (6-EP)

**la grabadora** tape recorder (13-EP)

**las gracias** thanks

  **dar las gracias** to thank (3-EP)

**el grado** degree *(temperature)* (8-EP)

**la graduación** graduation (6-EP)

**graduado** graduate (14-EP)

**graduarse⁸ (de)** to graduate (from) (14-EP)

**grande (gran)** big, large (1-EG)

**el granizo** hail (4-LL)

**la granja** farm (12-EP)

**la gratitud** gratitude

**gratuito** free

**grave** serious, grave

**Grecia** *(f.)* Greece (1-EP)

**griego** Greek (1-EP)

**el grifo** faucet (12-EP)

**la gripe** flu (8-EP)

**gris** gray (9-EP)

**gritar** to shout (4-LL)

**el grito** scream (2-LL)

**la grúa** tow truck (13-EP)

**grueso** big, heavy (1-EP); thick

**el gruñón** grouch

**el grupo** group (5-EP)

**el guante** glove (9-EP)

**guapo** handsome, beautiful; attractive (10-LL)

**guardar** to keep (Ref); to guard

  **guardar cama** to stay in bed (8-EP)

  **guardar silencio** to keep quiet

**la guardia** guard, custody

  **estar de guardia** to be on watch, on guard

**Guatemala** *(f.)* Guatemala (1-EP)

**guatemalteco** Guatemalan (1-EP)

**el guerrero** warrior (3-LL)

**el(la) guía** guide

**el guisado** stew (7-EP)

**el guisante** pea (7-EP)

**gustar** to please; to be pleasing to (2-EG)

**el gusto** pleasure (1-EP); taste

  **con mucho gusto** with pleasure (3-EP)

  **darse el gusto de** to give oneself the pleasure of (6-LL)

  **de buen gusto** in good taste (9-EP)

  **el gusto es mío** the pleasure is mine (1-EP)

  **mucho gusto en conocerlo** pleased to meet you (1-EP)

# H

**haber¹⁸** to have [*verbo auxiliar*]

**hábil** handy (13-EP)

**la habilidad** ability, skill (14-EP)

**la habitación** room (11-EP)

**el(la) habitante** inhabitant

**el hábito** habit, routine

**el habla** *(f.)* speech

  **de habla española** Spanish-speaking (13-LL)

**hablar** to speak, talk (Ref)

**hace (+ time)** ago (6-EP)

  **hace mucho tiempo** a long time ago (6-EP)

  **hace poco tiempo** recently (6-EP)

  **hace + time + que + (verb)** to have been _____ ing for + time

**hacer¹⁹** to do, make (Ref)

  **hacer bailar** to spin (11-LL)

  **hacer cola** to stand in line (5-EP)

  **hacer daño** to hurt, harm (8-LL)

  **hacer ejercicios** to exercise (5-EP)

  **hacer el cambio de tren** to change trains (10-EP)

  **hacer fresco (frío, sol, viento)** to be cool *(cold, sunny, windy)* (6-EP)

  **hacer jogging** to go jogging (5-EP)

  **hacer preguntas sobre** to ask questions about

  **hacer una barbacoa** to have a barbecue (6-EP)

  **hacer una encuesta** to take a survey, poll

  **hacer una reservación** to make a reservation (10-EP)

**hacerse¹⁹** to become

  **hacerse daño** to hurt oneself (6-EP)

  **hacerse el muerto** to play dead (8-LL)

**hacia** toward, near (4-EG)

**la hacienda** farm (12-EP)

**el hacha** *(f.)* ax

**haga** *(see* hacer¹⁹*)*

**hallarse** to be located (2-EG)

**el hambre** *(f.)* hunger

  **tener hambre** to be hungry

**la hamburguesa** hamburger

**haragán** lazy (11-LL)

**haría** *(see* hacer¹⁹*)*

**hasta** as far as (4-EP); until, to, up to (11-EP)

  **¡hasta entonces!** see you then! until then! (5-EP)

¡hasta luego! see you then
(later)! **(5-EP)**
**hasta que** until **(11-EG)**
**hay** there is, there are (see haber)
**hay que** (+ inf.) it is
necessary, one must (+ inf.)
**no hay de qué** you're welcome,
don't mention it **(3-EP)**
**la hebilla** belt buckle **(9-EP)**
**hecho** (see hacer[19])
**lo hecho** what is done
**el hecho** fact; event **(6-EP)**
**los grandes hechos** great deeds
**(10-LL)**
**helado** ice-cold, frozen
**el helado** ice cream **(7-EP)**
**el(la) heredero(a)** beneficiary, heir
**(5-LL)**
**la herencia** inheritance **(5-LL)**
**la herida** cut, wound, injury **(8-EP)**
**herido** injured, hurt **(8-EP)**
**el(la) herido(a)** injured person **(8-EP)**
**herir** [ie, i] to wound **(13-LL)**
**herirse** [ie, i] to get wounded
**(8-EP)**
**la hermana** sister
**el hermano** brother
**hermoso** beautiful, handsome
**(10-LL)**
**la hermosura** beauty **(10-LL)**
**el héroe** hero
**la heroína** heroine
**la herramienta** tool
**hice** (see hacer[19])
**el hielo** ice **(6-EP)**
**la hierba** grass **(3-EP)**
**la mala hierba** weed **(4-LL)**
**la hija** daughter **(1-LL)**
**el hijo** son **(1-LL)**
**el hilo** thread
**hispano** Spanish, Hispanic **(4-EP)**
**hispanohablante** Spanish-speaking
**el(la) historiador(a)** historian
**hizo** (see hacer[19])
**el hocico** snout, nose (of animal)
**el hogar** home
**la hoja** leaf **(6-LL)**
**la hoja de afeitar** razor blade
**(2-EP)**
**Holanda** (f.) Holland **(1-EP)**
**holandés** (f. **holandesa**) Dutch
**(1-EP)**
**holgazán** lazy
**el hombre** man

**el hombre de negocios**
businessman **(14-EP)**
**el hombre extranjero** stranger
**(3-LL)**
**el hombro** shoulder **(6-EP)**
**Honduras** (f.) Honduras **(1-EP)**
**hondureño** Honduran **(1-EP)**
**honrado** honest
**la hora** time; hour
**la hora de llegada (salida)**
arrival (departure) time **(10-EP)**
**horadar** to bore, dig holes in
**(9-LL)**
**el horario** schedule
**el horario de salidas y llegadas**
arrival and departure schedule
**(10-EP)**
**el horario de trenes** train
schedule **(10-EP)**
**el horno** oven **(12-EP)**
**el horno de microondas**
microwave oven **(12-EP)**
**el hospital** hospital **(4-EP)**
**el hostal** inn **(11-EP)**
**el hotel** hotel **(11-EP)**
**hoy** today
**hoy (en) día** today, nowadays
**hubo** there was, were (see
haber[18])
**el hueco** hole, hollow **(11-LL)**
**huele** (see oler[25])
**la huella** trace, footprint
**la huerta** garden **(6-LL)**
**el hueso** bone
**el(la) huésped(a)** guest **(5-EP)**
**el huevo** egg **(7-EP)**
**la tortilla de huevo** omelet
**(7-EP)**
**huir**[13] to flee **(Ref)**
**humano** human
**el humor** mood
**de buen (mal) humor** in a good
(bad) mood
**humorístico** humorous, funny,
amusing
**el huracán** hurricane, storm
**¡huy!** ouch!; wow!

# I

**ida: de ida** one-way **(10-EP)**
**de ida y vuelta** roundtrip
**(10-EP)**

**la identidad** identity **(1-EP)**
**el documento de identidad**
identification paper **(1-EP)**
**la tarjeta de identidad**
identification card **(1-EP)**
**el idioma** language
**igual** equal
**la imaginación** imagination
**impedir** [i, i] to stop, prevent
**(3-EG)**
**el imperio** empire
**el impermeable** raincoat **(9-EP)**
**importado** imported
**importante** important **(3-EG)**
**importar** to matter, to be
important **(7-EG)**
**imposible** impossible
**impreso** (see imprimir[20])
**la impresora** (computer) printer
**(14-EP)**
**imprimir**[20] to print
**improbable** improbable, unlikely
**(8-EG)**
**el incendio** fire **(6-EP)**
**inclinarse** to lean over, bend over
**incómodo** uncomfortable **(12-EP)**
**incompetente** incompetent
**el inconveniente** inconvenience
**increíble** incredible, unbelievable
**la independencia** independence
**independizarse**[3] to become
independent
**India** (f.) India **(1-EP)**
**la indicación** indication, sign
**indicar** to indicate, point out
**(4-EP)**
**indio** Indian, from or pertaining
to India **(1-EP)**
**indiscreto** indiscreet,
untrustworthy
**indispensable** indispensable **(3-EG)**
**inesperado** unexpected
**infantil** childish, childlike;
pertaining to childhood
**la infección** infection
**inflar** to inflate **(13-EP)**
**la información** information **(10-EP)**
**informado** informed
**informarse** to get information
**la informática** data processing;
computer science **(14-EP)**
**el informe** report
**infundir** to inspire
**infundir ánimo** to encourage

**el(la) ingeniero(a)** engineer (14-EP)
**inglés** (*f*. **inglesa**) English (14-EP)
**iniciar** to initiate, start
**la iniciativa** initiative (14-EP)
**inmediato** immediate; near, close
**de inmediato** at once, immediately
**inmenso** immense, enormous, huge
**la inmigración** immigration (10-EP)
**el(la) inmigrante** immigrant
**inmóvil** immobile, motionless (8-LL)
**inofensivo** inoffensive
**inoportuno** inopportune
**el(la) inquilino(a)** tenant (12-EP)
**inquisitivo** inquisitive, curious
**insistentemente** insistently
**insistir (en que)** to insist (on, that) (Ref)
**la insolación** sunstroke (6-EP)
**sufrir una insolación** to get a sunstroke (6-EP)
**el insomnio** insomnia, sleeplessness (8-EP)
**inspirar** to inspire
**inspirar sospecha** to arouse suspicion
**el instituto** institute (14-EP)
**la instrucción** instruction, education
**inteligente** intelligent
**intercambiar** to exchange
**interesar** to interest (7-EG)
**internacional** international (14-EP)
**interpretar** to interpret; to play a threatrical role
**el(la) intérprete** interpreter
**intervenir**[38] to intervene
**el inti** monetary unit of Perú
**inundar** to flood
**inventar** to invent
**invertir** [ie, i] to invest
**el invierno** winter
**el(la) invitado(a)** guest (5-EP)
**invitar** to invite (5-EP)
**la inyección** injection, shot (8-EP)
**ir**[21] to go (Ref)
**ir a** + *inf.* to be going + *inf.*
**ir de camping** to go camping (6-EP)
**ir de excursión** to go on a trip (6-EP)
**ir de viaje** to go traveling, go on a trip

**ir en busca de** to go look for, go in search of
**irse**[21] to go away, leave (2-EP)
**la ira** anger, fury, ire (8-EG)
**Irlanda** (*f.*) Ireland (1-EP)
**irlandés** (*f.* **irlandesa**) Irish (1-EP)
**la irritación** irritation, annoyance (8-EG)
**irritar** to irritate, annoy (8-EG)
**Israel** (*m.*) Israel (1-EP)
**israelí** Israeli (1-EP)
**la izquierda** left
**a la izquierda (de)** on the left, to the left (of) (4-EP)

## J

**el jabón** soap (2-EP)
**jamás** never; ever (5-EG)
**el jamón** ham (7-EP)
**el Japón** Japan (1-EP)
**japonés** (*f.* **japonesa**) Japanese (1-EP)
**el jarabe para la tos** cough syrup (8-EP)
**el jardín** garden (3-EP)
**el jardín público** public garden, park
**la jarra** pitcher (7-EP)
**el jazmín** jasmine
**el jazz** jazz (5-EP)
**el(la) jefe(a)** boss, chief, supervisor (14-EP)
**el jersey** sweater (9-EP)
**el jogging** jogging (5-EP)
**hacer jogging** to go jogging (5-EP)
**la jornada** journey; hours of work, shift
**la jornada completa** full time (14-EP)
**la media jornada** half time (14-EP)
**el(la) joven** young person
**la joyería** jewelry store
**judío** Jewish
**el juego** game (5-EP)
**el juego de cuarto** bedroom suite (*furniture*) (12-EP)
**el(la) juez** judge (5-LL)
**el(la) jugador(a)** player
**jugar** [ue][2] to play (2-EG)

**el jugo** juice
**el jugo de fruta** fruit juice
**el juguete** toy
**el juicio** judgment (5-LL); wisdom (8-EP)
**juntar** to join, bring together (7-LL)
**junto(a)** next to; near (4-EG)
**juntos** together
**el juramento** oath (11-LL)
**justificar**[1] to justify, give a reason for
**justo** fair; just, right (3-EG)
**justo después** right after (4-EP)
**juvenil** youth, youthful (11-EP)
**la juventud** youth; young people

## K

**el kilo** kilogram (7-EP)
**el kilómetro** kilometer

## L

**el labio** lip
**el laboratorio** laboratory (14-EP)
**la laca para el cabello** hair spray (2-EP)
**lácteo** dairy (7-EP)
**el lado** side
**al lado (de)** beside, near; next to (4-EP); close by
**el ladrillo** brick (4-EP)
**el ladrón** thief (4-LL), rustler (13-LL)
**la lágrima** tear (13-LL)
**la lagunita** small lake (3-LL)
**lamentablemente** regrettably, unfortunately (5-EP)
**la lamentación** lament; wailing, grieving
**lamentar** to regret (8-EG)
**la lámpara** lamp (12-EP)
**la lana** wool (9-EP)
**la langosta** lobster (7-EP)
**lanzar**[3] to shoot (*an arrow*) (3-LL); to throw (5-EP)
**el lápiz** pencil
**el lápiz de labios** lipstick (2-EP)
**largo** long (9-EP)
**la lástima** shame, pity (3-EP)

**la lata**  can (7-EP)
    **la lata de basura**  garbage can (12-EP)
**el lavabo**  bathroom sink (12-EP)
**la lavadora**  washer
    **la lavadora de platos** dishwashing machine (3-EP)
    **la lavadora de ropa**  washing machine (3-EP)
**el lavamanos**  wash basin (12-EP)
**la lavandería**  laundry room (3-EP); laundromat
**el lavaplatos**  dishwasher (3-EP)
    **lavar**  to wash (Ref)
        **lavarse** (el pelo)  to wash (one's hair) (2-EP)
**leal**  loyal
**el lector de discos**  disk drive (14-EP)
**la lectura**  reading
**la leche**  milk
**la lechería**  milk and dairy product store (7-EP)
**la lechuga**  lettuce (7-EP)
**leer**[22]  to read (Ref)
**la legumbre**  vegetable (7-EP)
**lejos (de)**  far (from) (4-EP)
**la lengua**  tongue (8-EP)
**el lente**  lens (camera) (13-EP)
    **el lente de contacto**  contact lense (1-EP)
    **los lentes**  eyeglasses (1-EP)
    **los lentes oscuros**  sunglasses (9-EP)
**la letra**  handwriting (12-LL)
**el letrero**  sign, billboard (4-EP)
**levantar**  to lift (5-EP); to raise (13-EP)
    **levantarse**  to get up (2-EP)
**la ley**  law
**la leyenda**  legend
**leyó** (see leer[22])
**liberal**  liberal
**la libra**  pound (7-EP)
**libre**  free, available (5-EP); empty (seat) (10-EP)
    **al aire libre**  (in the) open air
    **el tiempo libre**  free time (6-EP)
**el liceo**  high school
**ligeramente**  slightly
**ligero**  light (7-EP)
**la limosina**  limousine (13-EP)
**los limpiaparabrisas**  windshield wipers (13-EP)
**limpiar**  to clean (Ref)

**la limpieza**  cleaning
**lindo**  pretty (9-EP)
**la línea**  line
**el lino**  linen (9-EP)
**el lío**  mess, predicament
**la liquidación**  clearance sale (9-EP)
    **en liquidación**  on sale (9-EP)
**liso**  straight (hair) (1-EP)
**listo**  prepared, ready; clever (1-EG)
**la litografía**  lithography
**el litro**  liter (7-EP)
**lo: lo que**  that (which), what
el(la) **locutor(a)**  announcer, newscaster
**el lodo**  mud
**la loma**  hill (7-LL)
**el lomo de res**  prime rib of beef (7-EP)
**luchar**  to fight, struggle (7-LL)
**luego**  then, later; afterwards (6-EP)
    **¡hasta luego!**  see you then (later)! (5-EP)
    **luego que**  as soon as (11-EG)
**el lugar**  place (1-EP)
    **sin lugar a dudas**  without any doubt
    **tener lugar**  to take place
**lujo: de lujo**  luxury, fancy, expensive (9-EP)
**el lunar**  beauty mark (1-EP)
**el lunes**  (on) Monday
**la luz**  light (12-EP)
    **la luz direccional**  turn signal (13-EP)

## LL

**llamar**  to call (Ref)
    **llamar la atención (a)**  to call attention (to)
    **llamarse**  to be named (1-EP)
**la llanta**  tire (13-EP)
    **la llanta pinchada**  flat tire (13-EP)
**la llanura**  plain (14-LL)
**la llave**  key (11-EP)
    **la llave de agua**  faucet (12-EP)
**el llavero**  key ring (9-EP)
**la llegada**  arrival (10-EP)
**llegar**[2]  to arrive (Ref)
**llenar**  to fill (Ref)

**lleno**  full
**llevar**  to bring (Ref); to wear (1-EP)
    **lleva (10 minutos) de adelanto (retraso)**  it's (10 minutes) early (late) (10-EP)
    **llevar a casa**  to take home (5-EP)
    **llevarse bien con**  to get along well with (14-EP)
**llorar**  to cry (Ref)
**llover** [ue]  to rain (6-EP)
**la lluvia**  rain (3-LL)

## M

**la madera**  wood (4-EP)
**la madrugada**  dawn
    **de madrugada**  at dawn (6-EP)
**madrugador**  early riser
**maduro**  ripe (6-LL)
el(la) **maestro(a)**  schoolteacher (5-LL)
**el maíz**  corn (6-LL)
    **las rosetas de maíz**  popcorn (7-EP)
**la maleta**  suitcase (1-LL)
    **las maletas**  luggage (10-EP)
**malo**  bad, evil; sick (3-EG)
    **los malos**  the bad guys
**el mandado**  errand
**mandar**  to send (Ref); to order (3-EG); to will
**la manera**  manner, way
    **de alguna manera**  (in) some way, somehow
    **de manera lógica**  in a logical way
    **de ninguna manera**  (in) no way; absolutely not
**la manga**  sleeve (9-EP)
    **de manga corta**  short-sleeved (9-EP)
    **de manga larga**  long-sleeved (9-EP)
**la manguera**  garden hose (3-EP)
**manipular**  to manipulate, manage skillfully
**la mano**  hand
    **a mano**  by hand
    **dar (echar) una mano**  to give a hand; to help out (3-EP)
**manso**  tame

**la manta** blanket (11-EP)
**mantener**[35] to maintain (Ref)
  **mantenerse en forma** to maintain oneself in good shape
**la mantequilla** butter
**la manzana** city block (4-EP); apple (7-EP)
**mañana** tomorrow
**la mañana** morning
  **por la mañana** in the morning (6-EP)
**el mapa** map
**el maquillaje** make-up (2-EP)
**maquillarse** to put on make-up (2-EP)
**la máquina** machine
  **escribir a máquina** to type (14-EP)
  **la máquina de escribir eléctrica** electric typewriter (14-EP)
  **la máquina de lavar** washing machine (3-EP)
  **la máquina de secar** dryer (3-EP)
  **las máquinas de oficina** office equipment (14-EP)
**la maquinaria** computer hardware (14-EP)
**la maquinilla de afeitar** electric razor (2-EP)
**el mar** sea (6-EP)
**el maratón** marathon race
**maravilloso** marvelous, wonderful
**la marca** brand
**marcar**[1] to score (a point) (5-EP)
**el(la) marciano(a)** Martian
**marcharse** to go away (2-EP)
**mareado** dizzy (8-EP)
**marearse** to get seasick (6-EP); to feel dizzy (8-EP)
**el mareo** dizzy spell (8-EP)
**el marido** husband (9-LL)
**el(la) marinero(a)** sailor
**el marisco** shellfish, seafood (7-EP)
**marítimo** relating to the sea, maritime
**el martes** (on) Tuesday (11-EP)
**más** more, most; so (intensifier); plus
  **más bien** rather
  **más de** + quantity more than (9-EG)
  **más . . . que** more . . . than (9-EG)

**una vez más** again, one more time
**la máscara de ojos** mascara (2-EP)
**matar** to kill (2-LL)
  **matarse** to get killed (6-EP)
**el material** material (9-EP)
**la matiné** matinée (performance), afternoon show
**el matón** killer, outlaw (13-LL)
**matricularse** to register, enroll (at a university)
**el matrimonio** wedding (3-LL)
**maya** Mayan
**mayor** older; oldest; greater; greatest; main
**la mayoría** majority
**el(la) mecanógrafo(a)** typist
**la medalla** medal (9-EP)
**media** (f.) half
  **en media hora** in half an hour
  **las nueve y media** nine-thirty, half past nine
**mediados: a mediados de** halfway through
**mediano** medium, average
  **de talla mediana** of average height (1-EP)
**la medianoche** midnight (6-EP)
**las medias** pantyhose (9-EP)
**la medicina** medicine (8-EP)
**el(la) médico(a)** doctor (8-EP)
  **el(la) médico(a) internista** internist
**la medida** measurement (clothing) (9-EP)
**el medio** half
  **en medio de** in the middle of (4-EG)
**mediocre** mediocre, average
**el mediodía** noon (6-EP)
**medir** [i, i] (por) to measure (by) (10-LL)
**la mejilla** cheek (1-EP)
**el mejillón** mussel (7-EP)
**mejor** better (3-EG); best (9-EG)
**mejorar** to improve
  **mejorarse** to get better (after an illness) (8-EP)
**el melocotón** peach (7-EP)
**el(la) mendigo(a)** beggar (5-LL)
**menear** to wag, wave (9-LL)
**menor** younger (9-EG); youngest
**menos** less; least; except (for)
  **a menos que** unless (11-EG)

**menos de** + quantity less than (9-EG)
**menos . . . que** less . . . than (9-EG)
  **por lo menos** at least
**la mente** mind
**mentir** [ie, i] to lie (2-EG)
**la mentira** lie
**el menú** menu (7-EP)
**menudo: a menudo** often, frequently (6-EG)
**el mercado** market (4-LL)
  **el mercado al aire libre** open air market (9-EP)
**mercantil** commercial
**merecer**[12] to deserve, merit (Ref)
**merendar** [ie] to have a snack
  **merendar en el campo** to have a picnic (6-EP)
**la merienda** picnic; snack
**la mermelada** marmalade, jam
**el mes** month
**la mesa** table
  **poner la mesa** to set the table (3-EP)
  **recoger la mesa** to clear the table (3-EP)
**el(la) mesero(a)** waiter, waitress (7-EP)
**la meseta** plateau
**el mesón** inn, pub (7-EP)
**el metro** subway (4-EP); meter
  **el metro cuadrado** square meter
**mexicano** Mexican (1-EP)
**México** (m.) Mexico (1-EP)
**la microcomputadora** microcomputer, personal computer (14-EP)
**el micrófono** microphone (13-EP)
**la microonda** microwave (12-EP)
  **el horno de microondas** microwave oven (12-EP)
**el microordenador** microcomputer, personal computer (14-EP)
**el microprocesador** microprocessor (14-EP)
**el miedo** fear (8-EG)
**la miel** honey (11-LL)
**mientras (que)** while; for as long as (6-EG)
**mil** thousand
**milagroso** miraculous
**militar** military
**el(la) militar** military officer (12-LL)

el(la) **millonario(a)** millionaire
**minusválido** handicapped
el **minuto** minute (4-EP)
la **mirada** look, glance (1-LL)
**mirar** to look; to watch *(TV)* (Ref)
**mirar con buenos ojos** to look at favorably
**mirarse** to look at oneself
la **misa** *(religious)* mass
**mismo** same; very *(intensifier)*
**esta misma noche** this very night
**lo mismo** the same *(thing)*
**mismo, misma** self
**yo mismo(a)** myself
**sí mismo(a)** himself, herself, yourself
el **misterio** mystery
la **moda** fashion
**de moda** in style (9-EP)
**pasado de moda** out of style, old-fashioned (9-EP)
los **modales** manners
el(la) **modelo** fashion model
**moderno** modern (12-EP)
el **modo** way, manner
**de algún modo** somehow
**de ningún modo** not in any way
**mojar** to moisten (6-LL)
**molestar** to bother (Ref)
el **molinillo de café** coffee grinder
el **momento** moment
**en el momento que** at the moment when (6-EG)
la **moneda** coin (6-LL)
el **monedero** coin purse (9-EP)
la **mononucleosis** mononucleosis (8-EP)
la **montaña** mountain (6-EP)
el **monte** mount, hill
el **montón** heap, pile, stack
la **montura** riding gear *(saddle, etc.)* (13-LL)
**morado** purple (9-EP)
la **moraleja** moral, point *(of a story)*
**morder** [ue] to bite
**moreno** dark-haired, dark (1-EP)
**moribundo** dying (10-LL)
**morir** [ue, u]²³ to die (2-EG)
**morirse de risa** to die of laughter
**moro** Moorish; of Arab influence or heritage

**mortificado** mortified, embarrassed; worried
**mortificarse¹** to be embarrassed (10-LL)
la **mostaza** mustard (7-EP)
el **mostrador** store counter (9-EP); airline ticker counter (10-EP)
**mostrar** [ue] to show (2-EG)
el **motivo** motive, reason
la **moto** motor bike, motorcycle
**mover** [ue] to move (2-EG)
**moverse** [ue] to move, budge (2-EP)
el(la) **mozo(a)** bellhop; waiter, waitress (7-EP)
**mucho** a lot of, much (9-EP)
**mudarse** to move *(to a new house)* (2-EG)
los **muebles** furniture (12-EP)
la **muela** molar, tooth (8-EP)
**el dolor de muelas** toothache (8-EP)
**la muela del juicio** wisdom tooth (8-EP)
la **muerte** death (2-LL)
**muerto** dead (2-LL)
la **muestra** sample
la **mujer** woman
**la mujer de negocios** businesswoman (14-EP)
la **muleta** crutch (8-EP)
el **mundo** world (1-EP)
**municipal** municipal, belonging to the city, public
la **muñeca** doll, puppet (1-LL)
**murió** *(see* morir²³*)*
el **muro** wall (9-LL)
**muscular** muscular (8-EP)
el **museo** museum (5-EP)
la **música** music (5-EP)
el(la) **músico(a)** musician (5-EP)
**mutuamente** mutually
**muy** very (1-EP)

# N

**nacer¹²** to be born (1-EP)
el **nacimiento** birth (1-EP)
**nacional** national, federal
la **nacionalidad** nationality (1-EP)
**nada** nothing, not anything (5-EG)

**de nada** you're welcome (3-EP)
**nadar** to swim (Ref)
**nadie** no one, nobody, not anyone (5-EG)
la **nariz** nose (8-EP)
el(la) **narrador(a)** narrator, the one telling a story
**narrar** to narrate, to tell
la **naturaleza** nature
**naturalmente** naturally
el **naufragio** shipwreck
la **nave** ship
la **neblina** mist (6-EP)
**necesario** necessary (3-EG)
**necesitar** to need (Ref)
**negar** [ie]² to deny; to refuse (8-EG)
**negarse²(a)** to refuse (to) (2-EG)
el **negocio** business (14-EP)
**el hombre de negocios** businessman (14-EP)
**la mujer de negocios** businesswoman (14-EP)
**negro** black (9-EP)
**nervioso** nervous, anxious (8-EP)
**nevar** [ie] to snow (6-EP)
**ni** neither
**ni siquiera** not even (5-EG)
**ni . . . ni** neither . . . nor (5-EG)
**Nicaragua** *(f.)* Nicaragua (1-EP)
**nicaragüense** Nicaraguan (1-EP)
la **niebla** fog (6-EP)
la **nieta** granddaughter
el **nieto** grandson
la **nieve** snow (6-EP)
el **nilón** nylon (9-EP)
**ninguno (ningún)** no, none, not any (5-EG)
**de ninguna manera** (in) no way, absolutely not
**de ningún modo** not in any way
**en/a ninguna parte** nowhere
la **niña** girl, child
la **niñera** baby sitter
la **niñez** childhood
el **niño** boy, child
el **nivel** level
la **nobleza** nobility
la **noche** night (11-EP)
**de noche** nighttime (6-EP)
**por la noche** at night (8-EP)

**el nombre** name, first name (1-EP)

**norteamericano** American (*of the United States*) (1-EP)

**Noruega** (*f.*) Norway (1-EP)

**noruego** Norwegian (1-EP)

**la nota** grade

**notar** to notice, note

**la noticia** news, news item

**la novedad** novelty

**el(la) novelista** novelist

**la novia** bride (4-LL); girlfriend, fiancée

**el novio** bridegroom (4-LL); fiancé (9-LL); boyfriend

**la novocaína** novocaine, local anesthetic (8-EP)

**la nube** cloud (3-LL)

**nublado** cloudy (*weather*) (6-EP)

**el número** number (14-EP)

**el número (de calzado)** (*shoe*) size (9-EP)

**nunca** never (5-EG); ever (*in a question*)

## O

**o** or

**o . . . o** either . . . or (5-EG)

**obedecer**[12] to obey (**Ref**)

**el objeto** object (3-EP)

**obligatorio** required, obligatory

**la obra** work (5-EP)

**la obra de caridad** act of charity (6-LL)

**la obra de teatro** play (5-EP)

**obrar** to do; to work; to act

**obrar de prisa** to work fast, to act quickly (1-LL)

**observar** to notice, observe

**el obstáculo** obstacle

**obstinado** obstinate, stubborn

**obtener**[35] to obtain (**Ref**)

**obtuvo** (*see* obtener[35])

**obvio** obvious

**el(la) oculista** eye doctor, optometrist (8-EP)

**ocultar** to hide (11-LL)

**ocupadísimo** very busy (3-EP)

**ocupado** busy, occupied (5-EP); taken (*seat*) (10-EP)

**ocuparse (de)** to get, be busy (with) (2-EG)

**ocurrir** to happen, occur, take place (**Ref**)

**el odio** hatred

**el oeste** west

**la película del oeste** western (*movie*)

**la oferta** offer; gift

**la oferta de empleo** job offer, ad (14-EP)

**la oficina** office (3-EP)

**la oficina de correos** post office (4-EP)

**la oficina de información** information desk (10-EP)

**ofrecer**[12] to offer (**Ref**)

**el ofrecimiento** offering

**el oído** inner ear (8-EP)

**oír**[24] to hear (**Ref**)

**ojalá (que)** let's hope that (3-EG)

**el ojo** eye (1-EP)

**con buenos ojos** favorably

**la máscara de ojos** mascara (2-EP)

**la sombra de ojos** eye shadow (2-EP)

**la ola** wave (1-LL)

**oler [ue]**[25] to smell (2-EG)

**la olla** jar, pot (7-LL)

**olvidar** to forget (**Ref**)

**olvidarse de** + *inf.* to forget + *inf.* (2-EG)

**ondulado** wavy (*hair*) (1-EP)

**el(la) operador(a)** telephone operator (11-EP)

**opinar** to be of the opinion (8-EG)

**oponerse**[27]**(a)** to be against, opposed to (3-EG), to oppose (12-LL)

**la oportunidad** opportunity (14-EP)

**optimista** optimistic

**la oración** sentence, clause; speech

**la orden** order (3-EG)

**dar órdenes** to give orders

**ordenado** orderly, neat

**el ordenador** computer (14-EP)

**la oreja** ear (9-LL)

**organizar**[3] to organize

**el orgullo** pride (8-EG)

**orgulloso** proud (8-EG)

**estar orgulloso de que** to be proud that

**la orientación** position, direction

**el origen** origin, beginning

**la orilla** edge

**a orillas del mar** at the seashore (6-EP)

**el oro** gold (14-LL)

**la orquesta** orchestra (5-EP)

**ortográfico** spelling, orthographic

**la oscuridad** darkness

**oscuro** dark (9-EP)

**la ostra** oyster (7-EP)

**el otoño** autumn

**otro** other, another (6-EG)

**otra vez** again, once more

**ovalado** oval-shaped (1-EP)

**¡oye!** listen!, say!

## P

**la paciencia** patience

**el(la) paciente** patient

**padecer**[12]**(de)** to suffer (from) (8-EP)

**la paella** Spanish rice dish

**pagar**[2] to pay, pay for (**Ref**)

**el país** country

**el país de origen** country of origin, native land (1-EP)

**el paisaje** landscape (7-LL)

**el pájaro** bird

**la palabra** word

**el palacio** palace

**pálido** pale

**el pan** bread (3-EP)

**el pan de centeno** rye bread

**la pana** corduroy (9-EP)

**la panadería** bakery (7-EP)

**Panamá** (*m.*) Panama (1-EP)

**panameño** Panamanian (1-EP)

**los pantalones** pair of pants, pants, trousers (9-EP)

**los pantalones cortos** shorts (9-EP)

**los pantalones vaqueros** jeans, denim pants (9-EP)

**la pantalla** television screen; computer screen (13-EP)

**la pantufla** slipper (9-EP)

**el pañuelo** handkerchief (9-EP)

**la papa** potato (7-EP)

**las papas fritas** french fries (7-EP)

**el papel** piece of paper; theatrical role (6-LL)

las **paperas** mumps (**8-EP**)

el **paquete** package (**7-EP**)

el **par** pair (**9-EP**)

**para** for, to, at, by; during (**4-EG**)

  **para** + *inf.* to, in order to (**11-EG**)

  **para que** so that (**11-EG**)

  **para servirle** you're welcome, at your service (**3-EP**)

la **parábola** parable (*literature*)

el **parabrisas** windshield (**13-EP**)

el **parachoques** bumper (**13-EP**)

la **parada** (de autobuses) (*bus*) stop (**4-EP**)

el **paraguas** umbrella (**9-EP**)

**Paraguay** (*m.*) Paraguay (**1-EP**)

**paraguayo** Paraguayan (**1-EP**)

**parar** to stop (**4-EP**)

  **pararse** to stop (*at a place*) (**2-EP**)

**pardo** brown (**9-EP**)

**parecer**[12] to seem, appear (**Ref**)

**parecido (a)** similar (to), like

la **pared** wall (**12-EP**)

la **pareja** couple

el(la) **pariente** relative (**8-LL**)

la **parrilla** grill

  **a la parrilla** grilled

la **parte** part

  **en/a alguna parte** somewhere

  **en/a ninguna parte** nowhere

**participar** participate (**5-EP**)

**particular** particular (**1-EP**); private

  **la seña particular** distinguishing feature (**1-EP**)

el **partido** match, game (**5-EP**)

  **el gran partido** great "catch" (*socially*) (**10-LL**)

  **el partido de fútbol** soccer game

**pasado** past

  **el sábado pasado** last Saturday (**6-EG**)

  **en el pasado** in the past (**6-EG**)

el **pasaje** ticket (**10-EP**)

el(la) **pasajero(a)** passenger

el **pasaporte** passport

**pasar** to pass (**Ref**); to happen (**6-EP**)

  **pasar a la caja** to go to the cashier's (**7-EP**)

  **pasar la aspiradora** to vacuum (**3-EP**)

**pasar por la aduana** to go through customs (**10-EP**)

**pasar por tu casa** to pass, stop by your house (**5-EP**)

**pasarlo bien** to have a good time (**6-EP**)

**pasear** to go for a walk (**6-EP**)

  **sacar a pasear al perro** to take the dog for a walk (**3-EP**)

el **paseo** avenue (**4-EP**); stroll, walk, outing

  **dar un paseo** to go for a walk (**6-EP**)

el **pasillo** corridor (**1-LL**); hall (**4-EP**); aisle (**10-EP**)

el **paso** way (**10-LL**); step

la **pasta** paste

  **la pasta dentífrica** toothpaste (**2-EP**)

el **pastel** cake

  **los pasteles** pastry (**7-EP**)

la **pastelería** pastry shop (**7-EP**)

la **pastilla** tablet (**8-EP**); microchip (**14-EP**)

**patinar** to skate (**Ref**)

el **patio** patio, courtyard (**12-EP**)

el **pato** duck (**7-EP**)

la **paz** peace

la **peca** freckle (**1-EP**)

el **pedazo** piece, bit (**7-EP**)

la **pedida de su mano** the request of her hand (*in marriage*)

**pedir** [i, i] to ask for; request (**2-EG**); to order (*a meal*) (**7-EG**)

  **pedir disculpas** to apologize, offer an apology

**pedregoso** stony, rocky

**pegar**[2] to hit

**peinarse** to comb one's hair (**2-EP**)

el **peine** comb (**2-EP**)

**pelado** broke, out of money; peeled

**pelar** to peel (**3-EP**)

**pelear** to fight

la **película** movie, film (**5-EP**)

  **el rollo de película** (*roll of*) film (**13-EP**)

  **la película del oeste** western (*movie*)

el **peligro** danger

**peligroso** dangerous (**13-LL**)

**pelirrojo** red-haired (**1-EP**)

el **pelo** hair (**1-EP**)

la **pelota** ball (**5-EP**)

la **peluquería** barber shop

la **pena** regret (**8-EG**); grief, sorrow

  **vale la pena** it is worthwhile (**3-EG**)

el **pendiente** (*long*) earring (**9-EP**)

la **penicilina** penicillin (**8-EP**)

**penosamente** with difficulty

el **pensamiento** thought

**pensar** [ie] to think (**2-EG**); to intend (**to**)

  **voy a pensarlo** I'm going to think it over (**9-EP**)

la **pensión** boarding house (**11-EP**)

  **la media pensión** room and breakfast (**11-EP**)

  **la pensión completa** room and board (**11-EP**)

la **peña** boulder (**6-EP**)

el **peón** ranch hand (**13-LL**)

**peor** worse, worst (**9-EG**)

el **pepino** cucumber (**7-EP**)

**pequeño** little, small

la **pera** pear (**7-EP**)

el **percance** mishap, setback

la **percha** (*clothes*) hanger (**3-EP**)

**perder** [ie] to lose; to miss (*a bus*) (**2-EG**); to leak (*gasoline, etc.*) (**13-EP**)

  **perder el equilibrio** to lose one's balance (**6-EP**)

  **perderse** to get lost (**6-EP**)

  **perderse de vista** to disappear from view

**perdido** lost (**4-EP**)

**perdonar** to pardon

  **¡perdón!** excuse me! (**2-EP**)

  **¡perdóneme!** excuse me! (**3-EP**)

**perezoso** lazy

**perfumarse** to put on perfume (**2-EP**)

el **perfume** perfume (**2-EP**)

el **periódico** newspaper

el(la) **periodista** journalist, reporter (**14-EP**)

el **período** period, time

la **perla** pearl (**6-LL**)

**permanecer**[12] to remain, stay

el **permiso** permission

  **el permiso de conducir** driver's license

**permitir** to permit; to let, allow (**Ref**)

**pero** but

el **perro** dog
**persa** Persian
**perseguir** [i, i][6] to pursue, hunt
   down; to harass
  **perseguido por la ley** pursued
    by the law; running from the
    law (13-LL)
la **persona** person
el **personaje** character
**pertenecer**[12] to belong to (Ref)
el **Perú** Peru (1-EP)
**peruano** Peruvian (1-EP)
la **pesa** weight
**pesado** heavy (13-LL)
**pesar** to weigh
  **a pesar de** in spite of
  **pesarse** to weigh oneself
    (12-EP)
la **pescadería** fish store (7-EP)
el **pescado** fish
el **pescador** fisherman
**pescar**[1] to fish (6-EP)
la **peseta** monetary unit of Spain
el **peso** monetary unit in several
   Latin American countries
la **pestaña** eyelash (2-EP)
el **pétalo** petal (14-LL)
el **petate** woven mat (3-LL)
el **petróleo** oil
el **pez** fish
  el **pez espada** swordfish (7-EP)
**picante** hot, spicy
el **pico** mountain peak, summit
   (6-EP)
el **pie** foot
  **ponerse de pie** to stand up
la **piedra** stone (4-EP)
  **la piedra de moler** millstone,
    stone for grinding
la **piel** fur (9-EP)
la **pierna** leg (6-EP)
la **pila** battery (13-EP)
la **píldora** pill (8-EP)
el(la) **piloto** pilot (10-EP)
el **pinchazo** flat tire (13-EP)
**pintar** to paint (Ref)
  **pintar de** (azul) to paint in
    *(blue)*
  **pintarse la boca** to put on
    lipstick (2-EP)
el(la) **pintor(a)** house painter (13-EP);
   painter, artist
la **pintura** painting (5-EP); paint
   (7-LL)

las **pinzas** tweezers (2-EP)
la **piña** pineapple (7-EP)
la **piscina** swimming pool (5-EP)
el **piso** floor *(of a room)* (3-EP);
   floor *(of a building)* (4-EP);
   apartment *(in Spain)* (12-EP)
la **pista** trail
el **pistolón** six-shooter (13-LL)
el **piyama** pajama
la **pizarra** blackboard (5-LL)
el **placer** pleasure, delight (1-EP)
el **plan** plan (5-EP)
la **plancha** iron (3-EP)
**planchar** to iron (3-EP)
el **plano** map of a city, street plan
la **planta** plant (11-LL)
  **la planta baja** ground floor,
    first floor (4-EP)
**plantar** to plant (3-EP)
la **plantita sensitiva** sensitive plant;
   mimosa (11-LL)
el **plástico** plastic (9-EP)
la **plata** silver (6-LL)
el **plátano** banana, plantain
**platicar**[1] to chat (5-EP)
el **platillo volador** flying saucer,
   UFO
el **plato** plate, dish; dish of food
  el **plato principal** main dish,
    entree (7-EP)
la **playa** beach
la **plaza** square (4-EP)
  **la plaza de toros** bullring (4-EP)
**plegar** [ie][2] to fold (10-LL)
el(la) **plomero(a)** plumber (13-EP)
el **plomo** lead
  **sin plomo** lead-free *(gasoline)*
    (13-EP)
la **pluma** feather (3-LL)
el **pluscuamperfecto** pluperfect *(verb*
   *tense)*
**pobre** poor; unfortunate
el **pobrecito** poor little thing
**poco** little
  **de poco valor** not worth much;
    of little value
  **tan poco** so little
**poder** [ue][26] to be able to, can
   (2-EG)
**poderoso** powerful
**podría** (5-EP) *(see* poder[26])
**podrido** rotten
**polaco** Polish (1-EP)
el(la) **policía** police officer

el **poliéster** polyester (9-EP)
la **política** politics
**Polonia** *(f.)* Poland (1-EP)
el **polvo** dust
  el **polvo de oro** gold dust
  **quitar el polvo (de)** to dust *(the*
    *furniture)* (3-EP)
el **pollo** chicken
el **ponche** punch *(drink)*
**poner**[27] to put, set (Ref)
  **poner fuego (a)** to set fire (to)
    (6-EP)
  **poner la mesa** to set the table
    (3-EP)
  **poner puntos** to put in stitches
    (8-EP)
**ponerse**[27] to put on *(clothing)*
   (2-EP)
  **ponerse a** + *inf.* to begin to
  **ponerse de pie** to stand up
  **ponerse en forma** to get into
    *(good physical)* shape (5-EP)
  **ponerse furioso** to get angry
    (2-EG)
**popular** popular
**por** for, during; in; per; by,
   along; through; via; around;
   because of; on behalf of; for the
   sake of; in exchange for (4-EP)
  **por** + *inf.* because of (11-EG)
  **por ciento** percent
  **por ejemplo** for example
  **¡por favor!** please! (2-EP)
  **por fin** finally
  **por la noche** at night; nightly
  **por supuesto** of course (2-EP)
**¿por qué?** why; why?
**porque** because
el **portal** porch (13-LL); main door,
   gate
el **portamonedas** coin purse (9-EP)
**portátil** portable (13-EP)
el(la) **porteño(a)** inhabitant of Buenos
   Aires
**Portugal** *(m.)* Portugal (1-EP)
**portugués** *(f.* **portuguesa)**
   Portuguese (1-EP)
la **posada** inn (7-EP)
**poseer** to have, own, possess
el **postre** dessert (7-EP)
**practicar**[1] to practice (5-EP); to
   play
  **practicar el alpinismo** to go
    mountain climbing (6-EP)

el **prado** meadow (6-EP)

el **precio** price (9-EP)

**precioso** precious, valuable; beautiful

**preciso** necessary (3-EG); precise

**predecir**[15] to predict

**predominante** predominant, main

la **preferencia** preference

**preferir** [ie, i] to prefer (2-EG)

la **pregunta** question

**preguntar** to ask (a question) (Ref)

**preguntón** inquisitive, asking lots of questions

el **premio** prize

la **prensa** the press, newspapers

**preocupado** worried, preoccupied

**preocupar** to worry (7-EG)

  **preocuparse (de)** to worry, get worried about (2-EG)

**preparar** to prepare

  **prepararse** to get ready (2-EG)

la **presencia** presence

  **tener buena presencia** to present a good appearance, have a good image

**presenciar** to witness, to see in person (6-EP)

la **presentación** introduction (1-EP)

**presentar** to present, introduce (Ref)

  **presentarse (a)** to present yourself (10-EP)

el(la) **presidente(a)** president

la **presión** blood pressure (8-EP)

**prestar** to lend, loan (Ref)

  **prestar atención** to pay (attention)

**presumido** conceited, vain

**pretender** to seek, try to get; to claim

**previsto** predicted, estimated (10-EP)

**primero (primer)** first (6-EP)

  **el primer piso** U.S.: second floor (4-EP)

  **por primera vez** for the first time

el(la) **primo(a)** cousin

**principal** principal, main

  **el plato principal** main dish (7-EP)

el **príncipe** prince; eldest royal son

el **principio** beginning, start

**a principios de** at the beginning of

la **prisa** hurry, rush

  **a toda prisa** in a rush

  **de prisa** quickly, hurriedly

**probable** likely, probable (8-EG)

**probar** [ue] to try; to taste (2-EG)

  **probarse** to try on (clothes) (9-EP)

el **problema** problem

el **procesador de textos** word processor (14-EP)

**producir**[28] to produce (Ref)

la **profesión** profession, job (1-EP)

**profundamente** deeply (8-EP)

**profundo** profound, deep

el **programa** program; (computer) program (14-EP)

el(la) **programador(a)** computer programmer (14-EP)

**programar** to program (14-EP)

el **progreso** progress, advancement

la **prohibición** prohibition, ban

**prohibido** prohibited, not permitted (10-EP)

  **prohibida la entrada** no entrance

**prohibir** to prohibit, forbid (Ref)

  **prohibirse** to be prohibited

el **prójimo** fellow man, neighbor

la **promesa** promise (11-LL)

**prometer** to promise (Ref)

**pronto** quickly, fast

  **de pronto** all of a sudden (6-EG)

  **tan pronto como** as soon as (11-EG)

la **propina** tip (7-EP)

**propio** one's own (12-EP)

**proponer**[27] to propose

  **proponerse**[27] to plan, propose to do something

**proporcionar** to provide, furnish

el **propósito** purpose, intention

  **a propósito** by the way

**proteger**[4] to protect (Ref)

**provecho: ¡buen provecho!** enjoy your meal! (7-EP)

la **provincia** province

**próximo** next

el **proyecto** project

**prudente** careful, prudent

la **prueba** test, proof of ability (11-LL)

**pruebe** (see probar)

**ptas.** abbreviation of pesetas

la **publicidad** publicity, advertising (14-EP)

  **la agencia de publicidad** advertising agency (14-EP)

el(la) **publicista** advertising person (14-EP)

el **público** public

  **en público** in public

el **pueblo** village (3-LL)

la **puerta** door; gate (airport) (10-EP)

**Puerto Rico** (m.) Puerto Rico (1-EP)

**puertorriqueño** Puerto Rican (1-EP)

**pues** then, therefore; well . . .

**puesto** put, placed (7-EG) (see poner[27])

el **puesto** position (job) (14-EP)

  **el puesto de revistas** newsstand (10-EP)

la **pulmonía** pneumonia (8-EP)

la **pulsera** bracelet (9-EP)

el **pulso** pulse (8-EP)

el **punto** point (5-EP); stitch (8-EP)

  **en punto** exactly (time)

  **el punto de vista** point of view

**puntual** punctual, on time

**puntuar**[8] to punctuate (5-LL)

el **puño** cuff (9-EP)

**puro** clean (6-EP)

**puso** he put (5-EG) (see poner[27])

## Q

**que** who; whom; which; that

**¡qué!** what (a), how! (exclamation)

  **¡quá va!** nonsense!

**¿qué?** what?

  **¿a qué hora?** at what time?

  **¿en qué puedo servirle?** how can I help you? (3-EP)

  **¿qué tal?** how are you? (1-EP)

  **¿qué tal si . . .?** what if, how about it . . .? (5-EP)

**quebrar** [ie] to break (2-EG)

**quedar** to be located (4-EP); to remain, stay (4-EG); to be left (7-EG); to fit (clothing) (9-EP)

**quedarse** to stay (2-EP)

**el quehacer** task, chore

   **los quehaceres domésticos**
      household chores (3-EP)

**quejarse (de)** to complain (about)
   (2-EG)

**la quemadura** burn

   **sufrir una quemadura de sol** to
      get a sunburn (6-EP)

   **quemar** to burn (Ref); to burn
      down (6-EP)

      **quemarse** to get burnt (6-EP)

   **querer** [ie]$^{29}$ to wish, want (to);
      to like, love (2-EG)
      *(in preterite)* to try

**el queso** cheese

**el quetzal** Central American bird

   **quien** who (14-EG)

   **¿quién?** who?

   **quieto** calm (13-LL)

**la química** chemistry

**el quiosco de periódicos** newsstand
   (10-EP)

   **quisiera** (I, he, you) would like
      (3-EP) *(see* querer$^{29}$)

   **quiso** he wanted (5-EG) *(see*
      querer$^{29}$)

   **quitar (a)** to take something
      (from) (8-LL)

      **quitar el polvo (de)** to dust
         *(furniture)* (3-EP)

      **quitarse** to take off *(clothing)*
         (2-EP)

   **quizás** perhaps, maybe

# R

**el radiador** radiator (13-EP)

**el radical** verb stem

**el radio** radio (13-EP)

   **el radio portátil** portable radio
      (13-EP)

**la radio** radio program

**la radiografía** x-ray (8-EP)

**la rama** branch (4-LL)

**el ramo** bouquet

**el rancho** ranch (3-LL)

   **rápidamente** rapidly, quickly

**la rapidez** speed, rapidity

**raramente** rarely (6-EG)

**raro** strange, unusual; rare;
   extraordinary (3-EG)

**el rascacielos** skyscraper (4-EP)

**rasgar**$^2$ to tear

**rasgarse**$^2$ **en pedazos** to be torn
   to pieces (10-LL)

**rasurarse** to shave

**la rata** rat

**el ratón** mouse (9-LL)

**la raya** stripe (9-EP)

**el rayo** ray

**la razón** reason

   **tener razón** to be right

**el razonamiento** reasoning

**reaccionar** to react

**real** royal

**la realidad** reality

   **en realidad** really, in reality

**realizar**$^3$ to carry out, bring
   about; to attain, realize, fulfill

**rebajado** at a discount (9-EP)

**la recepción** front desk *(hotel)*
   (11-EP); reception, party

**el(la) recepcionista** receptionist (14-EP)

**la receta** medical prescription (8-EP)

   **recetar** to prescribe *(a
      medicine)* (8-EP)

**recibir** to receive, get

**recién** recent, new; recently

**los recién casados** newlyweds

**el recital** recital (5-EP)

**la reclamación** complaint; claim

   **la sala de reclamación de
      equipaje** baggage claim area
      (10-EP)

   **recoger**$^4$ to pick up, put away
      (Ref); to claim *(baggage)*
      (10-EP)

      **recoger la mesa** to clear the
         table (3-EP)

**recomendable** wise, advisable

**recomendar** [ie] to recommend
   (3-EG)

**la recompensa** reward

**reconocer**$^{12}$ to recognize, to
   know (Ref)

**recontar** [ue] to recount, tell, tell
   again

**recordar** [ue] to remember (2-EG)

**el recreo** recess

**rectangular** rectangular (1-EP)

**el recuerdo** memory; souvenir

**recuperarse (de)** to recover,
   recuperate (from)

**rechazar**$^3$ to reject, refuse (5-EP)

**la redacción** editing, compilation

**redondo** round (1-EP)

**reemplazar**$^3$ to replace

**reflexionar** to reflect, think

**reflexivo** reflexive *(verb)*

**la refrigeradora** refrigerator (12-EP)

**refugiarse** to take refuge (4-LL)

**regalar** to give *(as a gift)* (Ref)

**regar** [ie]$^2$ to water *(plants)* (3-EP)

**el regateo** bargaining (7-LL)

**regional** regional (7-EP)

**registrarse** to register *(in a hotel)*
   (11-EP)

**regresar (de)** to come back,
   return (from) (Ref)

**el regreso** return

**rehusar** to refuse (3-EP)

**la reina** queen (1-EG)

   **reír**$^{30}$ to laugh (2-EG)

      **reírse a carcajadas** to laugh
         heartily

**las relaciones públicas** public
   relations (14-EP)

**relatar** to tell, relate (6-EP)

**el reloj** clock, watch

   **rellenar** to stuff; to fill *(a tooth)*
      (8-EP)

**rendido** exhausted (3-EP)

**la rendija** crack (14-LL)

**la reparación** repair (13-EP)

**el(la) reparador(a)** repair person
   (13-EP)

**reparar** to repair, fix (13-EP)

**repasar** to go over, review

**repente: de repente** suddenly
   (6-EG)

**repetir** [i, i] to repeat (2-EG)

**reponer**$^{27}$ to reply, answer

**el(la) reportero(a)** reporter

**la representación** performance

**el(la) representante de ventas** sales
   representative (14-EP)

**representar** to present, act out

**la República Dominicana** Dominican
   Republic (1-EP)

**requerir** [ie, i] to require

**el requisito** requirement

**el res** beef (7-EP)

   **el lomo de res** prime rib (7-EP)

**resbalarse** to slip, slide (6-EP)

**la reservación** reservation (10-EP)
**reservado** reserved; quiet
**reservar** to reserve (5-EP)
**el resfriado** cold (8-EP)
**resfriarse**[7] to catch a cold
**resolver [ue]**[40] to solve (2-EG); to resolve
**respetar** to respect (11-LL)
**el respeto** respect
**respirar** to breathe (8-EP)
**resplandecer**[12] to shine (14-LL)
**responder** to answer, respond (Ref)
**la responsabilidad** responsibility (14-EP)
**responsable** responsible (14-EP)
**la respuesta** reply, answer (12-LL)
**el restaurante** restaurant (7-EP)
**restaurar** to restore, fix up
**resuelto** (*see* resolver[40])
**retrasarse** to be delayed, arrive late
**el retraso** delay
 **con retraso** late, behind schedule (10-EP)
 **de retraso** late, behind schedule (10-EP)
**el retrato** portrait (5-EP)
**el retrete** toilet (12-EP)
**la reunión** party, social gathering (5-EP)
**reunirse**[8] to gather, get together, to meet (*each other*) (5-EP)
 **reunirse (con)** to meet (with) (2-EG)
**revelar** to devlop (*photos*) (13-EP); to reveal
**revisar** to check; to look at (13-EP)
**la revista** magazine, periodical
**revuelto: huevos revueltos** scrambled eggs (7-EP)
**el rey** king (1-EG)
**ridículo** ridiculous (3-EG)
**rígido** stiff, rigid
**rimado** rhyming
**el rimel** mascara (2-EP)
**el rincón** (*inside*) corner (12-EP)
**el río** river (3-LL)
**rítmico** rhythmic
**el ritmo** rhythm
**rizado** curly (*hair*) (1-EP)
**el rizador** curling iron

**rizar**[3] to curl
 **rizarse**[3] **el pelo** to curl one's hair (2-EP)
**robar** to rob (Ref)
**el robo** robbery, theft (6-EP)
**el robot** robot
**la roca** rock (6-EP)
**el rock** rock (*music*) (5-EP)
**la rodilla** knee (8-EP)
**rodar [ue]** to roll
**rogar [ue]**[2] to beg (3-EG); to ask, request (10-EP)
**rojizo** reddish (1-EP)
**rojo** red (9-EP)
**el rollo de película** roll of film (13-EP)
**el romance** romance
**romper**[31] to break (Ref); to break open; to interrupt
 **romperse**[31] **(la pierna)** to break (*one's leg*) (6-EP)
**la ropa** clothes, clothing (3-EP)
 **la ropa interior** underwear (9-EP)
**rosado** pink (9-EP)
**la rosa** rose
**las rosetas de maíz** popcorn (7-EP)
**roto** broken (*in pieces*) (7-EG) (*see* romper[31])
**el rótulo** sign; billboard (4-EP)
**la rubeola** German measles (8-EP)
**rubio** blond (1-EP)
**la rueda** wheel (13-EP)
**ruega** (*see* rogar[2])
**el ruido** noise (13-EP)
**ruidosamente** noisily
**ruinoso** ruinous, ruined
**el rulo** (*hair*) curler (2-EP)
**Rusia** (*f.*) Russia (1-EP)
**ruso** Russian (1-EP)
**la rutina** routine
**rutinario** routine, ordinary

## S

**el sábado** Saturday
 **los sábados por la noche** on Saturday evenings (6-EG)
**sábana** (*bed*) sheet (3-EP)
**saber**[32] to know (*something*) (Ref) (*in preterite*) found out

**el(la) sabio(a)** expert, scholar, wise person
**sabroso** tasty, flavorful, delicious (7-EP)
**sacar**[1] to pull; to take (*photographs*) (Ref); to take out (*trash*) (3-EP); to get (*grades*)
 **sacar a pasear al perro** to take the dog for a walk (3-EP)
 **sacar la lengua** to stick out one's tongue (8-EP)
 **sacarse**[1] **el gordo** to win the lottery
**el sacerdote** priest (3-LL)
**el saco** bag, sack (3-LL)
**sacudir** to shake (3-EP)
**sagrado** sacred
**la sal** salt
**la sala** living room (3-EP)
 **la sala de emergencia** emergency room
 **la sala de espera** waiting room (8-EP)
**salga** (*see* salir[33])
**la salida** exit (4-EP); departure (10-EP)
**salir**[33] to go out (Ref); to leave (10-EP)
 **salir bien (mal) en el examen** to do well (*poorly*) on the exam
**el salón** (*large*) room, hall
 **el salón de belleza** beauty salon, hairdresser's
 **el salón de música** music room (1-LL)
**salpicar**[1] to splash, to sprinkle
**saltar** to jump (Ref)
**el salto** jump, leap
**la salud** health (8-EP)
**saludable** healthy
**saludar** to greet, to salute (Ref)
**salvadoreño** Salvadoran (1-EP)
**salvar** to save (11-LL)
 **salvarse la vida** to save one's life (8-LL)
**la sandalia** sandal (9-EP)
**la sandía** watermelon (7-EP)
**la sangre** blood (8-EP)
**el sarampión** measles (8-EP)
**el sastre** tailor (5-LL)
**satisfecho** satisfied
**la secadora** hair dryer (2-EP)

**la secadora** (de ropa) *(clothes)* dryer (3-EP)

**secar**[1] to dry (3-EP)

    **secarse** to dry *(oneself)* off (2-EP)

    **secarse el pelo** to dry one's hair (2-EP)

**la sección** department *(of a store)* (9-EP)

    **la sección de fumar (no fumar)** smoking *(non-smoking)* section (10-EP)

**seco** dry (14-LL)

**el secreto** secret

**la sed** thirst

**la seda** silk (9-EP)

**seguida: en seguida** right after (6-EP); immediately, right away (7-EP)

**seguir** [i, i][6] to follow (2-EG); to continue (4-EP)

    **seguir** + *pres. part.* to continue *(doing something)*

    **seguir derecho** to go straight (4-EP)

**según** according to

**segundo** second

**seguramente** surely, certainly

**la seguridad** safety, security, certainty

    **el cinturón de seguridad** seat belt (10-EP)

**seguro** sure, certain (8-EG)

    **estar seguro de que** to be sure, certain that (8-EG)

**el seguro** insurance (14-EP)

**la selección** selection (9-EP)

**el sello** stamp (6-LL)

**el semáforo** traffic light (4-EP)

**la semana** week (6-EP)

**semejante(a)** similar to

**el semidiós** demigod

**sencillo** simple *(style)* (9-EP); single *(room)* (11-EP)

**sentado** seated

**sentarse** [ie] to sit down (2-EP)

**el sentido** sense, meaning (14-EP)

    **el sentido del humor** sense of humor

**el sentimiento** feeling (12-LL)

**sentir** [ie, i] to feel; to regret, be sorry (2-EG)

    **lo siento mucho** I'm so sorry (2-EP)

**sentir celos** to feel jealous (2-LL)

**sentirse** to feel

    **sentirse mal** to feel sick (8-EP)

**la seña** sign (3-LL)

    **las señas particulares** distinguishing features (1-EP)

**la señal** sign (3-LL)

    **la señal de tráfico** traffic sign (4-EP)

**señalado** indicated

**señorial** majestic

**sepa** *(see* saber[32])

**separado** separated

**la sequía** drought, dry spell (3-LL)

**ser**[34] to be (Ref)

**serio** serious (1-EG)

    **en serio** seriously

**servicial** helpful, obliging

**el servicio** bathroom, restroom (4-EP); service (7-EP)

**la servilleta** napkin (7-EP)

**servir** [i, i] to serve (2-EG)

    **para servirle** at your service (3-EP)

    **sírvase** help yourself

**la sesión** showing *(of a movie)* (5-EP); session

**si** if

**sí** yes

    **sí mismo** oneself

    **sí que** really, certainly

**siempre** always (5-EG)

**siendo** *(see* ser[34])

**la siesta** nap

    **dormir la siesta** to nap, take a nap

**el siglo** century

**el significado** meaning

**significar**[1] to mean, signify

**el signo** sign, signal

    **el signo de puntuación** punctuation mark

**siguiente** following

**silbar** to whistle (at) (5-EP)

**el silbido** whistle

**el silencio** silence

**la silla** chair

    **la silla de ruedas** wheelchair

**el sillón** armchair (12-EP)

**simpático** nice, pleasant, friendly *(people)*

**sin** without (11-EG)

**sin duda** no doubt, undoubtedly

**sin embargo** however, nevertheless

**sin que** without (11-EG)

**singular** singular, unique; peculiar

**siniestro** sinister, ominous

**sino** but *(on the contrary)*; but instead, but rather (5-EG)

**sino que** but (5-EG)

**sintiendo** *(see* sentir)

**el síntoma** symptom

**siquiera** even if, even though

    **ni siquiera** not even (5-EG)

**sirvió** *(see* servir)

**la situación** situation

**situado** situated

**sobrar** to remain, be left over

**sobre** on, over; about (4-EG)

    **sobre todo** above all *(else)*, especially

**el sobre** envelope (6-LL)

**sobresaltado** with a jump

**sobrevolar** [ue] to fly over (10-EP)

**el sobrino** nephew

**sociable** sociable, friendly

**la sociedad** corporation, company (14-EP)

**el(la) socio(a)** member *(of a club)*

**el sofá** sofa, couch (12-EP)

**el software** computer software (14-EP)

**el sol** sun; sunlight

    **gafas de sol** sunglasses (9-EP)

**solamente** only (9-EP)

**soleado** sunny (6-EP)

**soler** [ue] to be used to, accustomed to (2-EG)

**solicitar** to solicit, ask for; to apply for *(a job)* (14-EP)

**la solicitud** request

    **la solicitud de empleo** job application (14-EP)

**solo** single, one (9-EP); alone (12-EP)

**sólo** only (4-EP)

**soltero** single, unmarried (1-EP)

**la sombra** shadow

    **la sombra de ojos** eye shadow (2-EP)

**sonar** [ue] to ring, sound (2-EG)

    **sonarse la nariz** to blow one's nose (8-EP)

**el sonido** sound

**el equipo de sonido** sound system **(13-EP)**

**sonreír**[30] to smile **(2-EG)**

**soñar** [ue] **(con)** to dream (of) **(2-EG)**

**la sopa** soup **(7-EP)**

**soportar** to put up with; to be victim of **(8-LL)**

**el sorbo** sip; gulp **(13-LL)**

**sorprendente** surprising **(3-EG)**

**sorprender** to surprise **(7-EG)**; to be surprised **(8-EG)**

**sorprendido** surprised

**la sorpresa** surprise **(8-EG)**

**la sospecha** suspicion

**el sótano** basement, cellar **(4-EP)**

**suave** delicate

**subir** to climb **(6-EP)**; to go up; to get on (a bus) **(Ref)**

**subir las maletas** to bring up baggage **(11-EP)**

**subir el volumen** to turn up, raise the volume **(12-EP)**

**el subjuntivo** subjunctive mood of verbs

**subrayado** underlined

**el suburbio** suburb **(12-EP)**

**suceder** to happen (to someone) **(6-EP)**

**el suceso** event, incident **(6-EP)**

**sucio** dirty; rough

**suculento** tasty, succulent, delicious

**la sucursal** branch office

**sudar** to sweat **(5-EP)**

**el sudor** sweat

**Suecia** (f.) Sweden **(1-EP)**

**sueco** Swedish **(1-EP)**

**la suela** sole of a shoe **(9-EP)**

**el sueldo** salary, pay **(14-EP)**

**el suelo** ground **(4-LL)**; floor **(3-LL)**

**el sueño** dream; sleep

**tener sueño** to be sleepy

**el suéter** sweater **(9-EP)**

**suficiente** sufficient, sufficiently, enough

**el sufrimiento** suffering

**sufrir** to suffer (from) **(8-EP)**; to put up with, be a victim of **(8-LL)**

**sufrir una insolación** to have sunstroke **(6-EP)**

**sufrir una quemadura de sol** to get a sunburn **(6-EP)**

**sugerir** [ie, i] to suggest **(3-EG)**

**Suiza** Switzerland **(1-EP)**

**suizo** Swiss **(1-EP)**

**sumamente** extremely

**sumergido** submerged, buried, covered

**supo** he found out **(5-EG)** (see saber[32])

**superar** to overcome (a difficulty)

**superior** superior, best

**superlujo** super-luxury

**el supermercado** supermarket **(7-EP)**

**suplicar**[1] to beg **(3-EG)**

**suponer**[27] to oppose

**supuesto: por supuesto** of course **(2-EP)**

**el sur** south

**el suroeste** southwest

**el sustantivo** noun

**el susto** fear **(12-LL)**; shock

## T

**el tacón** heel of a shoe **(9-EP)**

**tal** such

**con tal (de) que** provided that **(11-EG)**

**¿qué tal si . . .?** what if, how about if . . .? **(5-EP)**

**tal vez** perhaps

**la talla** height **(1-EP)**; size (of clothing) **(9-EP)**

**de talla mediana** of average height **(1-EP)**

**el taller** workshop **(14-EP)**

**el taller de artesanía** artists' workshop

**el taller de reparaciones** repair shop **(13-EP)**

**también** also, too **(5-EG)**

**tampoco** not either, neither **(5-EG)**

**tan** so

**tan . . . como** as . . . as **(9-EG)**

**tan pronto como** as soon as **(11-EG)**

**tan poco** so little

**el tanque** gas tank **(13-EP)**

**tanto** so much

**no es para tanto** it's not that bad

**tanto (tanta) . . . como** as . . . as

**la tapia** wall **(9-LL)**

**taquigrafiar**[7] to take shorthand **(14-EP)**

**la taquilla** box office **(5-EP)**; ticket window **(10-EP)**

**el(la) taquimecanógrafo(a)** stenographer

**tardar** to be late **(Ref)**

**tarde** late

**la tarea** job, task **(14-LL)**

**la tarjeta** card

**la tarjeta de crédito** credit card **(7-EP)**

**la tarjeta de embarque** boarding pass **(10-EP)**

**el tarro** jar **(7-EP)**

**la tarta** pie; cake; tart **(7-EP)**

**el taxi** taxi **(4-EP)**

**el(la) taxista** taxi driver

**la taza** cup

**el té** tea

**el teatro** theater **(5-EP)**

**el techo** roof **(12-EP)**; ceiling

**la tecla** key (computer, typewriter) **(14-EP)**

**el teclado** (computer) keyboard **(14-EP)**

**técnico** technical **(14-EP)**

**la tela** fabric, cloth **(9-EP)**; canvas **(7-LL)**; fan leaf **(10-LL)**

**telefonear** to telephone

**el teléfono** telephone **(11-EP)**

**el telegrama** telegram

**el teleobjetivo** telephoto lens **(13-EP)**

**la televisión** television **(12-EP)**

**el televisor** television set **(11-EP)**

**el televisor a color** color TV set **(13-EP)**

**el televisor de blanco y negro** black-and-white TV set **(13-EP)**

**temblar** [ie] to tremble **(11-LL)**

**el temblor** small earthquake **(6-EP)**

**temer** to fear, be afraid of **(8-EG)**

**el temor** fear **(8-EG)**

**la temperatura** temperature **(8-EP)**

**la tempestad** storm **(4-LL)**

**templado** moderate, temperate

**temprano** early

**tender** [ie] to spread out, to lay out

**tender la cama** to make the bed **(3-EP)**

**tenderse** to lie down, stretch out

**tener**[35] to have (**Ref**)

*(in preterite)* to get, receive

**tener . . . años** to be . . . years old (**1-EP**)

**tener buena salud** to feel well, be in good health (**8-EP**)

**tener calor (frío)** to be, feel hot, warm *(cold)* (**Ref**)

**tener celos** to be jealous (**2-LL**)

**tener cuidado** to be careful (**Ref**)

**tener efecto en . . .** to have an effect on . . .

**tener éxito** to be successful

**tener ganas de** to feel like (**Ref**)

**tener hambre (sed)** to be, feel hungry *(thirsty)* (**Ref**)

**tener la culpa** to be at fault (**10-LL**)

**tener lugar** to take place (**Ref**)

**tener miedo** to be afraid (**Ref**)

**tener prisa** to be in a hurry (**Ref**)

**tener que** to have to; must (**Ref**)

**tener razón (no tener razón)** to be right *(wrong)* (**Ref**)

**tener sueño** to be, feel sleepy (**Ref**)

**tener suerte** to be lucky (**Ref**)

el **tenis** tennis (**5-EP**)

la **cancha de tenis** tennis court (**5-EP**)

**tensar** to draw a bow (**3-LL**)

la **teoría** theory

**tercero (tercer)** third

el **terciopelo** velvet (**9-EP**)

**terminar** to finish, end (**Ref**)

la **ternera** veal (**7-EP**)

la **terraza** balcony (**12-EP**)

el **terremoto** earthquake (**6-EP**)

la **tertulia** social gathering, get-together

la **tesis** thesis

el **tesoro** treasure (**4-LL**)

el **testamento** will (**5-LL**)

el(la) **testigo** witness

el **tiburón** shark (**1-LL**)

el **tiempo** time; weather (**6-EP**)

**a tiempo** on time (**10-EP**)

**¿desde hace cuánto tiempo . . .?**

how long (for how much time) . . .?

la **tienda** store (**7-EP**); tent

la **tienda (de campaña)** *(camping)* tent

la **tienda de comestibles** grocery store (**7-EP**)

las **tijeras** scissors (**2-EP**)

el **timbre** doorbell

**tímido** timid, shy

la **tina** tub (**13-LL**)

la **tinta** ink (**6-LL**)

**típico** typical

el **tipo** type, kind (**9-EP**)

**tirado** scattered, thrown

**tirar** to pull

**tirarse** to dive (**6-EP**)

**titulado** graduate; certified, qualified

el **título** degree, title (**14-EP**)

la **tiza** chalk (**5-LL**)

la **toalla** towel (**2-EP**)

el **tobillo** ankle (**6-EP**)

el **tocadiscos** record player (**13-EP**)

el **tocador** bureau with mirror (**12-EP**)

**tocar**[1] to touch; to play *(an instrument)* (**Ref**)

**¡a Ud. le toca!** it's your turn!

**toque el timbre** ring the doorbell

**todavía** still; yet

**todavía . . . no** not yet

**todo** all; every; entire

**todo lo contrario** just the opposite; quite the contrary

**todo tipo de** all kinds of (**7-EP**)

**tomar** to take; to have *(something to eat or drink)* (**Ref**)

**tomar el fresco** to get some fresh air (**12-LL**)

**tomar el sol** to sunbathe (**6-EP**)

**tomar una decisión** to make a decision (**14-EP**)

**tomar un baño de sol** to sunbathe (**6-EP**)

**tomarse** to take, to have oneself *(a drink, a vacation, etc.)*

el **tomate** tomato (**7-EP**)

**tonto** silly, stupid

el(la) **tonto(a)** stupid, naïve, or silly person

**torcerse** [ue] (el tobillo) to sprain, twist *(one's ankle)* (**6-EP**)

la **tormenta** storm (**6-EP**)

la **tormenta de nieve** blizzard (**6-EP**)

el **torneo** tournament, competition

la **toronja** grapefruit (**7-EP**)

**torpe** clumsy

la **torre** tower (**14-LL**)

la **torrecita** little tower (**14-LL**)

la **torta** cake (**7-EP**)

la **tos** cough (**8-EP**)

**toser** to cough (**8-EP**)

la **tostada** toast

la **tostadora** toaster (**12-EP**)

**tostarse** [ue] to tan, get tanned

**totalmente** totally (**9-EP**)

**trabajador(a)** hard-working

**trabajar** to work (**Ref**)

el **trabajo** work; job (**13-EP**)

**traducir**[28] to translate (**Ref**)

**traer**[36] to bring (**Ref**)

**tragar**[2] to swallow (**8-EP**)

el **traje** man's suit (**9-EP**)

el **traje de baño** bathing suit (**9-EP**)

el **traje sastre** woman's suit (**9-EP**)

la **tranquilidad** tranquility, calm, peace and quiet

**tranquilizar**[3] to calm down, tranquilize

**tranquilo** calm, quiet

el **tránsito** traffic

el **tranvía** trolley (**4-EP**)

el **trapo** dishcloth; dust rag (**3-EP**)

**tras** after (**4-EG**)

**trasquilado** shorn (**8-LL**)

**tratar (de)** to try (**Ref**)

el **trato** agreement (**7-LL**)

**través: a través de** through; across

el **tren** train (**10-EP**)

**trepar** to climb *(rocks)* (**6-EP**)

la **tribu** tribe

la **tripulación** flight crew (**10-EP**)

**triste** sad

la **tristeza** sadness (**8-EG**)

el **triturador de desperdicios** garbage disposal (**12-EP**)

el **trompito** small top (**11-LL**)

el **trompo** *(spinning)* top (**11-LL**)

el **tronco** trunk of a tree (**14-LL**)

**tropezar** [ie][3] to trip (**10-LL**)
**trotar** to jog (**5-EP**)
**tumbar** to fell, knock down
el **turismo** tourism, tourist industry (**4-EP**)
el(la) **turista** tourist

## U

**último** last; latest
**único** only, sole; unique
la **unidad** unit
el **uniforme** uniform
la **universidad** university (**14-EP**)
**unos(as)** some; about, approximately
  **a unos cien metros de** about 100 meters from (**4-EP**)
la **uña** nail (*finger, toe*) (**2-EP**)
  el **esmalte de uñas** nail polish (**2-EP**)
**Uruguay** (*m.*) Uruguay (**1-EP**)
**uruguayo** Uruguayan (**1-EP**)
**usar** to use (**14-EP**)
el **uso** use
**usualmente** generally (**6-EG**)
**útil** useful (**3-EP**)
**utilizar**[3] to use, make use of
la **uva** grape (**7-EP**)

## V

las **vacaciones** vacation (**6-EP**)
  **de vacaciones** on vacation
**vacante** vacant, empty, unoccupied
**vaciar**[7] to empty (**3-EP**)
**vacilar (en)** to hesitate (**Ref**); to stumble (**10-LL**)
**vacío** empty, vacant
la **vainilla** vanilla (**7-EP**)
**valer**[37] to be worth
  **valer la pena** to be worthwhile (**3-EG**)
**válido** valid
**valioso** valuable
el **valle** valley (**6-EP**)
el **valor** value, worth
  **de poco valor** of little value
**vano: en vano** in vain

el **vaquero** cowboy (**13-LL**)
**variado** varied, diverse, wide (*selection*) (**9-EP**)
**variar**[7] to vary, to change, be different (**Ref**)
la **varicela** chicken pox (**8-EP**)
la **variedad** variety
  **un espectáculo de variedades** variety show (**5-EP**)
la **varilla** stick (**10-LL**)
**varios** various, several
la **vecindad** neighborhood, vicinity
el **vecindario** neighborhood
**vecino** neighboring, nearby
el(la) **vecino(a)** neighbor (**1-EP**)
el **vegetal** vegetable, plant
**vegetariano** vegetarian
la **vela** candle (**7-LL**); sail
  el **bote de vela** sailboat
la **velocidad** speed, velocity
**vencido** defeated, conquered
la **venda** bandage (**8-EP**)
**vendar** to bandage (**8-EP**)
el(la) **vendedor(a)** sales clerk (**14-EP**)
  el(la) **vendedor(a) viajero(a)** traveling salesman(woman)
**vender** to sell (**Ref**)
**Venezuela** (*f.*) Venezuela (**1-EP**)
**venezolano** Venezuelan (**1-EP**)
**venir**[38] to come (**Ref**)
la **ventaja** advantage
  las **ventajas** job benefits (**14-EP**)
la **ventana** window (**11-EP**)
la **ventanilla** ticket window, box office (**5-EP**); (*airplane*) window (**10-EP**)
las **ventas** sales (**14-EP**)
**ventilado** ventilated, airy (**12-EP**)
el(la) **ventrílocuo(a)** ventriloquist
**ver**[39] to see (**6-EP**)
  ¡**nos vemos!** see you! (**5-EP**)
  **a ver . . .** let's see . . .
  **como se puede ver** as you can see
el **verano** summer
**veras: de veras** really, seriously (**3-EP**)
el **verbo** verb
la **verdad** truth
  **decir la verdad** to tell the truth
  **es verdad que . . .** it is true that . . . (**8-EG**)

**verdadero** real, true
**verde** green (**1-EP**)
la **verdulería** vegetable and produce store (**7-EP**)
la **verdura** salad green, green vegetable (**7-EP**)
la **vergüenza** shame, embarrassment
el **verso** line; verse
la **vespertina** early evening show
el **vestíbulo** entry hall (**12-EP**)
**vestido** dressed
el **vestido** woman's dress (**9-EP**)
**vestirse** [i, i] to get dressed (**2-EP**)
el **vestuario** locker room
la **vez** time
  **a veces** sometimes (**6-EG**)
  **alguna vez** ever; once (**5-EG**)
  **algunas veces** sometimes (**5-EG**)
  **de vez en cuando** from time to time (**6-EG**)
  **dos veces** twice (**6-EG**)
  **dos veces al día** twice a day (**8-EP**)
  **en vez de** instead of (**11-EG**)
  **otra vez** again, once more
  **por primera vez** for the first time (**6-EG**)
  **rara vez** rarely (**6-EG**)
  **tal vez** perhaps
  **una vez** once (**6-EG**)
  **una vez más** again, one more time
**viajar** to travel (**Ref**)
el **viaje** trip
  ¡**buen viaje!** have a good trip! (**10-EP**)
**viajero** traveler
  el **cheque de viajero** traveler's check (**7-EP**)
  el **cheque viajero** traveler's check (**7-EP**)
el(la) **viajero(a)** traveler
la **víbora** snake, viper
la **víctima** victim
la **vida** life (**1-LL**)
  la **vida contemporánea** contemporary life; life today
el **vídeo** videocassette
  el **equipo de vídeo** video recorder (**13-EP**)
el **vidrio** glass (**4-EP**)
**viejo** old; former

**Vietnam** *(m.)* Vietnam **(1-EP)**
**vietnamita** Vietnamese **(1-EP)**
la **vinagreta** vinagrette *(oil and vinegar)* dressing **(7-EP)**
el **vino tinto** red wine
**violentamente** violently
**virar** to turn around **(4-EP)**
la **virtud** virtue, good quality
la **visa** visa, travel document
el **visado** visa, travel document
la **visita** visit **(8-EP)**
**visitar** to visit **(Ref)**
la **vista** view **(11-EP)**
   **corto de vista** nearsighted **(12-LL)**
**visto** seen **(7-EG)** *(see* ver[39])
**vistoso** dressy **(9-EP)**
la **vitamina** vitamin **(8-EP)**
la **vitrina** display case **(9-EP)**
**¡viva!** hurrah! long live . . . !
la **vivienda** housing **(12-EP)**
**vivir** to live **(Ref)**
**volador: el platillo volador** flying saucer
el **volante** steering wheel **(13-EP)**
**volar** [ue] to fly **(10-EP)**
el **volcán** volcano **(7-LL)**
el **volumen** volume *(sound)* **(12-EP)**
la **voluntad** will, wish **(3-EG)**

la **buena voluntad** good will **(6-LL)**
**volver** [ue][40] to return **(2-EG)**
**volver a** + *inf.* to start to . . . again
**volverse** [ue][40] to become, get *(sick, etc.)*
**volverse de oro** to turn into gold **(14-LL)**
**volverse loco** to go crazy
**vomitar** to vomit **(8-EP)**
la **voz** voice **(3-LL)**
el **vuelo** flight **(10-EP)**
la **vuelta** turn, return
   **dar una vuelta** to go on an outing **(6-EP)**
   **estar de vuelta** to be back
**vuelto** returned **(7-EG)** *(see* volver[40])
el **vuelto** return change

# Y

**ya** already, yet; now
   **ya no** no longer **(5-EG)**

**yendo** going **(2-EG)** *(see* ir[21])
**yermo** barren **(14-LL)**
el **yerno** son-in-law **(9-LL)**
el **yeso** plaster cast **(8-EP)**

# Z

el **zaguán** entrance hall **(13-LL)**
**zambullirse** to plunge into *(water)* **(6-EP)**
la **zanahoria** carrot **(7-EP)**
la **zapatería** shoe store **(9-EP)**
la **zapatilla** slipper **(9-EP)**
el **zapato** shoe **(9-EP)**
   el **zapato bajo** shoe with low heel **(9-EP)**
   el **zapato deportivo** athletic shoe **(9-EP)**
   el **zapato de tacón** high heel **(9-EP)**
   el **zapato de tenis** tennis shoe, sneaker **(9-EP)**
el **zoológico** zoo
el **zorro** fox **(8-LL)**
**zumbar** to buzz **(11-LL)**
el **zumbido** buzz, buzzing

# Vocabulary:
# English - Spanish

# Vocabulary: English - Spanish

## A

ability   la habilidad (14-EP)
about   sobre (4-EG)
abroad   en el extranjero (6-EP)
absurd   absurdo (3-EG)
academy   la academia (14-EP)
to accept   aceptar (3-EP)
accident   el accidente (6-EP)
accountant   el(la) contador(a) (14-EP)
accounting   la contabilidad (14-EP)
ache   el dolor (8-EP)
to acquire   adquirir [ie] (4-LL)
across   enfrente (4-EG)
act   la acción (6-LL)
   act of charity   la obra de caridad
   (6-LL)
to act   actuar[8] (Ref)
   to act quickly   obrar de prisa
   (1-LL)
action   la acción (6-LL)
activity   la actividad (12-EP)
to add   añadir (13-EP)
address   la dirección (1-EP)
administrator   el(la) ejecutivo(a)
   (14-EP)
to admire   admirar (5-EP)
advertisement   el anuncio (14-EP)
advertising   la publicidad (14-EP)
   advertising agency   la agencia de
   publicidad (14-EP)
   advertising person   el(la) publicista
   (14-EP)
advice   el consejo (3-EG)

to advise   aconsejar (3-EG),
   advertir [ie, i] (2-EG)
advisor   el(la) consejero(a) (8-LL)
aerobic   aeróbico (5-EP)
affection   el cariño (13-LL)
after   tras (4-EG); después (6-EP);
   después (de) que (11-EG); después
   de + inf. (11-EG)
afterwards   luego, después (6-EP)
agency   la agencia (10-EP)
ago   hace ( + time) (6-EP)
agreeable   agradable (3-EG)
agreement   el trato (7-LL)
ahead of schedule   adelantado (10-EP)
aid   la ayuda (3-EP)
air conditioning   el aire
   acondicionado (11-EP)
airline ticket counter   el mostrador
   (10-EP)
airport   el aeropuerto
airy   ventilado (12-EP)
aisle   el pasillo (10-EP)
alarm clock   el despertador (2-EP)
all   todo
   all of a sudden   de pronto (6-EG)
to allow   permitir (3-EG)
alone   solo (12-EP)
already   ya
also   también (5-EG)
although   aunque
altitude   la altura (10-EP)
always   siempre (5-EG)
American (US)   norteamericano,
   estadounidense (1-EP)
among   entre

amplifier   el amplificador (13-EP)
amusing   divertido, entretenido
   (6-EP)
anger   la ira (8-EG)
to anger   enojar (7-EG)
angry   enojado
ankle   el tobillo (6-EP)
announcement   el anuncio (14-EP)
to annoy   irritar (8-EG)
annoyance   la irritación (8-EG)
another   otro (6-EG)
to answer   contestar (Ref); responder
   (Ref)
antenna   la antena (13-EP)
antibiotic   el antibiótico (8-EP)
anxious   nervioso (8-EP)
any   alguno (algún) (5-EG)
   not any   ninguno (ningún) (5-EG)
anyone   alguien (5-EG)
   not anyone   nadie (5-EG)
anything   algo (5-EG)
   anything else   algo más (5-EG)
   not anything   nada (5-EG)
apartment   el apartamento (3-EP),
   el piso (12-EP)
   apartment building   el edificio de
   apartamentos
apparatus   el aparato (13-EP)
to appear   aparecer[12] (3-LL), asomarse
   (12-LL), parecer[12] (Ref)
appearance   la apariencia (1-EP)
appetizer   el aperitivo, el entremés
   (7-EP)
to applaud   aplaudir (5-EP)
apple   la manzana (7-EP)

---

The English-Spanish Vocabulary lists the words and expressions in SITUACIONES. Active vocabulary—that is, the words and expressions that students are expected to know—are followed by a reference. This reference, (2-EP), for example, indicates that the item is active in Unit 2, in the Español Práctico section. The other letter codes are: (Ref) = Para su Referencia; (EG) = Estructuras Gramaticales; and (LL) = Lecturas Literarias. Only the first occurrence of each item is listed. The stem change of a verb is indicated in brackets beside the verb, for example: acordarse [ue]. For these verbs, see the verb charts in *Apéndice 3*. Verbs that have any spelling changes, accent changes, or irregular forms are followed by a superscript number, for example: alcanzar[3]. The superscript number, in this case, 3, refers to the number 3 model verb in *Apéndice 4*. The number 3 model verb is **organizar**, which has the same spelling changes as **alcanzar**. Thus, the superscript numbers are designed to provide easy access to the patterns of any verb that has any irregularity.

appliance   el electrodoméstico
application *(job)*   la solicitud de
   empleo
to apply for *(a job)*   solicitar (14-EP)
appointment   la cita (8-EP)
to approach   acercarse[1] (2-EP)
architect   el(la) arquitecto(a) (14-EP)
Argentina   la Argentina (1-EP)
Argentine   argentino (1-EP)
armchair   el sillón, la butaca (12-EP)
around   alrededor de (4-EG)
arrival   la llegada (10-EP)
to arrive   llegar[2] (Ref)
   to arrive late   llegar con retraso
   (10-EP)
arrow   la flecha (3-LL)
art   el arte (5-EP)
as   como
   as far as   hasta (4-EP)
   as soon as   tan pronto como, en
   cuanto, luego que (11-EG)
   as . . . as   tan . . . como (9-EG)
ashtray   el cenicero (3-EP)
to ask *(a question)*   preguntar (Ref)
   to ask for   pedir [i, i] (2-EG),
   solicitar (Ref)
   to ask *(a favor)*   rogar [ue][2]
   (10-EP)
aspirin   la aspirina (8-EP)
assistance   la ayuda (3-EP)
at   a; en; en casa de
   at a discount   rebajado (9-EP)
   at last   por fin (6-EP), finalmente
   (6-EP)
   at the moment when   en el
   momento que (6-EG)
   at your service   para servirle
   (3-EP)
athletic   atlético (1-EP), deportivo
   athletic shoe   el zapato deportivo
   (9-EP)
atmosphere   el ambiente (12-LL)
to attend   asistir (a) (Ref)
   to attend frequently   frecuentar
   (12-LL)
attendant *(sales)*   el(la) dependiente
   (14-EP)
attic   el desván (12-EP)
to attract   atraer[36] (14-LL)
   to attract attention   llamar la
   atención
attractive   guapo (10-LL)
audiovisual   audiovisual (13-EP)
available   libre (5-EP), disponible

avenue   la avenida (4-EP), el paseo
   (4-EP)
average   mediano
   of average height   de talla mediana
   (1-EP)
avocado   el aguacate (7-EP)

## B

back   atrás (4-EG); la espalda
bad   malo (3-EG)
bag   el saco (3-LL), la bolsa (4-LL)
baggage   el equipaje (10-EP)
   baggage checkroom   la consigna de
   equipaje (10-EP)
   baggage claim area   la sala de
   reclamación de equipaje (10-EP)
   baggage claim check   el
   comprobante de equipaje (10-EP)
bakery   la panadería (7-EP)
balance   el equilibrio (6-EP)
balcony   el balcón, la terraza (12-EP)
bald   calvo (1-EP)
ball   la pelota (5-EP)
band   el conjunto (5-EP)
band-aid   la curita (8-EP)
bandage   la venda (8-EP)
to bandage   vendar (8-EP)
bank   el banco (14-EP)
barbecue   la barbacoa (6-EP)
bare   desnudo (14-LL)
bargain   la ganga (9-EP)
bargaining   el regateo (7-LL)
barren   yermo (14-LL)
basement   el sótano (4-EP)
basketball   el básquetbol (5-EP); el
   baloncesto
bath   el baño (2-EP)
   to take a bath   bañarse, tomar un
   baño (2-EP)
bather   el(la) bañista (1-LL)
bathing suit   el traje de baño (9-EP)
bathroom   el baño (4-EP), el cuarto
   de baño (12-EP), el servicio *(toilet)*
   (4-EP)
   bathroom sink   el lavabo (12-EP)
bathtub   la bañera (12-EP), la tina
battery   la pila (13-EP)
   battery *(car)*   la batería (13-EP)
to be   estar[17] (Ref), ser[34] (Ref)
   to be . . . years old   tener . . .
   años (1-EP)

to be a victim of   soportar (8-LL),
   sufrir (8-LL)
to be acquainted with   conocer (5-EP)
to be able to   poder [ue][26] (2-EG)
to be accustomed to   soler [ue]
   (2-EG)
to be afraid (of)   temer (8-EG),
   tener miedo (Ref)
to be at fault   tener la culpa
   (10-LL)
to be bored   aburrirse (6-EP), estar
   aburrido (1-EG)
to be born   nacer[12] (1-EP)
to be careful   tener cuidado (Ref)
to be certain that   estar seguro de
   que (8-EG)
to be cool *(weather)*   hacer fresco
   (6-EP)
to be different   variar[7] (Ref)
to be distressed   afligirse[5] (6-LL)
to be embarrassed   mortificarse[1]
   (10-LL)
to be extremely sorry   deplorar
   (8-EG), sentir [ie, i] mucho
to be happy *(that)*   alegrarse (de)
   que (8-EG)
to be important   importar (7-EG),
   es importante (3-EG)
to be in a hurry   tener prisa (Ref)
to be in charge of   encargarse (de)
   (14-LL)
to be in good health   tener buena
   salud (8-EP)
to be in working order   funcionar
   (13-EP)
to be jealous   tener celos (2-LL)
to be lacking   faltar (7-EG)
to be late   tardar (Ref)
to be left   quedar (7-EG)
to be located   hallarse (2-EG),
   quedar (4-EP)
to be lucky   tener suerte (Ref)
to be named   llamarse (1-EP)
to be nice (bad) weather   hacer
   buen (mal) tiempo (6-EP)
to be of the opinion   opinar (8-EG)
to be pleasing (to)   gustar (2-EG);
   agradar (7-EG)
to be present (at)   asistir (a) (Ref)
to be quiet   callarse (2-EG)
to be right (wrong)   tener razón
   (no tener razón) (Ref)
to be self-employed   trabajar por
   (mi) propia cuenta (14-EP)

to be sleepy   tener sueño (Ref)
to be sorry   sentir [ie, i] (2-EG)
to be standing   estar de pie (7-LL)
to be sure   estar seguro de que
   (8-EG)
to be surprised   sorprender (8-EG)
to be too tight (shoes)   apretar [ie]
   (9-EP)
to be torn to pieces   rasgarse en
   pedazos (10-LL)
to be used to   soler [ue] (2-EG)
bean plant   el frijol (6-LL)
beans   los frijoles (6-LL)
beard   la barba (2-EP)
beautiful   hermoso, guapo (10-LL)
beauty   la belleza, la hermosura
   (10-LL)
   beauty mark   el lunar (1-EP)
because of   por + inf. (11-EG)
to become   hacerse
   to become tired   cansarse (6-EP)
bed   la cama (11-EP)
bedroom   el cuarto de dormir
   (12-EP), el dormitorio (12-EP),
   la alcoba (3-EP)
bedroom suite (furniture)   el juego
   de cuarto (12-EP)
bee   la abeja (11-LL)
beef   el res (7-EP)
beehive   la colmena (11-LL)
before   antes (6-EG), delante de
   (4-EG), antes (de) que + subj.
   (11-EG), antes de + inf. (11-EG)
to beg   rogar [ue]² (3-EG), suplicar¹
   (3-EG)
beggar   el(la) mendigo(a) (5-LL)
to begin   comenzar [ie]³ (2-EG),
   empezar [ie]³ (2-EG)
behind   detrás de (4-EG)
to believe   creer²² (Ref)
bellhop   el(la) mozo(a) (7-EP),
   el botones (11-EP)
to belong to   pertenecer¹² (a) (Ref)
beloved   el(la) amado(a) (12-LL)
below   debajo (de) (4-EG)
belt   el cinturón (9-EP)
belt buckle   la hebilla (9-EP)
beneficiary   el(la) heredero(a) (5-LL)
benefits (job)   las ventajas (14-EP)
beret   la boina (9-EP)
beside   al lado (de) (4-EP)
best   mejor (9-EG)
better   mejor (3-EG)
   to get better   mejorarse (8-EP)

between   entre (4-EG)
bicycle   la bicicleta (6-EP)
big   grueso (1-EP), grande (9-EP);
   alto (tall)
bill   la cuenta (7-EP)
billboard   el letrero (4-EP), el rótulo
   (4-EP)
biology   biología
birth   el nacimiento (1-EP)
birthday   el cumpleaños (5-EP)
bit   el pedazo (7-EP)
black   negro (9-EP)
   black-and-white television set   el
   televisor de blanco y negro
   (13-EP)
blackboard   la pizarra (5-LL)
blade (razor)   la hoja de afeitar
   (2-EP)
blanket   la cobija (11-EP), la manta
   (11-EP)
blizzard   la tormenta de nieve (6-EP)
block (city)   la manzana (4-EP), la
   cuadra (4-EP)
to block the way   estorbar el paso
   (10-LL), cerrar el paso (11-LL)
blond   rubio (1-EP)
blood   la sangre (8-EP)
   blood pressure   la presión (8-EP)
   blood test   el análisis de sangre
   (8-EP)
blouse   la blusa (9-EP)
to blow   soplar
   to blow one's nose   sonarse la nariz
   (8-EP)
blue   azul (1-EP)
blue jeans   los bluejeans (9-EP)
to board   embarcarse¹ (10-EP), subir
   (Ref), abordar (un avión) (10-EP)
board: schedule board   el horario de
   llegadas y salidas (10-EP)
boarding house   la pensión (11-EP)
boarding pass   la tarjeta de embarque
   (10-EP)
boat   el barco (6-EP)
body   el cuerpo (1-LL)
Bolivia   Bolivia (f.) (1-EP)
Bolivian   boliviano (1-EP)
to boo   chiflar (5-EP)
bookcase   el estante (3-EP)
boots   las botas (9-EP)
booty   el botín (4-LL)
to bore   horadar (9-LL)
boss   el(la) jefe(a) (14-EP)
to bother   molestar (Ref)

bottle   la botella (7-EP)
bottom   el fondo (3-LL)
bow (hunting)   el arco (3-LL)
bowtie   el corbatín (9-EP)
box   la caja (7-EP)
box office   la taquilla (5-EP), la
   ventanilla (5-EP)
bracelet   la pulsera (9-EP)
brakes (car)   los frenos (13-EP)
branch   la rama (4-LL)
brand   marca
Brazil   el Brasil (1-EP)
Brazilian   brasileño (1-EP)
bread   el pan (3-EP)
to break   quebrar [ie] (2-EG),
   romper³¹ (Ref)
   to break (a limb)   fracturarse,
   romperse³¹ (6-EP)
breakdown (car)   la avería (13-EP)
to breathe   respirar (8-EP)
brick   el ladrillo (4-EP)
bride   la novia (4-LL)
bridegroom   el novio (4-LL)
bright   claro (12-EP)
to bring   llevar (Ref), traer³⁶ (Ref)
   to bring down (baggage)   bajar
   (11-EP)
   to bring together   juntar (7-LL)
   to bring up (baggage)   subir (11-EP)
broad   ancho (9-EP)
broken (in pieces)   roto (13-EP)
broken (not working)   descompuesto
   (13-EP)
bronchitis   la bronquitis (8-EP)
broom   la escoba (3-EP)
brown   café (1-EP), pardo (9-EP)
brunette   moreno(a)
brush   el cepillo (2-EP)
to brush (one's teeth, hair)   cepillarse
   (los dientes, el pelo) (2-EP)
buckle (belt)   la hebilla (9-EP)
to budge   moverse [ue] (2-EP)
to build   construir¹³ (Ref)
building   el edificio (4-EP)
bullring   la plaza de toros (4-EP)
bumper   el parachoques (13-EP)
bureau with mirror   el tocador
   (12-EP)
to burn (down)   quemar (Ref)
to burst out laughing   echarse a reír
   (11-LL)
bus   el autobús (4-EP)
   bus stop   la parada de autobuses
   (4-EP)

business el negocio, el comercio
(14-EP)
  it's none of your business! ¡no es
asunto tuyo!
businessman el hombre de negocios
(14-EP)
businesswoman la mujer de negocios
(14-EP)
busy ocupado (5-EP)
but pero
  but (on the contrary) sino, sino
que (5-EG)
butcher el(la) carnicero(a) (4-LL)
butcher shop la carnicería (7-EP)
button el botón (9-EP)
to buy comprar (Ref), adquirir [ie]
(4-LL)
to buzz zumbar (11-LL)
by para (4-EG), por (4-EG)
  by bus en autobús
  by taxi en taxi (4-EP)
  close by al lado (4-EG)

## C

cabinet el gabinete (12-EP)
café el café (5-EP)
cafeteria la cafetería (7-EP)
cake la tarta (7-EP), la torta (7-EP)
calculator la calculadora (14-EP)
to call llamar (Ref)
calm quieto (13-LL)
camera la cámara (13-EP)
to camp acampar (6-EP)
can la lata (7-EP)
  can opener el abrelatas (12-EP)
  trash can la lata de basura (12-EP)
Canada el Canadá (1-EP)
Canadian canadiense (1-EP)
to cancel cancelar (10-EP)
candle la vela (7-LL)
canvas la tela (7-LL)
cap (hat) la gorra (9-EP)
capability la aptitud (14-EP)
capsule (pod of seeds) la cápsula de
semillas (11-LL)
captain el(la) capitán (capitana)
(1-EG)
carburetor el carburador (13-EP)
to care for, about cuidar de (10-LL)
careful! ¡cuidado! (6-EP)

carpenter el(la) carpintero(a) (13-EP)
carpet la alfombra (12-EP)
carrot la zanahoria (7-EP)
to carry llevar; cargar[2] (11-EP)
carry-on luggage el equipaje de
mano (10-EP)
cart la carreta (4-LL)
cashier la caja (7-EP), el(la)
cajero(a) (11-EP)
to catch coger[4] (Ref)
cathedral la catedral (4-EP)
cavalry la caballería (12-LL)
cave la caverna, la cueva (11-LL)
cavity la caries (8-EP)
to cease cesar (de) (2-EG)
cellar el sótano (4-EP)
cement el cemento (4-EP)
cemetery el cementerio (14-LL)
center el centro (5-EP)
certain cierto (8-EG), seguro (8-EG)
certainty la certeza (8-EG)
chain la cadena (9-EP)
  neck chain la cadena (9-EP)
chalk la tiza (5-LL)
chambermaid la camarera (11-EP)
championship el campeonato (5-EP)
change (money) el cambio (7-EP)
change of train el cambio de tren
(10-EP)
to change cambiar (Ref), variar[7] (Ref)
  to change trains cambiar de tren
(10-EP), hacer el cambio de tren
(10-EP)
to charge cobrar (11-EP)
charity la caridad (6-LL)
to chat charlar (5-EP), platicar[1] (5-EP)
cheap barato (9-EP)
check (bank) el cheque (11-EP)
to check averiguar (12-LL), revisar
(13-EP)
to check (baggage) facturar, (10-EP),
depositar (10-EP)
cheek la mejilla (1-EP)
chest el cajón (12-EP)
  chest of drawers la cómoda
(12-EP)
chestnut (color) castaño (1-EP)
chick-pea el garbanzo (7-EP)
chicken el pollo (7-EP)
  chicken coop el gallinero (8-LL)
  chicken pox la varicela (8-EP)
chief (tribal) el cacique (3-LL)
childhood diseases las enfermedades
infantiles (8-EP)

Chile Chile (m.) (1-EP)
Chilean chileno (1-EP)
chin la barbilla (1-EP)
China la China (1-EP)
Chinese chino (1-EP)
chocolate el chocolate (7-EP)
choice la elección (10-LL)
to choose escoger[4] (Ref)
chop (cut of meat) la chuleta (7-EP);
(pork) la chuleta de cerdo
chores los quehaceres
city la ciudad (4-EP)
  city block la cuadra (4-EP),
manzana (4-EP)
to claim (baggage) recoger[4] (10-EP)
clam la almeja (7-EP)
class clase
  class (first) de primera clase
classical clásico (5-EP)
clay el barro (7-LL)
clean puro (6-EP)
to clean (up) limpiar (Ref)
clear (weather) despejado (6-EP)
to clear the table recoger la mesa
(3-EP)
clearance sale la liquidación (9-EP)
clerk el(la) dependiente (14-EP)
clever listo (1-EG)
client el(la) cliente (1-EG)
cliff el acantilado (6-EP)
to climb subir (6-EP), trepar (6-EP);
escalar (una montaña) (6-EP)
clinic la clínica (4-EP)
close to cerca (de) (4-EG)
to close cerrar [ie] (2-EG)
closet el armario (3-EP)
cloth la tela (9-EP)
clothes la ropa (3-EP)
  clothes dryer la secadora (de ropa)
(3-EP)
  clothes hanger el colgador (11-EP),
la percha (3-EP)
clothing la ropa (3-EP)
cloud la nube (3-LL)
cloudy (weather) nublado (6-EP)
club el club (5-EP)
coat el abrigo (9-EP)
cocktail el cóctel (7-EP)
coconut el coco (7-EP)
cod el bacalao (7-EP)
coin la moneda (6-LL)
coincidence coincidencia
  what a coincidence! ¡qué
coincidencia!, ¡qué casualidad!

coin purse  el monedero (9-EP), el portamonedas (9-EP)

cold (illness)  el resfriado (8-EP); frío (6-EP)

collar (shirt)  el cuello (9-EP)

cologne  la colonia, el agua de colonia (2-EP)

Colombia  Colombia (f.) (1-EP)

Colombian  colombiano (1-EP)

colonel  el coronel (12-LL)

color  el color (9-EP)

  color television set  el televisor a color (13-EP)

comb  el peine (2-EP)

to comb one's hair  peinarse (2-EP)

to come  venir[38] (Ref)

to come back (from)  regresar (de) (Ref)

to come near  acercarse[1] (2-EP)

comfortable  cómodo (11-EP)

comforts (elements of)  las comodidades (12-EP)

to comment on  comentar (5-EP)

commerce  el comercio (14-EP)

company  la firma, la compañía, la empresa, la sociedad (14-EP)

to complain (about)  quejarse (de) (2-EG)

complete  completo (7-EP)

composed  compuesto (7-EG)

computer  el ordenador, la computadora (14-EP)

  computer disk  el disco (14-EP)

  computer hardware  la maquinaria (14-EP)

  computer printer  la impresora (14-EP)

  computer program  el programa (14-EP)

  computer programmer  el(la) programador(a) (14-EP)

  computer science  la informática (14-EP)

  computer screen  la pantalla (14-EP)

  computer software  el software (14-EP)

concert  el concierto (5-EP)

condition  la condición (14-EP)

  on the condition that  a condición de que (11-EG)

conference  la conferencia (5-EP)

to confirm  confirmar (10-EP)

to congratulate  felicitar (Ref)

conservative  conservador (1-EG)

to consist  consistir (Ref)

contact lens  el lente de contacto (1-EP)

to contain  contener[35] (Ref)

contempt  el desdén (12-LL)

to continue  continuar[8] (Ref), seguir [i, i][6] + pres. part. (4-EP)

convertible  el descapotable (13-EP)

convinced  convencido (9-EP)

to cook  cocinar (Ref)

cookie  la galleta (7-EP)

copper  el cobre (7-LL)

copying machine  la fotocopiadora (14-EP)

corduroy  la pana (9-EP)

corn  el maíz (6-LL)

corner (inside)  el rincón (12-EP)

corner (outside)  la esquina (4-EP)

corporation  la sociedad (14-EP)

corridor  el pasillo (1-LL)

to cost  costar [ue] (2-EG)

Costa Rica  Costa Rica (f.) (1-EP)

Costa Rican  costarricense (1-EP)

cotton  el algodón (9-EP)

couch  el diván (12-EP), el sofá (12-EP)

cough  la tos (8-EP)

to cough  toser (8-EP)

country (nation)  el país

  country of origin  el país de origen (1-EP)

countryside, country  el campo (12-EP)

courtyard  el patio (12-EP)

covered  cubierto (7-EG)

coveted  codiciado (14-LL)

cowboy  el vaquero (13-LL)

cozy  calientito (11-LL)

crack  la rendija (14-LL)

to crack  crujir (10-EP)

to crash  chocar[1] (10-LL)

cream  la crema

  cream of mushroom soup  la crema de champiñones (7-EP)

credit card  la tarjeta de crédito (7-EP)

to criticize  criticar[1] (5-EP)

cross  la cruz (14-LL)

  little cross  la crucecilla (14-LL)

to cross  cruzar[3] (4-EP)

to crouch down  agacharse (14-LL)

crutch  la muleta (8-EP)

to cry  llorar (Ref)

  Cuba  Cuba (f.) (1-EP)

Cuban  cubano (1-EP)

cucumber  el pepino (7-EP)

cuff  el puño (9-EP)

cultural  cultural (5-EP)

cup  la copa (5-EP)

to curl one's hair  rizarse[3] el pelo (2-EP)

curler (hair)  el rulo (2-EP)

curly (hair)  rizado (1-EP)

curtain  la cortina (12-EP)

cushion  el almohadón (12-EP)

custard  el flan (7-EP)

customs  la aduana (10-EP)

cut  la herida (8-EP)

to cut  cortar (3-EP)

cutlet  la chuleta (7-EP)

# D

daily  diario; todos los días

  daily life  la vida diaria (3-EP)

dairy  lácteo (7-EP)

dance  el baile (5-EP)

to dance  bailar (Ref)

dangerous  peligroso (13-LL)

to dare  atreverse (12-LL)

dark  moreno (1-EP), oscuro (9-EP)

dark-haired  moreno (1-EP)

data processing  la informática (14-EP)

date (appointment)  la cita

date (calendar)  la fecha (1-EP)

dawn  la madrugada

  at dawn  de madrugada (6-EP)

to dawn  amanecer[12] (6-EP)

day  el día

  the day before  el día anterior (6-EG), el día antes (6-EP)

  the day before yesterday  anteayer (6-EP)

daytime  de día (6-EP)

dead  muerto (2-LL)

death  la muerte (2-LL)

to decide  decidir (2-EG)

declaration  la declaración (12-LL)

to decorate (a room)  decorar (13-EP)

deed  la acción (6-LL)

  great deeds  los grandes hechos (10-LL)

deeply  profundamente (8-EP)

defeat  la derrota (11-LL)

to defend  defender [ie] (2-EG)

**degree** *(school or professional)* el título, el diploma (14-EP); *(temperature)* el grado (8-EP)

**delicious** sabroso (7-EP)

**delight** el placer (1-EP)

**to delight** encantar (8-EG)

**delighted** ¡claro! (5-EP), encantado (1-EP)

   **I'd be delighted** ¡me encantaría! (5-EP)

**to deliver** entregar[2] (Ref)

**to demand** exigir[5] (Ref)

**to demonstrate** demostrar [ue] (5-LL)

**denim pants** los bluejeans (9-EP), los pantalones vaqueros (9-EP)

**dentist** el(la) dentista (8-EP)

**to deny** negar [ie][2] (8-EG)

**deodorant** el desodorante (2-EP)

**department** *(of a store)* la sección (9-EP)

**department store** el almacén (9-EP)

**departure** la salida (10-EP)

   **departure time** la hora de salida

**to deplane** desembarcar[1] (10-EP)

**depressed** deprimido (8-EP)

**to descend** descender [ie] (2-EG), bajar

**to describe** describir

   **description** la descripción (1-EP)

**to deserve** merecer[12] (Ref)

**desired** codiciado (14-LL)

**desk** el escritorio (12-EP)

**to despair** desesperarse (3-LL)

**desperate** desesperado (13-LL)

**dessert** el postre (7-EP)

**destination** la destinación, el destino

**to destroy** destruir[13] (Ref)

**to detain** detener[35] (1-LL)

**to develop** desarrollar

**to develop** *(photos)* revelar (13-EP)

**dictaphone** el dictáfono (14-EP)

**to die** morir [ue, u][23] (2-EG)

**to dig holes in** horadar (9-LL)

   **dining room** el comedor (12-EP)

**direct** directo

**to direct** dirigir[5] (Ref)

**to disappear** desaparecer[12] (Ref)

**to disappoint** desilusionar (8-EG)

**to discuss** discutir (5-EP)

**disdain** el desdén (12-LL)

**disease** la enfermedad (8-EP)

**to disgust** disgustar (7-EG)

   **dishcloth** el trapo (3-EP)

   **dishwasher** el lavaplatos (3-EP), la lavadora de platos (3-EP)

**disk drive** el lector de discos (14-EP)

**display case** la vitrina (9-EP)

**distinguishing** distintivo

   **distinguishing feature** la seña particular (1-EP)

**to distribute** distribuir[13] (Ref)

**district** el barrio (12-EP), el distrito

**to dive** tirarse (6-EP)

**diverse** variado (9-EP)

**dizzy** mareado (8-EP)

   **dizzy spell** el mareo (8-EP)

**to do** hacer[19] (Ref)

**doctor** el(la) médico(a) (8-EP); el(la) doctor(a)

   **doctor's office** el consultorio (8-EP)

**doll** la muñeca (1-LL)

**Dominican** dominicano (1-EP)

**Dominican Republic** la República Dominicana (1-EP)

**double** *(room)* doble (11-EP)

**doubled over** doblado (1-LL)

**to doubt** dudar (3-EG)

**doubtful** dudoso (8-EG)

**down** abajo (4-EG)

   **to go down, to bring down** bajar

**downstairs** abajo (4-EP)

**downtown** el centro (6-EP)

**dozen** la docena (7-EP)

**draftsman** el(la) dibujante (14-EP)

**to draw** *(a picture)* dibujar (Ref)

**to draw** *(a bow)* tensar (3-LL)

**drawer** el cajón (12-EP)

**drawing** el dibujo (5-EP)

**to dream (of)** soñar [ue] (con) (2-EG)

**dress** el vestido (9-EP)

**to dress** vestirse [i, i]

   **dresser** la cómoda (12-EP)

**dressy** vistoso (9-EP), de gala (5-EP)

**to drink** beber, tomar (Ref)

**drinks** bebidas, refrescos

**to drive** conducir[28] (Ref)

**drop** la gota (3-LL)

**drought** la sequía (3-LL)

**to drown** ahogarse[2] (6-EP)

**dry** seco (14-LL)

**to dry** secar (3-EP)

**to dry one's hair** secarse el pelo (2-EP)

   **to dry** *(oneself)* **off** secarse (2-EP)

**dry spell** la sequía (3-LL)

**dryer** la máquina de secar (3-EP)

**duck** el pato (7-EP)

**during** durante (6-EG), para (4-EG)

**dust rag** el trapo (3-EP)

**to dust** *(the furniture)* quitar el polvo (de) (3-EP)

**Dutch** holandés (*f.* holandesa) (1-EP)

**duty** el deber (11-LL)

**dying** moribundo (10-LL)

**E**

**ear** la oreja (9-LL)

**to earn** ganar (Ref)

**earphones** los audífonos, los auriculares (13-EP)

**earring** *(long)* el pendiente (9-EP), *(stud)* el arete (9-EP)

**earthen jar** una olla de barro (7-LL)

**earthquake** el terremoto (6-EP)

   **small earthquake** el temblor (6-EP)

**to eat** comer; tomar (Ref)

**Ecuador** el Ecuador (1-EP)

**Ecuadorean** ecuatoriano (1-EP)

**effort** el esfuerzo (11-LL)

**egg** el huevo (7-EP)

   **scrambled eggs** huevos revueltos (7-EP)

**ego** el amor propio (12-LL)

**either . . . or** o . . . o (5-EG)

**electric** eléctrico

   **electric appliance** el electrodoméstico (12-EP)

   **electric shaver** la afeitadora eléctrica (2-EP), la maquinilla de afeitar (2-EP)

**electrician** el(la) electricista (13-EP)

**elegant** elegante

**elevator** el ascensor (4-EP)

**employment** el empleo (14-EP)

**empty** vacío; *(unoccupied)* libre (10-EP)

**to empty** vaciar[7] (3-EP), descargar[2] (3-LL)

**to enchant** encantar (7-EG)

**end** el fin, el final; *(of a hall)* el fondo (4-EP)

**to end** terminar (Ref)

**enemy** el(la) enemigo(a) (11-LL)

**engineer** el(la) ingeniero(a) (14-EP)

**English** inglés (*f.* inglesa) (14-EP)

**to enjoy** disfrutar, gozar[3] (de) (6-EP)

   **enjoy your meal!** ¡buen provecho! (7-EP)

enjoyable  divertido (6-EP)

to enter  entrar (Ref)

enterprise  la empresa (14-EP)

entertaining  divertido, entretenido (6-EP)

entrance  la entrada (4-EP)

entrée  el plato principal (7-EP)

entry hall  el vestíbulo (12-EP), el zaguán (13-LL)

envelope  el sobre (6-LL)

equipment  el equipo, el aparato (13-EP)

estimated  previsto (10-EP)

even  aún

  even if  aunque (11-EG)

  even though  aunque (11-EG)

  not even  ni siquiera (5-EG)

evening  (early) tarde; (after dark) noche

event  el evento (6-EP), el fenómeno (6-EP), el suceso (6-EP), el acontecimiento (6-EP)

ever  alguna vez (5-EG)

ever  (in a question or for emphasis) jamás (5-EG)

to excuse  excusar, disculpar

  excuse me!  ¡dispense! (2-EP), ¡perdone! (2-EP), ¡disculpe! (2-EP), ¡perdóneme! (3-EP)

  excuse the interruption!  ¡disculpe la molestia! (2-EP)

executive  el(la) ejecutivo(a) (14-EP)

exercise  el ejercicio (5-EP)

  (warm-up) exercises  ejercicios de calentamiento (5-EP)

to exercise  hacer ejercicios (5-EP)

exhausted  rendido (3-EP)

exhibit  la exposición (5-EP)

exit  la salida (4-EP)

expensive  caro (9-EP), de lujo (9-EP)

experience  experiencia

to explain  explicar[1] (Ref)

to expose oneself (to)  exponerse[27] (a) (6-LL)

extraordinary  raro (3-EG), extraordinario

eye  el ojo (1-EP)

  eye doctor  el(la) oculista (8-EP)

  eye shadow  la sombra de ojos (2-EP)

eyeglasses  los anteojos (1-EP), los lentes (1-EP), las gafas

eyelash  la pestaña (2-EP)

## F

fabric  la tela (9-EP)

face  la cara (1-EP)

facing  frente a (4-EG), enfrente (de) (4-EG)

fact  el hecho (6-EP)

factory  la fábrica (14-EP)

to faint  desmayarse (6-EP)

fair  justo (3-EG)

faith  la fe (6-LL)

to fall  caer[11] (Ref)

  to fall overboard  caerse al mar (6-EP)

fallen  caído (14-LL)

familiar (with)  conocer

family  la familia (13-LL)

fan  el abanico (10-LL); (sports) un aficionado

fancy  de gala (5-EP), de lujo (9-EP)

far (from)  lejos (de) (4-EP)

farm  la finca (12-EP), la hacienda (12-EP), la granja (12-EP)

fascinating  fenomenal (13-LL)

to fasten  fijar (12-LL)

  to fasten  (one's seat belt) abrocharse (el cinturón de seguridad) (10-EP)

fat  gordo (1-EP)

fatigue  la fatiga (11-LL)

faucet  el grifo (12-EP), la llave de agua (12-EP)

fault  la culpa (10-LL)

fear  el susto (12-LL), el temor (8-EG)

to fear  temer (8-EG), tener miedo de

feather  la pluma (3-LL)

to feed  darle de comer (3-EP)

to feel  sentir [ie, i] (2-EG), sentirse [ie, i] (8-EP)

  to feel dizzy  marearse (6-EP)

  to feel hungry (thirsty)  tener hambre (sed) (Ref)

  to feel jealous  sentir celos (2-LL)

  to feel like  tener ganas de (Ref)

  to feel sick  sentirse mal (8-EP), estar mal (8-EP)

  to feel sleepy  tener sueño (Ref)

  to feel well  gozar de buena salud (8-EP), tener buena salud (8-EP)

feeling  el sentimiento (12-LL)

fever  la fiebre (8-EP)

fiancé  el novio (9-LL)

fidelity  la fidelidad

  high fidelity  de alta fidelidad (13-EP)

field  el campo (4-LL)

to fight  luchar (7-LL), pelear

to file  archivar (14-EP)

to fill  llenar (Ref); (a tooth) rellenar (8-EP)

fillet  el filete (7-EP)

film  (roll of) el rollo de película (13-EP)

finally  por fin (6-EP), finalmente (6-EP)

finance  las finanzas (14-EP)

to find  encontrar [ue] (2-EG)

to finish  terminar (Ref)

fire  el fuego (3-LL), el incendio (6-EP)

  fire fighter  el(la) bombero(a) (4-EP)

  fire station  la estación de bomberos (4-EP)

firearm  el arma de fuego (2-LL)

fireplace  la chimenea (12-EP)

firm  la firma (14-EP), la empresa (14-EP)

first  primero (primer) (6-EP)

  first class  de primera clase (10-EP)

fish  el pescado, el pez

  fish store  la pescadería (7-EP)

to fish  pescar[1] (6-EP)

to fit  (clothing) quedar (a) (9-EP)

to fix  arreglar (Ref), reparar (13-EP); fijar (12-LL)

  to fix oneself up  arreglarse (2-EP)

flash  el flash (13-EP)

flat tire  el pinchazo, la llanta pinchada (13-EP)

flavorful  sabroso (7-EP)

flaw  el defecto (12-LL)

to flee  huir[13] (Ref)

flight  el vuelo (10-EP)

  flight attendant  el(la) auxiliar de vuelo (10-EP)

  flight crew  la tripulación (10-EP)

to fling  arrojar (12-LL)

floor  el suelo (3-LL); (of a building) el piso (3-EP)

flower  la flor (6-LL)

flowered  (fabric) (la tela) de florecitas (9-EP)

flu  la gripe (8-EP)

to fly  volar [ue] (10-EP)

  to fly over  sobrevolar [ue] (10-EP)

fog  la niebla (6-EP)

to fold   plegar [ie]$^2$ (10-EP)
to follow   seguir [i, i]$^6$ (2-EG)
food   la comida (7-EP); los
comestibles (7-EP)
to fool   estafar (14-LL)
for   para (4-EG), por (4-EG)
for (+ a period of time)   durante
(6-EG)
for (destination)   con destina a
(10-EP)
for as long as   mientras (que)
(6-EG)
to forbid   prohibir (Ref)
forehead   la frente (8-LL)
foreigner   el(la) extranjero(a)
(13-LL)
forest   el bosque (6-EP)
to forget   olvidar (Ref), olvidarse (de)
+ inf. (2-EG)
forsaken   desamparado (11-LL)
fortune   la fortuna (9-EP)
fountain   la fuente (4-EP)
fox   el zorro (8-LL)
to fracture   fracturarse (6-EP)
frankness   la franqueza (12-LL)
freckle   la peca (1-EP)
free   libre (5-EP)
freezer   la congeladora (12-EP)
French   francés (f. francesa) (1-EG)
frequently   a menudo (6-EG)
fresh air   el fresco (12-LL)
fried   frito (7-EP)
to frighten   asustar (4-LL)
from   de, desde (4-EG)
from time to time   de vez en
cuando (6-EG)
front: in front of   frente a (4-EG)
front desk (hotel)   la recepción
(11-EP)
frontier   la frontera
living on the frontier   fronterizo
(13-LL)
fruit   la fruta (7-EP)
fruit market   la frutería (7-EP)
full   lleno; (meal) completo (7-EP)
full time   la jornada completa
(14-EP)
to function   funcionar (13-EP)
funny (odd)   extraño
fur   la piel (9-EP)
furnished   amueblado (12-EP)
furniture   los muebles (12-EP)
fury   la ira (8-EG)
fuse   el fusible (13-EP)

# G

gallery   la galería (5-EP)
game   el juego (5-EP), el partido
(5-EP)
garage   el garaje (12-EP)
garbage   la basura
garbage can   la lata de basura
(3-EP)
garbage disposal   el triturador de
desperdicios (12-EP)
garden   el jardín (3-EP), la huerta
(6-LL)
gas (heating, cooking) el gas (12-EP);
(gasoline) la gasolina (13-EP)
gas station   la gasolinera (4-EP)
gas tank   el tanque (13-EP)
lead free gas   la gasolina (sin
plomo) (13-EP)
gate (airport) la puerta (10-EP)
to gather   recoger; (people) reunirse$^8$
(5-EP)
general   general (1-EP)
generally   generalmente (6-EG),
usualmente (6-EG), por lo general
(6-EG)
genteel   gentil (13-LL)
gentleman   el caballero (1-LL)
German   alemán (f. alemana) (1-EP)
German measles   la rubeola (8-EP)
Germany   Alemania (f.) (1-EP)
to get   obtener$^{35}$ (Ref), conseguir [i, i]$^6$
(4-LL)
to get a sunburn, sunstroke   sufrir
una quemadura de sol, una
insolación (6-EP)
to get a tan   broncearse (6-EP)
to get along well with   llevarse bien
con (14-EP)
to get angry   enfadarse (2-EG),
ponerse$^{27}$ furioso, enojarse
(2-EG)
to get better, get well (after an
illness) mejorarse (8-EP)
to get bored   aburrirse (2-EP)
to get burned   quemarse (6-EP)
to get busy (with)   ocuparse de
(2-EG)
to get dark   anochecer$^{12}$ (6-EP)
to get dressed   vestirse [i, i] (2-EP)
to get into (good physical) shape
ponerse en forma (5-EP)
to get killed   matarse (6-EP)

to get light   amanecer$^{12}$ (6-EP)
to get lost   perderse [ie] (6-EP)
to get married   casarse (2-EG)
to get off (a bus) bajar, bajarse
(de) (4-EP)
to get on (a bus) subir (Ref)
to get ready   alistarse (2-EG),
prepararse (2-EG)
to get seasick   marearse (6-EP)
to get some fresh air   tomar el
fresco (12-LL)
to get together   reunirse$^8$ (5-EP)
to get up   levantarse (2-EP)
to get upset   enojarse (2-EG)
to get worried about   preocuparse
(de) (2-EG)
to get wounded   herirse [ie, i]
(8-EP)
to give   dar$^{14}$ (Ref); (a gift) regalar
(Ref)
to give a hand   dar, echar una
mano (3-EP)
to give back   devolver [ue]$^{40}$
(2-EG)
to give stitches   poner puntos
(8-EP)
glance   la mirada (1-LL)
glass   el vidrio (4-EP); (drinking) el
vaso
glasses   las gafas, los anteojos, los
lentes (1-EP)
glove   el guante (9-EP)
to go   ir$^{21}$ (Ref); andar$^{10}$ (Ref)
to go aboard   embarcarse$^1$ (10-EP)
to go away   marcharse, alejarse de,
irse$^{21}$ (2-EP)
to go by   pasar (7-EP)
to go camping   acampar (6-EP); ir
de camping (6-EP)
to go down   descender [ie] (2-EG);
bajar (4-EP)
to go for a walk or ride   pasear
(6-EP), dar un paseo (Ref)
to go in the water   bañarse (6-EP)
to go jogging   hacer jogging (5-EP)
to go on a trip   ir de excursión
(6-EP)
to go on an outing   dar una vuelta
(6-EP)
to go out   salir$^{33}$ (Ref)
to go sailing   dar un paseo en bote
de vela (6-EP)
to go scuba diving, snorkeling
bucear (6-EP)

**to go straight ahead** seguir derecho **(4-EP)**
**to go swimming** bañarse **(6-EP)**
**to go through customs** pasar por la aduana **(10-EP)**
**to go to bed** acostarse [ue] **(2-EP)**
**to go pick up** ir a buscar **(5-EP)**
**to go up** subir **(Ref)**
**god** el dios **(3-LL)**
**gold** el oro **(14-LL)**
**good** bueno (buen) **(1-EG)**
  **good will** la buena voluntad **(6-LL)**
  **good with** (*numbers*) diestro con (números) **(14-EP)**
**to gossip** charlar **(5-EP)**
**gourd** la calabaza **(3-LL)**
**governess** el aya (*f.*) **(10-LL)**
**graduate: to be a graduate of** ser graduado (a) de **(14-EP)**
**to graduate (from)** graduarse[8] (de) **(14-EP)**
**graduation** la graduación **(6-EP)**
**grape** la uva **(7-EP)**
**grapefruit** la toronja **(7-EP)**
**graphic designer** el(la) diseñador(a) **(14-EP)**
**grass** la hierba **(3-EP)**
**gray** gris **(9-EP)**
**great** grande (gran) **(1-EG)**
**Greece** Grecia (*f.*) **(1-EP)**
**Greek** griego **(1-EP)**
**green** verde **(1-EP)**
  **green vegetable** la verdura **(7-EP)**
**to greet** saludar **(Ref)**, dar un saludo **(13-LL)**
**grill** la parilla
  **grilled steak** el bistec a la parrilla **(7-EP)**
**grocery store** la tienda de comestibles **(7-EP)**
**ground** el suelo **(4-LL)**
  **ground floor** la planta baja **(4-EP)**
**group** el grupo **(5-EP)**
**to grow** crecer[12] **(14-LL)**
**Guatemala** Guatemala (*f.*) **(1-EP)**
**Guatemalan** guatemalteco **(1-EP)**
**to guess** adivinar **(Ref)**
**guest** el(la) huésped(a) **(5-EP)**, el(la) invitado(a) **(5-EP)**
**gulp** el sorbo **(13-LL)**
**gun** el arma de fuego **(2-LL)**
**gunshot** el disparo **(2-LL)**
**gymnasium** el gimnasio **(5-EP)**
**gynmastics** la gimnasia **(5-EP)**

## H

**hail** el granizo **(4-LL)**
**hair** el cabello **(1-EP)**, el pelo **(1-EP)**
  **hair dryer** la secadora **(2-EP)**
  **hair spray** la laca para el cabello **(2-EP)**
**half time** a media jornada **(14-EP)**
**hall** el pasillo **(4-EP)**
**ham** el jamón **(7-EP)**
**to hand over to** entregar[2] **(Ref)**
**handbag** el bolso **(9-EP)**
**handkerchief** el pañuelo **(9-EP)**
**handsome** guapo **(10-LL)**, hermoso **(10-LL)**
**handwriting** la letra **(12-LL)**
**handy** hábil **(13-EP)**
**to hang up** (*clothes*) colgar [ue][2] **(3-EP)**
**to happen** pasar **(6-EP)**, ocurrir **(Ref)**, suceder **(6-EP)**, acontecer[12] **(6-EP)**
**happiness** la felicidad **(2-LL)**, la alegría **(8-EG)**
**to harm** hacer daño **(8-LL)**
**harvest** la cosecha **(6-LL)**
**hat** el sombrero; (cap) la gorra **(9-EP)**
**to have** tener[35] **(Ref)**
  **to have** (*something to eat or drink*) tomar **(Ref)**
  **to have a barbecue** hacer una barbacoa **(6-EP)**
  **to have a cold** estar resfriado **(8-EP)**
  **to have a good time** divertirse [ie, i] **(6-EP)**, pasarlo bien **(6-EP)**
  **to have breakfast** desayunarse **(2-EP)**
  **to have dinner** cenar **(Ref)**
  **to have fun** divertirse [ie, i] **(2-EG)**
  **to have lunch** almorzar [ue][3] **(2-EG)**
  **to have to** tener que **(Ref)**
**head** la cabeza **(8-EP)**
**headache** el dolor de cabeza **(8-EP)**
**headlight** el faro **(13-EP)**
**headset** los audífonos **(13-EP)**
**health** la salud **(8-EP)**
**to hear** oír[24] **(Ref)**
**hearing** el oído **(8-EP)**
**heart** el corazón **(10-LL)**
**heat** la calefacción **(12-EP)**

**heavy** grueso **(1-EP)**, pesado **(13-LL)**
**heel** (*of a shoe*) el tacón **(9-EP)**
**height** la talla **(1-EP)**
  **of average height** de talla mediana **(1-EP)**
**heir** el(la) heredero(a) **(5-LL)**
**help** la ayuda **(3-EP)**, el socorro
  **how can I help you?** ¿en qué puedo servirle?
**to help out** dar, **(3-EP)**, echar una mano **(3-EP)**
**helpless** desamparado **(11-LL)**
**hen** la gallina **(4-LL)**
**here** acá **(4-EG)**, aquí **(4-EG)**
**to hesitate** vacilar (en) **(Ref)**
**to hide** esconder **(Ref)**, ocultar **(11-LL)**
**high** alto
  **hifi system** el equipo de alta fidelidad **(13-EP)**
  **high fidelity** (*sound system*) de alta fidelidad **(13-EP)**
  **high heel** el zapato de tacón **(9-EP)**
  **high school** el colegio **(14-EP)**
**highway** la carretera **(4-LL)**
**hill** la loma **(7-LL)**, el cerro **(6-EP)**
**to hire** emplear **(14-EP)**
**Hispanic** hispano **(4-EP)**
**to hiss** chiflar **(5-EP)**
**to hit** golpear **(4-LL)**
**hole** el hueco **(11-LL)**
**Holland** Holanda (*f.*) **(1-EP)**
**hollow** el hueco **(11-LL)**
**Honduran** hondureño **(1-EP)**
**Honduras** Honduras (*f.*) **(1-EP)**
**honey** la miel **(11-LL)**
**hood** (*car*) el capó **(13-EP)**
**to hope** esperar **(2-EG)**
  **let us hope that** ojalá (que) **(3-EG)**
**horn** (*car*) la bocina **(13-EP)**
**horse** el caballo **(6-EP)**
**hose** (*garden*) la manguera **(3-EP)**
**hospital** el hospital, la clínica **(4-EP)**
**host(ess)** el anfitrión, la anfitriona **(5-EP)**
**hostel: youth hostel** el albergue junevil **(11-EP)**
**hot** caliente **(12-EP)**
**hot sausage** el chorizo **(7-EP)**
**hotel** el hotel **(11-EP)**
**house** la casa **(4-EP)**
**household chores** los quehaceres domésticos **(3-EP)**

**housing** la vivienda (12-EP)
**how?** ¿cómo? (4-EP)
**how about if . . .?** ¿qué tal
  si . . .? (5-EP)
**how are you?** ¿qué tal? (1-EP)
**how can I help you?** ¿en qué
  puedo servirle? (3-EP)
**how long? for how long?** ¿desde
  hace cuánto tiempo? (5-EG)
**how many?** ¿cuántos?
**how much?** ¿cuánto? (7-EP)
**to hurry** darse prisa (2-EP)
**hurt** herido (8-EP)
**to hurt** (*be in pain*) doler [ue] (a)
  (7-EG); (*injure*) hacer daño (8-LL)
  **to hurt oneself** hacerse daño
  (6-EP)
**husband** el marido (9-LL), el esposo
  (3-LL)

# I

**ice** el hielo (6-EP)
**ice cream** el helado (7-EP)
**identification card** la tarjeta de
  identidad (1-EP); el carnet (1-EP)
**identification paper** el documento de
  identidad (1-EP)
**identity** la identidad (1-EP)
**ill** enfermo (8-EP)
**illness** la enfermedad (10-LL)
**immediately** en seguida (7-EP)
**immigration** la inmigración (10-EP)
**immobile** inmóvil (8-LL)
**important** importante (3-EG)
**impossible** imposible (3-EP)
**improbable** improbable (8-EG)
**in** dentro de; adentro (4-EG), en
  (4-EG)
  **in back** atrás (4-EG)
  **in back of** detrás de (4-EG)
  **in cash** en efectivo (11-EP)
  **in front (of)** enfrente (de) (4-EG),
   delante (de) (4-EG), frente a
   (4-EG)
  **in general** por lo general (6-EG)
  **in good taste** de buen gusto (9-EP)
  **in order to** para + *inf.* (11-EG)
  **in style** de moda (9-EP)
  **in that case** entonces (6-EP)

**in the middle of** en medio de
  (4-EG)
**in the morning** por la mañana
  (6-EP)
**in the past** en el pasado (6-EG)
**in this way** así (1-EP)
**incident** el suceso (6-EP)
**to increase** crecer[12] (14-LL)
**India** India (*f.*) (1-EP)
**Indian** indio (1-EP)
**to indicate** indicar (4-EP)
**indispensable** indispensable (3-EG)
**inexpensive** barato (9-EP)
**to inflate** inflar (13-EP)
**information** la información (10-EP)
**information desk** la oficina de
  información (10-EP)
**inheritance** la herencia (5-LL)
**initiative** la iniciativa (14-EP)
**injection** la inyección (8-EP)
**injured** herido (8-EP)
  **injured person** el(la) herido(a)
  (8-EP)
**injury** la herida (8-EP)
**ink** la tinta (6-LL)
**inn** la posada (7-EP), la fonda
  (7-EP), el hostal (11-EP)
**inner tube** la goma (13-EP)
**inside** adentro, dentro (de) (4-EG)
**to insist** insistir (Ref)
**insomnia** el insomnio (8-EP)
**instead of** en vez de (11-EG)
**institute** el instituto (14-EP)
**insurance** el seguro (14-EP)
**to interest** interesar (7-EG)
**interior designer** el(la) decorador(a)
  (14-EP)
**international** internacional (14-EP)
**intersection** el cruce (4-EP)
**interview** la entrevista (14-EP)
**into** en (4-EG)
**to introduce** presentar (Ref)
**introduction** la presentación (1-EP)
**to invite** invitar (5-EP)
**ire** la ira (8-EG)
**Ireland** Irlanda (*f.*) (1-EP)
**Irish** irlandés (*f.* irlandesa) (1-EP)
**iron** la plancha (3-EP)
**to iron** planchar (3-EP)
**to irritate** irritar (8-EP)
**irritation** la irritación (8-EG)
**Israel** Israel (*m.*) (1-EP)
**Israeli** israelí (1-EP)

# J

**jacket** la chaqueta (9-EP)
**Japan** el Japón (1-EP)
**Japanese** japonés (*f.* japonesa)
  (1-EP)
**jar** el tarro (7-EP); (*pottery*) la olla
  (7-LL); el frasco
**jazz** el jazz (5-EP)
**jealous** celoso (12-LL)
**jealousy** los celos (2-LL)
**jeans** los pantalones vaqueros
  (9-EP); los bluejeans
**job** el empleo (14-EP), el trabajo
  (14-EP), el puesto (14-EP), la tarea
  (14-LL)
  **job ad** la oferta de empleo (14-EP)
  **job application** la solicitud de
   empleo (14-EP)
  **job history** el curriculum vitae
   (14-EP)
**to jog** trotar (5-EP), hacer jogging
  (5-EP)
**jogging** el jogging (5-EP)
**to join** juntar (7-LL)
**joke** el chiste (5-EP)
**journalist** el(la) periodista (14-EP)
**judge** el(la) juez (5-LL)
**judgment** el juicio (5-LL)
**July** julio (*m.*) (11-EP)
**to jump** saltar (Ref)
**June** junio (*m.*) (11-EP)
**just** justo (3-EG)

# K

**to keep** guardar (Ref)
**key** la llave (11-EP); (*computer*)
  tecla (14-EP)
  **key ring** el llavero (9-EP)
**keyboard** (*computer*) el teclado
  (14-EP)
**to kill** matar (2-LL)
**killer** el(la) matón (*f.* matona)
  (13-LL)
**kilogram** el kilo (7-EP)
**kilometer** el kilómetro
**kind** el tipo (9-EP)
**king** el rey (1-EG)
**to kiss** besar (2-LL)

**kitchen** la cocina (3-EP)
   **kitchen sink** el fregadero (3-EP)
**knee** la rodilla (8-EP)
to **knock loudly** dar golpes (13-LL)
to **know** *(be familiar with)* conocer[12] (Ref)
   to **know** *(something)* saber[32] (Ref)
**knowledge** el conocimiento (14-EP)

## L

**laboratory** el laboratorio (14-EP)
**lady** la dama (9-EP)
**lake** la laguna
   **small lake** la lagunita (3-LL)
**lamb** el cordero (7-EP)
**lamp** la lámpara (12-EP)
to **land** *(plane)* aterrizar (10-EP)
**landing** *(plane)* el aterrizaje (10-EP)
**landlord** *(lady)* el(la) dueño(a) (12-EP)
**landscape** el paisaje (7-LL)
**large** grande (9-EP)
**last** último
   **last name** el apellido (1-EP)
   **last night** anoche (6-EP)
   **last Saturday** el sábado pasado (6-EG)
to **last** durar (Ref)
**late** con retraso (10-EP)
to **laugh** reír[30] (2-EG)
**laundry room, laundromat** la lavandería (3-EP)
**lawn** el césped (3-EP)
**lawn mower** la cortadora de césped (3-EP)
**lawyer** el(la) abogado(a) (14-EP)
**lawyer's office** el despacho (14-EP)
**lazy** haragán (11-LL)
**leaf** la hoja (6-LL)
**leafy** frondoso (4-LL)
**leak** *(tire)* el escape (13-EP)
to **leak** perder [ie] (13-EP)
to **lean out** asomarse (12-LL)
to **learn** aprender (Ref)
   to **learn how to** + *inf.* aprender a + *inf.* (2-EG)
to **lease** alquilar (Ref)
**leather** el cuero (9-EP)
to **leave** salir[33] (10-EP), irse[21] (2-EP)
   to **leave (behind)** dejar

**lecture** la conferencia (5-EP)
**leg** la pierna (6-EP); *(animal)* pata
to **lend** prestar (Ref)
**lens** *(camera)* el lente (13-EP)
   **contact lenses** los lentes de contacto (1-EP)
**less** menos
   **less than** menos de + *quantity*, menos . . . que (9-EG)
to **let** permitir (3-EG), dejar (3-EG)
**letter** la carta (6-LL)
   **letter of recommendation** la carta de recomendación (14-EP)
**lettuce** la lechuga (7-EP)
**library** la biblioteca (4-EP)
to **lie** mentir [ie, i] (2-EG)
**life** la vida (1-LL)
to **lift** levantar (5-EP); *(raise)* alzar (9-LL)
   to **lift weights** levantar pesas (5-EP)
**light** la luz (12-EP)
   **light bulb** la bombilla (13-EP)
**light** *(weight)* ligero (7-EP); *(color)* claro (12-EP)
to **light** encender [ie] (2-EG)
   to **light up** brillar (14-LL)
to **like** querer[29] [ie] (2-EG), gustar
**likely** probable (8-EG)
**limousine** la limosina (13-EP)
**linen** el lino (9-EP)
**lipstick** el lápiz de labios (2-EP)
to **listen** escuchar (Ref)
   to **listen with a stethoscope** auscultar (8-EP)
**liter** el litro (7-EP)
to **live** vivir (Ref)
**living room** la sala (3-EP), el cuarto de estar (12-EP)
**load** la carga (13-LL)
to **loan** prestar (Ref)
**lobster** la langosta (7-EP)
**located: to be located** estar; quedar
to **lock** cerrar [ie] con llave
   to **lock up** encerrar [ie] (1-LL)
to **lodge** alojarse (11-EP)
**long** largo (9-EP)
**long-sleeved** de manga larga (9-EP)
**look** la mirada (1-LL)
to **look** mirar (Ref); *(seem)* parecer[12]; estar[17] + *adj.*
   to **look at** *(check)* revisar (Ref)
   to **look for** buscar[1] (9-EP)
   to **look out** asomarse (12-LL)
**loose** flojo (9-EP)

to **lose** perder [ie] (2-EG)
   to **lose one's balance** perder el equilibrio (6-EP)
**lost** perdido (4-EP)
**lot: a lot of** mucho
**loudspeaker** el altoparlante (13-EP)
**love** el amor (2-LL), el cariño (13-LL)
   **love note** el billete (12-LL)
to **love** querer [ie][29] (2-EG) amar (2-LL)
**loved one** el(la) amado(a) (12-LL)
**lover** el(la) amante (12-LL)
**low** bajo (1-EP)
to **lower** *(volume, etc.)* bajar (12-EP)
**luggage** las maletas (10-EP)
**luxury** de lujo (9-EP)

## M

**mad** furioso (2-EG); enojado
**maiden** la doncella (3-LL)
**mail** el correo (4-EP)
   **mail carrier** el(la) cartero(a) (6-LL)
**mailbox** el buzón (6-LL)
**main** principal
   **main dish** el plato principal (7-EP)
to **maintain** mantener[35] (Ref)
to **major in** especializarse en
to **make** hacer[19] (Ref)
   to **make a mistake** equivocarse[1] (2-EG)
   to **make a stopover** hacer[19] escala (10-EP)
   to **make decisions** tomar decisiones (14-EP)
   to **make the bed** hacer,[19] tender la cama (3-EP)
**make-up** el maquillaje (2-EP)
**mall** el centro comercial (9-EP)
**man** hombre
   **man on horseback** el caballero (13-LL)
**management** la administración de empresa (14-EP)
**manager** el(la) gerente (14-EP)
**mark: beauty mark** el lunar (1-EP)
**market** el mercado (4-LL)
**marketing** el estudio de mercado (14-EP)

to marry  casarse (2-EG), contraer[36]
  matrimonio (10-LL)
mascara  la máscara de ojos (2-EP)
mat *(woven)*  el petate (3-LL)
match *(game)*  el partido (5-EP)
material  el material (9-EP)
to matter  importar (7-EG)
  may  poder [ue]
    may I . . . ?  ¿podría . . . ? (5-EP)
  meadow  el prado (6-EP)
  meal  la comida (7-EP)
  meaning  el sentido (14-EP)
  measles  el sarampión (8-EP)
to measure (by)  medir [i, i] (por)
  (10-LL)
  measurement  la medida (9-EP)
  meat  la carne (7-EP)
    meat dishes  las carnes (7-EP)
  medal  la medalla (9-EP)
  medical prescription  la receta (8-EP)
  medicine  la medicina (8-EP)
to meet  encontrar [ue] (2-EG)
    to meet (with)  reunirse[8] (con)
    (2-EG)
to mend one's ways  corregirse [i, i][5]
  (11-LL)
to mention  mencionar
    don't mention it  no hay de qué
    (3-EP)
  menu  el menú (7-EP); la carta
  merchant  el(la) comerciante (14-EP)
to merit  merecer[12] (Ref)
  Mexican  mexicano (1-EP)
  Mexico  México *(m.)* (1-EP)
  microchip  la pastilla (14-EP)
  microcomputer  la
    microcomputadora, el
    microordenador (14-EP)
  microphone  el micrófono (13-EP)
  microprocessor  el microprocesador
    (14-EP)
  microwave  la microonda (12-EP)
  middle: in the middle of  en medio
    de (4-EG)
  midnight  la medianoche (6-EP)
  military officer  el(la) militar (12-LL)
  milk and dairy store  la lechería
    (7-EP)
  mind  el cerebro (10-LL)
  minute  el minuto (4-EP)
  mirror  el espejo (2-EP)
to miss *(the bus, etc.)*  perder [ie] (2-EG)
  mist  la neblina (6-EP)
  modern  moderno (12-EP)

to moisten  mojar (6-LL)
molar *(tooth)*  la muela (8-EP)
money  el dinero; *(change)* el cambio
  (7-EP)
mononucleosis  la mononucleosis
  (8-EP)
more  más
  more than  más de + *quantity*
  (9-EG)
  more . . . than  más . . . que
  (9-EG)
motionless  inmóvil (8-LL)
mountain  la montaña (6-EP)
  mountain climbing  el alpinismo
  (6-EP)
mouse  el ratón (9-LL)
moustache  los bigotes (1-EP)
to move  mover [ue] (2-EP),
  moverse [ue] (2-EP)
  to move *(to a new house)*
  mudarse (2-EG)
  to move away (from)  alejarse (de)
  (2-EP)
movie  la película (5-EP)
  movie theater  el cine (5-EP)
much  mucho
  how much?  ¿cuánto?
mumps  las paperas (8-EP)
muscular  muscular (8-EP)
museum  el museo (5-EP)
music  la música (5-EP)
  music room  el salón de música
  (1-LL)
musician  el(la) músico(a) (5-EP)
mussel  el mejillón (7-EP)
must  deber (Ref), tener que (Ref)
mustard  la mostaza (7-EP)


# N

nail *(finger, toe)*  la uña (2-EP)
  nail polish  el esmalte de uñas
  (2-EP)
name  el nombre (1-EP)
napkin  la servilleta (7-EP)
narrow  estrecho (9-EP)
nationality  la nacionalidad (1-EP)
native: native land  el país de origen
  (1-EP)
navy: navy blue  azul marino (9-EP)
near  cerca (de) (4-EG), junto (a)

  (4-EG), hacia (4-EG), al lado (de)
  (4-EP)
near by  cerca (de) (4-EP), cercano
  (4-EP)
nearsighted  corto de vista (12-LL)
necessary  necesario (3-EG)
  it is necessary that  es preciso que
  (3-EG)
neck  el cuello (1-LL)
necktie  la corbata (9-EP)
to need  necesitar (Ref)
neighbor  el(la) vecino(a) (1-EP)
neighborhood  el barrio (12-EP)
neither  tampoco (5-EG)
  neither . . . nor  ni . . . ni (5-EG)
nervous  nervioso (8-EP)
never  nunca (5-EG), jamás (5-EG)
newsstand  el puesto de revistas
  (10-EP), el quiosco de periódicos
  (10-EP)
next to  junto (a) (4-EG), al lado (de)
  (4-EP)
Nicaragua  Nicaragua *(f.)* (1-EP)
Nicaraguan  nicaragüense (1-EP)
nice *(people)*  simpático; *(place)*
  bonito
night  la noche
  at night  por la noche (8-EP)
  nighttime  de noche (6-EP)
no  no; *(not any)* ninguno (ningún)
  (5-EG)
  no longer  ya no (5-EG)
  no one  nadie (5-EG)
nobody  nadie (5-EG)
to nod  dar cabezadas (9-LL)
noise  el ruido (13-EP)
non-smoking section  la sección de no
  fumar (10-EP)
none *(train, flight)*  directo (10-EP)
none  ninguno (ningún) (5-EG)
noon  el mediodía (6-EP)
Norway  Noruega *(f.)* (1-EP)
Norwegian  noruego (1-EP)
nose  la nariz (8-EP)
not  no
  not any  ninguno (ningún) (5-EG)
  not anyone  nadie (5-EG)
  not anything  nada (5-EG)
  not either  tampoco (5-EG)
  not even  ni siquiera (5-EG)
to note  constatar (3-LL)
  nothing  nada (5-EG)
  novocaine  la novocaína (8-EP)
  number  número

nurse   el(la) enfermero(a) (8-EP)
nylon   el nilón (9-EP)

# O

oath   el juramento (11-LL)
to obey   obedecer[12] (Ref)
object   el objeto (3-EP)
to obtain   obtener[35] (Ref),
   conseguir [i, i][6] (4-LL)
occupied   ocupado (5-EP)
to occur   ocurrir (Ref)
of   de
   of course!   por supuesto (2-EP),
      ¡de acuerdo! (5-EP), ¡claro!
      (5-EP)
to offer   ofrecer[12] (Ref)
office   (14-EP) la agencia, la oficina
   (3-EP)
   lawyer's office   el despacho (14-EP)
   office equipment   las máquinas de
      oficina (14-EP)
often   a menudo (6-EG)
oil   el aceite (13-EP)
okay   acuerdo, ¡de acuerdo! (5-EP)
old   antiguo (12-EP)
old-fashioned   antiguo (12-EP),
   pasado de moda (9-EP)
older than   mayor que (9-EG)
olive   la aceituna (7-EP)
omelet   la tortilla de huevo (7-EP)
on   en (4-EG), sobre (4-EG)
   on horseback   a caballo (6-EP)
   on sale   en liquidación (9-EP)
   on the eve of   el día antes de
      (6-EP), la víspera
   on the left   a la izquierda (4-EP)
   on the right   a la derecha (4-EP)
   on time   a tiempo (10-EP)
   on top (of)   encima (de) (4-EG)
once   una vez (6-EG)
one   solo (9-EP)
one-way   (ticket) de ida (10-EP)
onion   la cebolla (7-EP)
only   sólo (4-EP), solamente (9-EP)
to open   abrir[9] (Ref); (unfold)
   desplegar [ie][2] (10-LL)
open-air   al aire libre (9-EP)
opened   abierto (7-EG)
openness   la franqueza (12-LL)
opinion   la opinion
   to be of the opinion   opinar (8-EG)
opportunity   la oportunidad (14-EP)

to oppose   oponerse[27] (a) (12-LL)
opposite   enfrente (4-EP); contrario
optometrist   el(la) oculista (8-EP)
orange   (color) anaranjado (9-EP)
orchestra   la orquesta (5-EP)
order   la orden (3-EG)
to order   mandar (3-EG), pedir [i, i]
   (a meal) (7-EG)
other   otro (1-EP)
out   afuera (4-EG)
out of style   pasado de moda (9-EP)
outlet   (electrical) el enchufe (12-EP)
outside   afuera, fuera (de) (4-EG)
outskirts   las afueras (6-EP)
oval-shaped   ovalado (1-EP)
oven   el horno (12-EP)
over   sobre (4-EG), en
   over there   allá, allí (4-EG)
overcoat   el abrigo (9-EP)
overseas   en el extranjero (6-EP)
to owe   deber (Ref)
own   propio (12-EP)
oyster   la ostra (7-EP)

# P

package   el paquete (7-EP)
pain   el dolor (8-EP)
paint   la pintura (7-LL)
to paint   pintar (Ref)
painting   el cuadro (5-EP), la pintura
   (5-EP)
pair   el par (9-EP)
Panama   Panamá (m.) (1-EP)
Panamanian   panameño (1-EP)
pants   los pantalones (9-EP)
pantyhose   las medias (9-EP)
paper   el papel (6-LL)
Paraguay   Paraguay (m.) (1-EP)
Paraguayan   paraguayo (1-EP)
to park   aparcar,[1] estacionar (13-EP)
parking area, lot   el estacionamiento,
   el aparcamiento (4-EP)
participate   participar (5-EP)
particular   particular (1-EP)
party   la fiesta (5-EP), la reunión
   (5-EP)
to pass   pasar (Ref)
past   el pasado
   in the past   en el pasado (6-EG)
pastry   los pasteles (7-EP)
   pastry shop   la pastelería (7-EP)
patio   el patio (12-EP)

to pay (for)   pagar[2] (Ref)
pea   el guisante (7-EP)
peach   el melocotón (7-EP)
peak   (mountain) el pico (6-EP)
pear   la pera (7-EP)
pearl   la perla (6-LL)
peasant farmer   el(la) campesino(a)
   (4-LL)
pedestrian   el peatón
to peel   pelar (3-EP)
penicillin   la penicilina (8-EP)
people   la gente
per   por
performance   la función (5-EP)
perfume   el perfume (2-EP)
to permit   permitir (Ref)
personal   personal
   personal care   el arreglo personal
      (2-EP)
   personal computer   la
      microcomputadora (14-EP), el
      microordenador (14-EP)
Peru   el Perú (1-EP)
Peruvian   peruano (1-EP)
pet   el animal doméstico (3-EP)
petal   el pétalo (14-LL)
Philippine   filipino (1-EP)
Philippines   las Filipinas (1-EP)
philosophy   la filosofía (11-LL)
photograph   la foto (13-EP)
photographic   fotográfico (13-EP)
physical   físico (1-EP)
to pick   coger[4] (Ref)
   to pick up   recoger[4] (Ref)
pie   la tarta (7-EP)
piece   el pedazo (7-EP)
pig   el cerdo (4-LL)
pill   la píldora (8-EP)
pillow   la almohada (11-EP)
pilot   el(la) piloto (10-EP)
to pinch   (shoes) apretar [ie] (9-EP)
pineapple   la piña (7-EP)
pink   rosado (9-EP)
pitcher   la jarra (7-EP)
pity   la lástima (3-EP)
place   el lugar (1-EP)
to place   colocar[1] (3-EP); poner[27]
   to place upright   enderezar[3]
      (14-LL)
placed   puesto (7-EG)
plaid   a cuadros (9-EP)
plain   la llanura (14-LL)
plan   el plan (5-EP)
plant   la planta (11-LL)
to plant   plantar (3-EP)

**plaster cast** el yeso **(8-EP)**
**plastic** el plástico **(9-EP)**
**platform** *(train)* el andén **(10-EP)**
**play** la obra de teatro **(5-EP)**
**to play** jugar [ue]² **(2-EG)**
   **to play** *(an instrument)* tocar¹ (Ref)
   **to play dead** hacerse el muerto **(8-LL)**
**playroom** el cuarto de jugar **(12-EP)**
**pleasant** agradable **(3-EG)**
**please** por favor **(2-EP)**
**to please** gustar **(7-EG)**, encantar **(7-EG)**, agradar **(7-EG)**
**pleased to meet you** mucho gusto en conocerlo **(1-EP)**
**pleasure** el gusto, el placer **(1-EP)**
   **it would be a pleasure!** ¡sería un placer! **(5-EP)**
   **my pleasure, the pleasure is mine** el gusto es mío **(1-EP)**
   **with pleasure** con mucho gusto **(3-EP)**
**plug** el enchufe **(13-EP)**
   **spark plug** la bujía **(13-EP)**
**to plug in** enchufar **(12-EP)**
**plumber** el(la) plomero(a) **(13-EP)**
**to plunge into** *(water)* zambullirse en (el agua) **(6-EP)**
**pneumonia** la pulmonía **(8-EP)**
**pocket** el bolsillo **(9-EP)**
**pod** *(of seeds)* la cápsula (de semillas) **(11-LL)**
**point** el punto **(5-EP)**
**to point out** enseñar **(7-EG)**, indicar **(4-EP)**
**Poland** Polonia *(f.)* **(1-EP)**
**police** la policía
   **police station** la comisaría de policía **(4-EP)**
**Polish** polaco **(1-EP)**
**polite** cortés; gentil **(13-LL)**
**polka dots** las bolitas **(9-EP)**
**polyester** el poliéster **(9-EP)**
**ponytail** la cola de caballo **(1-EP)**
**pool** *(puddle)* la charquita **(3-LL)**; *(swimming)* la piscina
**popcorn** las rosetas de maíz **(7-EP)**
**porch** el portal **(13-LL)**
**pork** el cerdo **(7-EP)**
**portable** portátil **(13-EP)**
**portrait** el retrato **(5-EP)**
**Portugal** Portugal *(m.)* **(1-EP)**
**Portuguese** portugués *(f.* portuguesa) **(1-EP)**

**position** *(job)* el puesto **(14-EP)**
**post office** la oficina de correos **(4-EP)**
**pot** la olla **(7-LL)**
**potato** la papa **(7-EP)**
**pound** la libra **(7-EP)**
**predicted** previsto **(10-EP)**
**to prefer** preferir [ie, i] **(2-EG)**
**prepared** listo **(13-EP)**
**to prescribe** *(a medicine)* recetar **(8-EP)**
**prescription** *(medical)* la receta **(8-EP)**
**to present** *(introduce)* presentar (Ref)
   **to present yourself at** *(airport, gate, etc.)* presentarse a **(10-EP)**
**pretty** lindo, bonito **(9-EP)**
**to prevent** impedir [i, i] **(3-EG)**
**price** el precio **(9-EP)**
**pride** el orgullo **(8-EG)**
**priest** el sacerdote **(3-LL)**
**prime rib** el lomo de res **(7-EP)**
**printed** *(fabric)* estampado **(9-EP)**
**private** privado, particular
   **private bath** el baño privado **(11-EP)**
   **private house** la casa particular **(12-EP)**
**probable** probable **(8-EG)**
**problem** el problema
**to produce** producir²⁸ (Ref)
**products** productos
**profession** la carrera **(14-EP)**, la profesión **(1-EP)**
**program** *(computer)* el programa (de computadora) **(14-EP)**
**to program** programar **(14-EP)**
**programmer** el(la) programador(a) **(14-EP)**
**to prohibit** prohibir (Ref)
**promise** la promesa **(11-LL)**
**to promise** prometer (Ref)
**promotion** el ascenso, el adelanto **(14-EP)**
**proof** *(of ability)* la prueba **(11-LL)**
**property** los bienes **(5-LL)**
   **property owner** el(la) dueño(a) **(12-EP)**
**to protect** proteger⁴ (Ref)
**proud** orgulloso **(8-EG)**
**provided that** con tal (de) que **(11-EG)**
**public relations** las relaciones públicas **(14-EP)**
**publicity** la publicidad **(14-EP)**
**puddle** la charquita **(3-LL)**

**Puerto Rican** puertorriqueño **(1-EP)**
**Puerto Rico** Puerto Rico *(m.)* **(1-EP)**
**to pull** *(tooth)* sacar¹ **(8-EP)**
**pulse** el pulso **(8-EP)**
**to punctuate** puntuar⁸ **(5-LL)**
**puppet** la muñeca **(1-LL)**
**purple** morado **(9-EP)**
**to put** colocar¹ **(3-EP)**; poner²⁷ (Ref)
   **to put away** recoger⁴ **(3-EP)**
   **to put in a cast** enyesar **(8-EP)**
   **to put on** *(clothing)* ponerse²⁷ **(2-EP)**
   **to put on lipstick** pintarse la boca **(2-EP)**
   **to put on make-up** maquillarse **(2-EP)**
   **to put on perfume** perfumarse **(2-EP)**
   **to put together** armar **(13-EP)**
   **to put up with** soportar **(8-LL)**, sufrir **(8-LL)**

## Q

**quality** la calidad, **(9-EP)**; la dote **(10-LL)**
**queen** la reina **(1-EG)**
**question** la pregunta
**quiet** callado **(13-LL)**
**to quit** *(doing something)* dejar de + *inf.* **(2-EG)**

## R

**radiator** el radiador **(13-EP)**
**radio** el radio **(13-EP)**
**rain** el aguacero **(4-LL)**, la lluvia **(3-LL)**
**to rain** llover [ue] **(6-EP)**
**rainbow** el arco iris **(3-LL)**
**raincoat** el impermeable **(9-EP)**
**raindrop** la gota **(4-LL)**
**to raise** alzar³ **(9-LL)**, levantar **(13-EP)**, subir **(12-EP)**
**ranch** el rancho **(3-LL)**
   **ranch hand** el peón **(13-LL)**
**range** *(stove)* la estufa **(12-EP)**
**rare** raro **(3-EG)**
**rarely** raramente **(6-EG)**
**razor** la afeitadora

**razor blade** la hoja de afeitar (2-EP)

**to read** leer[22] (Ref)

**ready** listo (1-EG)

**real estate** los bienes raíces (12-EP)

**to realize** darse cuenta (de) (2-EG)

**really** de veras (3-EP)

**recently** hace poco tiempo (6-EP)

**receptionist** el(la) recepcionista (14-EP)

**recital** el recital (5-EP)

**to recognize** reconocer[12](Ref)

**to recommend** recomendar [ie] (3-EG)

**recommendation** recomendación

**record** el disco

   **record player** el tocadiscos (13-EP)

**rectangular** rectangular (1-EP)

**red** rojo (9-EP), encarnado (14-LL)

**red-haired** pelirrojo (1-EP)

**reddish** rojizo (1-EP)

**to re-erect** enderezar[3] (14-LL)

**refrigerator** la refrigeradora (12-EP)

**to refuse** negar[2] (8-EG), negarse [ie][2] (a) (2-EG), rechazar[3] (5-EP), rehusar (3-EP)

**regional** regional (7-EP)

**to register** *(in a hotel)* registrarse (11-EP)

**regret** la pena (8-EG)

**to regret** sentir [ie, i] (2-EG), lamentar (8-EG)

**regrettably** lamentablemente (5-EP)

**to reject** rechazar[3] (5-EP)

**to rejoice** alegrarse (de) que (2-EG)

**to relate** contar [ue] (2-EG), relatar (6-EP)

**relative** el(la) pariente (8-LL)

**to relax** descansar (Ref)

**to remain** quedar (4-EG)

**to remember** recordar [ue] (2-EG), acordarse [ue] (de) (2-EG)

**rent** el alquiler (12-EP)

**to rent** alquilar (Ref)

**repair** la reparación (13-EP)

   **repair person** el(la) reparador(a) (13-EP)

   **repair shop** el taller de reparaciones (13-EP)

**to repair** reparar (13-EP)

**to repeat** repetir [i, i] (2-EG)

**reply** la respuesta (12-LL)

**reporter** el(la) periodista (14-EP)

**to request** pedir [i, i] (3-EG), rogar [ue][2] (10-EP)

**to require** exigir[5] (Ref)

**reservation** la reservación (10-EP)

**to reserve** reservar (5-EP)

**reserved** callado (13-LL)

**to respect** respetar (11-LL)

**to respond** responder (Ref)

**responsibility** la responsabilidad (14-EP), el deber (11-LL)

**responsible** responsable (14-EP)

**to rest** descansar (Ref)

**rest room** el servicio (4-EP)

**restaurant** el restaurante (7-EP)

   **small restaurant** la fonda (7-EP)

**résumé** el curriculum vitae (14-EP)

**to return** volver [ue][40] (2-EG), devolver [ue][40] (2-EG)

   **to return (from)** regresar (de) (Ref)

**to reveal oneself (to)** exponerse (a) (6-LL)

**rice** el arroz (4-LL)

**ridiculous** absurdo, ridículo (3-EG)

**riding gear** *(saddle)* la montura (13-LL)

**right** justo (3-EG)

   **right after** justo después (4-EP), en seguida (6-EP)

   **right away** en seguida (7-EP)

**ring** el anillo (9-EP)

**to ring** sonar [ue] (2-EG)

**ripe** maduro (6-LL)

**to risk** arriesgar (8-LL)

**river** el río (3-LL)

**road** la carretera (4-LL)

**roast** el asado (7-EP)

**roasted** asado (7-EP)

**to rob** robar (Ref)

**robbery** el robo (6-EP)

**rock** la roca (6-EP)

**rock** *(music)* el rock (5-EP)

**roll of film** el rollo de película (13-EP)

**roof** el techo (12-EP)

**room** el cuarto (12-EP), la habitación (11-EP)

   **room and board** la pensión completa (11-EP)

   **room and breakfast** la media pensión (11-EP)

**roommate** el(la) compañero(a) de cuarto (12-EP)

**roomy** espacioso (12-EP)

**round** redondo (1-EP)

**roundtrip** *(ticket)* de ida y vuelta (10-EP)

**rubber** el caucho (9-EP), la goma (1-EP)

**rug** la alfombra (12-EP)

**ruler** *(tribal)* el cacique (3-LL)

**to run** correr (Ref)

**running from the law** perseguido por la ley (13-LL)

**Russia** Rusia *(f.)* (1-EP)

**Russian** ruso (1-EP)

**rustler** el ladrón, la ladrona (13-LL)

## S

**sack** el saco (3-LL)

**sadness** la tristeza (8-EG)

**salad** la ensalada (7-EP)

   **salad green** la verdura (7-EP)

   **tossed salad** la ensalada mixta

**salary** el sueldo (14-EP)

**sale** la venta (14-EP)

   **clearance sale** la liquidación (9-EP)

   **on sale** en liquidación (9-EP)

   **sales clerk** el(la) vendedor(a) (14-EP)

   **sales representative** el(la) representante de ventas (14-EP)

**to salute** dar un saludo (13-LL), saludar (Ref)

**Salvadoran** salvadoreño (1-EP)

**sandal** la sandalia (9-EP)

**sandwich** el bocadillo (7-EP)

**to save** salvar (11-LL)

   **to save one's life** salvarse la vida (8-LL)

**to say** decir[15](Ref)

   **to say goodbye** despedirse [i, i] de (2-EG)

**scale** *(for weighing)* la báscula (12-EP)

**scandalous** escandaloso (3-EG)

**scar** la cicatriz (1-EP)

**scarf** la bufanda (9-EP)

**scarlet** encarnado (14-LL)

**schedule** el horario de salidas y llegadas (10-EP)

**school** la escuela (14-LL)

**schoolteacher** el(la) maestro(a) (5-LL)

**science** la ciencia

   **computer science** la informática (14-EP)

**scissors** las tijeras (2-EP)

to score (a point)  marcar[1] (5-EP), ganar
  (5-EP)
scrambled eggs  huevos revueltos
  (7-EP)
scream  el grito (2-LL)
to scream  gritar (4-LL)
screen (TV)  la pantalla (13-EP)
sea  el mar (6-EP)
seafood  el marisco (7-EP)
seashore  las orillas del mar (6-EP)
seat  el asiento (5-EP)
seatbelt  el cinturón de seguridad
  (10-EP)
second  segundo
  second class  de segunda clase
    (10-EP)
to see  ver[39] (6-EP)
  to see in person  presenciar (6-EP)
  see you!  ¡nos vemos! (5-EP)
  see you then (later)!  ¡hasta luego!
    (5-EP), ¡hasta entonces! (5-EP)
to seem  parecer[12] (Ref); estar
  seen  visto (7-EG)
to seize  coger[4] (Ref)
selection  la selección (9-EP)
self-respect  el amor propio (12-LL)
to sell  vender (Ref)
to send  mander (Ref), enviar[7] (Ref)
  sense  el sentido (14-EP)
serious  serio (1-EG)
seriously  de veras (3-EP)
servant  el(la) criado(a) (10-LL)
to serve  servir [i, i] (2-EG)
service  el servicio (7-EP)
  service station  la gasolinera (4-EP)
to set  poner[27] (Ref)
  to set fire (to)  poner fuego (a)
    (6-EP)
  to set the table  poner la mesa
    (3-EP)
to shake  agitar (4-LL), sacudir (3-EP)
shame  la lástima (3-EP)
shampoo  el champú (2-EP)
shark  el tiburón (1-LL)
to shave  afeitarse (2-EP)
shaving cream  la crema de afeitar
  (2-EP)
sheet  la sábana (3-EP)
shellfish  el marisco (7-EP)
to shine  brillar (14-LL), resplandecer[12]
  (14-LL)
shirt  la camisa (9-EP)
shoe  el zapato (9-EP)
  shoe size  el número (de calzado)
    (9-EP)

shoe store  la zapatería (9-EP)
shoe with low heel  el zapato bajo
  (9-EP)
shoelace  el cordón (9-EP)
to shoot (an arrow)  lanzar[3] (3-LL)
shopkeeper  el(la) comerciante
  (14-EP)
shorn  trasquilado (8-LL)
short (height)  bajo (1-EP); (length)
  corto (9-EP)
short-sleeved  de manga corta (9-EP)
shortcoming  el defecto (12-LL)
shorts  los pantalones cortos (9-EP)
shot  la inyección (8-EP)
should  deber (Ref)
shoulder  el hombro (6-EP)
to shout  gritar (4-LL)
show  la función (5-EP)
to show  mostrar [ue] (2-EG), enseñar
  (Ref), demostrar [ue] (5-LL)
shower (bath)  la ducha (2-EP);
  shower (rain)  el aguacero (4-LL)
showing (of a movie)  la sesión
  (5-EP)
shrimp  el camarón (7-EP)
to shut  cerrar [ie] (2-EG)
  to shut up  callarse (2-EG)
sick  enfermo (8-EP)
sickness  la enfermedad (8-EP)
sidewalk  la acera (4-EP)
sign  el letrero (4-EP), el rótulo
  (4-EP), la señal (3-LL)
to sign  firmar (12-LL)
signature  la firma (6-LL)
silk  la seda (9-EP)
silver  la plata (6-LL)
simple (style)  sencillo (9-EP)
since  desde (4-EG)
  since when?  ¿desde cuándo?
    (5-EG)
to sing  cantar (Ref)
singer  el(la) cantante (5-EP)
single  solo (9-EP); (unmarried)
  soltero(a) (1-EP); (room) sencillo
  (11-EP)
sink (bathroom)  el lavabo (12-EP);
  (kitchen) el fregadero (3-EP)
sip  el sorbo (13-LL)
to sit down  sentarse [ie] (2-EP)
six-shooter  el pistolón (13-LL)
size (clothing)  la talla (9-EP); (shoe)
  el número (de calzado) (9-EP)
to skate  patinar (Ref)
to ski  esquiar[7] (Ref)
to skid  deslizarse (6-EP)

skill  la aptitud (14-EP), la habilidad
  (14-EP)
skinny  flaco (1-EP)
skirt  la falda (9-EP)
skyscraper  el rascacielos (4-EP)
to sleep  dormir [ue, u] (2-EG)
sleeplessness  el insomnio (8-EP)
sleeve  la manga (9-EP)
slender  esbelto (1-EP), delgado
  (1-EP)
to slide  deslizarse[3] (6-EP), resbalarse
  (6-EP)
to slip  resbalarse (6-EP), deslizarse[3]
  (6-EP)
slipper  la zapatilla, la pantufla (9-EP)
slope (steep)  el acantilado (6-EP)
small  pequeño, chico (9-EP)
to smell  oler [ue][25] (2-EG)
to smile  sonreír[30] (2-EG)
to smoke  fumar (Ref)
smoking (non-smoking) section  la
  sección de fumar (no fumar)
  (10-EP)
snake  la culebra (11-LL)
sneaker  el zapato de tenis (9-EP)
to sneeze  estornudar (9-EP)
snow  la nieve (6-EP)
to snow  nevar [ie] (6-EP)
so  así; muy
  so much  tanto
  so that  para que (11-EG)
soap  el jabón (2-EP)
soccer  el fútbol (5-EP)
social gathering  la reunión (5-EP)
sock  el calcetín (9-EP)
sofa  el diván, el sofá (12-EP)
software  el software (14-EP)
solar heating  la calefacción solar
  (12-EP)
sole  la suela (9-EP)
to solicit  solicitar (Ref)
to solve  resolver [ue][40] (2-EG)
somebody  alguien (5-EG)
someone  alguien (5-EG)
sometimes  algunas veces (5-EG), a
  veces (5-EG)
son  el hijo (1-LL)
son-in-law  el yerno (9-LL)
soon  pronto
sore throat  la garganta inflamada
sorry! I'm so sorry!  ¡mil disculpas!
  (2-EP)
sound  el sonido
  sound system  el equipo de sonido
    (13-EP)

to sound   sonar [ue] (2-EG)
soup   la sopa (7-EP)
spacious   espacioso (12-EP)
Spain   España (f.) (1-EP)
Spanish   español(a) (1-EP), hispano (4-EP)
Spanish-speaking   de habla española (13-LL)
spark plug   la bujía (13-EP)
to sparkle   brillar (14-LL)
to speak   hablar (Ref), decir[15] (Ref)
specialist   el(la) especialista (14-EP)
specialty: house specialty   la especialidad de la casa
to spend   (money) gastar (Ref); (time) pasar
to spin   hacer bailar (11-LL)
sports   el deporte
   sports car   el auto deportivo (13-EP)
   sports field   el campo deportivo (5-EP)
   sports shoe   el zapato deportivo (9-EP)
to sprain   (one's ankle) torcerse [ue] (el tobillo) (6-EP)
square   (city) la plaza (4-EP); (shape) cuadrado (1-EP)
to squat   agacharse (14-LL)
to squint   bizquear (14-LL)
stadium   el estadio (5-EP)
staircase   la escalera (12-EP)
stairs   las escaleras (4-EP)
stamp   el sello (6-LL)
stamped   (fabric) estampado (9-EP)
to stand   estar de pie; ponerse de pie
   to stand in line   hacer cola (5-EP)
to start   empezar [ie][3] (2-EG), comenzar [ie][3] (2-EG)
to start   (motor) arrancar[1] (13-EP)
station   la estación (4-EP)
   station wagon   la camioneta (13-EP)
to stay   quedar (4-EG), quedarse (2-EP); (overnight) alojarse (11-EP)
   to stay in bed   guardar cama (8-EP)
steak   el filete (7-EP)
grilled steak   el bistec a la parrilla (7-EP)
steamship   el buque (1-LL)
steering wheel   el volante (13-EP)
stereo   el equipo estereofónico (13-EP)

stew   el guisado (7-EP)
stewardess   la azafata (10-EP)
stick   (fan) la varilla (10-LL)
to stick out one's tongue   sacar la lengua (8-EP)
stitch   el punto (8-EP)
stock exchange   la bolsa de valores (14-EP)
stock market   la bolsa (14-EP)
stockbroker   el(la) agente de la bolsa (de valores) (14-EP)
stomach   el estómago (8-EP)
to stop   parar (4-EP), detenerse[35] (12-LL), impedir [i, i] (3-EG), cesar de (2-EG), dejar de + inf. (2-EG)
   to stop (someone)   detener[35] (a alguien) (1-LL)
   to stop by your house   pasar por tu casa (5-EP)
store   la tienda (7-EP)
   store counter   el mostrador (9-EP)
   store window   el escaparate (9-EP)
storm   la tormenta (6-EP), la tempestad (4-LL)
story   (of a building) piso; cuento
stove   la cocina (12-EP)
straight   (hair) liso (1-EP)
straight ahead   por aquí derecho (4-EP)
to straighten up   (a room) arreglar (3-EP)
strange   raro (3-EG)
stranger   el(la) forastero(a), el(la) extranjero(a) (13-LL), el hombre extranjero (3-LL)
strawberry   la fresa (7-EP)
street   la calle (4-EP)
   street corner   la esquina (4-EP)
to strike   golpear (4-LL)
stripe   la raya (9-EP)
strong   fuerte (1-EP)
to struggle   luchar (7-LL)
to study   estudiar (Ref)
style   la moda
   in style   de moda (9-EP)
   out of style   pasado de moda (9-EP)
suburb   el suburbio (12-EP)
   suburbs   las afueras (6-EP)
subway   el metro (4-EP)
sudden: all of a sudden   de pronto (6-EG)
suddenly   de repente (6-EG)
to suffer (from)   sufrir (de) (8-EP), padecer[12] (de) (8-EP)

to suggest   sugerir [ie, i] (3-EG)
suit   (man's) el traje (9-EP); (woman's) el traje sastre (9-EP)
suitcase   la maleta (1-LL)
summer   el verano
summit   el pico (6-EP)
sunbath   el baño de sol (6-EP)
to sunbathe   tomar el sol (6-EP), tomar un baño de sol (6-EP)
sunglasses   los anteojos de sol, los lentes oscuros, las gafas de sol (9-EP)
sunny   soleado (6-EP)
sunstroke   la insolación (6-EP)
supermarket   el supermercado (7-EP)
supervisor   el(la) jefe(a) (14-EP)
sure   seguro (8-EG)
surgeon   el(la) cirujano(a) (8-EP)
surprise   la sorpresa (8-EG)
to surprise   sorprender (7-EG)
surprising   sorprendente (3-EG)
surroundings   el ambiente (12-LL)
to swallow   tragar[2] (8-EP)
to sweat   sudar (5-EP)
sweater   el jersey, el suéter (9-EP)
Sweden   Suecia (f.) (1-EP)
Swedish   sueco (1-EP)
to sweep   barrer (3-EP)
to swim   nadar (Ref)
swimming pool   la piscina (5-EP)
Swiss   suizo (1-EP)
switch   (machine) el botón (13-EP)
to switch off   apagar[2] (12-EP)
Switzerland   Suiza (1-EP)
swordfish   el pez espada (7-EP)
syrup   (cough) el jarabe (para la tos) (8-EP)

## T

tablet   la pastilla (8-EP)
tail   la cola (8-LL)
tailor   el sastre (5-LL)
to take   tomar (Ref)
   to take a bath   bañarse (2-EP), tomar un baño (2-EP)
   to take a shower   ducharse (2-EP), tomar una ducha (2-EP)
   to take a stroll   dar una vuelta (Ref)
   to take advantage of   aprovecharse de (11-LL)

to take apart   desarmar (13-EP)

to take care of   (people, animals) cuidar (Ref)

to take home   llevar a casa (5-EP)

to take leave of   despedirse [i, i] de (2-EG)

to take off   (clothing) quitarse (2-EP)

to take off (plane)   despegar[2] (10-EP)

to take out   sacar[1] (3-EP)

to take place   ocurrir (Ref), tener[35] lugar (Ref)

to take pride in   enorgullecerse[12] (de que) (8-EG)

to take refuge   refugiarse (4-LL)

to take shorthand   taquigrafiar[7] (14-EP)

to take (something) from someone   quitarle (algo) a alguien (8-LL)

to take the dog for a walk   sacar a pasear al perro (3-EP)

taken (seat)   ocupado (5-EP)

takeoff (flight)   el despegue (10-EP)

to talk   conversar (5-EP), hablar (Ref)
   to talk over   discutir (5-EP)

tall   alto (1-EP)

tape recorder   la grabadora (13-EP)

tart   la tarta (7-EP)

task   la tarea (14-LL)

to taste   probar [ue] (2-EG)

tasty   sabroso (7-EP)

taxi stand   la estación de taxis (4-EP)

to teach   enseñar (Ref)

tear   la lágrima (13-LL)

technical   técnico (14-EP)

tee shirt   la camiseta (9-EP)

telephone operator   el(la) operador(a) (11-EP)

telephoto lens   el teleobjetivo (13-EP)

television   la televisión (12-EP)
   television set   el televisor (11-EP)

to tell   contar [ue] (2-EG), decir[15] (Ref), relatar (6-EP)

teller   el(la) cajero(a) (11-EP)

temperature   la temperatura (8-EP)

tenant   el(la) inquilino(a) (12-EP)

tennis   el tenis (5-EP)
   tennis court   la cancha de tenis (5-EP)
   tennis shoe   el zapato de tenis (9-EP)

test   la prueba (11-LL)

to thank   dar las gracias (Ref); agradecer

that one   ése (9-EG), aquél (9-EG)

theater   el teatro (5-EP)

theatrical role   el papel (6-LL)

theft   el robo (6-EP)

then   entonces, luego (6-EP)

there   ahí, allí (4-EG)

thief   el(la) ladrón(ona) (4-LL)

thin   delgado (1-EP)

to think   pensar [ie] (2-EG), creer[22] (8-EG)
   I'm going to think it over   voy a pensarlo (9-EP)

this one   éste (9-EG)

to thrill   emocionar (8-EG)

throat   la garganta (8-EP)

to throw   lanzar[3] (3-LL), arrojar (12-LL)
   to throw up   vomitar (8-EP)

ticket   la entrada (5-EP), el billete (5-EP), el boleto (5-EP), el pasaje (10-EP)
   ticket window   la ventanilla (5-EP), la taquilla (5-EP)

tight (clothing)   apretado (9-EP)

time   el tiempo (6-EP)
   a long time ago   hace mucho tiempo (6-EP)
   on time   a tiempo (10-EP)

tip   la propina (7-EP)

tire   la llanta (13-EP)

tired   cansado (3-EP)

title   el título (14-EP)

to   a; hasta (11-EP); (in order to) para + inf. (4-EG)
   to the left (of)   a la izquierda (de) (4-EP)
   to the right (of)   a la derecha (de) (4-EP)

toaster   la tostadora (12-EP)

toilet   el retrete (12-EP)

tomato   el tomate (7-EP)

tongue   la lengua (8-EP)

tonight   esta noche

too   demasiado (9-EP); (also) también (5-EG)

tooth   el diente

toothache   el dolor de muelas (8-EP)

toothbrush   el cepillo de dientes (2-EP)

toothpaste   la pasta dentífrica (2-EP)

top   el trompo (11-LL), el trompito (11-LL)

tossed salad   la ensalada mixta (7-EP)

totally   totalmente (9-EP)

to touch   tocar[1] (Ref); emocionar (8-EG)

tourism   el turismo (4-EP)

tourist   el(la) turista
   tourist class   de clase turista (10-EP)
   tourist industry   el turismo (4-EP)

toward   hacia (4-EG)

towel   la toalla (2-EP)

tower   la torre (14-LL)
   little tower   la torrecita (14-LL)

track and field   el atletismo (5-EP)

traffic   el tráfico
   traffic circle   la glorieta (4-EP)
   traffic light   el semáforo (4-EP)
   traffic sign   la señal de tráfico (4-EP)

train   el tren (10-EP)
   train platform   el andén (10-EP)
   train station   la estación de trenes (4-EP)

to train (exercise)   entrenarse (5-EP)

to translate   traducir[28] (Ref)

trash   la basura (3-EP)

to travel   viajar (Ref)
   traveler's checks   el cheque de viaje, el cheque (de) viajero (7-EP)

treasure   el tesoro (4-LL)

tree   el árbol (4-LL)

to tremble   temblar [ie] (11-LL)

to trick   estafar (14-LL)

to trip   tropezar [ie][3] (10-LL)

trolley   el tranvía (4-EP)

trophy   la copa (5-EP)

trousers   los pantalones (9-EP)

truck   el camión (13-EP)

true   cierto (8-EG), verdadero
   it is true that . . .   es verdad que . . . (8-EG)

trunk (car)   el baúl (13-EP); (tree) el tronco (14-LL)

to try   tratar (de) (Ref), probar [ue] (2-EG)
   to try on (clothes)   probarse [ue] (9-EP)

tub   la tina (13-LL)

tuna   el atún (7-EP)

to turn (left or right)   doblar (4-EP)
   to turn around   virar (4-EP)
   to turn down (volume)   bajar (de) (12-EP)
   to turn into (gold)   volverse de (oro) (14-LL)
   to turn off (power)   apagar[2] (Ref); (faucet) cerrar [ie] (12-EP)

**to turn on** (*power*) encender [ie] (2-EG); (*faucet*) abrir (el grifo) (12-EP)

**to turn up** subir (12-EP)

**turn signal** la luz direccional (13-EP)

**tweezers** las pinzas (2-EP)

**twice** dos veces (6-EG)

**twice a day** dos veces al día (8-EP)

**to twist** (*one's ankle*) torcerse [ue] (el tobillo) (6-EP)

**type** el tipo (9-EP)

**to type** escribir a máquina (14-EP)

**typewriter** la máquina de escribir (14-EP)

# U

**ugly** feo (9-EP)

**umbrella** el paraguas (9-EP)

**uncomfortable** incómodo (12-EP)

**under** bajo (12-EP), debajo (de) (4-EG)

**underneath** debajo (de) (4-EG)

**to understand** comprender (Ref), entender [ie] (2-EG)

**underwear** la ropa interior (9-EP)

**to unfold** desplegar [ie]² (10-LL)

**unfortunate** desafortunado (12-LL)

**unfortunately** lamentablemente (5-EP)

**unfurnished** (*apartment*) desamueblado (12-EP)

**United States** los Estados Unidos (1-EP)

**of the United States** estadounidense (1-EP)

**university** la universidad (14-EP)

**unless** a menos que (11-EG)

**unlikely** improbable (8-EG)

**unmarried** soltero(a) (1-EP)

**to unplug** desenchufar (12-EP)

**until** hasta (11-EP), hasta que (11-EG)

**until then** ¡hasta entonces! (5-EP)

**unusual** raro (3-EG)

**up** arriba (4-EG)

**up to** hasta (11-EP)

**upstairs** arriba (4-EP)

**Uruguay** Uruguay (*m.*) (1-EP)

**Uruguayan** uruguayo (1-EP)

**to use** usar (2-EG)

**useful** útil (3-EP)

# V

**to vacate** (*room*) desocupar (11-EP)

**vacation** las vacaciones (6-EP)

**to vacuum** pasar la aspiradora (3-EP)

**vacuum cleaner** la aspiradora (3-EP)

**valley** el valle (6-EP)

**van** la camioneta (13-EP)

**vanilla** la vainilla (7-EP)

**varied** variado (9-EP)

**variety** la variedad

**variety show** un espectáculo de variedades (5-EP)

**to vary** variar⁷ (Ref)

**veal** la ternera (7-EP)

**vegetable** la legumbre (7-EP)

**green vegetable** la verdura (7-EP)

**vegetable and produce store** la verdulería (7-EP)

**velvet** el terciopelo (9-EP)

**Venezuela** Venezuela (*f.*) (1-EP)

**Venezuelan** venezolano (1-EP)

**ventilated** ventilado (12-EP)

**to verify** averiguar (12-LL), constatar (3-LL)

**vest** el chaleco (9-EP)

**vicinity: in the vicinity of** alrededor de (4-EG)

**video recorder** el equipo de vídeo (13-EP)

**Vietnam** Vietnam (*m.*) (1-EP)

**Vietnamese** vietnamita (1-EP)

**view** la vista (11-EP)

**village** el pueblo (3-LL), la aldea (14-LL)

**vinagrette dressing** la vinagreta (7-EP)

**vinegar** vinagre

**visit** la visita (8-EP)

**to visit** frecuentar (12-LL), visitar (Ref)

**vitamin** la vitamina (8-EP)

**voice** la voz (3-LL)

**volcano** el volcán (7-LL)

**volume** (*sound*) el volumen (12-EP)

**to vomit** vomitar (8-EP)

# W

**to wag** menear (9-LL)

**to wait** esperar (Ref)

**waiter** el camarero, el mesero, el mozo (7-EP)

**waiting room** la sala de espera (8-EP)

**waitress** la camarera, la mesera, la moza (7-EP)

**to wake up** (*someone*) despertar [ie] (a) (2-EG)

**to wake** (*oneself*) **up** despertarse [ie] (2-EP)

**to walk** andar¹⁰ (Ref), caminar (Ref)

**wall** la pared (12-EP), el muro (9-LL), la tapia (9-LL)

**wallet** la billetera (9-EP)

**to want (to)** querer [ie]²⁹ (2-EG)

**warm** calientito (11-LL)

**warm-up exercises** ejercicios de calentamiento (5-EP)

**to warn** advertir [ie, i] (2-EG)

**warrior** el(la) guerrero(a) (3-LL)

**wash basin** el lavamanos (12-EP)

**to wash** lavar (Ref); (*dishes*) fregar [ie]² (3-EP)

**to wash** (*oneself*) lavarse (2-EP)

**to wash** (*one's hair*) lavarse el pelo (2-EP)

**washing machine** la máquina de lavar, la lavadora de ropa (3-EP)

**wastebasket** el cesto de papeles (3-EP)

**to watch** mirar (Ref)

**water** el agua (*f.*) (2-EP)

**to water** (*plants*) regar [ie]² (3-EP)

**watermelon** la sandía (7-EP)

**wave** la ola (1-LL)

**to wave** agitar (4-LL); menear (9-LL)

**wavy** (*hair*) ondulado (1-EP)

**way** (*path*) el paso (10-LL); (*manner*) el modo

**weak** débil (1-EP)

**to wear** llevar (1-EP)

**to wear a** (*shoe*) **size** calzar³ (9-EP)

**weariness** el cansancio (13-LL)

**weather** el tiempo (6-EP)

**wedding** el matrimonio (3-LL), la boda (4-LL), el casamiento (9-LL)

**weed** la mala hierba (4-LL)

**week** la semana (6-EP)

**weekend** el fin de semana (6-EG)

**to weigh oneself** pesarse (12-EP)

**weighing scale** la báscula (12-EP)

**weight** el peso; la carga (13-LL)

**welcome: you're welcome** de nada (3-EP), no hay de qué (3-EP), para servirle (3-EP)

**whale** la ballena (1-LL)

**what if . . . ?** ¿qué tal si . . . ? (5-EP)

what is done   lo hecho (9-EP)

what is important is . . .   lo importante es . . . (9-EG)

what is said   lo dicho (9-EP)

wheel   la rueda (13-EP)

when   cuando (6-EG)

where? *(place)* ¿dónde?, *(destination)* ¿adónde? (5-EP)

which?   ¿cuál? (9-EG), que

while   mientras (que) (6-EG)

to whistle (at)   silbar (5-EP)

white   blanco (9-EP)

wide   ancho (9-EP), variado (9-EP)

wife   la esposa (3-LL), la mujer

will   el testamento (5-LL), la voluntad (3-EG)

to will   mandar (5-LL)

to win   ganar (Ref)

window   la ventana (11-EP); *(plane)* la ventanilla (10-EP)

windshield   el parabrisas (13-EP)

   windshield wipers   los limpiaparabrisas (13-EP)

wine   el vino

wine cellar   la bodega para vinos (12-EP)

wisdom   el juicio (5-LL)

   wisdom tooth   la muela del juicio (8-EP)

wish   la voluntad (3-EG)

to wish   desear (Ref); querer [ie][29] (2-EG)

within   dentro de

without   sin; sin que (11-EG)

witness   el(la) testigo (1-EG)

to witness   presenciar (6-EP)

woman   la mujer

wood   la madera (4-EP)

woods   el bosque (6-EP)

wool   la lana (9-EP)

woolen   de lana

word processor   el procesador de textos (14-EP)

work   el trabajo (14-EP)

   work of art   la obra de arte (5-EP)

to work   trabajar (Ref); *(function)* funcionar

   to work fast   obrar de prisa (1-LL)

workshop   el taller (14-EP)

world   el mundo (1-EP)

to worry   preocuparse (de) (2-EG), apurarse (10-LL)

worse   peor (9-EG)

worthwhile: it is worthwhile   vale la pena (3-EG)

wound   la herida (8-EP)

to wound   herir [ie, i] (13-LL)

x-ray   la radiografía (8-EP)

## Y

yellow   amarillo (9-EP)

yesterday   ayer (6-EG)

younger   menor (9-EG)

youth   la juventud

   youth hostel   el albergue juvenil (11-EP)

# Index